인문학 리더십 강의 I

CNU 리더스피릿연구소
KMU 후마니타스 리더십연구소

박영사

인문학과 리더십

I

최근 100세를 일기로 타계한 키신저(Henry Alfred Kissinger, 1923-2023)는 근래 출판된 『리더십』에서 지도자에게는 무엇보다 "역사의식과 비극에 대응하는 능력"이 필요한데, 이와 관련해서 특히 인문학은 "타인과 자신의 심리와 세계를 폭넓게 이해하는 데 도움을 준다"고 말했다.[1]

사실 리더가 지닌 가치나 역할은 평상시에는 거의 드러나지 않는다. 평소에는 현상을 유지할 정도의 관리자만으로도 충분하기 때문이다. 그러나 위기의 순간이 닥치면 리더와 리더십의 중요성이 분명히 드러난다. 마치 사바나 초원에서 살아가며 흔히 프라이드로 불리는 사자 무리의 수사자처럼. 평소 사냥과 양육은 암사자들이 도맡아 하고 수사자는 빈둥거리는 것처럼 보인다. 하지만 무리를 위협하는 적이 침입하거나 기린이나 코끼리처럼 암사자만으로는 사냥이 어려운 먹잇감이 포착되면 수사자는 주저 없이 능력을 발휘해서 위기를 극복하거나 목적을 달성하곤 한다.

인간 세계에서 리더에게 요구되는 역할과 능력은 무엇일까? 그것은 아마도 초원보다 훨씬 더 불확실한 상황이 쉴 틈 없이 발생하는 가운데서도 조직을 생존과 발전의 방향으로 동시에 이끌 수 있는 능력일 것이다. 달리 말하면 일차적으로는 조직의 위기 상황 발생 시 신속하게 대처하여 피해를 최소화하고 조직의 생존을 보장할 수 있는 기술인 위기 대응능력일 것이다. 나아가 항상 같은 방식으로 생존해도 만족하는 동물의 세계와 달리 늘 변화를 추구하는 인간 공동체의 성격을 이해하고 구성원들이 지금 여기서 가장 필요로 하는바, 즉 시대정신을 정확히 파악하고 이를 새로운 공유비전으로 개념화한 후 다시 구성원과 더불어 성취할 수 있는 자세와 역량이 필요할 것이다. 나폴레옹이 '리더란 희망을 파는 상인'이라고 말한 이유이기도 하다. 그런데 여기서 리더가 구성원과 공유할 수 있는 희망(비전)을 제시하고 구현하기 위해 반드시 갖추어야 하는 능력은 아마도 역사의식에 기반한 인문학적 상상력일 것이다.

주지하듯이 인문학이란 인류가 자신과 세상을 마주하며 경험하고 느끼고 생각한 내용, 즉 우리의 체험과 감정과 사유를 이른바 문·사·철의 형식으로 표현한 것이다. 순수 자연과학이나 공학과 같은 학문은 이미 존재하는 대상의 원인과 이치를 감각으로 파악하거나 감각의 원리를 바탕으로 개발된 수단을 통해 탐구하는 사실학문의 성격을 내포하고 있다. 이에 비해 인문학은 역사학의 경우처럼 과거의 사건을 현재의 시각에서 조명하고 평가하는 가치의 학문으로 불리기도 하고, 존재하지만 감각만으로는 파악할 수 없는 당위의 세계를 추구하는 규범 학문으로 이해되기도 한다. 어쨌든 우리 인류는 동서고금을 막론하고 항상 가장 근원적인 물음 '우리는 누구이고 어디에서 와서 어디로 가는가?'에 관심을 표시해 왔으며, 때로는 인지의 발달이나 지식의 진보에 따라 때로는 시대의 흐름이나 상황의 변화에 따라 새로운 해답을 제시하곤 했다. 그리고 인문학은 항상 그 질문과 대답의 중심에서 있었다.

그런데 인문학의 본성과 관련해서 특히 주목할 점은, 인문학의 경우 개별 대상을 인식하거나 전달하는 주체가 대상을 단지 객체로만 간주하고 거리를 둔 채 다루는 것이 아니라, 대상에 대한 주체의 이해와 관심이 좀 더 깊이 개입되어 있다는 사실일 것이다.[2] 자연과학의 경우 대상에 대한 인식주체의 개인적인 입장은 최대한 배제하고자 노력하며, 따라서 객관성을 학문성의 기준으로 삼는다. 반면에 인문학은 일차적으로 대상 세계를 온전히 파악하고자 시도할 뿐만 아니라, 나아가 그 대상과 마주하고 있는 인간 자신의 태도에 관해 지속해서 관심을 가질 수밖에 없다. 예를 들어 무수한 사건 중에서 특별히 몇 가지를 선택하여 역사적 사실로 인식하고 탐구의 대상으로 삼기 위해서는 선택된 특정 사건이 인식주체인 역사학자가 보기에 인류의 삶에서 나름의 의미를 지니고 있으며 또한 현재의 세상을 형성하는 과정에서 중대한 역할을 했음이 인정되어야 한다. 그리고 역사적 사실을 선택하는 판단기준을 정하는 일은 특정 사건을 분석하고 서술하는 작업 못지않게 역사학자의 중요한 지적 활동에 속할 것이다. 이것은 인문학자인 역사학자가 연구 대상을 선택한 후 그에 대해 해석하고 판단하는 과정에서 자신이 정한 역사에 관한 입장이나 판단기준을 끊임없이 검토하고 반성하는 작업을 병행함으로써 스스로 학문적 가치와 타당성을 확인해야 함을 함축할 것이다. 문학과 철학 연구의 경우에도 비록 대상에 대한 접근방법이나 표현형식은 다를 수 있겠으나, 적어도 인식주체와 대상 사이의 중층적 관계 설정의 관점에서 보면 근본적인 사정은 크게 다르지 않을 것으로 생각된다.

인문학이 경영학이나 행정학 같은 여타 학문 분야의 리더십 담론과 차별화될 수 있는 것은 아마도 이 지점에서일 것이다. 여타의 학문에서 리더십은 조직의 원만한 관리나 경영 혹은 생산 지표의 향상을 궁극의 지향점으로 삼고 있다고 말해도 과언이 아닐 것이다. 나머지는 사실상 부차적인 문제에 지나지 않는다. 이에 반해 인문학자는 한편으로 리더십의 개별 연구 주제와 대상을 온전히 파악하고 의미 있게 전달하고자 노력하면서도, 동시에 그 과정에서 이러한 노력을 기울이는 자신의 인식 태도나 학문적 입장을 곱씹으며 반추할 것이다. 이에 더해 아마도 그는 이 과정을 통해 리더십에 관한 사유의 지평이 점차 확장되고 있으며, 더불어 현실을 살아가는 지식인의 실천적 역할에 대해 고민하는 자아의 모습을 발견하게 될 것이다.[3] 또한 근원적인 수준에서 리더의 역할을 음미하고 시대정신에 따라 리더십의 방향을 조망하는 문·사·철의 담론을 풍부하게 경험한 학생이나 독자 역시 여타 학문영역에서 제시하는 조직관리 기술이나 생산성 향상에 대해 고민하는 수준을 넘어서 사회 전체를 생각하고 실천하는 리더로 성장하기 위해 나름의 노력을 전개할 것이다.[4]

Ⅱ

급속한 경제성장과 민주주의의 제도적 발전에도 불구하고 한국 사회의 오피니언 리더그룹에 대한 불신과 비판의 목소리가 어느 때보다 크고 매섭다. 작금의 상황에서 인문학자들이 스스로 맡아야 할 과제는, 리더의 역할에 관해 근본적으로 성찰하는 동시에 우리가 지향해야 할 리더십의 방향을 인문학적 관점에서 새롭게 정립하는 작업일 것이다.5) 그런데 이 과정에서 기억해야 할 점은, 21세기의 리더가 희망을 파는 모습은 고전 인문학 텍스트나 역사 속의 위대한 리더들이 선보인 방식과는 달라야 한다는 점이다. 현대는 지식과 정보가 가장 중요한 가치로 평가되는 최초의 사회인 동시에 민주주의가 제도와 의식 속에서 보편화된 평등의 시대이기 때문이다. 이 사실은 한편으로 소수의 지배층만이 아니라 일반인들도 각자 유의미한 지식을 수단으로 살고 있으며, 따라서 누구나 자신의 분야에서 전문가로 평가받는 세상이 도래했음을 함축한다. 다른 한편, 민주사회의 리더는 한 사람의 시민으로서 지배(참여와 봉사)와 피지배(양보와 타협)의 의미를 이해하고 실천할 줄 알아야 한다. 누군가 오늘은 리더의 역할을 행하더라도 내일은 팔로워의 위치에 설 수 있으며, 그 역도 마찬가지이기 때문이다. 이 저술은 이러한 시대 상황을 염두에 두고 기획되었으며, 따라서 문명사에서 끊임없이 등장해 온 단어인 리더십을 21세기에 맞추어 새로운 학문적·교육적 가치개념으로 정립하려는 시도의 출발점이 되고자 한다.

『인문학 리더십 강의 I』은 2023년 초반부터 충남대학교 리더스피릿연구소와 국민대학교 후마니타스 리더십연구소가 기획하고 진행한 공동연구에 힘입어 빛을 보게 되었다. 후마니타스 리더십연구소 박규철 소장님을 비롯하여 연구와 집필에 참여해 주신 선생님들께 이 자리를 빌려 감사의 말씀을 전한다. 또한 출판 업무를 총괄해 주신 박영사 임재무 전무님과 편집을 담당한 소다인 선생을 비롯한 관계자분들께 감사드린다. 더불어 초고를 읽고 소감을 제시해 준 충남대 자유전공학부 학생들에게 감사의 마음을 전한다. 고금의 다양한 인문학 담론을 바탕으로 구성된 이 저술이 개인과 공동체의 가치 사이에서 균형을 잡고, 진정성을 바탕으로 윤리적 결단을 감행할 수 있으며, 선하고 균형 잡힌 영향력을 행사함으로써 구성원들의 변화를 견인하는 리더의 등장을 촉진하는 마중물이 되기를 희망한다.

갑진년(甲辰年) 정월

전체 집필진의 뜻을 담아,

리더스피릿연구소장 서 영 식

차 례

세부 차례

VI 이승만의 독립 리더십

🏛 Humanities and Leadership

VII 몽양 여운형의 삶으로 본 '참 정치가'의 리더십

🏛 Humanities and Leadership

Part 02 _ 철학과 사상이 해석한 휴머니티와 리더스피릿

VIII 『주역』리더십 탐색

🏛 Humanities and Leadership

XIII   만하임의 지식인상(像): 계도적(啓導的) 리더로서의 지식인

🏛 Humanities and Leadership

XIV   AI시대, 휴먼리더십

🏛 Humanities and Leadership

Humanities and Leadership

1

문학과 역사를 통해 본
휴머니티와 리더스피릿

I

호메로스의 『오디세이아』에 나타난 오디세우스의 생존 리더십

– 소포클레스의 『아이아스』와 연관하여 –

박 규 철

호메로스의 『오디세이아』에 나타난 오디세우스는 10년간에 걸쳐 진행된 트로이 전쟁의 영웅이다. 바다에서의 10년 방랑을 끝내고 조국으로 무사히 돌아간 유일한 생존자다. 나아가 108명의 구혼자들 중 음유시인 페미오스와 전령 메돈만을 살려 둔 채, 나머지 모두를 죽이고 왕권을 되찾았던 아티카의 왕이다. 본 글은 오디세우스의 생존 리더십을 호메로스의 『일리아스』와 『오디세이아』 그리고 소포클레스의 『아이아스』 등을 통해 분석했다. 오디세우스의 생존 리더십은 다음 세 가지 측면, '위기극복 리더십', '설득 리더십' 그리고 '실천 리더십'의 관점에서 조명될 수 있다. (1) 위기극복 리더십에서는 제반 위기 상황에서 오디세우스가 사용했던 다양한 지적 능력과 윤리적 태도 등이 분석되었다. 그리하여 생존 리더십에서 가장 중요한 요소는 로고스와 절제임이 언급되었다. (2) 설득 리더십에서는 공동체의 갈등과 분열을 중재하고 화합시킬 수 있는 오디세우스의 능력이 분석되었다. (3) 실천 리더십에서는 귀향 후 오디세우스가 왕으로서의 자기정체성을 어떻게 회복하는가가 분석되었다. 이러한 분석을 통해, 필자는 오디세우스의 생존 리더십이 현대 서바이벌 리더십의 원형임을 제시하였다.

🏛 1. 왜 오디세우스의 생존 리더십인가?

1999년 영국의 BBC방송은 세계의 탐험가들 중에서 가장 탁월한 리더십을 가진 10명의 탐험가를 선정하였다. 1위는 크리스토퍼 콜롬버스, 2위는 제임스 쿡, 3위는 닐 암스트롱, 4위는 마르코 폴로 그리고 5위는 어니스트 섀클턴(Sir Ernest Henry Shackleton, 1874 – 1922)이 선정됐다. 그런데 어니스트 섀클턴은 다른 탐험가들과 달리 큰 탐험 두 번을 모두 실패한 탐험가다. 하지만 그럼에도 그는 인류 역사상 가장 위대한 영웅 중의 한 명이다. 그는 절대로 생존 불가능한 환경 속에서 탐험을 수행하면서도, 모든 대원들을 이끌고 생존에 성공한 유일한 탐험가였기 때문이다. 이런 점에서 어니스트 섀클턴은 현대 생존 리더십(Survival Leadership)의 귀감이 되고 있다.[1]

데니스 N.T. 퍼킨스(Dennis N.T. Perkins 2018)에 의하면, 어니스트 섀클턴(Ernest Shackleton)은 아일랜드 출신의 영국 군인이자 탐험가였다. 그는 1914년 12월 5일, 대원 27명과 함께 인듀어런스(Endurance) 호를 타고 남극 탐험길에 올랐다. 그런데 탐험 44일째에 그들은 빙산에 갇히는 신세가 되었고, 탐험 327일째에는 대원들 모두의 생존이 위협받는 심각한 위기상황에 놓이게 되었다. 이러한 극한의 위기상황에서 섀클턴은 탁월한 리더십을 발휘해 대원들의 생존을 가능케 하였다. 식량이 떨어져 아사(餓死)의 위기가 도래하자, 그는 영하 30도의 혹한 속에서도 대원들과 함께 펭귄과 바다표범을 사냥해 잡아먹었다. 그렇게 그들은 아사 위기를 극복하였다. 전 대원들이 동시에 이동하기가 불가능한 상황이 도래하자, 섀클턴은 선발대를 조직해 지원군을 데려오기도 했다. 목숨 건 모험이었다. 노력의 결과, 그는 자신의 모든 대원들을 이끌고 무사히 귀국할 수 있었다. 탐험을 시작한 지 634일째가 되던 날인 1916년 10월 8일, 그들은 귀국하였다. 섀클턴의 이러한 탁월한 리더십은 극한 상황을 극복하는 생존 리더십의 원형으로 지금까지 인정받고 있다.

하지만 섀클턴과 달리, 극한 상황에서 생존의 리더십을 발휘하지 못했던 리더도 있다. 그는 캐나다 출신의 탐험가 빌흐잘무르 스테팬슨(Vilhjalmur Stefansson)이다. 그는 섀클턴보다 일 년 앞선 해인 1913년 북극 지역을 탐험하였다. 11명의 대원들과 함께, 칼럭(Karluk) 호를 타고 북극을 탐험했는데, 섀클턴의 인듀어런스 호와 마찬가지로 그의 칼럭 호 역시 빙벽에 갇히는 신세가 되었다. 그런데 이러한 절체절명의 위기상황에서 리더 스테팬슨의 리더십은 최악이었다. 그는 리더로서의 자신의 책임을 방기한 채 "순록 사냥을 가겠다"(데니스 N.T. 퍼킨스 2018, 46)는 이유로 도주하고 말았기 때문이다. 그 후 남은 대원들은 수많은 문제에 직면했다. 리더십이 있는 대원은 존재하지 않았다. 그들은 부족한 식량을 서로 차지하기 위해 싸웠고, 그 결과 그들 모두는 사망하고 말았다. 그 뒤 사고 발생 5년이 되던 시점에, 스테팬슨은 갑자기 공개 석상에 나타나 자신이 그렇게 행동한 이유를 말했다. 하지만 그 누구도 그의 말에 귀를 기울이지 않았다. 그는 실패한 리더십의 표본이었기 때문이다.

섀클턴의 성공적인 생존 리더십은 위기에 처한 모든 사람들에게 큰 영감을 줄 수 있다. 학계와 기업 나아가 군대를 포함한 모든 영역에서 그의 생존 리더십은 새롭게 조명받고 있다. "미 국방부를 비롯해 IBM, 타임지, 딜로이트, 록히드마틴, 월마트, 시티은행 등 수많은 대기업이 섀클턴의 리더십을 경영에 접목했다."2) 이처럼 섀클턴은 20세기의 새로운 영웅으로 인식되고 있으며, 그의 생존 리더십은 21세기 현대인들이 가장 주목해야 할 리더십 이론으로 주목받고 있다.

그런데 섀클턴의 이러한 생존 리더십은 고대 그리스의 오디세우스의 생존 리더십과 놀라울 정도로 닮아있다. 호메로스의 『오디세이아』에 나타난 오디세우스는 트로이 전쟁을 승리로 이끈 주인공 중의 한 사람이었으며, 비록 포세이돈(Poseidon)의 저주로 10년간이나 바다에 표류하게 되었지만, 모든 극한의 위기 상황들을 극복한 진정한 영웅이기 때문이다. 특히, 위기 상황 속에서 그가 보여준 절제(sophrosyne)에 근거한 로고스(Logos) 리더십은 고대적 생존 리더십의 전형(paradigm)을 보여주기에 충분하다.

트로이 전쟁 이후, 오디세우스의 제1목표는 '생존(epibiose)'과 '귀향(nostos)'이었다. 하지만 그 앞에는 수많은 장애물들과 위험들이 도사리고 있었다. 라이스트뤼고네스족들(Laestrygonians)과 폴리페모스(Polyphemus) 그리고 스퀼라(Scylla) 등의 공격을 받아 죽을 위기에 처하기도 했다. 하지만 그때마다 그는 탁월한 로고스와 놀라운 절제력을 발휘해 위기를 돌파했다. 그의 말을 듣지 않았던 부하들은 모두 죽고, 오직 그만이 살아남았다. 트로이를 떠날 때는 12척의 배에 약 600여 명의 부하들이 있었지만, 이타카(Ithaca)에 도착했을 때에는 오직 그만이 생존했던 것이다. 그럼 오디세우스의 생존 리더십은 완성되었는가? 아니다. 그의 고향 이타카에는 그의 왕국과 재산들을 찬탈하고자 하는 세력들, 즉 108명의 구혼자들과 내부 배신자들이 존재하고 있었기 때문이다. 하여, 오디세우스는 생존 리더십의 완성을 위해서 그들 모두를 제거한다. 즉 오디세우스는 왕으로서의 자신의 정체성(self-identity)을 회복해야만 했고, 그러기 위해서는 구혼자들과 배신자들을 모두 제거해야만 했던 것이다. 이처럼 오디세우스의 생존 리더십 스토리는 귀향 및 정체성 개념과 연관된 드라마와도 같다.

오디세우스의 생존 리더십에 관한 이야기는 호메로스의 『일리아스』와 『오디세이아』 그리고 소포클레스의 『아이아스』 등에 나타난다. 필자는 그중에서도 『오디세이아』를 중심으로 오디세우스의 생존 리더십을 분석하였다. 필자는 오디세우스의 생존 리더십을 다음 세 가지 측면, 즉 '위기 극복 리더십', '설득 리더십' 그리고 '실천 리더십'의 관점에서 조명하였다. (1) 위기 극복 리더십에서는 제반 위기의 상황에서 오디세우스가 사용했던 다양한 지적 능력과 윤리적 태도 등을 분석하였다. 그리하여 생존 리더십에서 가장 중요한 요소가 로고스와 절제임을 언급하였다. (2) 설득 리더십에서는 공동체의 갈등과 분열을 중재하고 화합시킬 수 있는 능력이 무엇인지를 분석하였다. 아킬레우스 사후, 그리스 군 내부에서는 아킬레우스의 무구를 놓고 경쟁(the con-test for the arms of Achilles)이 벌어지는데, 이러한 경쟁에서 오디세우스에게 패배한 아이아스가 자살함으로써 그리스군은 양분될 위기에 처하게 된다. 이에 오디세우스는 아가멤논을 대신해 적극적으로 중재안을 내놓는데, 그의 중재안으로 인해 위기에 빠졌던 그리스군은 안정을 되찾는다. 오디세우스의 설득 리더십이 성공적으로 실현됐던 것이다. (3) 실천 리더십에서는 귀향 후 오디세우스가 왕으로서의 자기 정체성을 어떻게 회복하는가를 분석하였다.[3] 오디세우스는 20년 만에 고향으로 돌아왔지만, 그를 기다리고 있었던 것은 자신의 왕국을 강탈하려고 하였던 108명의 구혼자들이었다. 그는 철두철미하게 복수를 준비하고, 그것을 실천에 옮겼다. 그리하여 왕으로서의 정체성을 되찾을 수 있었다. 페넬로페(Penelope)와 텔레마코스(Telemachus)도 각각 왕비와 왕자로서의 정체성을 되찾을 수 있었다. 여기에서는 실천적 리더십의 의미가 규명되었다.

🏛 2. 오디세우스, 그는 누구인가?

    오디세우스는 이타카의 왕으로, 트로이 전쟁의 주역들 중의 한 명이다. 끝이 나지 않던 10년 간의 트로이 전쟁에서 '트로이 목마(Trojan horse)' 작전을 지휘하여 그리스 군에 승리를 안겨다 주었다. 물론 오디세우스 외에도 숨은 영웅들이 있다. 희생적 리더십을 발휘하였던 아가멤논(Agamenmnon), 화랑 관창처럼 조국을 위해 목숨을 바쳤던 파트로클로스(Patroclus) 그리고 전쟁 후반기 자신의 사적 분노를 억누르고 라이벌 아가멤논과 화해하였던 아킬레우스(Achilles) 등이다. 이들 모두 그리스군의 승리와 밀접한 연관성이 있는 영웅들이다. 하지만 그리스군에 최종 승리를 안겨준 유일한 영웅은 오디세우스다. 그렇기에 오디세우스는 트로이 전쟁의 영웅들 중에서 최고라고 할 수 있다.

    오디세우스가 영웅이라는 것에 대해서는 반론의 여지가 없다. 하지만 그의 이름과 별명에는 영웅다운 특징이 존재하지 않는다. 오히려 반(反)영웅적인 의미가 가득하다. 사실 오디세우스란 이름에는 '오디움(odium)을 받은 자'라는 뜻이 있다. 그리스 말 '오디움'은 우리말 '미움' 또는 '증오'에 해당되기에, 오디세우스란 이름은 '미움을 받은 자' 또는 '증오를 받은 자'라는 부정적인 의미를 가진다. 그런데 오디세우스라는 이름을 지어준 자는 그의 외할아버지였던 아우톨리코스(Autolycos)였다. 그는 헤르메스(Hermes) 신의 아들이자 귀족이었다. 그럼에도 그는 거짓말과 도둑질 등 비윤리적인 분야에 능력이 있어, 많은 사람들로부터 미움의 대상이 되곤 했다. 영웅 오디세우스에게도 외할아버지의 이런 부정적인 능력이 내재돼 있었는데, 영웅의 이름에 이런 반영웅적인 의미가 내포돼 있다는 것은 아이러니한 현상이라 할 수 있다.

그런데 이름과 달리 오디세우스의 별명에는 신(新)영웅적인 의미가 가득하다. 대표적인 별명으로 언급되는 '지략이 뛰어난(polumētis, Od., 9.1; 11.354, 377, 405)', '참을성 많은 고귀한(Od., 15.353)', '현명한(Od., 21.223)' 그리고 '신과 같은(Od., 5.198)'은 모두 새로운 영웅의 탄생을 알리는 수사적 표현들이다. 이러한 별명들 외에, 오디세우스에게는 '도시의 파괴자(Od., 9.505)'란 별명도 있다. 이 별명은 그가 외눈박이 거인인 폴리페모스의 위험으로부터 탈출하는 과정에서 사용된 것인데, 여기에서 그는 포세이돈의 아들인 폴뤼페모스에게 자신이 바로 트로이 전쟁을 승리로 이끌었던 주역이었음을 강조하였다.

오디세우스는 그리스의 전통적인 영웅과 차별화되는 새로운 영웅으로 자리매김된다. 새로운 영웅으로서의 오디세우스의 리더십은 철두철미하게 '로고스(Logos)'에 기반해 생존(survival)의 가치를 지향하였던 것으로 특징 지어진다. 사실 그리스의 전통적인 영웅은 아킬레우스나 아이아스 같은 맹장(猛將)들이 주를 이룬다. 그들은 불멸의 명예를 제일의 가치로 생각하였으며 전장에서 죽는 것을 마다하지 않았다. 그러한 영웅들과 비교해 봤을 때, 오디세우스는 전통적인 영웅의 속성이 결여된 영웅이라고 할 수 있다. 그는 종종 명예로운 죽음보다는 불명예스러운 생존을 선택하기 때문이다. 하지만 그의 선택은 항상 전략적이고 미래지향적이다. 생존하지 않고서는 미래를 도모할 수 없기 때문이다. 이런 점에서 그는 새로운 영웅인 것이다. 물리력이나 전투기술에 의존하지 않은 채, 오직 로고스(Logos)에 근거해 승리하는 전쟁을 지향하였던 그의 모습에서 우리는 새로운 리더십의 가능성을 확인할 수 있다. 아티카로 귀향하고자 했던 수백 명의 사람들 중에서 무사히 고향으로 돌아갈 수 있었던 사람은 오디세우스가 유일하다는 것이 그것을 방증(傍證)한다.

그런데 오디세우스에 대한 이러한 언급이 곧바로 그가 전통적인 영웅들이 가진 상무정신(常武情神)을 결여한 책사(策士) 정도의 존재라는 것을 의미하지는 않는다. 왜냐하면 비록 아킬레우스나 아이아스 정도의 힘에는 미치지 못하지만, 그 역시 상당한 힘을 소유한 전사이기 때문이다. 우리는 그것을 아티카 왕궁에서 벌어진 활쏘기 시합과 구혼자들에 대한 복수 과정에서 확인할 수 있다. 이처럼 오디세우스는 지성과 전투력 그리고 리더십을 두루두루 갖춘 신영웅이다.

3. 위험과 유혹으로부터 어떻게 자신을 보존할 것인가?: 위기 극복 리더십

10년간의 트로이 전쟁이 끝나고 오디세우스는 고국으로 돌아간다. 하지만 포세이돈의 분노로 인해, 그의 귀향에는 10년의 시간이 소용된다. 수많은 괴물들과 요정들의 위협 속에서, 그는 탁월한 지성과 절제력을 발휘하여 생존했다. 인육을 먹는 외눈박이(Cyclopes) 괴물 폴리페모스(Polyphemus)와 여섯 개의 머리를 가진 바다괴물 스퀼라의 '위협'을 물리쳤다. 그리고 마법으로 사람들을 짐승으로 변하게 하였던 키르케(Circe)와 아름다운 목소리로 뱃사람들을 유혹해 죽였던 세이렌(Sirens) 그리고 오디세우스의 귀향을 칠년 간이나 방해했던 여신 칼립소(Calypso)의 '유혹'을 모두 물리쳤다. 이처럼 오디세우스는 제반 위기들을 모두 극복한 결과 귀향에 성공할 수 있었다.

3.1 폴리페모스의 위험으로부터 벗어나기

고향으로 돌아가는 과정에서 오디세우스에게 처음으로 찾아온 위기는 폴리페모스라는 존재였다. 폴리페모스는 포세이돈의 아들로, 외눈박이 거인 삼형제 중 막내였다. 하지만 성격은 가장 난폭한 존재로 알려졌다. 그런데 오디세우스는 그런 폴리페모스에 의해 죽을 수도 있었던 상황에 놓이게 된 것이었다. 그렇다면 그는 이 죽음의 위기로부터 어떻게 생존할 수 있었는가? 우선 가장 먼저 주목해볼 수 있는 것들로는 그의 침착함과 담대함 그리고 지적 능력 등이 있다. 아마도 죽음의 위기를 눈앞에 두고서도 그처럼 담대함과 침착함을 유지할 수 있는 사람은 거의 없을 것이다. 자신의 부하들이 폴리페모스에게 산채로 잡아먹히는 상황에서도, 그는 침착함을 잃지 않고 생존 가능성을 모색했다. 이때 그의 뇌리에 떠오른 것은 자신 앞에 있는 괴물의 지적 능력이 자신보다 못하다는 것이었다. 아니나 다를까, 포도주의 유혹에 그 괴물은 쓰러졌고 오디세우스와 부하들은 쓰러진 괴물의 눈을 제거하였다. 고통에 몸부림치던 괴물이 동굴 입구를 가로막고 있던 돌덩이를 치우자, 그와 부하들은 탈출에 성공할 수 있었다. 그 전에, 포도주를 마시고 기분이 좋았던 괴물은 오디세우스에게 그의 이름이 무엇인지를 묻는다. 하지만 오디세우스는 그에게 자신의 진짜 이름을 가르쳐주지 않는다. 대신 가짜 이름 '우티스(outis: nobody: 무명씨: 아무도 아닌)'를 알려준다. 오디세우스가 이렇게 주도면밀하게 괴물을 속인 결과, 그들은 탈출한 후에도 괴물의 형들의 공격으로부터도 안전할 수 있었다. 왜냐하면 괴물의 형들이 동생에게 너를 이렇게 만든 놈이 누구냐고 물어도, 그 괴물이 할 수 있는 대답은 나를 이렇게 만든 놈은 '아무도 아닌' 놈이라는 바보같은 말이었기 때문이다. 어쨌든 오디세우스는 탈출할 수 있는 충분한 시간을 확보하고 난 뒤, 울부짖는 괴물에게 자신이 바로 "이타카의 집에 사는 라에르테스의 아들 도시의 파괴자 오디세우스"(*Od.*, 9.504–505)라고 이야기하였다. 이처럼 오디세우스는 절체절명의 상황에서도 침착함을 잃지 않고 탁월한 기지를 발휘하여 자신과 부하들의 생존을 가능하게 하였다. 로고스에 기반한 오디세우스의 리더십이 빛을 발하는 순간이었던 것이다.

3.2 칼립소의 유혹으로부터 벗어나기

칼립소는 지중해 서쪽에 자리 잡은 오기기아(Ogygia) 섬의 여신이었다. 평생 늙지 않았으며 빼어난 미모를 가진 여신으로 유명하였다. 칼립소는 오디세우스가 부하들을 모두 잃고 자신의 섬으로 떠밀려왔을 때, 그를 구해주고 돌봐 준다. 오디세우스를 돌보면서 그에게 사랑의 감정을 느낀 칼립소는 그를 "자기 남편으로 삼으려고 속이 빈 동굴 안에 붙들어두고"(*Od.*, 1.15) 있었다. 이때 칼립소는 오디세우스에게 하나의 제안을 한다. 만약 그가 귀향을 포기한다면, 그에게 '신적인 불로장생(不老長生)의 능력을 주겠다'는 제안, 즉 "영원히 죽지도 늙지도 않게 해주겠다"(*Od.*, 5. 136)는 제안을 했던 것이다. 이에 오디세우스는 "나는 집에 돌아가서 귀향의 날을 보기를 날마다 원하고 바란다오"(*Od.*, 5.218–220)라고 대답하면서 칼립소의 제안을 거절한다. 불사(不死)의 신적인 삶보다는 필사(必死)의 인간적인 삶을 선택하였던 것이다.

사실 칼립소는 뿌리치기 힘든 강력한 성적(性的) 유혹의 소유자이기도 했다. 10년간의 귀향 과정에서 오디세우스가 칼립소와 보낸 시간이 7년이었다는 것이 그것을 방증한다. 마법사였던 키르케(Circe)와 보낸 시간이 1년이었음을 생각해본다면, 정말로 오디세우스의 귀향을 방해하였던 것은 괴물 폴리페모스와 요정 세이렌이 아니라, 여신 칼립소였다. 만약 그가 성인군자(聖人君子)들처럼 칼립소와 키르케의 유혹을 원천 봉쇄했다면, 바다에서 그의 방랑은 2년 안에 끝낼 수도 있었을 것이다. 하지만 그는 그렇게 하지 못했다. 아니 그렇게 하지 않았다. 그만큼 오디세우스는 성적 욕망에 취약했던 리더였다. 하지만 결국 그는 그 유혹으로부터 벗어나 귀향에 성공할 수 있었다. "영원히 죽지도 늙지도 않게 해주겠다"(Od., 5.136)는 칼립소의 제안을 물리친 채, 귀향길에 올랐던 것이다.

사실 오디세우스를 불로불사(不老不死)의 존재로 만들어주겠다는 칼립소의 제안은 상당히 매력적이다. 동서고금(東西古今)의 모든 철학자들과 종교가들이 꿈꾸는 이상적인 가치인지도 모른다. 하지만 오디세우스는 칼립소의 그런 제안을 단칼에 거절한다. 그의 고향에서 아내 페넬로페와 아들 텔레마코스가 그를 기다리고 있기 때문이다. 그런데 이러한 가족 재회에는 정체성 회복의 문제, 즉 왕으로서의 자기정체성 회복의 문제가 내재돼 있다. 물론 오디세우스는 왕이다. 하지만 엄격히 말하자면 그는 왕이 아니다. 명목상으로는 왕이나 실제적으로는 왕이 아닌 것이다. 만약 자신의 왕권을 되찾지 못한다면, 그는 왕으로서의 정체성을 상실할 것이다. 오디세우스가 왕으로서의 정체성을 확보하지 못한다면, 왕비인 아내 페넬로페도 왕비로서의 자신의 정체성을 확보하지 못할 것이고, 왕자인 아들 텔레마코스 역시 왕자로서의 자신의 정체성을 확보하지 못할 것이다. 이런 점에서 오디세우스의 귀향은 오디세우스 왕가(王家)의 자기정체성 회복과 직접적으로 연결돼 있는 것이다.

칼립소의 사례를 놓고 볼 때, 리더가 지향해야 할 가장 중요한 미덕은 자신과 공동체의 정체성을 확립하고 보존하는 일이다. 개인과 공동체의 생존은 정체성 확립과 보존에서 결정되기 때문이다. 이런 점에서 볼 때, 칼립소의 강력한 성적 유혹을 물리치고 귀향에 성공하였던 오디세우스의 리더십은 현대의 모든 리더들이 주목해야 할 리더십의 전형이라고 판단된다.

3.3 세이렌의 위기로부터 벗어나기

세이렌들(Sirens)은 아름다운 여성의 얼굴에 독수리의 몸을 한 요정들이다. 즉 인면조(人面鳥)들이다. 고대 세계에서는 뱃사람들에게 공포의 대상이 되기도 했다. 강의 신 아켈레오스(Acheloos)와 음악의 신 멜포메네(Melpomene) 사이에서 태어난 딸들(3–4명)로, 치명적인 노랫소리로 뱃사람들을 유혹해 그들을 죽음에 이르게 하는 무시무시한 존재들이었다. 그런데 ‘인면조’였던 세이렌 신화는, 로마에 가서는 ‘인어(人魚)’ 신화로 변형된다. 인어에 유혹의 이미지가 더 많이 내포돼 있다고 생각했기 때문이다. 그래서 로마 이후 서구에서는 세이렌이 인어 이미지로 고착화돼 전승되었으며, 현대의 커피 전문점인 스타벅스(Starbucks)에서도 인면조가 아닌 인어 이미지를 로고로 사용하고 있다. 이처럼 세이렌 신화는 다양한 의미를 함축하고 있으며, 리더십 관점에서도 주목할 만한 여러 가지 특징들을 보여주고 있다.

세이렌의 노랫소리는 저항할 수 없는 강력한 유혹을 상징한다. 유혹에 빠진 인간들은 필연적으로 죽을 수밖에 없다. 그 누구도 세이렌의 유혹으로부터 벗어날 수 없다. 하지만 오디세우스는 달랐다. 그는 세이렌의 노랫소리에 노출되고서도 죽지 않았던 유일한 인간이었다. 도대체 그는 어떻게 세이렌의 유혹으로부터 벗어날 수 있었을까? 그것은 로고스에 기반한 그의 철저한 준비 때문이었다. 먼저 그는 자신과 부하들의 상황을 고려하여 두 가지 비책(祕策)을 준비했다. 첫째, 세이렌의 비밀을 알고 싶어 하지 않았던 부하들에게는 생존 비책으로 귀를 막을 수 있는 밀랍을 준비케 하였다. 그 결과 부하들은 전부 생존할 수 있었다. 둘째, 오디세우스 자신은 목숨을 걸고 세이렌의 비밀을 알고 싶어 했기 때문에, 밀랍으로 귀를 막지 않은 채 세이렌의 노랫소리를 그대로 들었다. 하지만 부하들을 시켜 자신의 몸을 돛대에 단단히 묶게 함으로써, 세이렌의 노랫소리를 듣고 무의식 중에 바다에 빠져 죽는 것을 방지하였다. 이렇게 함으로써, 그는 세이렌의 비밀을 알고자 했던 자신의 지적 호기심을 충분히 충족시키면서도 생존과 연관된 구체적인 방법을 준비함으로써, 모두의 생존을 가능케 하는 리더십이 무엇인지를 실제적으로 보여주었다.

리더십과 연관해서 세이렌 신화는 우리에게 두 가지 아이디어를 제공한다. 첫째, 공동체의 리더는 리더 본인과 공동체 구성원들의 생존을 일차적으로 담보해야 한다. 만약 리더가 생존의 가치를 담보하지 못한 채 이상적인 가치만을 추구한다면, 그러한 리더는 현실적인 리더라 할 수 없을 것이다. 둘째, 리더는 불확실하고 미결정적인 세계의 본질을 파악하고자 하는 지적 모험을 감행해야 한다. 사실, 세이렌의 비밀을 파헤치고자 하는 오디세우스의 모험은 자연의 비밀을 분석하고자 하는 철학자와 과학자들의 지적 여정(旅程)을 상징한다. 그러기에 오디세우스의 로고스는 두 가지 방향, 즉 자연의 힘으로부터 자신을 보존하고자 하는 하나의 방향과 자연의 비밀을 파헤치고자 하는 또 다른 방향으로 진행된다. 그런데 리더의 리더십 또한 이와 같다. 리더는 한편으로 자신과 공동체의 안전을 담보하려고 노력하면서도, 또 다른 한편으로 현실의 한계를 벗어날 수 있는 미래지향적인 전략을 과감하게 구사해야 한다. 만약 리더가 미래지향적 전략을 과감하게 구사하지 않는다면, 그러한 리더는 상상력이 풍부한 미래지향적 리더에 의해서 압도당하게 될 것이다. 우리는 그러한 사례를 실제적으로 1453년 콘스탄티노플공방전에서 확인할 수 있다. 공격자였던 오스만 제국의 어린(21세) 술탄 메호메트 2세(Mehmed II, Ottoman sultan)는 상상력이 풍부한 미래지향적 리더였다. 그는 천년 왕국 동로마 제국의 난공불락(難攻不落)의 성인 테오도시우스 성벽(Theodosius walls)을 무너트리기 위해 기상천외(奇想天外)한 작전, 즉 보스포루스 해협(Bosphorus Strait)에서 해발 60m의 갈라타(Galata) 언덕을 지나 금각만(Golden Horn)에 이르는 새로운 길을 만든다는 기상천외한 작전을 짜고, 그것을 실제로 관철했다. 그리고 그 산길로 70여 척의 배를 옮겨, 동로마 정복의 전환점을 마련하였다. 이에 비해 수비자였던 동로마 제국의 마지막 황제 콘스탄티노스 11세($O\ K\omega\nu\sigma\tau\alpha\nu\tau\tilde{\iota}\nu o\varsigma\ IA'o\ \Delta\rho\alpha\gamma\acute{\alpha}\sigma\eta\varsigma o\ \Pi\alpha\lambda\alpha\iota o\lambda\acute{o}\gamma o\varsigma$)는 상상력이 빈약한 과거지향적 리더였다. 그는 메호메트 2세의 생각을 읽지 못했고, 자신의 지배하에 있었던 갈라타 총독도 관리하지 못함으로써, 자신의 시대에 천년 왕국이 무너지는 비극을 맞이했다. 이처럼 리더는 상상력이 풍부한 미래지향적 전략과 그것을 관철할 수 있는 용기를 가지고 있어야 하는 것이다.

4. 공동체의 갈등을 어떻게 중재할 것인가?: 설득리더십

4.1 아킬레우스 무구소유권 논쟁과 아가멤논 리더십의 한계

그리스 군에서 아킬레우스 다음 가는 장군은 아이아스(Ajax the Great) 였다. 그는 그리스 군 내부에서 인기 있고 능력 있는 리더였다. 헤라 클레스(Heracles)의 친구인 텔라몬(Telamon)의 아들이었으며, 큰 체구 와 강력한 무공(武功)을 지닌 장군으로도 유명하였다. 전투 중 항상 선 두에 서서 싸운 맹장(猛將)이었으며, 세심하게 부하들을 보살핀 덕장 (德將)이기도 했다. 하지만 그에게는 오디세우스와 같은 지략가로서의 능력은 부족했다. 즉 전투력과 조직관리 능력은 뛰어났으나, 전략가로 서의 지적 능력은 결핍돼 있었던 것이다.

아이아스와 오디세우스는 라이벌 관계였다. 아이아스가 전투력과 명예를 중요시하는 전통적인 영웅이라면, 오디세우스는 지략과 실리 를 중요시하는 새로운 영웅이었다. 아이아스에게 변하지 않는 전통적 가치가 절대적인 힘을 갖는 데 반해서, 오디세우스에게 변하지 않는 가치란 존재하지 않으며 모든 가치는 상대적인 것으로 간주되었다. 그 결과, 오디세우스가 변화된 세상의 새로운 주인공으로 등장한 데 반해서, 아이아스는 변화된 세상을 거부하면서 정통적 가치만을 고수 하는 완고한 존재로 이해되었다.

아이아스와 오디세우스의 라이벌 관계는 아킬레우스의 무구(武具)소 유권 경쟁에서 절정에 달한다. 아킬레우스 사후, 테티스(Thetis) 여신은 아들 아킬레우스의 무구를 그리스군에서 "가장 용감한 자"에게 상으로 주겠다고 한다. 이에, 그리스 군에서 최고의 맹장인 아이아스와 최고의 지장인 오디세우스가 격돌한다. 최고 의사결정권자는 아가멤논이었다. 하지만 그는 자신의 의사결정권을 행사하지 않았다. 대신 최종결정권을 배심원들에게 미루었다. 마치 "가장 아름다운 여신에게"라는 조건이 달린 에리스(Eris)의 황금사과를 놓고 헤라(Hera)와 아프로디테(Aphrodite) 그리고 아테나(Athena)가 경쟁할 때, 의사결정권을 가진 제우스가 인간 목동 파리스(Paris)에게 결정권을 위임하였듯이, 아가멤논 역시 결정권을 배심원들에게 위임했던 것이다. 그 결과 가장 용감한 자는 오디세우스로 결정되고, 그에게 아킬레우스의 무구가 수여된다. 아이아스는 패자가 된다.

그런데 아이아스의 생각은 달랐다. 그는 아킬레우스가 의사결정권자라면 아가멤논이나 메넬라오스처럼 결정하지 않았을 것이라고 굳게 믿고 있었다. "아킬레우스가 살아 있어 누군가 승리한 자에게 자신의 무구들을 손수 상으로 수여하게 되었다면, 어느 누구도 나 대신 그 무구들을 거머쥐지 못했으리라"(Aias 442-444)라는 그의 말이 그것을 방증한다. 누구도 그리스 군에서 아킬레우스 다음가는 무장(武將)이 아이아스라는 것에 이의를 제기하는 사람은 없을 것이다. 또한 그만큼 그리스 군 내에서 그보다 더 헌신적이고 희생적인 지휘관은 없었을 것이다. 그렇기에 그는 "아트레우스의 아들들이 마음씨가 음흉한 자에게 그 무구들을 넘겨주고 나에게서 승리를 가로챘어"(Aias 445-446)라고 울분을 토하고 있는 것이다. 그리하여 아이아스는 자신의 명예를 실추시킨 아가멤논과 메넬라오스를 죽이고자 시도하였으나, 아테나 여신은 오히려 그에게 "광기라는 질병을 보내"(Aias 452), 그가 아트레우스(Atreus)의 아들들 대신, "가축 떼들"(Aias 42)을 도륙(屠戮)하도록 만든다. 다음 날, 자신이 가축 떼들을 죽인 것을 안 아이아스는 평생 경험해보지 못했던 강한 "치욕"(*Aias* 207)을 느낀다. 그는 "난 이제 어떡하지? 신들에게도 나는 분명히 미움 받고, 헬라스인들의 군대도 나를 싫어하고, 온 트로이아 땅과 이 들판들조차 나를 미워하는데"(*Aias* 457−459)라고 고민하다가, "명예롭게 죽어야 해"(*Aias* 207)라는 결론에 도달하고 자살한다. 이때 그는 "헥토르한테서 이 칼을 선물로 받았다가 이 칼 위에 엎어져 숨을 거두고 말았소"(*Aias* 1031−1033)라는 동생 데우크로스(Teucer)의 언급처럼, 헥토르로부터 받았던 선물을 자신의 자살 도구로 썼다. 헥토르가 아이아스로부터 "선물로 받은 혁대로 전차 난간에 묶여 질질 끌려가다가 결국에는 숨을 거두었"(*Aias* 1029−1031)듯이, 그 역시 선물로 받은 칼을 자살 도구로 사용했던 것이다.

P. 우드러프(Paul Woodruff 2013, 269)에 의하면, 아가멤논은 "교만하고 무신경한"(278) 사람이며 "바른길에서 벗어난 압제자"(261)의 모습을 하고 있다. 아이아스 자살 사건을 비롯한 제반 위기에 대한 책임은 전적으로 아가멤논에게 있다. 그의 리더십 부족으로 인해, 아까운 인재가 세상을 떠났다. 물론 의사결정은 배심원들이 했고, 의사결정 과정은 합리적으로 진행되었다. 하지만 리더십은 단순한 정량평가 이상의 판단을 요구한다. 그것은 고도의 정치술이기도 하다. 그런데 아가멤논은 최고 의사결정권자임에도 그렇게 하지 못했다. 모름지기 최고 의사결정권자는 의사결정을 공정하게 관리할 책임뿐만 아니라, 의사결정이 가져올 긍정적인 효과 및 부정적인 효과 전반에 대한 구체적인 대안도 갖고 있어야 하지만, 아가멤논은 그렇게 하지 못했다. 그는 그리스군의 두 축인 아이아스와 오디세우스의 경쟁이라는 엄청난 사건을 다루면서도, 그 최종 책임을 배심원들에게 미루었으며, 의사결정 뒤 발생할 후폭풍에 대해서는 그 어떠한 대책도 수립하지 않았던 안

이한 태도를 보여주었다. 이에 아킬레우스의 무구(武具)가 아이아스에게 주어졌다면, 아이아스의 자살과 같은 비극적인 상황은 발생하지 않았을 것이라는 가설이 제기될 수도 있다. 하지만 아킬레우스의 무구가 아이아스에게 주어졌다고 하더라도, 이와 연관된 문제들이 완전히 제거되는 것은 아니다. 왜냐하면 그리스군은 이미 아이아스를 지지하는 세력과 오디세우스를 지지하는 세력으로 양분돼 있었으며, 아이아스를 지지하는 세력들과 마찬가지로, 오디세우스를 지지하는 세력들 또한 자신들의 의지가 관철되지 않았을 경우에는 강한 불만을 제기할 수도 있는 상황에 놓여 있었기 때문이다. 그렇기에 이러한 상황에서 무엇보다도 중요한 것은 리더의 설득적인 리더십이다. 모름지기 한 공동체의 리더라면, 공동체의 분열을 가져올 수도 있는 민감한 사안에 대해서는 생각하고 또 생각해야 하고, 의사결정 다음의 후폭풍에 대해서도 만반의 대비책을 준비하고 있어야 한다. 그리고 필요에 따라서는 분쟁 세력들 간의 이해관계를 직접 조정하고 중재하는 리더십도 발휘해야 한다. 하지만 아가멤논은 그러질 못했다. 이러한 점에서 볼 때, 아킬레우스의 무구소유권 논쟁에서 보여준 아가멤논의 리더십은 지향의 대상이 아니라, 반면교사(反面敎師)의 대상임에 분명하다.

4.2 아이아스 장례를 중재하는 오디세우스의 설득의 리더십

아이아스 자살 사건 이후 그리스 군은 양분된다. 양분된 배경에는 아이아스의 징례 문제가 있있다. 아이아스의 동생이있던 테우크로스는 형 아이아스에 대한 명예로운 장례를 주장했다. 하지만 아트레우스의 아들들은 그것을 거부했다. 특히 메넬라오스는 "이 시신을 묻지 말고 누워 있는 그대로 버려두게"(*Aias* 1048)라고 강하게 주장했다. 그런데 그들의 주장에도 어느 정도 일리(一理)는 있다. 왜냐하면 아이아스는 그리스 장군들을 살해하려다 자살한 불명예스러운 존재였고, "불법을 저지르며 제멋대로 행동하"(1081)였기 때문이다. 그렇지만 테우크로스의 생각은 달랐다. 그가 생각하기에 아이아스는 "헥토르가 해자를 훌쩍 뛰어넘어 함선들의 갑판위에 달려들었을 때"(1278-1279) 그리스군의 파멸을 막은 유일한 전사였고, "헥토르와 일대일"(1284) 대결도 마다하지 않았던 용감한 장군이었다. 하지만 테우크로스의 이러한 주장과 논거도 아트레우스의 아들들을 설득할 수는 없었다. 그 결과, 테우크로스와 아트레우스의 아들들의 대립은 평행선을 달릴 뿐이었다.

이에, 기지(奇智)가 뛰어난 오디세우스가 중재자로 나섰다. P. 우드러프의 분석에 의하면, 오디세우스는 "훌륭한 도덕 능력과 아이아스를 측은히 여기는 능력"(Paul Woodruff 2013, 272)을 두루 갖춘 영웅이다. 그는 "자신의 주특기인 말솜씨를 동원하여"(272), 수세에 몰린 테우크로스를 도와 아이아스의 장례를 치러야 함을 강하게 주장했다. 그는 아이아스가 "트로이아에 온 아르고스인들 중에 아킬레우스 말고는 그만이 가장 탁월한 전사임을"(*Aias* 1348-1340) 강조하며, "나는 여기 이 고인을 묻는 데 협조하고 함께 애쓰며 사람들이 가장 고귀한 인물에게 당연히 해드려야 할 것을 한 가지도 빠뜨리고 싶지 않소이다"(1378-1380)라고 강조했다. 오디세우스의 끈질긴 설득에 아가멤논도 공감해, 아이아스의 장례는 치러질 수 있었다(1373).

그런데 오디세우스의 이러한 중재에 대해 아트레우스의 아들들은 의아해한다. 왜냐하면 아이아스는 아킬레우스의 무구 소유권 경쟁에서 오디세우스와 경쟁 관계에 있었던 인물인데, 오디세우스가 바로 그러한 아이아스를 편들고 있었기 때문이다. 하지만 오디세우스는 리더십이 부족하였던 아가멤논과는 달랐다. 그는 그 누구보다도 탁월한 리더였고, 리더십의 본질을 잘 알고 있었기 때문이다. 아가멤논은 최고 의사결정권자였음에도 문제 해결에 집중하지 않았다. 오히려 문제를 더 복잡하게 만들어버렸다. 자칫 잘못하다가는 아이아스를 따르던 사람들의 불만을 증폭시켜, 그리스군의 양분(兩分)을 야기하고, 경우에 따라서는 내전으로도 확산될 수 있는 심각한 사안을 너무 안이하게 생각했던 것이다. 하지만 오디세우스는 달랐다. 그는 아이아스의 장례문제가 단순한 문제가 아니라, 그리스 군의 생존과 직결된 심각한 사안임을 간파하고, 자신이 직접 그 중재자로 나섰던 것이다. 그 후, 그는 아가멤논을 설득해 아이아스에 대한 장례를 승인 받았다. 이로써 아킬레우스의 무구소유권 논쟁과 더불어, 그리스군에 찾아온 두 번째 위기인 아이아스의 시신 매장 논쟁은 마무리되었다. 오디세우스의 설득 리더십이 빛을 발하던 순간이었다.

5. 왕권 찬탈세력으로부터 어떻게 왕권을 회복할 것인가?: 정체성 수호의 리더십

오디세우스가 트로이에서 전쟁하고 귀향하던 20년 동안 이타카에서는 많은 일들이 있었다. 그중에서도 가장 눈에 띄는 존재는 오디세우스의 왕권을 넘보며 왕비 페넬로페에게 결혼을 강요했던 108명의 구혼자들이었다. 그들은 아티카 왕궁에 상주하면서, 오디세우스의 왕권과 재산 그리고 아내 페넬로페를 노리고 있었다. 그리고 구혼자들과 내통한 하인들과 하녀들은 오디세우스를 배신한 채, 왕국을 위험에 빠뜨리고 있었다. 이에, 오디세우스는 자신의 왕권을 넘보는 찬탈 세력으로부터 자신의 왕권을 지키기 위해 지난(至難)한 노력을 전개한다.

김기영(2013)에 의하면, 오디세우스는 "자신의 가정을 위협한 구혼자들을 응징해 정의를 실현한 영웅"(김기영 2013, 251)으로 언급된다. 108명의 구혼자들과 내부 배신자들이 제거되지 않는다면 정의는 실현될 수 없고, 정의가 실현되지 않는다면 왕으로서의 정체성 또한 되찾을 수 없을 것이다. 만약 오디세우스가 구혼자들의 힘과 압력에 굴복해 왕으로서의 정체성을 되찾지 못한다면 그의 귀향은 미완성의 상태로 끝날 것이고, 가족들과의 재회 또한 불가능할 것이다. 이에, 오디세우스는 자신의 왕권을 되찾기 위해서 아들 텔레마코스와 함께 마지막 전쟁을 준비한다.

오디세우스가 아티카에 도착했을 때, 그의 곁에는 아무도 없었다. 수백 명에 이르는 그의 전우들이 귀향 과정에서 모두 죽었기 때문이다. 설상가상으로, 누가 친구이고 누가 적인지를 구분할 수조차 없었다. 홀로 사악한 구혼자들과 맞서 싸워야 할 상황에서 그를 도와준 존재는 아테나 여신이었다. 여신은 오디세우스가 "많은 고난을 참고 견뎌야 할 운명"(Od., 13. 306–307)을 지닌 존재임을 강조하며, 그에게 "남자들의 행패를 감수하며 많은 고통을 묵묵히 참아"(Od., 13. 309–310)야 된다고 조언해 준다. 곧이어 여신은 오디세우스의 모습을 거지 노인의 모습으로 바꾸어주었는데, 이는 피아(彼我) 구분이 불가능한 상황에서 그를 보호하기 위한 최소한의 배려였다.

거지 노인의 모습을 했는데도 불구하고 진짜 오디세우스를 알아보는 존재들이 있었다. 가장 먼저 알아본 존재는 충견(忠犬) 아르고스

(Argos)였다. 아르고스는 왕궁으로 들어오는 거지 노인이 주인 오디세우스인지를 단번에 알아보고는 "꼬리치며 두 귀를 내렸"(Od., 17. 302)다. 하지만 나이가 많은 탓이었는지, "주인 오디세우스를 다시 보는 그 순간 검은 죽음의 운명"(Od., 17. 326-327)의 지배를 받아 죽고 말았다. 그 다음으로 그를 알아본 존재는 늙은 유모 에우리클레이아(Eurycleia)였다. 그녀는 손님으로 온 거지 노인의 발을 씻겨주다가 그의 다리에 난 "흉터"(Od, 19. 392)를 보고서는 그가 오디세우스임을 알아차렸다. "그대가 바로 내 아들 오디세우스로군요. 다 만져보기 전에는 나는 주인인 그대를 알아보지 못했어요"(Od., 19. 474-475) 그리고 그녀는 오디세우스가 왕권을 도로 찾는 데 적극 협조할 것을 약속한다. 이렇게 하여, 오디세우스는 그의 복수를 도울 한 명의 조력자를 얻게 된다.

오디세우스는 구혼자들을 제거하기 위한 계획을 구체적으로 수립하는데, 이때 그를 도왔던 사람은 아들 텔레마코스와 충성스러운 부하였던 돼지치기 에우마이오스(Eumaeus)와 소치기 필로이티오스(Philoetius)였다. 이 둘의 도움을 받아, 오디세우스는 아들 텔레마코스와 함께 108명이나 되는 구혼자들 중 음유시인 페미오스(Phemius)와 전령 메돈(Medon)만을 살려 둔 채(Od., 22. 330-332; 356-360), 106명이나 되는 구혼자들을 모두 살해하였다.

아들 텔레마코스와 달리, 아내 페넬로페에게는 오디세우스의 귀국 소식이 전해지지 않았다. 악조건하에서 그녀가 제시한 것은 활쏘기 시합에서 우승한 사람과 결혼하겠다는 것이었다. 몇 년간에 걸친 구혼자들의 결혼 요구를 더 이상 거부할 수 없었기 때문이다. 그런데 오디세우스의 활을 사용해 도끼자루 열두 개의 고리를 통과해 과녁을 맞추는 사람은 아무도 없었다. 하지만 거지 노인 오디세우스는 단번에 성공했다. 이렇게 해서 활쏘기 시합의 우승자는 오디세우스가 됐다. 그 뒤, 오디세우스는 아들 텔레마코스와 함께 106명의 구혼자들을 잔혹하게 살해하였다. 그리고 오디세우스를 배신하고 구혼자들과 내통했던 염소치기 멜란티오스(Melanthios)와 12명의 하녀들 또한 처단했다.

오디세우스의 복수 이야기에서 우리는 리더가 갖추고 있어야 할 필수적인 능력 두 가지를 확인할 수 있다. 첫째, 리더는 오디세우스와 같은 극한의 인내력을 갖고 있어야 한다는 것이다. 탁월한 지성적 능력과 함께, 오디세우스는 그 누구도 따라올 수 없는 엄청난 인내력을 갖고 있었다. 자신의 왕궁을 거지 노인의 모습으로 돌아다닐 때, 자신을 배신하고 구혼자들과 내통한 하녀들이 그를 멸시하고 조롱했음에도 그는 그 모든 수모를 참고 견뎠다. 그리고 복수의 때가 오기를 기다렸다. 아들 텔레마코스가 성급하게 분노의 감정을 드러내려고 하자, 그는 아들에게 강경하게 "참아라"(Od., 20.18)라고 충고했다.[4] 아침 저녁으로 부하들을 잡아먹던 폴리페모스를 눈앞에 두고서도 침착함을 잃지 않았듯이, 그는 새로운 괴물이자 장애물인 구혼자들과 배신자들의 자극에도 동요치 않고 복수의 때를 기다렸다. 그 결과, 그는 복수에 성공하고 정의를 실현시킬 수 있었다. 둘째, 리더는 오디세우스처럼 '신상필벌(信賞必罰)'을 분명히 해야 한다는 것이다. 그는 자신의 왕국을 넘보았던 106명의 구혼자들과 그들과 내통했던 12명의 하녀들 또한 가차 없이 죽였다.[5] 그 과정에서 제일 먼저 살해됐던 자는 안티노오스(Antinous)였다. 그는 구혼자들 중에서 가장 악명 높은 자였다. 많은 구혼자들이 자신의 사정을 이야기하면서 오디세우스에게 용서를 빌었지만, 그는 그 어떠한 자비도 베풀지 않았다. 그의 복수는 왕국과 재산 그리고 왕비를 탐했던 자들에 대한 정의의 심판이었기 때문이다. 내부 배신자들 중에서 가장 잔혹하게 살해된 자는 염소치기 멜란티오스(Melanthius)였다.6) 그는 거지 노인 오디세우스를 모욕했을 뿐만 아니라, 구혼자들에게 무기까지 가져다주는 죄를 저질렀기 때문이다. 이와 달리, 오디세우스의 정의의 심판을 도왔던 충성스러운 하인이었던 돼지치기 에우마이오스와 소치기 필로이티오스에게는 큰 상이 주어졌다. 이처럼 오디세우스는 신상필벌을 분명히 함으로써 자신의 리더십을 확고하게 했다.

오랜 고통의 시간을 참고 인내함으로써, 오디세우스는 마침내 자신의 왕국을 찬탈하려던 구혼자들을 제거하고 정의를 구현했다. 그리고 아티카 왕으로서의 자기정체성 또한 회복했다. 총사령관 아가멤논의 귀향이 새드 엔딩(sad ending)으로 끝난 데 반해서, 오디세우스의 귀향은 해피 엔딩(happy ending)으로 끝났다. 그의 귀향이 해피 엔딩으로 끝날 수 있었던 데에는 오디세우스의 로고스와 절제 그리고 인내가 결정적이었다. 이처럼 로고스와 절제력에 근거한 오디세우스의 생존 리더십은 21세기 리더들의 귀감이 되기에 충분하다.

🏛 6. 나오는 말

서양 고전의 첫머리는 항상 호메로스의 『오디세이아』와 『일리아스』가 장식한다. 트로이 전쟁과 관련된 10년간의 이야기가 『일리아스』의 주된 내용이라면, 트로이 전쟁 이후 고향 이타카로 귀향하기까지의 10년간의 이야기는 『오디세이아』의 주된 내용이다. 즉 『일리아스』가 "삶은 전쟁이다"라는 냉혹한 삶의 현실을 반영하고 있다면, 『오디세이아』는 그러한 냉혹한 삶의 현실에서 유일하게 생존했던 영웅 오디세우스의 생존 리더십을 잘 보여주고 있다.

사실 세상을 살다 보면, 여러 가지 위기가 있고 유혹이 찾아오기 마련이다. 특히 조직이나 공동체의 리더(Leader)들에게는 더 많은 위기와 더 강한 유혹이 찾아온다. 이러한 위기와 유혹 상황에서, 가짜 리더는 위기에 무너지고 유혹에 굴복하나, 진짜 리더는 위기를 극복하고 유혹을 이겨낸다. 오디세우스는 로고스와 절제력으로 무장하여 위기와 유혹을 극복한 리더 중의 리더다. 온갖 괴물들의 위험을 극복했으며, 왕국 찬탈세력들로부터 왕국과 자신의 가족들을 지켰다. 나아가, 그리스군 내부를 불안케 했던 각종 문제들을 적극적으로 해결함으로써 공동체의 안정을 가능케 하였다.

그런데 현재 한반도의 안보 상황은 악화되고 있다. 과거 그 어느 때보다도 불확실성이 증대되고 있기 때문이다. 이러한 불확실성을 증대시키는 요인으로는 여러 가지가 있겠지만, 그중에서도 가장 큰 것은 북한 핵이다. 북한은 미국 등 서방세계의 제재에도 불구하고 핵보유국의 위상을 인정받고자 하는 다양한 시도 등을 하고 있으며, 한-미-일을 비롯한 국제사회는 그것을 거부하고 있다. 이러한 상황 속에서, 지금 우리에게 필요한 것은 국제적 감각과 탁월한 리더십을 가진 리더의 존재다. 오디세우스처럼 꾀로써 온갖 괴물들을 물리치고, 힘으로써 106명이나 되는 왕권 찬탈세력들을 모두 제거할 수 있는 그런 존재, 즉 지장(智將)이자 맹장(猛將)인 리더가 필요한 때이다.

"나는 이미 너울과 전쟁터에서 많은 것을 겪었고, 많은 고생을 했소. 그러니 이 고난들에 이번 고난이 추가될 테면 되라지오."

— 『오디세이아』 5권 중 오디세우스의 말

"참아라, 나의 마음아. 너는 그 전에 키클롭스(외눈박이 거인)가 전우들을 먹어치울 때 이보다 험한 꼴을 참지 않았던가! 이미 죽음을 각오한 너를 계략이 동굴 밖으로 끌어낼 때까지 너는 참고 견디지 않았던가!"

— 『오디세이아』 20권 중 오디세우스의 말

"여보, 우리는 아직 모든 고난의 끝에 도달한 것이 아니오. 앞으로도 헤아릴 수 없는 많은 노고가 있을 것이고, 그것이 아무리 많고 힘들더라도 나는 그것을 모두 완수해야만 하오."

— 『오디세이아』 23권 중 오디세우스의 말

읽을거리 & 볼거리 ──────────○

- 강대진(2019), 『호메로스의 일리아스 읽기』, 그린비.
- 강대진(2020), 『호메로스의 오뒷세이아 읽기』, 그린비.
- 데니스 N.T. 퍼거슨, 마거릿 P, 홀츠먼, 질리언 B, 머피(2018), 『어니스트 섀클턴: 극한상황 리더십』, 최종욱, 홍성화 옮김, 뜨인돌.

- 마고 모렐, 스테파니 케이퍼렐, 김용수(2023),『섀클턴의 위대한 리더십』, 미다스북스.
- 폴 우드러프,『아이아스 딜레마』, 이은진 옮김, 원더박스.
- 『오딧세이(Odyssey)』(NBC, 1997, 2부작)
  『오디세이아』원작을 바탕으로 해서, 러시아 영화감독 안드레이 콘찰롭스키(Andrei Konchalovsky)가 만든 미국 미니 시리즈. 1997년 5월 18 일부터 NBC에서 총 176분의 두 부분으로 방송되었다.
- 『율리시즈(Ulysses)』(이탈리아, 1954)
  율리시즈는 오디세우스의 라틴 식 이름.『오디세이아』를 원작으로 하여, 1954년 마리오 카메리니 감독이 만든 영화. 율리시즈 역할은 커크 더글러스가 맡았다.
- 이한수,『제11회 석학 연속 강좌: 이태수 인제대 석좌교수: 삶은 고향을 찾아가는 험난한 여정, '오디세이아'를 텍스트로 自我의 정체성 확립 탐구』, 조선일보, 2009.11.10. https://www.chosun.com/site/data/html_dir/2009/11/09/2009110901785.html.

II 한국문학과 리더십

남 기 택

　문학은 언어예술로서 인간의 삶과 가치를 반영한다. 그렇기에 문학은 현실을 견인하고 미래를 전조하기도 한다. 우리 문학사 속에는 수많은 작가와 정전이 존재해 왔다. 이 글에서는 한용운, 김소월, 김수영의 문학과 리더십 양상을 예시하였다. 일제강점기의 한용운은 『님의 침묵』을 통해 문화의 세계적 지평을 간구하는 동시에 민족의 대립과 반목을 넘어서는 실천적 리더십을 보여 주었다. 김소월은 『진달래꽃』이라는 전형적 서정 시집을 문학사에 남긴 시인으로서 현대적 시어 구조를 선취함으로써 문학적 리더십을 생성하고 있다. 한국전쟁 이후 김수영은 시의 현대성을 완성하는 동시에 소시민의 운명과 과제를 문학적으로 체현하는 등 오늘날의 리더상을 전조하는 대표적 작가이다.

🏛 1. 들어가는 말

문학은 언어예술이다. 언어를 매개로 인간의 삶과 가치, 아름다움을 표현하는 것이 곧 문학이다. 문학의 도구가 언어라는 점은 여타 예술의 장르 중에서도 문학이 지닌 특수한 입지를 시사한다. 문학은 인간의 본성과 가장 유사한, 어쩌면 가장 근본적인 동질성을 지니고 있다. 무엇보다 인간 자체가 언어적 존재라는 점에서 그렇다. 인간과 언어는 불가분의 관계에 놓인다. 인간의 이성적 사유와 합리적 판단이 언어 습득과 동시에 형성되기 때문이다. 분절 가능한 기호 체계를 통해 현재는 물론 과거와 미래, 고차원의 추상을 재현하는 도구로서의 언어 유무는 인간과 동물의 변별적 자질이기도 하다. 그런 점에서 문학은 가장 일차원적인 예술이요, 인간의 본성을 적나라하게 유비하는 예술 장르에 속한다고 볼 수 있다.

인간의 삶과 가치를 자유롭게 표현하는 장르라는 문학의 성격은 유사 이래로 일반적으로 통용되어 온 개념은 아니었다. 동서양을 막론하고 전근대 사회에서의 문학은 재도지기(載道之器)의 수단이었다. 봉건 시대의 문학은 도를 담아내는 그릇이었던 것이다. 그리하여 권선징악과 충효 등의 중세 이데올로기가 문학의 일반적 주제로 적용되었고, 세부 장르별로 정형화된 틀을 지니고 있었다. 근대 이후 정착된 문학 개념은 'literature'가 보편화된 개념으로 볼 수 있다. 그것은 미적 자율성의 영역으로서, 오늘날 문학은 권선징악이나 충효라는 가치를 담아내기 위해서만 창작되지 않는다. 문학은 작가가 하고 싶은 얘기를 자유롭게 상상하는 근대적 예술의 한 장르로 전 세계적으로 확장되었다.

한국사회에 있어서도 근대적 문학 개념은 20세기를 전후하여 발단되어 한 세기 이상의 성숙 기간을 거쳐 왔다. 서구에 비하면 짧은 시간이었지만, 그 속에서 무수히 많은 작가와 다양한 작품이 명멸하였다. 우리 민족이 지닌 상상력과 정서의 유전자가 근대문학이라는 장르를 만나 의식적, 무의식적으로 그 저력을 드러낸 결과라고도 볼 수 있을 것이다. 그렇게 한국문학은 이제 세계문학과 어깨를 나란히 하며 지구촌 문화와 예술의 수위를 견인하고 있다.

　한때 문학이 정론장을 이끌던 시절이 있었다. 일제강점 시절, 근대시를 개척한 최남선이나 근대소설을 완성한 이광수 등은 식민지 조선을 대표하던 천재 지식인이었다. 그들이 쓴 작품이나 평설은 문단 독자들에게만이 아닌 조선 민중의 현재와 미래를 안내하는 길잡이 역할을 했다. 그런 그들이 일제말 대표적 친일문학의 흔적으로 기록되고 있는 사실은 우리 현대사의 아이러니가 아닐 수 없다. 이처럼 문학은 단지 지면에 기록된 상상의 흔적일 뿐만 아니라 그 너머의 현실을 지시하고 견인하는 물리적 기제이기도 하다.

　이 글에서 문학과 리더십의 관계를 생각해 보려는 이유가 바로 여기에 있다. 문학과 현실이 맺는 긴밀한 관계는 위와 같은 대표적 사례를 통해 여실히 증명된다. 작가는 자신의 글을 통해 현실을 직간접적으로 반영하고, 독자와 대중은 작품을 통해 미래를 전망할 수 있다. 문학과 현실이 맺고 있는 이러한 역학 관계는 펜과 원고지로만 구성된 문학이라는 장르가 파생하는 신비한 주술적 효과라고도 볼 수 있다. 우리 문학사 속에는 시대와 민중을 안내하는 여러 작가들이 존재한다. 이 글에서는 일제강점기의 한용운과 김소월, 분단 이후의 김수영 등 대표적 정전의 양상과 리더십의 의미를 예시해보기로 한다.

🏛 2. 민족 지도자의 품격: 한용운의 경우

한용운(1879~1944)은 일제강점기의 대표적인 민족 지도자이다. 익히 아는 바대로 『님의 침묵』을 쓴 시인이기도 하다. 그의 문학과 민족 지도자로서의 삶은 어떤 길항 속에 놓여 있었을까. 그의 운명을 시사하는 대표적인 이미지가 한 장 전해지고 있다. 보존번호 '七五六'이 필름에 각인된 한용운의 수형기록카드 사진이다. 삼일운동 직후 체포되어 서대문형무소에 갇힌 한용운은 수감자용 프로필 사진을 찍어야 했다. 고개를 약간 숙이고 시선은 정면 오른쪽을 향했다. 빡빡머리에 피골만 앙상한 얼굴이 영 볼품없는 인상이다. 하지만 뭔가 달랐다. 왼쪽 입꼬리가 약간 올라간 모양이 누군가를 비웃는 듯 보인다. 그보다도 형형한 눈빛이 어떤 결의처럼 강렬한 전언을 함의하고 있다. 그렇게 두 눈에서 뿜어져 나오는 압도적 광채는 흐린 흑백 이미지 속에서도 선명히 빛났다.

충남 홍성의 어느 시골, 몰락한 잔반(殘班) 가계에서 한용운은 태어났다. 현대사의 비극이 여명처럼 한반도를 잠식하던 구한말, 한용운은 비록 가난하지만 의협심 강한 청년으로 자랐다. 21세에 무작정 길을 나서서 강원도 인제 등지를 전전하였고, 27세에 다시 백담사를 찾아 수계(受戒)를 받고 본격적인 불자의 길을 걸었다. 비상했던 인물 한용운은 불심도 깊어 개혁의 기치를 들고 40세가 되던 1918년 월간지 『유심(唯心)』을 창간하였다. 종교와 문화와 현실의 지평을 꿰뚫는 선가자적 실천이었다.

운명의 1919년, 한용운은 손병희나 이승훈 등과 함께 삼일운동을 기획하고 최남선이 작성한 「독립선언서」의 자구 수정 및 공약삼장을 추가하였다고 알려져 있다. 투옥 후에는 경성지방법원 검사장에게 제출할 대변서로 「조선독립의 서」를 작성하였다. 5장으로 구성된 이 대문장의 서두는 다음과 같이 시작된다. "자유는 만물의 생명이요 평화는 인생의 행복이다. 그러므로 자유가 없는 사람은 죽은 시체와 같고 평화를 잃은 자는 가장 큰 고통을 겪는 사람이다. 압박을 당하는 사람의 주위는 무덤으로 바뀌는 것이며 쟁탈을 일삼는 자의 주위는 지옥이 되는 것이니, 세상의 가장 이상적인 행복의 바탕은 자유와 평화에 있는 것이다."(『만해 한용운 논설집』)1) 지금 읽어도 국가나 민족, 기타 모든 경계를 초월하는 보편적 질서이자 존재론이 아닐 수 없다. 출옥 후에도 한용운은 신간회 발기 등의 독립운동과 불교 대중화에 헌신하였다. 1929년에는 광주학생항일운동의 전국적 확장을 위해 서울 민중대회를 준비하는 과정에서 체포되어 서대문형무소에 재수감되기도 했다. 그렇게 조국과 민족, 불교와 문화를 위해 일생을 바친 그는 해방을 한 해 앞두고 성북동 심우장(尋牛莊)에서 입적하였다.

현대를 사는 한국인이라면 가끔 이런 질문을 품는다. 과연 우리에게 존경할 만한 지도자가 있는가? 대통령에게조차 원색적 비난이 쏟아지는 소위 디지털 민주화의 시대를 우리는 살고 있다. 이런 현상은 결코 지금 당대에만 국한되지 않는다. 현대사를 되돌아보면 보수와 진보를 떠나 대부분 위정자들에 대한 불신이 점철되었다. 그 원인은 일제 강점과 분단이라는 선험적 배경 위에서 집적되어 왔다.

20세기 지도자가 21세기의 우리에게 전하는 교훈은 무엇인가. 무엇보다 만해 문학에 담긴 세계적 지평에 주목해야 한다. 일찍이 아시아권 문학장에서 내셔널리즘의 폭력성을 비판하고 전 세계 담론장에 공고화한 사람은 타고르였다. 그가 1913년 『기탄잘리』로 노벨문학상을 받은 사건은 식민지 조선의 지식인들에게도 큰 반향을 일으켰다. 한용운 역시 이에 대해 깊은 인상을 받았음이 분명하다.

　　벗이여 나의 벗이여 애인의 무덤 위에 피어 있는 꽃처럼 나를 울리는
벗이여
　　작은 새의 자취도 없는 사막의 밤에 문득 만난 님처럼 나를 기쁘게
하는 벗이여
　　그대는 옛 무덤을 깨치고 하늘까지 사무치는 백골의 향기입니다
　　그대는 화환을 만들려고 떨어진 꽃을 줍다가 다른 가지에 걸려서
주운 꽃을 헤치고 부르는 절망인 희망의 노래입니다

　　벗이여 깨어진 사랑에 우는 벗이여
　　눈물이 능히 떨어진 꽃을 옛 가지에 도로 피게 할 수는 없습니다
　　눈물을 떨어진 꽃에 뿌리지 말고 꽃나무 밑의 티끌에 뿌리셔요
　　벗이여 나의 벗이여
　　죽음의 향기가 아무리 좋다 하여도 백골의 입술에 입맞출 수는
없습니다
　　그의 무덤을 황금의 노래로 그물 치지 마셔요 무덤 위에 피 묻은
깃대를 세우셔요
　　그러나 죽은 대지가 시인의 노래를 거쳐서 움직이는 것을 봄바람은
말합니다

　　벗이여 부끄럽습니다 나는 그대의 노래를 들을 때에 어떻게 부끄
럽고 떨리는지 모르겠습니다
　　그것은 내가 나의 님을 떠나서 홀로 그 노래를 듣는 까닭입니다
　　　　　　　　　－ 한용운, 「타고르의 시(GARDENISTO)를 읽고」 전문

　　1926년 간행된 『님의 침묵』 속의 한 편인 「타고르의 시(GARDENISTO)
를 읽고」는 "벗이여 부끄럽습니다 나는 그대의 노래를 들을 때에 어
떻게 부끄럽고 떨리는지 모르겠습니다/ 그것은 내가 나의 님을 떠나
서 홀로 그 노래를 듣는 까닭입니다"라고 노래했다. 한용운 시는 우리
의 문학이 곧 세계적 담론체라는 사실을 증거한다. 그는 타고르식 담

시 혹은 선시의 가능성을 한국 문학장 속에 정착시켰다. 패러디라는 창작 기법을 초국가적 경계에서 실천한 선구적 사례가 아닐 수 없다. 또한 『님의 침묵』은 타고르의 비의적 주술이 지니는 추상성에 대한 비판적 전유이기도 하다. 이를 대변하는 정서가 위 작품을 관류하고 있는 화자의 부끄러움일 것이다.

한용운은 문화의 세계적 지평을 간구하는 동시에 민족의 대립과 반목을 넘어서는 실천적 리더십의 소유자였다. 본 장의 모두에서 수형 기록카드 속 한용운의 고개가 삐딱하다고 묘사했다. 그건 의도적 포즈가 아니었다. 한용운은 을사늑약 이듬해에 더 넓은 세계를 보기 위해 블라디보스토크를 답사한다. 이때 친일 단체 일진회(一進會) 회원으로 오인받아 조선 청년들과 생사를 건 격투를 벌였다. 경술국치 이후에는 독립운동 관련 지역을 돌아보고자 만주를 다녀온 바 있다. 거기서는 일본 정탐꾼으로 오인되어 독립군 청년에 의해 얼굴에 총상을 입었다. 어찌 보면 극단적 내셔널리즘이 가한 폭력이었고, 절로 머리가 흔들리는 만해의 체머리 증상은 그런 테러의 후유증이었다. 그럼에도 불구하고 모두를 아우르는 포용의 리더십이 한용운의 것이었다.

김삼웅의 『만해 한용운 평전』은 남명 조식의 글을 빌려 천석 무게의 종을 울리는 거대한 방망이에 한용운을 빗대었다.[2] 실로 만해는 불자였지만 종교를 넘어 문화에 이르렀고, 강력한 지도자였지만 서툰 인간의 모습으로 대중 곁을 살았다. 그이 자체가 성과 속을 겸비한 큰 종인 셈이다. 『님의 침묵』 역시 그가 남긴 유일한 시집이자 민족의 유산으로 여전히 현전하고 있다. 이 또한 운명일 것이다. 우리에게는 시대의 진정한 어른, 지구촌 문화 전쟁을 이끌 품격 있는 리더, 정녕 그리운 선생의 대명사로 시인 한용운이 있다.[3]

🏛 3. 문학으로 여는 미래: 김소월의 경우

　소월 김정식(1902~1934)은 평안북도 구성에서 태어났으며 우리식으로 고향은 정주이다. 정주 곽산의 남산보통학교, 오산학교, 서울 배재고등보통학교, 일본 도쿄상과대학 등에서 수학하였다. 오산학교 재학 시절에 스승 김억을 만난다. 김억과의 인연은 천재 시인 김소월이 문단에 진출하는 데에 중요한 계기가 되어 1920년 『창조』, 1922년 『개벽』 등에 작품을 발표할 수 있었다. 배재고등보통학교에 편입하면서 본격적으로 시작 활동을 시작한 김소월은 이후 1925년에 자신의 시 126편을 모아 『진달래꽃』을 묶었다. 그렇게 김소월은 김억으로부터 시를 배웠고, 스스로의 작품으로 스승을 뛰어넘었다.

　김소월의 『진달래꽃』은 한국 문학사를 대표하는 기념비적 시집 중 하나이다. 발행 후 한 세기가 흐르는 시점에서도 여전히 많이 읽히고 있다. 김소월의 작품들은 가곡이나 대중가요, 다양한 패러디와 오마주 등으로의 장르적 변주를 포함하여 여전히 많은 한국인들에게 음미된다. 김소월과 그의 시는 진정한 정전의 위상과 현실적 영향력을 지니고 있는 것이다.

　『진달래꽃』은 16장(님에게, 봄밤, 두 사람, 무주공산, 한때 한때, 반달, 귀뚜라미, 바다가 변하여 뽕나무밭 된다고, 여름의 달밤, 버려진 몸, 고독, 여수, 진달래꽃, 꽃 촉불 켜는 밤, 금잔디, 닭은 꼬끼오)으로 분절되어 126편의 시가 수록되어 있다. 각 장의 소제목들은 그 장에 포함된 동명의 작품 제목을 쓴 형태가 많지만, 그렇지 않은 경우(무주공산, 한때 한때, 고독)도 있다. 마지막 절은 동명의 작품 「닭은 꼬끼오」 한 편만이 수록되는 형태를 보인다.[4] 이렇듯 『진달래꽃』은 미적 수위는 물론이거니와 형식적 변주, 방대한 작품 분포, 그 밖에 당대 대중적으로 인기를 끈 최초의 시집이라는 점에서도 진정한 의미의 현대 시집으로 문학사에 남았다.

김소월의 시는 텍스트 구조가 지닌 미적 수월성 차원을 넘어 한국인의 보편적 내면을 대변하는 작품으로 정평이 나 있다. 그 이유로는 우선 우리에게 친숙한 전통 운율을 현대적으로 전유하고 있다는 점이 꼽힌다. 「진달래꽃」은 물론 「먼 후일」("먼 훗날 당신이 찾으시면/ 그때에 내 말이 <잊었노라>"), 「못 잊어」("못 잊어 생각이 나겠지요,/ 그런 대로 한세상 지내시구려,/ 사노라면 잊힐 날 있으리다."), 「가는 길」("그립다/ 말을 할까/ 하니 그리워"), 「접동새」("접동/ 접동/ 아우래비 접동") 등 많은 작품들이 민요와 같은 전통 시가의 율조를 시상 진개의 근간 단위로 삼고 있다. 그렇기에 누구든 쉽게 음송할 수 있는 생활의 시가 될 수 있었다. 특히 「산유화」는 "산에는/ 꽃 피네/ 꽃이 피네/ 갈 봄 여름 없이/ 꽃이 피네// 산에/ 산에/ 피는 꽃은/ 저만치 혼자서 피어 있네"와 같이 전개되는데, 이는 전통적 리듬을 활용했을 뿐만 아니라 음절들의 전체 배치가 옆으로 누운 산(山)의 형상을 시각화하고 있다. 이 역시 의도를 떠나 상징적 언어 구조물을 체현한 결과라는 점에서 남다른 면모라 하겠다.

그 밖에도 『진달래꽃』은 당대 일상적으로 사용되는 언어를 포착하여 우리 민족이 공감할 수 있는 정서를 각인하는 데에 성공했다. 이러한 면모 또한 『진달래꽃』이라는 정전의 주된 전거가 된다. 일제강점기였던 시대적 배경은 우리말의 존속 자체를 불투명하게 만들었고 민족의 가슴에는 정한을 심어 놓았다. 이때 주변에서 쉽게 접할 수 있는 어휘들을 통해 개인과 민족의 슬픔을 담아낸 김소월의 시편들은 많은 사람들에게 평이하게 읽혔고 마음속으로 음송되었다. 정한의 수위가 적멸이라는 존재론적 비애와 역사적·사회적 상처를 아우르기에 그의 시는 철학적 절창이기도 하다. 그런 공감대는 오늘날까지 이어져 한국인의 보편적 상징으로 자리 잡았다.

여느 시집들이 지닌 공통된 운명이기도 하겠지만 『진달래꽃』에 수록된 126편의 시가 모두 명편인 것은 아니다. 때로는 지나치게 단순해진 어형이 시적 긴장감을 상쇄하기도 하고, 어느 경우에는 격정적 어조가 전경화되면서 공감대 형성을 방해하기도 한다. 그럼에도 불구하고 대부분의 작품들에 체화된 구조적 안정성은 일부의 완화된 긴장과 어조를 상호텍스트적으로 보완하고 있음 역시 분명한 사실이다.

김소월의 삶은 비극적으로 마감되었다. 그에게는 일제강점기라는 시대 배경이 선험적인 환경이었고, 부친이 일인의 행패로 폐인이 되었던 가족사적 비극은 유복했던 집안 장남의 운명을 떠도는 자의 것으로 만들었다. 그의 생은 서른셋의 짧은 나이로 종결되고 말았다. 개인적 비극은 역설적으로 민족시인이라는 신화를 낳는 데에 일조했다. 전기적 삶을 통해 그의 시를 관류하는 방랑과 정한이 적나라한 자신의 이야기였음이 입증된 셈이다.

지금의 언어와 감각으로 볼 때 김소월의 『진달래꽃』은 고답적 정전의 범주에 속할 수밖에 없다. 그렇다고 해서 그의 시어가 과거적 의미의 용법으로 한정되지는 않는다. 『진달래꽃』이 선취한 시적 현대성은 오늘날의 관점에서도 여전히 유효할 뿐만 아니라 다양한 생성의 기제로 기능하고 있다.

그 누가 나를 헤내는 부르는 소리
불그스름한 언덕, 여기저기
돌무더기도 움직이며, 달빛에,
소리만 남은 노래 서러워 엉겨라,
옛 조상들의 기록을 묻어둔 그곳!
나는 두루 찾노라, 그곳에서,
형적 없는 노래 흘러 퍼져,
그림자 가득한 언덕으로 여기저기,
그 누구가 나를 헤내는 부르는 소리
부르는 소리, 부르는 소리,
내 넋을 잡아끌어 헤내는 부르는 소리.

— 김소월, 「무덤」 전문

이 작품은 김소월 시의 중층성과 현재성을 지시하는 하나의 예시에
해당된다. 무덤이라는 소재로부터 죽음을 환기하는 것은 지극히 자연
스러운 상상이다. 이 보편적 상징을 절묘하게 지양하여 확장시키는
김소월식 서정은 화자가 무덤을 "옛 조상들의 기록"이 담긴 장소로
호명하는 장면에서 발견된다. 무덤이 단순한 죽음의 공간을 넘어 민
족적 에크리튀르(écriture)가 현전하는 저장고로 대치되는 양상이다. 화
자는 개별자들의 죽음으로부터 공동체의 집단무의식이라는 기록을 이
끌어 내고, 그것을 내면화하려는 염원을 "소리만 남은 노래"나 "형적
없는 노래"에 등치시키고 있다. 민족적 정서와 언어에 관한 김소월의
지향이 반영된 한 편의 진혼곡처럼 들린다.
    "내 넋을 잡아끌어 헤내는 부르는 소리"를 통해서는 보다 직접적으
로 영적 교감을 지향하는 화자의 태도가 강조된다. 여기서 '나'의 정체
는 중층적이다. 그것은 무덤을 바라보는 산 자의 시선일 수도, 혹은
무덤 속의 주인공인 죽은 자의 시선일 수도 있다. 어떤 것이든 결과는
달라지지 않는다. 반복되는 소리의 감각을 통해 영적 교류를 간구하

는 정서는 동일하게 부각된다. 그 소리의 반복은 운율감과 더불어 강력한 요구를 지시하는 주문과도 같다.

「무덤」은 고도의 시간관이 함의된 작품이기도 하다. 과거의 현재화는 김소월이 자신의 유일한 시론인 「시혼(詩魂)」(『개벽』, 1925)에서 역설한 현대시의 본령에 해당된다. 그의 표현에 따르면 "영혼은 절대로 완전한 영원의 존재며 불변의 성형(成形)"이다. 그러한 영혼이 언어로 구체화된 형태가 곧 시라고 한다. 시론대로 「무덤」은 과거와 현재와 미래가 결합된 통시적 시간대에 형성되는 민족적 에크리튀르의 장소를 비의적으로 형상화하였다. 간절히 넋을 향하는 이 작품의 절규 혹은 정동은 「초혼」의 명 구절인 "부르다가 내가 죽을 이름"과도 연동된다. 적어도 이 무렵의 김소월은 시와 시론과 삶의 일치에 관한 문학사적 사건이었음이 일련의 연관을 통해 증거되고 있다.

시간과 영혼, 자아와 공동체의 언어적 교감을 간구하는 김소월 시의 맥락은 범신론적 세계관의 단서로 해석되기도 한다. 만물의 소통을 전제하는 생태학적 비전을 함축하고 있다는 점에서 김소월 시라고 하는 단순한 언어 구조물은 오늘날의 문학적 입지를 스스로 확보한다. 현 단계 이론의 지평은 동일성의 장르로 규정되어 온 시의 경계를 다양하게 개방하고 있다. 타자로서의 시적 대상을 또 다른 주체로 인정한다거나, 언어 혹은 사물이 지닌 고유한 미적 영역을 그 자체로 드러내기 위한 모색이 빈번히 발견된다. 시간의 연관성과 언어의 물성을 체현하는 것이 문학이라는 이해, 이를 표현하는 감각적 문자가 김소월의 특장이었다. 그가 선취한 현대적 서정은 100년이라는 시간을 훌쩍 뛰어넘어 미래의 영역을 남기고 있다. 김소월이 문학으로 실승한 리더십, 그의 『진달래꽃』이라는 정전이 문제적으로 읽혀야 하는 이유는 이렇듯 여전히 생성 중이다.5)

🏛 4. 다시, 100년의 시인: 김수영의 경우

  김수영(1921~1968)은 해방과 한국전쟁 이후의 우리 문학사를 대표하는 시인 중에 한 사람이다. 지금까지 가장 많은 학위논문과 학술논문, 문학평론의 대상이 되고 있다는 점에서 그 문학사적 위상이 단적으로 증명되고 있다. 실로 김수영은 1950~1960년대 문단에 강렬한 흔적을 남기며 문학사의 대표적 정전이 되었다. 그런 만큼 문제적인 시와 더불어 최량 수준의 산문을 상당량 남겨 놓았다. 김수영은 비평과 창작 혹은 이론과 실천을 겸비한 한국 문학사의 상징적 존재임이 분명하다.

  김수영 시가 끊임없이 현재화되는 하나의 사례를 보기로 한다. 지난 2021년으로 김수영은 탄생 100주년을 맞았다. 이를 기념하여 다양한 행사가 진행되었다. 대표적 프로그램으로서 『한겨레』가 '거대한 100년, 김수영'을 기획, 연재한 사례를 들 수 있겠다. 중앙 일간지가 1년을 통째로 한 시인에 대해서 집중 조명한 경우는 전례 없는 사건이다. 우려하는 입장 역시 제기되었다. 신화화에 대한 경계의 목소리가 재현된 것으로서, 김수영의 난해성에 대한 상찬과 전유 욕망을 지적하는 견해이다. 과잉 해석을 걱정할 정도로 김수영은 우리 시대의 논쟁적 대상이 되었다.

  김수영의 대표작은 특정하기 어려울 정도로 많다. 「아메리카 타임지」, 「달나라의 장난」, 「폭포」, 「꽃」, 「누이야 장하고나!」, 「거대한 뿌리」, 「어느 날 고궁을 나오면서」, 「사랑의 변주곡」, 「풀」 등 전기부터 후기까지 문제작들이 고르게 분포되어 있다. 이들 작품에 대한 다양한 해석이 시도되어 왔고, 그럼에도 불구하고 여전한 분석 대상으로 남아 있다. 지금도 많은 연구자들이 그 의미의 중층성에 다가가기 위해 노력하는 중이다. 그중 '전통'에 대한 김수영의 문학적 사유는 중요한 의미를 지닌다.

현대시의 대명사로 알려진 김수영이지만, 사실 그는 지극히 전통적인 사람이었다. 1921년 종로 2정목 158번지라는 사대문 안 중심가에서 태어났고, 전통의 문자인 한자를 숙련하였으며, 명절 때마다 동묘를 찾아 절을 올렸다. 시인으로서의 출발 단계에서 김수영은 전통적 소재에 길든 체질을 잘 드러낸다. 그러나 전통에 대한 그의 정서는 부정적이었다. 등단작 「묘정의 노래」(1945)에서 화자는 신비한 시선으로 전통의 사당을 묘사한다. 고색창연한 분위기 속에서 "잠드는 얼"을 느끼는 영적 체험이 각인되어 있다. 오랜 시간이 지난 뒤, 김수영은 '나의 처녀작'이라는 부제가 달린 산문 「연극하다가 시로 전향」(1965)에서 이 작품을 『예술부락』에 수록했던 과거를 후회한다. 어린 시절 외경과 공포의 대상이었던 동관왕묘에서 이미지를 따와 유창한 말솜씨로 그렸지만, "불길한 곡성"만이 배경음으로 흐를 뿐이지 의미 없는 시가 되고 말았다는 푸념이다. '묘정의 노래'로 인해 주변 모더니스트들에게 수모를 당했으며, 급기야 그것을 마음의 작품 목록에서 지워버리기까지 했다.

전통 혹은 전근대적인 것에 대한 부정적 자의식은 「아버지의 사진」(1949)이나 「더러운 향로」(1954) 등에서도 유사하게 반복된다. 한편 표면적인 반감의 정서와 더불어 복잡한 의미망이 엮이는 점에 주목해야 한다. 이를테면 「광야」(1957)에서의 전통은 "시인이 쏟고 죽을 치욕의 역사"와 같은 식으로 표현된다. 거기에 "시대에 뒤떨어지지 않는 나"를 양립시킨다. 그런 자아를 "나의 육체의 융기"라는 과장된 포즈로 재차 강조하였다. 치욕적 역사인 전통일지라도 그 안에서 개인의 입지가 올곧아야 한다는 다짐으로 보인다. 이처럼 전통은 불완전한 시간이요 결여의 대상이면서, 바로 보아야 할 역사요 삶의 태도로 자리 잡았다.

> 다병(多病)한 나에게는
> 파리도 이미 어제의 파리는 아니다
>
> 이미 오래전에 일과를 전폐해야 할
> 문명이
> 오늘도 또 나를 이렇게 괴롭힌다
>
> 싸늘한 가을바람 소리에
> 전통은
> 새처럼 겨우 나무 그늘 같은 곳에
> 정처를 찾았나 보다
>
> 병을 생각하는 것은
> 병에 매어달리는 것은
> 필경 내가 아직 건강한 사람이기 때문이리라
> 거대한 비애를 갖고 있는 사람이기 때문이리라
> 거대한 여유를 갖고 있는 사람이기 때문이리라
>
> 저 광막한 양지쪽에 반짝거리는
> 파리의 소리 없는 소리처럼
> 나는 죽어 가는 법을 알고 있는 사람이기 때문이리라
>
> — 김수영, 「파리와 더불어」 전문

1960년에 발표된 「파리와 더불어」는 비교적 거론되지 않은 작품이면서도 김수영 시 세계의 정수를 지시하는 흥미로운 사례에 해당된다. 여기에서는 김수영 시의 주요 화소 중 하나인 문명과 전통이 직접적

으로 대비되고 있다. 문명은 매일 화자를 괴롭힌다. 그러나 진정 괴로운 대상은 아니다. 화자가 "아직 건강한 사람"이기 때문이다. 화자를 치유하는 근거로 "겨우 나무 그늘 같은 곳에/ 정처를 찾"은 전통이 등장한다. 초기 김수영 시에서 전통은 부정적 대상이었다. 위 작품에서도 문명에 의해 점차 밀려나는, 설움의 대상이자 소극적 존재로서의 모습이다. 하지만 그런 전통은 마치 최후의 보루와 같아서 "거대한 비애"이자 "거대한 여유"의 견인차가 된다. 치욕의 대상이었던 전통을 거대한 치유의 기원으로 삼게 되었으니 양질 전화의 순간이라 할 만하다.

김수영이 전통을 긍정하는 맥락에는 소시민의 위상에 대한 확신이 연동되어 있다. 위에서 '파리'의 발견이 이를 시사한다. 파리는 사소함의 대명사이지만, 그러나 "소리 없는 소리"와 "죽어 가는 법"을 알기에 결코 하찮은 미물이 아니다. '무언의 소리, 죽음으로의 이행'은 '보이지 않는 가치, 존재의 운명'을 비유한다. 김수영에게 파리는 엄청난 역설의 존재인 셈이다. 소시민 역시 마찬가지다. 우리는 파리처럼 작은 개체이지만, 존재의 운명을 체현한 거대한 주체이기도 하다. 「어느 날 고궁을 나오면서」(1965)에서 "모래야 나는 얼마큼 적으냐/ 바람아 먼지야 풀아 나는 얼마큼 적으냐"는 자학은 소시민의 무기력을 대변한다. 하지만 비루한 저항일지라도 솔직히 드러내는 자기반성의 태도가 중요하다. 이는 "옹졸한 나의 전통"이지만 "내 앞에 정서(情緒)로/ 가로놓여" 있음을 인정하는 자세와 같다. 이때의 전통은 문명과 결합된 현재라는 점에서, 또한 주변 자연물과의 생태적 존재론을 개방하는 계기라는 점에서 박제된 전통과 다르다.

이처럼 김수영이 절묘한 시적 감각으로 파악한 소시민의 의미는 지금 우리에게 부여된 존재론적 운명에 그대로 등치된다. 문학을 위시한 예술의 가치가 상대적이며 미래를 향한 미적 지평으로 개방되는 것이라면 김수영 시는 그 구조를 전형적으로 보여 주는 텍스트에 해당된다. 그가 시로써 던졌던 문제 제기는 긍정과 부정을 함의한 채 현재적 물음으로 재현되고 있다. 무릇 정전은 끊임없이 재구성됨으로써 오늘날의 삶과 가치에 인식론적 영향을 미친다. 김수영 시는 스스로를 통해 다시 100년의 한국문학을 전조하고 있는 듯하다. 우리 시대의 리더십으로 시간을 거슬러 현전하는 김수영의 의미를 되새겨볼 만한 이유가 이렇듯 분명하다.6)

🏛 5. 나오는 말

한국 현대문학은 짧은 역사에도 불구하고 수많은 명작을 산출해 왔다. 주옥같은 작품들이 시간을 되돌리며 한국인의 가슴에 깊은 울림을 주고 있다. 이 글에서 살펴본 한용운, 김소월, 김수영은 자타가 공인하는 우리 문학사의 대표적 정전에 해당된다. 이들은 문제적인 시와 더불어 최량 수준의 산문을 남겨 놓았다. 한용운, 김소월, 김수영은 비평과 창작 혹은 이론과 실천을 겸비한 한국 문학사의 상징적 존재임이 분명하다.

이들은 문학을 통해 진정한 리더십의 실천적 차원을 보여 주었다. 『님의 침묵』을 쓴 한용운은 일제강점기의 대표적 문인이었을 뿐만 아니라 독립운동을 이끈 정신적 지도자였다. 그는 탁월한 시인으로서는 물론 헌신적 사랑의 의미를 실천한 스승의 자격으로 우리 역사에 기록되어 있다. 김소월은 『진달래꽃』이라는 시집 한 권을 남긴 전형적 서정 시인이었다. 그의 작품은 시간을 되돌리며 오늘날에도 여전한 현재적 의미로 되살아나고 있다. 김수영의 문학은 『김수영 전집』에 취합되어 있으며 아직까지 수많은 논쟁을 유발하는 대상이다. 그의 문학은 시대를 온몸으로 맞선 지식인의 태도를 증거함으로써 진정한 리더의 자격을 되묻고 있다.

　이들 각자의 생애에 각인되었던 구습을 오늘날의 윤리 감각으로 수용하기는 어렵다. 인간으로서 한용운, 김소월, 김수영은 가부장의 권위에 찌든 전형적 보수주의자일지도 모른다. 하지만 이들이 문학으로 변주했던 현실은 저마다의 고유하고도 미적인 가치에 해당된다. 이들은 자신의 문학 속에 적나라하게 자신을 드러냈고, 스스로가 처한 현실을 반영하며 새로운 미래와 문학사의 지평을 모색했다. 한용운, 김소월, 김수영이 자신의 작품으로 실증했던 인간과 사랑에 대한 신뢰의 언어가 시대를 거슬러 우리를 공명케 한다. 이런 생성이야말로 문학의 미덕이자 오늘날 리더십의 본령이다.

영혼을 깨우는 명문장 ─────────────────○

"자유는 만물의 생명이요 평화는 인생의 행복이다. 그러므로 자유가 없는 사람은 죽은 시체와 같고 평화를 잃은 자는 가장 큰 고통을 겪는 사람이다."

> ─ 한용운, 「조선 독립에 대한 감상 개요」

"영혼은 절대로 완전한 영원의 존재며 불변의 성형(成形)입니다."

> ─ 김소월, 「시혼(詩魂)」

"모래야 나는 얼마큼 적으냐/ 바람아 먼지야 풀아 나는 얼마큼 적으냐"

> ─ 김수영, 「어느 날 고궁을 나오면서」

 읽을거리 & 볼거리 ─────────────────○

• 김소월(2022), 『진달래꽃』, 열린책들.
  원본 『진달래꽃』에 수록된 작품들을 초간본 그대로 배열 및 편집하여 원본 체재대로 감상할 수 있다. 친절한 각주와 해설은 이해의 폭을 넓히는 데에 도움을 준다.
• 이영준 편(2018), 『김수영 전집 1·2』, 민음사.
  김수영 시와 산문의 전모를 총체적으로 정리한 대표적 전집에 해당된다. 편자 이영준은 오늘날 독자가 김수영의 작품을 손쉽게 감상하는 데에 큰 역할을 했다.

- 한용운(2022), 『님의 침묵』, 열린책들.

  원본 『님의 침묵』에 수록된 작품들을 초간본 그대로 배열 및 편집하여 원본 체재대로 감상할 수 있다. 친절한 각주와 해설은 이해의 폭을 넓히는 데에 도움을 준다.

- 이준익(2016), 『동주』

  한국문학의 또 다른 대표적 정전인 윤동주의 일대기를 다룬 영화. 윤동주와 사촌 송몽규의 관계, 나아가 일제강점기 북간도 이주민의 삶 등을 엿볼 수 있다.

Ⅲ 『맥베스』를 통해 본 리더의 조건

서 영 식

　셰익스피어의 비극 작품을 일별해보면, 우리는 불굴의 의지와 지략을 통해 목표를 달성하였을 뿐만 아니라 고매한 인격까지 갖추고 있는, 그러나 어딘지 모르게 지루한 리더들의 성공담이 아니라, 보통의 인간과 마찬가지로 개성과 능력과 한계를 지닌 평범한 리더의 모습을 만나게 된다. 나아가 그의 작품은 리더들이 어떤 방법으로 목표에 도달하였으며, 명확하게 승리를 쟁취했던 인물들이 왜 실패와 굴욕의 나락으로 떨어지게 되는지를 인상적으로 묘사함으로써 기존의 성공한 리더 위주의 담론과는 차별화된 리더십론을 제시한다. 독자들은 한때 정상에 우뚝 섰으나 반복된 실수나 판단 착오로 인해 나락에 떨어지는 영웅 혹은 가치관과 세계관의 근본적인 문제점 때문에 결국 실패하는 리더의 말과 행동으로부터 많은 내용을 배울 수 있으며, (정치)권력의 속성과 관련해서 더 큰 교훈을 얻을 수 있다. 이 글에서는 셰익스피어의 4대 비극 중에서도 가장 큰 대중적 관심의 대상인 『맥베스』의 몇몇 주요 등장인물(왕)을 리더십 스펙트럼으로 분석해 보았다. 나아가 이 작품이 21세기를 살아가는 현대인에게 리더정신 (leaderspirit) 차원에서 어떤 메시지를 줄 수 있는지 탐구하였다.

🏛 1. 들어가는 말

윌리엄 셰익스피어(William Shakespeare, 1564－1616)는 호메로스, 단테, 괴테와 더불어 서양 문학사의 4대 문호로 불리며, 그중에서도 현대인들 사이에서 가장 많이 언급되고 인용되는 인물이다. 도대체 그는 어떤 인물이며 어떤 작품세계를 펼쳐 보였기에 사후 400년이 지난 21세기에도 문화계와 지성계는 물론, 사회 곳곳에서 관심과 흥미의 대상으로 주목받고 있는 것일까?

대략 38편의 희곡작품을 중심으로 전개된 셰익스피어의 문학세계는 그의 명성에 걸맞게 무수한 분석과 논의의 대상이 되어왔다. 따라서 적어도 문학 연구 본연의 관점에서 본다면, 그의 주요 작품들을 다시 세밀하게 논구하여 지금까지 축적된 연구성과나 담론들과는 차별화되는 새로운 내용을 도출하는 것은 사실상 불가능에 가깝다.

이에 반해 셰익스피어의 4대 비극을 비롯한 주요 작품들을 리더십과 리더정신(leaderspirit) 차원에서 독해하고 그 의미를 고찰하거나 경영, 법, 행정, 문화 등 다양한 현실영역에 적용하려는 노력은 적어도 국내 학계에서는 아직 본격적으로 시도되지 않은 것으로 보인다.[1] 셰익스피어의 작품에는 21세기를 살아가는 현대인이 리더십 차원에서 음미하고 현실에 적용해 볼 만한 유의미한 담론이 무수히 포함되어 있다. 4대 비극을 포함한 다수의 작품은 궁정을 비롯한 인간사회에서 발생하는 다양한 유형의 권력투쟁을 모티브로 하며, 현실 속에서 이 전투구식으로 살 수밖에 없는 인간의 내면(욕망과 애증)을 사실적으로 묘사하고 있다. 나아가 셰익스피어의 작품에는 동서고금을 막론하고 역사시대 이래 수천 년간 이어져 온 선악 이분법적 사고방식(poetic justice)에서 과감히 탈피한 등장인물과 그들이 만들어가는 현실적인 세상이 묘사되고 있다. 그렇기에 사실상 전통적인 차원의 종교나 도덕의 굴레에서 벗어난 현대인의 삶과 사고방식을 이미 수백 년 전에 선취했다고 말해도 과언이 아닐 것이다.

셰익스피어의 비극 작품을 일별해보면, 우리는 불굴의 의지와 지략을 통해 목표를 달성하였을 뿐만 아니라 고매한 인격까지 갖춘, 그러나 어딘지 모르게 지루한 리더들의 성공담이 아닌, 보통의 인간처럼 개성과 능력과 한계를 가지고 있는 평범한 리더의 모습을 만나게 된다. 나아가 그의 작품은 리더들이 어떤 방법으로 궁극의 목표에 도달하였으며, 명확하게 승리를 쟁취했던 인물들이 왜 실패와 굴욕의 나락으로 떨어지게 되는지를 인상적으로 묘사함으로써 성공한 리더 위주의 기존 문학 담론과는 차별화된 리더십론을 제시하고 있다.

이 글에서는 4대 비극 중에서도 가장 큰 대중적 관심의 대상이 된 작품 『맥베스』[2]의 몇몇 주요 등장인물(왕)을 리더십 스펙트럼으로 분석해 보고, 나아가 이 작품이 21세기를 살아가는 우리 현대인에게 리더정신 차원에서 어떤 메시지를 줄 수 있는지 음미하고자 한다. 이 과정은 주요 등장인물의 생각, 말, 행동에 대한 분석과 평가를 중심으로 진행될 것이다. 『맥베스』를 포함한 셰익스피어의 작품은 거의 예외 없이 등장인물의 개인적인 특성과 행동에 대한 묘사를 통해 서사(storytelling)가 전개되는 방식을 취하고 있기 때문이다. 또한 이 글이 시도하는 리더십 차원의 작품 분석 역시 등장인물을 중심으로 논의를 전개할 때 본래의 목적(정치와 권력과 인간의 본성에 관한 심층적 이해)에 충실할 수 있을 것으로 판단된다.

🏛 2. 맥베스와 리더의 자격

셰익스피어는 권력자를 포함한 다양한 등장인물들이 천상의 신적인 존재나 무오류의 전설적 영웅이 아니며, 비록 일반인보다는 우월한 사회적 지위를 차지하고 있더라도 성격상으로나 인격적 차원에서는 일반인과 별반 다르지 않은 평범하고 나약한 인간에 불과하다는 점을 다양한 방식으로 보여주고 있다.

르네상스 이전 고대와 중세시기에 리더는 대부분 절대적이며 신적이고 영웅적인 존재와 동일시되었다. 리더란 보통의 인간과는 비교할 수 없을 정도로 강력한 능력을 지닌 반신반인(半神半人, hemitheos)이거나 비록 가사적(可死的)일지라도 실패나 실수가 없거나 매우 적은 존재로 묘사된 것이다.3) 특히 서양 문명의 출발점으로 평가되는 "고대 그리스 사회에서 '영웅'(heros)은 모든 인간의 이상형이었다. 영웅이란 자신의 정신적·육체적 특성을 잘 파악하고 그것을 가장 탁월(aretē)하게 발휘한 인물, 다시 말해서 인간 중에서 자신에게 주어진 능력을 특별히 우월하게 사용한 존재를 의미한다. 또한 누군가가 영웅이 되기 위해서는 자신에게 운명처럼 주어진 극한의 고난을 회피하지 않고 당당히 맞서서 극복하는 존재, 즉 운명을 사랑하고(amor fati) 즐길 수 있는 존재로 거듭나야 한다. 나아가 진정한 영웅이란 고난을 거치면서 완벽하게 자기 정체성을 갖추었을 뿐만 아니라, 세상에 대한 자신만의 고유한 입장 즉 나름의 세계관을 확립하고 이를 바탕으로 최상의 리더십을 발휘하는 존재, 따라서 주변인들뿐만 아니라 역사 속에서 경탄과 존경의 대상이 된 존재"4)라고 말할 수 있다.

이에 반해 르네상스 시기에 접어들면서 사회나 조직의 리더 역시

한 명의 인간존재로서 여타의 인간들과 마찬가지로 개성, 능력, 한계가 명확한 존재임이 자각되기 시작하였다. 셰익스피어는 이 불편한 진실을 선구적으로 그리고 21세기의 시각에서 보더라도 꽤 흥미로운 방식으로 묘사했다. 또한 셰익스피어의 새로운 인간관과 이를 토대로 한 리더 담론은 그가 르네상스라는 문화적 세례를 받으며 지적으로 성장하고 활동하였다는 사실과도 밀접히 연관된 것으로 보인다.5) 이 시대의 대표적인 특징 중 하나는 인간이 이른바 '개별자'(individuum)로 인식되었다는 점인데, 개별자란 각자가 고유한 성격적 특징과 내재적 한계를 지니고 있기에 결코 타인들과 쉽게 섞이거나 동일한 방식으로 취급될 수 없음을 함축한다. 그리고 셰익스피어의 작품에 등장하는 각각의 인물은 당대의 독자나 관객들이 쉽게 이해하거나 받아들이기 어려울 만큼 뚜렷한 개성을 지니고 있다.

먼저 주인공 맥베스를 통해 리더의 자격을 살펴보자. 스코틀랜드의 왕족(왕의 사촌 동생)이자 글래미스의 영주(Thane of Glamis)인 맥베스6)는 작품의 주인공으로서 이야기 시작 단계부터 극의 마지막 순간까지 모습을 드러낸다. 그런데 그는 현실적인 목표 달성을 위해 매우 호전적으로 행동하면서도, 한편으로는 우유부단하고 자신의 행위에 대해 양심의 가책이나 죄책감마저 느끼는 듯한 인상을 주며, 상식적으로는 이해하기 힘든 모순적인 성격의 소유자로 묘사되고 있다.7)

맥베스는 스코틀랜드가 내란으로 인해 위기 상황에 빠지자 목숨을 걸고 반란군과 싸워서 주군 던컨의 왕좌를 지킨 충성스러운 장군이다.8) 특히 그는 전장에서 용맹할 뿐만 아니라, 한번 눈에 들어온 적에게는 절대로 관용을 베풀지 않아서 지나치게 잔혹하다고 느껴질 정도로 강한 성격의 인물이다.9) 이러한 맥베스의 호전적인 이미지는 극의 전개 과정에서 시종일관 반복적으로 등장하며 점점 더 강화된다. 예컨대 자신이 왕위를 찬탈하기 위해 주군이자 사촌인 던컨 왕을 살해하기로 결심하고[10] 실행에 옮기거나, 찬탈한 왕위를 보존하기 위해 가장 가까운 친구이자 전우이지만 자신의 비밀을 알고 있는 뱅쿠오 장군을 암살한다거나,[11] 파이프의 영주 맥더프 등 주변의 경쟁 관계에 있는 인물을 차례로 살상하는 과정에서 맥베스의 잔혹한 성격은 여지없이 드러난다.[12]

그런데 맥베스는 호전적이며 잔혹한 동시에 매우 우유부단한 성격의 소유자여서, 심지어 인생에서 가장 중요하고 결코 돌이킬 수 없는 결정(군왕 살해를 통한 왕권 획득)을 해야 하는 순간에도 스스로 판단하고 행동하지 못한다. 오히려 그는 결정적인 순간에 매번 자신이 심리적으로 의탁하고 있는 인물들, 예를 들어 부인인 레이디 맥베스나 황야에서 우연히 조우한 마녀들에게 문의하고 그들의 말을 절대적으로 추종하는 모습을 보인다. 이러한 상황은 극의 거의 마지막 순간까지 지속된다.

맥베스의 이중적인 모습과 모순적인 태도는 왜 나타나는 것일까? 이와 관련해서는 다양한 방식의 논의와 분석이 시도될 수 있을 것이다.[13] 그런데 이 글의 서술 관점(narrative perspective)인 리더십 차원에서 보면 그의 모순적인 모습은 단지 성격상의 한계나 심리적인 문제라기보다는, 국가라는 거대 조직의 리더 자리에 오른 한 인물이 스스로를 이해하고 세상을 경영할 수 있는 능력, 즉 확고한 자아관과 나름의 통치 이념을 사실상 결여하고 있기 때문으로 보인다.

맥베스가 자신의 본래 지위인 글래미스 영주 역할에 만족하지 못하고 더 큰 야망을 품게 된 최초의 계기는 반란군을 진압하고 귀환하던 중에 우연히 광야에서 마주친 마녀들의 은밀한 유혹, 즉 자신이 장차 왕이 될 것이라는 속삭임 때문이었다. 이 만남을 시작으로 맥베스의 마음 한구석에는 더 큰 권력에의 욕구가 천천히 움트기 시작한다. 이후 남편으로부터 마녀의 말을 전해 들은 레이디 맥베스는 국왕 살해라는 당시로서는 최악의 범죄를 감행해서라도 권좌에 올라 남편이 진정한 남자임을 증명할 것을 종용한다.14) 맥베스는 잠시 주저한 끝에 자신이 가지고 있는 최고의 그리고 어쩌면 유일한 재능인 담력과 살인 기술을 동원하여 자신을 총애하는 군주이자 사촌 형인 던컨을 무참히 살해하고 살인 혐의를 왕의 시종들에게 뒤집어씌운 후 귀족들의 추대를 받아 왕좌에 오른다. 그러나 정작 왕이 된 직후부터 맥베스는 권력 탈취를 위해 감행한 자신의 잔혹하고 비윤리적인 행위로 인해 심각한 우울증과 죄책감 그리고 의심증에 빠지게 된다.15) 맥베스의 정신병 증세는 시간이 흐를수록 점점 더 심각해지고, 결국 국왕의 위엄을 보이거나 국가를 정상적으로 운영하는 것이 불가능함을 만천하에 드러내고 만다. 마침내 그는 유일한 해결책이라는 착각에 빠져 스스로 황야의 마녀들을 다시 찾아가고, 그들이 던진 수수께끼 같은 몇 마디 말과 환상에 더욱 집착한다. 또한 주변에서 조금이라도 의심스러운 사람들을 주저 없이 살해하는 등 이전보다 더 심각한 만행을 저지른다.16) 이제 거의 정신이 나간 맥베스는 왕궁 안에서 유일하게 온전히 신뢰할 수 있는 사람이었던 아내가 마찬가지로 정신착란에 시달리다가 자살했다는 소식을 듣고도 무덤덤한 태도를 보인다.17) 결국 그는 상황을 예의주시하던 정적들과 잉글랜드로 피신해 있던 던컨의 장남 맬컴 왕자의 협공을 받아 비참한 최후를 맞는다.

이러한 일련의 과정을 살펴보면 맥베스는 마녀들과 우연히 만난 후 갑작스럽게 권력욕이 생기기 전까지는, 아마도 스코틀랜드의 왕이 되겠다는 생각을 진지하게 해본 적이 별로 없었던 것 같다. 그는 자신이 권좌에 오르는 과정이 당시 스코틀랜드를 포함한 켈트족 특유의 정치적 관행이며 따라서 적어도 형식적 차원에서 보면 나름의 정당성을 갖춘 왕위 "공개 선출 제도(tanistry system)"[18]를 통해 진행되었다는 사실을 망각한 채 오직 과거의 극단적인 행위에만 얽매이는 모습을 보인다.[19] 즉 그는 군왕이 된 후에는 스스로 확보한 왕권의 합법성[20]에 주목하고 이 사실을 정치적 역량을 통해 최대한 강화해야 한다는 점을 깨닫지 못한 것이다. 따라서 그는 왜 자신이 극단적인 행동을 통해서라도 반드시 왕이 되어야 했는지, 그리고 일단 왕좌에 오른 후에는 군왕으로서 어떻게 위엄을 갖추고 처신할 것이며, 나아가 어떤 공유비전을 제시함으로써 성공적으로 국가를 운영하고 국민에게 희망을 줄 것인가에 대한 관념이 결여된 인물로 평가할 수밖에 없다. 이것은 그가 작품 초반에 뿜어낸 강렬한 권력의지가 사실은 단순하고 즉흥적인 욕망의 발로였음을 강하게 시사하는 것이다.

세계사를 일별해보면 이른바 역사의 주역으로 손꼽히는 인물들이 극한의 무력으로 정치권력을 쟁취한 경우를 어렵지 않게 찾아볼 수 있다. 따라서 역사 속에 이름을 남긴 다수의 리더는 보통 사람의 윤리의식이나 도덕관과는 상당히 거리가 있는 삶을 영위한 것이 사실이다. 그렇지만 역사가나 대중이 정치지도자의 가치를 평가하는 잣대나 기준은 일반적인 도덕관념이 아니라, 그들이 권력을 쟁취한 후 그것을 바탕으로 현실 세계에서 어떤 역할을 하였는지 그리고 통치 대상인 국민을 위해 구체적으로 무엇을 성취하였는가에 있다. 따라서 정치영역 리더에 대한 평가의 관건은 무력에 의한 권력 쟁취의 정당성 여부보다는, 자신이 쟁취한 권력을 얼마나 제대로 사용하였는가에 있다.[21] 마찬가지로 스코틀랜드의 왕권을 거머쥔 맥베스에 대한 종체적인 평가를 위해서는 그가 주군인 던컨을 살해하고 무력으로 권력을 찬탈했다는 사실뿐만 아니라, 권력 획득 이후 보여준 그의 태도와 행적에 대한 분석 역시 중요한 의미를 지닌다고 말할 수 있다.

리더십 차원에서 접근해 보면 맥베스가 보인 일련의 충동적인 모습과 비이성적인 행동은 그가 기본적으로 셀프리더십(self-leadership)을 제대로 갖추지 못하였기에 나타난 현상이다. 셀프리더십이란 인간이 스스로 인생의 목표와 방향을 설정하고 이를 위해 계획한 일에 최선을 다함으로써, 타자에게 의존하거나 타인의 의견을 추종하기보다는 삶 전반을 주체적으로 이끌 수 있는 내면의 역량과 태도이다. 내면에 셀프리더십을 제대로 갖추기 위해서는 무엇보다도 자신의 행동에 대한 명확한 "기준"(standard)과 "내재적 동기부여"(intrinsic motivation)가 필수적이다. 또한 내재적 동기부여의 핵심적인 경험으로는 "유능감"과 "자기 통제감" 그리고 "목적의식"을 들 수 있다.22)

셀프리더십의 관점에서 볼 때 맥베스가 왕권을 차지한 이유는 자신의 충격적인 행동의 원인이 되기에는 너무나 빈약한 것이었다. 그는 우선 자신과 던컨에게 그리고 주변 인물들과 국가 구성원 전체의 삶에 엄청난 변화를 끼칠 수 있는 행동을 감행하면서도 그에 걸맞은 대의명분을 스스로 내세우거나 만들어내지 못했다. 이처럼 맥베스의 내면은 처음부터 '행위에 대한 내재적 동기부여'가 결핍된 상태였기 때문에, 전장에서 사람 죽이기를 일상처럼 해왔던 그가 정작 던컨 단 한 사람을 살해한 후에는 죽을 때까지 죄책감과 공포심 그리고 피해망상에 사로잡히게 된다. 이에 반해 그가 전장에서 적군을 무수히 쓰러트리고도 평정심을 유지하고 정상적인 삶을 영위할 수 있었던 까닭은, 자신의 극단적인 폭력행위가 부도덕한 것이 아니라 오히려 본인과 가족 그리고 국가의 안위를 위해 필요하고 또한 정당하다는 의식, 즉 셀프리더십에서 강조하는 유능감과 목적의식이 강렬하게 발동되었기 때문이다.

또한 작품 속에서 묘사되는 맥베스의 감정적인 태도와 맹목적인 행동 방식은 과연 그와 같은 전사(warrior)가 갖추어야 할 용기란 무엇인지 다시 생각하도록 만든다. 일찍이 플라톤은 『국가』(4권)에서 국가의 안보를 책임진 '수호자'(phylax)는 무엇보다도 '용기'(andreia)의 의미를 바르게 인식해야 한다고 주장한 바 있다. 플라톤은 용기를 "두려워할 것들과 두려워하지 않을 것들에 관한 바르고 준법적인 소신의 지속적인 보전과 그런 능력"(430b)으로 규정하였다. 여기서 두려워할 것은 전사로서의 양심과 국민의 시선일 것이고, 두려워하지 말아야 할 것은 전장의 위험과 육체적인 고통에 대한 공포일 것이다. 나아가 플라톤이 보기에 전사의 용기란 전투 현장에서의 과단성과 임전무퇴의 자세를 넘어서는 것이어야 한다. 즉 용기는 극단적으로 혼란스러운 전투 상황 속에서도 영혼의 분열과 파괴를 방지하고 충동적인 행동을 자제하는 능력을 갖춘 경우에만 도달할 수 있는 것이다. 또한 이것은 진정한 용기란 영혼의 독립적인 능력이라기보다 '정의', '절제', '지혜'와 같은 다양한 덕목들과 연관되어 있다는 점, 다시 말해서 전장에서 승리하려는 사람은 우선 하나의 인격적 존재로서 올바로 판단하고 절제를 생활화함으로써 모범적인 행동이 몸에 배어 있어야 함을 함축하는 것이기도 하다. 그에 따르면 이러한 차원의 용기를 지닌 사람만이 전장에서 유감없이 능력을 발휘할 수 있을 뿐만 아니라, 자신을 전사로 키워주고 이제는 생명을 의지하고 있는 국민을 배반하는 행위, 즉 무력에 의한 '국가전복기도'(stasis)의 유혹을 단호히 거부할 수 있기 때문이다.[23)]

맥베스는 전투 현장에서 일반적인 수준의 용맹함을 넘어 적에게 절대로 관용을 베풀지 않을 정도로 잔혹한 모습을 보였지만, 플라톤의 시각에서 보면 그의 전반적인 태도와 행동은 진정한 전사가 지닐만한 용기와는 사실상 거리가 먼 것이었다. 자기 자신이 진정으로 원하는 바가 무엇인지 알지도 못한 채, 오직 왕권에 대한 충동적인 욕망과 주변 인물들의 자극에 의지해서 반복적으로 폭력을 행사한 맥베스는 애초부터 왕의 자리에 오른 후 무엇을 어떻게 해보겠다는 뚜렷한 목적의식이 없었고, 또한 자기 통제력도 온전히 갖추지 못한 단순 싸움꾼에 불과했다. 이에 셰익스피어는 맥베스처럼 폭력적 성향과 권력욕으로 충만해 있으나 자기 통제력이 결핍되고 감정적으로 불안정한 상태에 있는 인물은 결코 타인이나 공동체를 이끌 수 없음을 그와 연관된 부정적인 행위 묘사를 통해 암시한 것이다.

어떤 면에서 보면 맥베스는 자신의 운명을 스스로 개척할 만한 힘과 능력을 갖춘 인물로 평가받을 수 있다. 그는 무력에 의한 왕권 탈취를 결심하자 더 이상 주저하거나 번민하지 않고 자신의 계획을 실행에 옮겼는데, 실행력은 어떤 분야를 막론하고 한 인간이 현실적으로 성공하기 위해서는 반드시 갖추어야 하는 덕목이기 때문이다. 맥베스를 문학적으로 재창조한 셰익스피어가 적지 않은 영향을 받은 것으로 평가되는 마키아벨리(Niccolò Machiavelli, 1469-1527)[24]의 『군주론』에 따르면, 권력을 추구하는 인물은 자신의 행로를 방해하는 운명의 신이자 여성으로 묘사되는 '포르투나'(fortuna)를 반드시 정복할 수 있어야 한다. 즉 정치는 인간 특히 남성의 운명 극복 여부를 판정하는 가장 대표적인 시험대라고 말할 수 있는데, 군주는 '저돌성', '용맹', '단호함', '기민한 상황 판단력' 등을 핵심으로 하는 새로운 '덕'(virtù)을 충분히 갖추어야 한다. 포르투나로 불리는 운명의 정복에서 관건은 미래의 결과를 미리 두려워하지 않는 용기와 실천력의 소유 여부이다.[25]

그렇지만 맥베스는 지나치게 단순하고 충동적인 성향을 지니고 있었기에, 머리 위에 올려진 왕관의 무게를 견딜 수 있는 정신력, 다시 말해서 국가 최고 통치자의 역할과 책임에 대한 자각에 도달하지 못하였다. 그는 권력 획득 과정에서 야기된 극단적인 행동이 단순히 권력욕의 소산만은 아님을 자기 자신과 세상에 증명할 수 있는 역량을 갖추지 못하였으며, 따라서 왕권 획득이 공적인 가치(부국강병과 이용후생)를 구현할 수 있는 하나의 역사적인 계기가 될 수 있도록 선용하지 못했다. 그러나 고금의 역사를 살펴보면 권력투쟁 과정에서 맥베스보다 훨씬 더 잔혹하게 행동하였을 뿐만 아니라, 권모술수를 통해 인간성의 극한까지 드러냈던 인물이 일단 권력의 정점에 도달한 후에는 이전의 모습에서 환골탈태하여 국민을 위해 선정을 베풀고자 노력한 사례를 어렵지 않게 찾아볼 수 있다.[26] 자신의 대범한 판단과 적극적인 행동 그리고 엄중한 결과에 대한 책임 의식과 자기 정당화는 현실에서 최상위의 리더를 지향하는 사람에게 필요한 덕목 중에서도 결코 빼놓을 수 없는 측면임을 역사는 말하고 있다.[27]

🏛 3. 던컨과 권력의 조건

스코틀랜드의 군주이자 맥베스의 사촌 형인 던컨은 극이 시작되고 얼마 지나지 않아 살해당하기 때문에 작품 전체에서 차지하는 비중은 매우 작은 편이다. 그렇지만 그는 맥베스와 더불어 『맥베스』에 등장하는 유일한 리더(왕)이며, 그가 극 중에서 보인 태도와 행동은 리더십 관점에서 볼 때 음미해 볼 측면이 있다.

던컨은 성품이 관후한 인물로 묘사되며, 자신의 왕권 유지에 결정적인 공헌을 한 맥베스를 절대적으로 신뢰한다는 투로 말하고 행동한다.[28] 그는 반란 진압에 성공한 당일 곧장 인버네스(Inverness) 지방에 위치한 맥베스의 성을 찾아가서 하룻밤을 보내기로 한다. 사실 반란 진압 당일 왕궁을 비우기로 한 던컨의 결정은 아무리 사촌인 맥베스가 반란군을 진압하는 등 충성심을 보였다 하더라도 아직 정세가 충분히 안정되지 않은 상황을 고려하면 다소 성급한 것처럼 느껴진다. 그렇지만 던컨이 서둘러 맥베스의 성을 찾아간 이유는 사실 상당히 중요한 정치적 목적이 있었기 때문이다. 그는 당일 밤 맥베스 성에서의 만찬 도중에 갑자기 장자인 맬컴을 불러세우더니 그를 왕세자로 책봉하며 동시에 킴벌랜드 공이라 칭할 것이라고 선언했다.[29]

누구도 예상하지 못한 던컨의 선언을 어떻게 이해할 수 있을까? 아마도 던컨의 왕세자 책봉식 연출은 반복된 반란으로 인해 자신의 지위가 위협받게 되자, 장남을 서둘러 왕위 계승자로 지목함으로써 왕권을 강화하고자 하는 의도에서 내린 결정으로 보인다. 특히 던컨은 전례와 달리 왕세자 책봉 선언을 자신의 왕궁이 아니라, 왕국 내 귀족들 가운데서 가장 신뢰받고 있으며 또한 무력도 출중한 맥베스의 성에서 진행함으로써 그의 명시적인 동의를 받고자 했다. 그렇게 되면 왕국 내부에서는 누구도 왕세자 책봉에 대해 공개적으로 반발하지 못하리라는 정치적 계산이 깔려 있던 것이다. 이러한 해석은 앞에서도 언급하였듯이 당시 스코틀랜드를 포함한 켈트족 지배 국가에서는 왕권의 장자 상속이 당연시되는 분위기가 아니었으며, 오히려 귀족계층으로 구성된 유력인사 그룹에서 가장 뛰어나고 군주의 자질을 갖춘 사람이 왕위를 계승하는 경우가 더 일반적이었다는 사실과 연결해서 생각해 볼 수 있다. 다시 말해서 당시 스코틀랜드에는 던컨 왕 유고시 정치적 후계자로서 나이 어린 맬컴이 아닌, 가장 주목받는 귀족인 맥베스가 적임이라는 분위기가 형성되어 있었음을 배제할 수 없다는 것이다.

당시 정황으로 볼 때 던컨의 맥베스 성 방문과 왕세자 책봉 선언은 왕권의 장자 승계를 위해 나름대로 치밀하게 계획한 정치 이벤트였다. 또한 던컨은 자신을 제외하면 사실상 나라 안의 최고 실력자인 맥베스가 왕세자 책봉에 대해 분개할 수 있음을 간파하고, 미리 그의 마음을 다독이기 위해 작지 않은 선물을 준비했다. 그것은 바로 반란에 가담한 사실이 밝혀져서 진압 당일 처형당한 코더 성의 영주 자리를 맥베스가 차지할 수 있도록 배려한 것이다. 특히 던컨은 저녁 무렵 맥베스의 성에 도착하여 왕세자 책봉식을 진행하기 전에 서둘러 전장에 전령을 보내고 약식으로 작위 수여식을 거행함으로써 맥베스를 향한 총애를 표방한다. 당일 밤 진행될 후계자 선언에 대해 맥베스가 쉽사리 불만을 표출하지 못하도록 사전에 포석을 깔아 놓은 것이다. 그런데 왕의 시각에서는 꽤 충실하게 기획된 일련의 정치성 이벤트가 현실에서는 최악의 파국을 초래하는 계기가 되고 만다. 던컨의 행동은 곧바로 맥베스의 심리적 반발을 야기하였으며, 레이디 맥베스의 반복된 요구에도 불구하고 직전까지 다소 주저하던 극단적인 행동, 즉 군왕 살해를 통한 왕위 찬탈을 과감하게 추진하도록 이끄는 기폭제가 된다.[30]

던컨은 작품 서두에서 볼 수 있듯이 인품이 관후하며, 특히 맥베스를 총애하고 절대적으로 신뢰하는 것으로 묘사되고 있다. 그런데 이러한 최고 권력자의 인자한 이미지는 당시의 시대적 상황이나 정치적 현실에서 볼 때 과연 얼마나 합당한 것일까? 정치의 영역은 무력 사용이 거의 유일하게 합법화된 곳이며, 실제로도 인간사회의 어느 분야보다 유혈 투쟁이 빈번하게 발생하는 곳이다. 따라서 정치 영역의 최고 지도자라면 무력 사용에 능통한 것이 가장 이상적이다. 만약 그렇지 않고 최고 권력자인 왕이 측근이나 다소 떨어진 위치에서 활동하는 부하, 즉 영주의 무력에 의존해야 하는 상황이라면 이들의 마음을 꿰뚫어 볼 줄 알아야 하며, 평상시 동태에도 항상 주의를 기울여야 한다.

이와 연관해서 우리는 마키아벨리가 『군주론』에서 제시한 바 있는 선군(先軍) 정치론을 되새겨 볼 필요가 있다. 마키아벨리에 따르면, "군주가 정치인의 덕목을 갖추고 자신의 권력을 유지하기 위해서는 원칙적으로 문사(文士)가 아닌 전사(戰士)의 기질을 배우고 익혀야 하며, 또한 제반 군사업무에 능통할 수 있도록 평화 시에도 항상 심신을 단련해야"31) 한다. 또한 마키아벨리는 "바람직한 국가의 토대는 훌륭한 법률의 제정과 준수임을 인정하였으나, 본래 한 나라의 제도나 법률이 제대로 시행되기 위해서는 엄격한 규율과 충성심으로 무장한 군사 조직의 뒷받침이 필요하다고 보았다. 즉 후자(군대)로부터 전자가 나올 수는 있으나 그 역은 아님을 주장"32)한 것이다. 나아가 마키아벨리에 따르면 "군주는 권력의 유지를 위해서 철저히 자신의 힘에 의존해야 한다. 타국의 도움이나 간섭 없이 자유롭게 출발한 국가는 당장은 약소국일지라도 성공할 가능성이 높으나, 종속된 지위에서 출발한 국가는 시간이 흘러도 타국의 지배에서 벗어나기 쉽지 않기 때문이다. 이처럼 군주는 오직 확고한 군사적 기반 위에서만 자신의 정치적 의도를 실현할 수 있는데, 전쟁 상황과 마찬가지로 현실 정치 역시 숭고한 이상만을 내세울 수 없는 영역이기에, 이 세계에서도 군사 활동에서 중요한 덕목으로 간주되는 행동 방식들을 철저히 적용할 줄 알아야 한다"33)는 것이다.

군주 자신의 군사적 역량이 안정된 통치의 필수조건임을 강조한 마키아벨리의 관점에서 보면, 국가방위와 반란 세력 진압을 맥베스 같은 영주들에게 의존하고 따라서 현실적으로 그들을 환대하며 눈치도 보아야 하는 던컨은 매우 취약한 통치자에 불과하다. 그는 자신의 군사적 약점을 관후한 태도를 내세워 감추고자 했으며, 그런 와중에도 정치적 수완을 발휘하여 장자에게 왕위를 계승할 수 있을 것으로 기대하였다. 그러나 그는 봉건 군주국가의 복잡한 권력 구도하에서 최상의 리더십을 발휘하여 자신의 정권을 유지하고 적장자에게 왕위를 계승한다는 절대 목표를 완수하기에는 일차적으로 군사적 능력을 전혀 갖추지 못하였으며, 결과적으로 보면 정치적으로도 상당히 미숙한 인물이었다고 평가할 수밖에 없다.

던컨은 자신이 내비친 피상적인 호의를 통해 타인의 감정을 관리하거나 심지어 변화시킬 수 있다고 생각한 듯하다. 즉 그는 귀족 중에서 가장 주목받는 인물이며 무예도 더없이 출중한 맥베스가 왕권에 대한 욕망을 품을 수 있음을 최고 권력자의 직감으로 미리 파악하고 있었지만, 그것을 반란에 가담한 죄목으로 처형당한 코더 영주의 자리만을 내어 줌으로써 잠재울 수 있다고 섣불리 판단하였다. 그러나 누구라도 무력과 평판을 통해 최고 권력에 오를 수 있는 시대적 상황에서 왕권에 대한 야심을 가졌을 법한 인물에게 그보다 한참 낮은 수준의 정치적 보상책을 제시함으로써 그의 불만이나 변심에 충분히 대처했다고 판단한 것은 권력의 관점에서 보면 지나치게 순진한 생각이었다.

맥베스는 장군으로서 용맹할 뿐만 아니라, 전장에서 이미 패배한 적에게조차 절대 관용을 베풀지 않을 정도로 잔혹한 면모를 지닌 인물이다. 충성과 반역이 동전의 양면 같은 시대 상황에서 최고 통치자인 던컨이 잔혹한 부하 맥베스의 성향에 좀 더 많은 관심을 기울였더라면, 아마도 그는 반란군 진압 등 맥베스가 행동으로 보여준 표면적인 충성과는 별개로 그를 좀 더 경계하고 신중하게 다루었을 것이다. 예컨대 던컨은 비록 자신이 최고 권력자라 하더라도 잠재적 경쟁자인 맥베스가 영주로서 사실상 지배하는 공간(인버네스 성)에 쉽게 몸을 맡기지 않았을 것이다.

나아가 던컨은 반란이 막 진압된 상황에서 정치적 후계자를 선택하고 공표하는 일을 너무 단순하게 생각하고 서둘렀다. 물론 잦은 반란으로 인해 자신의 정치권력이 위기에 빠지자 하루빨리 왕세자를 내세움으로써 왕권의 안정을 도모하고자 했던 심정을 전혀 이해하지 못할 바는 아니다. 그러나 그는 자신의 정치적 의도를 현실에서 명백히 드러내기 전에 좀 더 철저하게 왕권승계를 준비해야만 했다. 우선 그는 맥베스처럼 최고 권력에 관심을 가질 법한 유력인사를 확실하게 제어하는 방안을 왕세자 책봉식 이전에 미리 마련하지 못했다. 사실 자체적인 무력을 충분히 갖추지 못한 던컨이 사전 정지(整地)작업 차원에서 취할 수 있었던 거의 유일한 방법은 평소 주변 인사들의 충성심을 최대한 확보해 놓음으로써 자신의 유고 시 의지대로 왕권이 승계될 수 있는 분위기를 조성하는 것이었다. 그런데 정작 던컨이 인버네스 성에서 갑자기 사망하자 그의 측근 중 누구도 '바로 전날 세자 책봉식이 거행되었으며 이제 마땅히 맬컴이 왕위를 계승해야 한다'고 주장하지 않는다. 이것은 맥베스뿐만 아니라 왕의 측근들도 전날 밤의 세자 책봉에 진심으로 동의하지 않았음을 암시하는 것이다.

또한 던컨은 조급한 마음을 최대한 억누르고 장남 맬컴이 후계자로서 국가를 통치할 만큼 충분한 역량과 지지기반을 갖출 때까지 철저하게 준비시켜야 했다. 맬컴이 아직 후계자 수업을 충분히 받지 못하였고, 특히 정치지도자의 최고 덕목이라 할 수 있는 비상시 위기 대응 능력도 전혀 갖추지 못했다는 사실은 그의 아버지가 살해당했음을 알아차린 순간 명확하게 드러난다. 맬컴은 국왕 살해라는 최악의 상황에 직면하여 정통 왕권 계승자로서 마땅히 주변의 신하와 귀족들을 규합하여 살인범을 찾아내고 응징하여 상황을 안정시킬 책임은 물론, 한시라도 빨리 왕좌에 올라 국가를 정상적으로 경영해야 하는 막중한 의무를 지니고 있었다. 그러나 그는 부친이 살해된 모습을 목격한 이후 왕권 계승자로서 위기 상황에 대처하는 노력을 기울이기는커녕, 공포와 두려움에 몸을 떨며 자신의 안위만을 걱정하다가 동생 도널베인과 더불어 각각 잉글랜드와 아일랜드로 도주해 버린다.

물론『맥베스』후반부(4막 3장)에 비교적 상세히 묘사되어 있듯이, 맬컴은 잉글랜드에 도착한 이후 스코틀랜드에서 전해오는 소식에 귀 기울이며 맥더프 등 망명한 귀족들을 규합하여 정권 탈환의 기회를 노리고, 한편으로는 잉글랜드 왕에게 던컨 피살과 맥베스의 등극 등 일련의 돌발사태의 부당성을 고하고 도움을 요청하여 결국 왕좌를 수복한다. 이것은 맬컴이 잉글랜드 망명 직후부터 부친에 대한 애도와 더불어 권력 탈환에 절치부심하였음은 물론, 스코틀랜드의 왕권 계승자로서 어느 정도 자질을 갖추고 있음을 암시하는 것으로 볼 수 있다.34) 어쨌든 던컨의 성급한 왕세자 책봉 결정은 결과적으로 자신의 목숨을 앗아가는 데 결정적인 계기가 되었으며, 또한 아들 맬컴이 시간의 흐름 속에서 좀 더 자연스럽게 그리고 단계적으로 후계자 수업을 받을 기회를 상실하는 결과로 이어진 것도 사실이다.

마지막으로 리더십의 핵심 가치에 속하는 공공성 차원에서 볼 때, 왕권 계승과 관련된 던컨의 판단과 행동에는 뚜렷한 한계가 내포되어 있다. 즉 그는 리더로서 자신의 권력을 공동체의 이익을 위해 어떻게 사용하거나 나누어야 할지 신중하게 고민하지 않은 것이다. 일찍이 아리스토텔레스는『니코마코스 윤리학』5권에서 '정의'(dikaiosynē)의 특성을 다양한 방식으로 소개하면서, 독자들이 이 개념의 의미와 가치를 인식하도록 유도한 바 있다.35) 그에 따르면 '부분적 정의'의 한 유형인 '분배적 정의'는 국가와 같이 공동체에 속한 사람들 사이에서 발생한 다양한 유형의 이익이나 공동재산을 어떻게 배분할 것인가와 관련해서 제기되는 것이다. 따라서 분배적 정의는 기본적으로 공동체 및 공동이익의 산출을 전제로 한다. 아리스토텔레스에 따르면 두 명 이상의 사람에게 공동재산을 배분해야 하는 상황에서는, 배분 당사자를 포함하여 공동체 구성원들에 의해 합의된 일정한 기준에 따라 '비례적인'(analogon) 배분이 이루어져야 한다. 그리고 그 기준은 각자가 공동체 안에서 구현한 '가치'(axia)나 능력이 되어야 한다. 즉 분배적 정의는 공동체 안에서 합의된 일정한 기준을 토대로 평가된 구성원 각자의 공적에 따라 공동재산의 일정한 몫이 배분될 것을 요구하는 것이다.36)

이처럼 구성원 각자의 공적과 능력에 따라 유무형의 공동체 재산을 배분해야 한다는 분배적 정의의 관점에서 볼 때, 그리고 당시 스코틀랜드를 비롯한 켈트족 지배 국가의 현실적인 권력 이양 방식을 염두에 두고 보더라도, 갑자기 연소한 아들을 왕세자로 책봉한 던컨의 행동은 현실적으로 대단히 성급했으며, 국가공동체의 최상위 리더로서 무엇이 조직을 위해 최선인지에 대한 고민이 부족한 상태에서 나온 정략적 판단으로 평가할 수 있다.

지금까지 군왕으로서의 던컨의 태도와 행동을 리더십 차원에서 살펴보았다. 『군주론』에 따르면, 한 나라를 통치해야 하는 군주는 여우와 사자의 자질을 동시에 갖추고 있어야 하며 필요한 경우에 두 자질을 적절히 발휘할 수 있어야 한다.37) 주지하듯이 여우는 정치적 술수와 현실 판단 능력을 그리고 사자는 실질적인 무력을 상징한다. 마키아벨리의 관점에서 볼 때 맥베스는 상대적으로 사자를 많이 닮았다면, 던컨은 여우를 흉내 냈지만 사실상 여우가 지닌 간교함에 한참 미치지 못하는 인물이었다. 그는 정적들을 강력히 제어할만한 사자의 힘도 그리고 복잡한 정국을 풀어나갈 여우의 지혜도 결여한 상태에서 그들에게 자신의 속마음을 너무 쉽게 내비쳤으며 또한 그들의 선의를 헛되이 갈구한 지도자였기 때문이다.

🏛 4. 나오는 말

셰익스피어의 비극에 등장하는 리더들은 권력을 가지고 있다는 사실만으로 마치 전능한 존재처럼 행세하거나(『리처드 3세』), 수단과 방법을 가리지 않고 권력만 차지하면 모든 문제가 해결된다는 환상에 빠지거나(『맥베스』), 공적인 차원에서 주어진 권력을 순전히 개인적인 것으로 착각하고 사익 추구에 이용하거나(『안토니우스』), 권력 주위를 맴도는 인물들의 감언이설과 이간질에 속아서 이용당하고 결국 몰락하는(『리어왕』) 등 자기 자신과 주변 관리에 실패하면서 비참하게 무너지는 모습을 보인다. 다시 말해서 상당수의 주인공이 불굴의 의지와 개성적인 태도를 바탕으로 권력을 쟁취하는 일에는 일단 성공하지만, 정치권력의 경쟁적·파괴적 속성에 대한 인식을 결여한 탓에 이후 점차 나락에 떨어지게 되며 결국 필부보다도 비참한 최후를 맞이하는 것이다.

이것은 일차적으로 권선징악을 내세운 전통극과는 달리, 셰익스피어의 비극에는 어떤 고통이나 난관도 모두 극복하고 임무 수행에 성공하는 리더의 용맹하고 찬란한 모습은 더 이상 등장하지 않음을 의미한다. 그렇다고 해서 그의 작품에는 별다른 능력도 없으면서 쓸데없는 욕망에 빠져 권력을 추구하다가 나락에 떨어지는 허무한 인간 군상들만 등장하는 것도 아니다. 오히려 셰익스피어가 묘사한 권력자 혹은 권력을 추구한 인물은 거의 예외 없이 자신의 영역에서 최고 수준에 올랐으며, 그만이 가진 독특한 능력과 권력의지로 인해 한때 누구도 쉽게 범접할 수 없는 위엄과 무소불위의 힘을 갖춘 인물들이었다. 그리고 맥베스는 이러한 인물군의 성향을 가장 뚜렷하게 반영하고 있다.

그렇지만 영웅적인 풍모와 거침없는 실행력을 갖추고 권력 쟁취라는 목표에 도달한 인물들은 자신을 정상으로 올라가게 한 바로 그 성공, 그리고 성공으로 이끈 야심과 자질로 인해 다시 최악의 상황을 맞이하고 굴욕적으로 패배하게 된다. 셰익스피어는 독자들에게 권력에 도달하는 과정과 권력에서 쫓겨나 나락으로 떨어지는 과정이 결코 서로 무관하거나 단절된 것이 아니라는 사실을 보여준다. 다시 말해서 그는 권력에로의 상승과 하강이 서로 어떻게 연결되어 있는지 독자들이 천천히 깨닫도록 서사를 전개함으로써 결코 단선적이지 않은 인생사와 리더십의 현실을 인상적으로 묘사하고 있는 것이다.[38]

적지 않은 경우, 셰익스피어의 작품은 리더의 성공 사례보다는 실패 사례에 더욱 주목하고 있다. 어떤 의미에서 보면 독자들은 자신 앞에 놓인 난관과 역경을 극복하고 승승장구하는 그래서 어쩐지 뻔하게 느껴지는 주인공의 모습보다는, 한때 정상에 우뚝 섰으나 반복된 실수나 판단 착오로 인해 나락에 떨어지는 영웅 혹은 가치관과 세계관의 근본적인 문제점 때문에 결국 실패하는 리더의 말과 행동으로부터 더 많은 것을 배울 수 있다. 또 정치권력의 속성과 관련해서도 더 큰

교훈을 얻을 수 있을 것이다. 그리고 『맥베스』는 이러한 교훈의 대명
사로 불릴만하다.

* 이 글은 필자의 다음의 글을 도서의 성격에 맞도록 일부 수정한 것이다.
  서영식(2023), 「정치철학적 관점에서 본 『맥베스』와 리더의 조건」, 『범
  한철학』 111.

"이미 저지른 일은 끝난 일이다."(What's done is done.)

— 『맥베스』, 3막 2장

"아무리 긴 날이라도 밤은 지나간다."(The night is long that never finds the day.)

— 『맥베스』, 4막 3장

"맥베스: (…) 꺼져라 꺼져, 짧은 촛불들아! 인생이란 한낱 걷고 있는 그림자, 가련한 배우, 자신의 시간엔 무대 위에서 활개치고 안달하지만, 얼마 안 가서 영영 잊히고 말지 않는가. 그것은 천치가 떠들어대는 이야기 같다고나 할까. 고래고래 고함을 지른다. 아무런 의미도 없이."

— 『맥베스』, 5막 5장

 읽을거리 & 볼거리   ⊙

- 헨리 엘프리드 키신저(2023), 『리더십』, 서종민 역, 민음사.
  이 책은 살아있는 외교의 전설로 불리는 헨리 키신저가 20세기 중후반 미합중국 국무장관 등으로 활동하며 직접 교류했던 6명의 국가원수(아데나워, 드골, 닉슨, 사다트, 리콴유, 대처)의 지도자적 자질과 실제 업적을 깊이 있게 묘사하고 있다. 특히 이들이 현실적인 난관을 극복하는 가운데 정치지도자가 국민에게 보여줄 수 있는 최상의 가치인 평화에의 전망을 어떻게 형성해 나갔는지 확인할 수 있다.

- 로버트 그린(2009), 『권력의 법칙』, 안진환 외 역, 웅진지식하우스.
이 책은 권력의 본질적 속성은 무엇이며, 그것을 쟁취한 후 성공적으로 관리하기 위해서는 어떤 마음가짐을 가지고 어떤 방법을 사용해야 하는가를 마키아벨리적 관점에서 그리고 동서고금의 다양한 사례를 바탕으로 서술하고 있다.

- 『맥베스』(영국·미국, 1971)
로만 폴란스키 감독이 연출하였으며, 존 핀치가 맥베스 역으로 그리고 프란체스카 애니스가 레이디 맥베스 역으로 출연하였다. 중세의 거칠고 황량한 분위기를 인상적으로 묘사하였으며, 셰익스피어 연극에서 나타나는 고풍스러움을 의도적으로 제거한 작품이라는 평가를 받고 있다. 또한 작품의 주요 장면에는 폴란스키 감독의 개인적인 고뇌와 비극적 경험이 반영된 것처럼 보인다.

- 『맥베스』(영국, 2015)
저스틴 커젤 감독이 연출하였으며, 마이클 패스벤더가 맥베스 역으로 그리고 마리옹 꼬띠아르가 레이디 맥베스 역으로 출연하였다. 『맥베스』를 주제로 제작된 이전 작품들과 비교해 볼 때 주요 등장인물의 심리를 꽤 심층적으로 묘사하고 있다. 또한 컴퓨터 그래픽 기술을 활용하여 뛰어난 영상미를 선보이고 있다.

Ⅳ 위기의 영국을 구원한 엘리자베스 1세의 실용주의 리더십

김 충 현

엘리자베스 1세는 16세기 위기의 영국을 구원하여 19세기 대영제국의 발판을 만든, 영국 역사상 가장 위대한 군주로 추앙받는다. 그녀가 위기의 영국을 구할 수 있었던 것은 실용주의 리더의 면모를 보여주었기 때문이다. 엘리자베스는 유럽 열강에 둘러싸인 영국을 누구도 간섭할 수 없는 독립된 국가로 만드는 것에만 몰두했다. 이를 위해 교리와 상관없이 가톨릭 특징과 개신교 특징을 적절히 혼용한 중도적인 방법으로 종교 통합을 이루었고, 독신상태를 이용하여 영국에 대한 외국 군주들의 공격성을 약화시켰으며, 살아있는 '마리아'로서의 이미지를 창출하여 백성들에게 사랑받고자 노력했다. 또한 기근으로 고통 받는 백성들을 위해 구빈법을 개선하여 사회복지제도의 근간을 만들었으며, 신분에 제한을 두지 않고 다만 충성심과 애국심을 갖춘 인재를 활용하기 위해 신흥 계층인 젠트리를 이용했다. 이렇게 함으로써 엘리자베스는 외교, 국방, 경제 및 민생에 있어서 큰 성과를 거두면서 위기의 영국을 구원할 수 있었다.

🏛 1. 들어가는 말

한국사회는 광복 이후 눈부신 경제성장과 함께 민주주의를 동시에 발전시킨 보기 드문 성과를 이루었다. 특히 식민지를 경험한 나라들 가운데, 50년 정도의 짧은 기간 동안 이런 경제적·정치적 성장을 이룬 나라는 거의 한국이 유일무이하다고 할 수 있다. 그러나 한국사회는 전후 복구에 초점을 맞추어 경제 성장에 관심을 둠으로써 많은 문제에 봉착해 있으며 특히 최근에는 전세계적인 경제성장 둔화에 따라 심각한 양극화에 시달리고 있다. 이에 한국사회는 빈익빈 부익부의 계층분열의 심화, 자연 난개발로 인한 환경문제의 대두 및 차별과 혐오의 심화 등과 함께 극한 이념적 대립 위에 서있다. 그러나 국제적인 상황도 좋지는 않다. 러시아의 우크라이나 침공 이후 국제사회는 1차 세계대전 직전의 긴장을 방불케 하며 삼국동맹과 삼국협상에 준하는 새로운 국제질서를 필요로 하고 있는 상황이다. 이러한 내우외환의 상황에서 한국은 대내외적인 문제를 어떻게 풀어야할까. 위기에 잘 대처하기 위해서는, 과거의 정의를 세우는 데 중점을 두는 이념적 리더십이나 과도한 희망으로 미래 비전을 제시하는 카리스마 리더십보다는, 현실의 문제해결에 초점을 두는 실용주의 리더십이 필요하다. 과거 우리의 선조들이 이론적인 관점에서 유학경전의 자구해석에 몰두했던 점을 상기한다면, 더더욱 실용적인 관점에서 문제해결에 초점을 맞추는 것이 필요함을 알 수 있을 것이다.

이것이 이 시점에서 우리가 엘리자베스 1세(Elizabeth I)의 리더십에 주목해야만 하는 이유이다. 엘리자베스의 리더십은 실용주의 리더십으로 규정될 수 있는데,[1] 왜냐하면 그녀의 통치 행위가 국가번영과 국력강화라는 목표를 향해 국민 분열 해소와 약소국 탈피라는 문제해결에 집중하여 실리적인 방식으로 인재를 활용하려는 경향이 있었기 때문이다. 또한 이러한 노력은 성공적인 결과로 이어졌다. 약소국이었던 영국을 일약 해상 강국으로 만드는 효과를 가져왔고, 이로써 영국인들에게 엘리자베스는 가장 사랑받는 군주로서 그녀의 치세가 '신의 축복'과 '영국의 위대함'으로 기억되고[2] 있기 때문이다.

엘리자베스가 등장하기 이전의 영국은 섬나라라는 지리적 조건에 의해 내륙의 강대국들로부터 상대적으로 침략을 덜 받았지만, 그만큼 접근의 비효율성으로 인해 교류가 쉽지 않아 경제가 좋은 편은 아니었다. 게다가 백년전쟁으로 국고는 비어있었고, 백년전쟁의 패배로 내륙에 있던 영국 왕실의 영토는 모두 상실된 상태였다. 또한 백년전쟁 이후 연이어 발생한 장미전쟁은 신음하던 영국을 만신창이로 만들었다. 그러나 이것이 끝은 아니었다. 장미전쟁 이후 등장한 튜더가문의 헨리 8세(Henry VIII)는 자신의 이혼문제를 핑계로 교황과 결별함으로써 영국에서 종교개혁을 단행하였다. 그리하여 영국은 기존의 가톨릭교도들과 헨리 8세의 새로운 종교(Church of England)인 국교회를 따르는 신교도들로 갈라졌고, 헨리 8세 사후 에드워드 6세(Edward VI), 메리 1세(Mary I)를 거치면서 피비린내 나는 신·구교의 갈등으로 회복불가능한 상태가 되어 있었다. 특히 일명 '피의 메리'(Bloody Mary)로 역사에 기억된 메리 1세는 종교개혁으로 이혼당한 어머니의 명예회복을 위해 신교도들의 피를 요구했고, 남편인 에스파냐의 펠리페 2세(Felipe II)의 요구로 외국전쟁에 영국을 개입시킴으로써 영국인들의 고통을 가중시켰다. 이러한 위기 속에서 영국을 구한 것은 메리 1세의 이른 죽음과 유일하게 남은 헨리 8세의 적통이었던 엘리자베스의 등극이었다.

엘리자베스는 어떻게 신·구교로 갈라져 분열했던, 그리고 백년전

쟁, 장미전쟁, 종교전쟁으로 만신창이가 된 영국을 구원한 것인가. 본
글은 이러한 질문에 답하기 위해 실용주의 리더십의 관점에서 엘리자
베스의 통치 행위들을 분석해 보고자 한다. 이를 위해 2장에서는 신·
구교의 갈등을 해소하고 국민통합을 이끌었던 엘리자베스의 종교정
책을 살펴보고, 3장에서는 처녀여왕의 이미지를 내세운 외교정책에
대해 알아볼 것이다. 또한 4장에서는 국민들의 사랑을 받고자 노력했
던 엘리자베스의 애민정책을 소개하고, 5장에서는 실리적인 정책들을
실행할 충성스런 신하들을 활용했던 인재등용정책에 대해 살펴보고자
한다.

🏛 2. 다시는 피를 뿌리지 않겠다

　엘리자베스는 국민을 분열시키고 국민의 피를 요구했던 아버지 헨
리 8세나 언니 메리 1세와 달리, 중도를 통해 종교를 통합하면서 국민
의 생명을 지키고자 했다. 당시 유럽은 왕들이 국민에게 종교를 강요
할 수 있었던 시절이었고(Cuius regio, eius religio), 영국도 예외는 아니
어서 왕들이 종교를 바꾸면 이에 따라 국민도 종교를 바꾸어야만 했
다. 그리고 왕의 종교를 따르지 않는 국민에 대해 왕이, 그리고 왕의
종교를 선택한 국민이 박해를 가하는 현상이 벌어졌는데, 영국인들은
엘리자베스 이전 20여 년 동안 이런 문제로 고통을 받아 왔다. 따라서
엘리자베스는 종교를 하나로 통합함으로써 분열을 종식시킴과 동시에
국민을 죽음의 공포로부터 벗어나게 해주고자 노력했다.
　원래 영국은 가톨릭종교를 가진 나라였다. 그러나 헨리 8세는 자신

의 이혼문제를 시작으로 교황과 결별하고 영국에서 종교개혁을 일으켰다. 당시 가톨릭의 세계에서 이혼은 원칙적으로 금지되어 있었지만, 완전히 불가능한 것도 아니었다. 서양인들은 흔히 지배자집단 내에서 결혼을 통해 이합집산했거나 재산을 증액시켰기 때문에, 이에 부합하지 않은 경우 언제든지 이혼을 했다. 물론 명분은 필요했다. 헨리 8세의 명분은 '형수님과의 결혼'이 잘못되었다는 것이었다. 15세기 말 16세기 초 영국은 변방의 약소국으로서 결혼을 통해 국력을 높이고자 했다. 따라서 장미전쟁으로 탄생한 튜더가문의 헨리 7세는 큰아들을 당시 강대국이었던 에스파냐 공주 캐서린(Catherine of Aragon)과 결혼시켰었다. 그러나 큰아들이 일찍 죽었고, 미망인이 된 에스파냐 공주를 되돌려 보낼 수 없어서, 작은 아들인 헨리 8세에게 형수와의 결혼을 요구했던 것이다. 헨리 8세도 초반에는 별 이의를 제기하지 않았지만, 형수와의 사이에서 아들이 태어나지 않았고 결정적으로 앤 불린(Anne Boleyn)을 만나 마음이 바뀌었다. 헨리 8세는 형수와의 혼인상태를 끝내고 애인이었던 앤 불린과의 재혼을 원했다. 그러나 당시 교황은 강대국 에스파냐를 고려하여 캐서린과 헨리 8세의 이혼을 허락해 주지 않았다. 결국 자신의 이혼을 위해 헨리 8세는 1534년 수장령을 발표하고 교황과 결별을 선언했다. 이로써 영국에는 가톨릭과 다른 새로운 교파가 생겨났는데, 그것이 바로 우리나라에서 성공회로 알려진 영국 국교회이다. 이에 의하여 이제 영국 교회의 수장은 교황이 아니라 영국 국왕이 되었다.

따라서 영국의 종교개혁은 수장이 교황에서 영국 국왕으로 바뀐다는 것뿐 큰 교리적 변화는 없었다. 그러나 가톨릭교도들, 특히 가톨릭 성직자들은 갑자기 종교 지도자를 교황에서 국왕으로 바꾸면서 교황을 버려야하는 상황을 인정할 수 없었다. 따라서 저항하는 가톨릭교도들이 등장했고, 헨리 8세는 재판 없이 이들을 부당하게 처형함으로써 역사에 오명을 남겼다. 그리고 그렇게 처형된 사람들 중에는 『유토피아』로 명성을 날리던 토마스 모어(Thomas More)도 포함되어 있었다. 이렇게 큰 풍파를 일으키며 캐서린과 이혼한 헨리 8세는 그러나 불행하게도 앤 불린에게서 아들을 얻지 못했고, 대신 딸 엘리자베스를 얻었다. 아들에 집착한 헨리 8세는 앤 불린을 간통죄로 사형시키고 엘리자베스를 사생아로 낙인찍은 후 여러 번의 재혼을 반복했다. 그러나 세 번째 부인에게서 얻은 에드워드 6세가 유일한 아들이었다. 그러나 사멸할 수밖에 없는 게 인간인지라 그 많은 사람을 죽이고 강력한 독재 통치로 영국을 통치했던 헨리 8세도 죽음을 면치는 못했다. 이후 아들인 에드워드 6세가 즉위했지만, 병약한 상태로 6년을 통치하다가 15살의 나이로 생을 마감함으로써 영국 역사에 또 다른 소용돌이가 찾아왔다.

헨리 8세의 첫 번째 자식이자 유일한 적통으로서 캐서린과의 사이에서 출생한 메리가 새로운 왕으로 등극했다. 메리 1세가 된 그녀는 모든 것을 어머니가 이혼당하기 전으로 돌려놓고자 했다. 따라서 이혼을 정당화했던 아버지의 종교개혁을 무효로 하고 다시 영국을 가톨릭 국가로 선포했다. 그리고 이번엔 가톨릭을 거부한다는 이유로 영국 국민을 죽음으로 몰아넣는 피바람을 일으켰다. 영국은 다시 국교회에서 가톨릭 국가가 되었고, 박해받던 가톨릭교도들은 이제 국교회 신교도들을 박해하는 가해자가 되었다. 이렇게 영국은 국왕이 바뀌면서 종교가 바뀌고 종교정책이 바뀌는 등 같은 국민들끼리 종교가 다르다는 이유로 서로에게 칼을 겨누는 상황이 되었다. 그러나 강력한 가톨릭 국가인 에스파냐의 보호를 통해 영국을 가톨릭 국가로 되돌리려고 했던 메리 1세는 재위 5년 만에 암으로 사망했다. 메리는 종교개혁과 이혼을 통해 자신의 어머니를 불명예스럽게 만든 앤 불린과 그의 딸 엘리자베스를 누구보다 싫어했지만, 결국 유일한 아버지의 후손인 엘리자베스를 인정할 수밖에 없었다. 따라서 사생아로 낙인찍히고 반역자로 죽음의 문턱을 오갔던 엘리자베스가 영국의 왕으로 등극했다.

엘리자베스가 등극하자 이제는 반대로 국교회 신교도들이 가해자가 되어 가톨릭교도들을 박해하는 시기가 도래했다. 그러나 엘리자베스는 이전과 같이 백성들을 분열시키고 끊임없이 불안하게 했던 종교적 문제를 가만히 보고만 있을 수 없었다. 특히 엘리자베스는 종교개혁을 통해 결혼한 앤 불린의 아이로서 신교도였으며 국외적으로는 박해에 신음하는 신교도들을 도왔다. 그러나 메리 1세 시절에는 가톨릭으로 개종하고 규칙적으로 미사에 참석하면서 살아남기 위해 현실 상황에 맞게 대처한 실용주의자이기도 했다. 게다가 그녀는 신학논쟁에 관심이 없었고, '오직 예수 그리스도와 하나의 신앙만 있을 뿐, 나머지 모든 다툼 거리는 사소한 것'이라고 생각했다. 따라서 엘리자베스는 대관식을 치른 후 가장 먼저 교회 통합에 집중했고, 1559년 1월 의회를 소집하여 '통일령'(Act of Uniformity)을 통과시켰다.

엘리자베스는 교리의 복잡함을 뒤로 하고 가톨릭 의식의 대부분을 존속시킨 채, 몇 가지 점에서 변화를 추진했다. 먼저 1559년 2월 9일 영국에서 교황의 권위를 일소하고 엘리자베스를 영국교회의 수장으로 인정하는 수장법이 하원에 제출되었고, 메리에 의해 교황에게 돌아갔던 영국 교회의 수장권이 다시 영국 왕에게 돌아왔다. 물론 여성이 교회의 머리가 될 수 있는가를 우려했던 하원의원들을 고려하여, 엘리자베스가 '수장'(supreme head) 대신 '수반'(supreme governor)이란 표현을 쓰기로 합의했기 때문에 가능했던 일이었다.[3] 그리고 1559년 4월

18일 통일법이 하원에 제출되었고, 이에 따라 복음, 서간, 십계명과 일부 기도문은 라틴어가 아니라 영어로 낭독하게 되었고, 라틴어 성경은 영어 성경으로 대체되었으며, 가톨릭 미사의 성체성사의식은 폐지되고 화체설은 부정되었다.[4] 그러나 예배당의 십자가와 초를 그대로 놓아두고, 사제들로 하여금 모자와 코프, 중백의를 입도록 하며 구교의식을 일부 보존했다. 또한 기적은 승인되었으며, 가터 훈위의 수호성인이자 국가의 상징으로 존경받는 성 조지 숭배가 권장되었고, 그리스도가 제자들의 발을 씻겨준 것에서 유래한 세족식이 지속되었고 연주창 고치기 의식이 부활했다.[5]

이로써 엘리자베스는 교황에서 벗어난, 다른 개신교와는 차별된 영국만의 교회로 국민들을 통합시킴으로써, 종교에 의한 국가분열을 해결하고, 분열에 의한 유혈충돌로 빚어진 국민의 고통을 해소하였다. 물론 엘리자베스도 구교도 박해 법령을 만들고 구교도를 탄압했지만, 국교회를 거부하는 귀족들을 궁정으로 불러들이거나 그들의 저택을 방문하기도 하고 구교도를 거리낌 없이 왕실 관리로 고용하면서 종교보다는 충성심에 초점을 맞추는 실용적인 면모를 보여주었다.

🏛 3. 나는 국가와 결혼했다

엘리자베스는 평생 독신으로 지냈던 것으로 유명하다. 당시 여성들이 남편의 명성과 가문에 기대어 자신의 존재를 입증하려고 했던 것과는 매우 대조적이다. 대표적으로 당시 스코틀랜드의 메리 1세는 여러 번의 결혼을 통해 스코틀랜드의 안위를 보장하거나 사랑을 추구했

다. 프랑스 왕 프랑수아 2세와의 혼인을 통해 프랑스의 후광으로 스코
틀랜드를 통치하려고 했고, 끝내 사랑을 추구하다 아들과 국가로부터
추방당했다. 엘리자베스의 이복 언니 메리는 에스파냐의 국력에 기대
어 영국의 안위를 보장받으려고 했으며, 가톨릭을 영국에서 확고하게
재수립하고자 했다. 그렇게 하기 위해 에스파냐 왕 펠리페 2세와 결혼
했지만, 결국 영국을 에스파냐의 꼭두각시로 전락시키고 말았다.

　엘리자베스가 결혼하지 않은 이유들에 대한 연구는 많이 이루어져
왔다. 그중 가장 많이 언급되는 것은 아버지 때문이라는 견해이다.6)
아버지 헨리 8세는 아들을 원해서, 그러나 사실상 바람기 때문에 6번
이나 결혼을 했다. 그리고 그중 2명의 아내를 단두대에서 처형했고 그
한 명이 바로 엘리자베스의 어머니였다. 그러니 결혼이라면 끔찍했을
수도 있다. 또 다른 것은 로버트 더들리(Robert Dudley)와 관련이 있는
것으로 보는 견해이다.7) 더들리는 어렸을 때부터 엘리자베스와 우정
을 쌓으면서 엘리자베스의 최측근으로 활약했다. 더들리는 아버지가
반역혐의로 처형된 후 런던탑에 갇히게 되었는데, 당시 엘리자베스도
또 다른 반란에 가담한 혐의로 런던탑에 오게 되었다. 이렇게 런던탑
에서 메리 1세로부터 동일하게 박해를 받으면서 서로 의지했던 우정
이 즉위 이후까지 유지되었던 것이다. 어떤 사람들은 이것을 사랑으
로 생각하고 이 사랑 때문에 결혼하지 않은 것이라고 말하지만, 뛰어
난 전략가로 간주되는 엘리자베스가 사랑 때문에 결혼하지 않았다는
것은 믿기 어려운 일이다.

　엘리자베스가 결혼하지 않은 이유와는 별개로, 분명한 것은 그녀의
독신이 두 가지 점에서 효과가 있었다는 것이다. 엘리자베스는 프랑
스와 에스파냐 등 가톨릭 강대국이 장악하고 있는 유럽에서 영국의
안정과 번영을 이룩하고자 했다. 그러나 전쟁은 왕국의 안정뿐만 아

니라 재정을 악화시킬 수 있다. 따라서 결혼 시장에 자신을 내놓음으로써 영국의 안전을 보장받고자 했는데, 왜냐하면 엘리자베스와 결혼할 수 있는 희망이 있는 한 외국 군주들은 영국을 공격하지 않았기 때문이다. 또 다른 효과는 처녀여왕의 이미지가 종교개혁으로 사라진 '동정녀 마리아'의 '어머니' 이미지를 부활시킴으로써 국민들의 사랑을 이끌어 내는 데 중요한 역할을 했다는 것이다.

엘리자베스는 "한 시대를 통치했던 여왕이 평생 처녀로 살다 생을 마감했다는 비석을 세울 수만 있다면 그것으로 만족한다", "나는 이미 잉글랜드를 남편으로 섬기고 있노라", "그대들 모두가 또한 잉글랜드 사람들 모두가 나에게는 자식이요 친척이다" 등 다양한 방식으로 자신이 결혼하지 않을 것을 언급했다.[8] 그러나 또한 결혼을 통해 후계자 문제를 확고하게 함으로써 왕국의 평화와 안녕이 가능함을 믿는 의회에게는 "나도 사람이라 절대 무감각하지 않으며, 국가의 안녕이나 그 비슷한 이유 때문이라면 마음과 생각이 바뀔 수도 있다"고 발언함으로써 결혼 가능성을 열어두었다.

이러한 가능성은 즉위 이후 25년간 수많은 외국 군주들의 청혼을 이끌어 내었다. 청혼자들은 당연히 엘리자베스를 아내로 맞이할지도 모른다는 생각 때문에 전쟁이나 분쟁을 일으킬 모험은 하지 않았다. 가장 먼저 청혼한 곳은 에스파냐였다. 에스파냐의 펠리페 2세는 영국 여왕과의 결혼을 통해 영국을 차지함과 동시에 개신교 국가를 가톨릭 국가로 만들기를 갈망했다. 엘리자베스는 그가 자신의 이복 언니 메리 1세와 결혼했던 전력이 있고, 그럼으로써 에스파냐의 전쟁들에 영국을 끌어들여 재정을 위태롭게 했으며, 따라서 백성들이 그를 싫어한다는 것을 알고 있었다. 그러나 프랑스를 견제해야 할 필요성이 있었기 때문에 단번에 거절하지 않고 결혼의 여지를 남겨 두었다.

이외에 신성로마제국의 황제 페르디난트 1세(Ferdinand I)가 자신의 차남들, 특히 삼남 카를 대공(Karl II)과 엘리자베스의 결혼을 위해 손을 내밀었는데, 이는 합스부르크 제국의 막강한 국력을 고려할 때 좋은 기회였으나 엘리자베스는 '대공의 영국 방문'을 고집하며 시간을 끌다가 거절했다. 또한 비슷한 시점에 스웨덴의 에리크 왕(Erik XIV), 작센 및 아돌프의 공작, 홀슈타인의 공작이 사절을 보내 청혼을 했지만, 최대한 고민하는 모습을 보여준 뒤 거절했다. 가장 길게 혼담이 오고갔던 대상은 프랑스의 알랑송 공작(Duc d'Alençon)이었다. 당시 프랑스는 네덜란드를 통해 위협해오는 에스파냐 세력에 부담을 느끼고 있었고 그들과 연합하여 나날이 세를 불려가고 있는 기즈 가문(The Guise)에 대항할 필요성이 있었다. 만일 엘리자베스와 혼인하여 영국의 지원을 받는다면 국내외 문제를 해결할 수 있을 뿐만 아니라 엘리자베스가 프랑스 내 개신교도들을 지원하는 사태를 막을 수 있는 일석삼조의 효과를 얻을 수 있었다. 따라서 프랑스의 카트린 드 메디시스(Catherine de Médicis)는 나이로는 아들들의 고모뻘이 되는 엘리자베스에게 청혼을 넣었던 것이다. 이 혼담은 1570년 앙리 3세(Henri III)가 앙주 공작이었던 시절부터 시작되어 새로이 앙주 공작이 된 그의 동생 알랑송 공작으로 이어져 결국 1582년까지 지속되었다.

이렇듯 엘리자베스는 처음 혼담이 오고갈 때는 큰 가능성을 열어놓은 듯 행동하다가 결정적인 순간에 뒤로 물러서면서 상대방을 당혹스럽게 했다. 그러다 상대방이 포기하려 할 때쯤 갑작스럽게 적극적인 태도를 보이면서 무엇인가 성사될 것 같은 최종적인 단계까지 몰아갔다. 이렇게 엘리자베스는 주도권을 쥐고 구혼자들을 애타게 매달리게 만들면서 능수능란하게 결혼게임을 이끌어갔다. 이러는 동안 외국 군주들과 친교를 유지하면서 그들의 위협을 견제할 수 있었던 것이다.

또한 영국 내에서도 구혼자가 있었다. 엘리자베스는 자신보다 신분이 낮은 사람과 결혼함으로써 자신의 입지를 약화시키고 싶어 하지 않았지만, 그럼에도 젊은 남성들은 영국 왕이 될지도 모른다는 희망으로 엘리자베스를 향한 충성 경쟁을 했다. 이로써 독신상태는 영국 내에서도 젊은이들의 충성심을 통해 왕권을 강화하는 데 중요한 역할을 했던 것이다.

다른 한편, 엘리자베스는 독신을 선택함으로써 '영원한 동정녀' 마리아의 이미지를 구축하려고 했다. 국민의 사랑을 무엇보다 소중히 여겼던 엘리자베스는, 아들 예수에 대한 복종과 사랑의 이미지를 가진 마리아를 모방함으로써, 자신이 '국민에 대한 섬김과 사랑의 여왕'임을 보여 주려고 했다. '마리아'의 신성한 이미지를 창출하고자 했던 의지는 그녀의 치세에 그려진 초상화에서도 확인할 수 있다. 유럽의 절대주의 시절 왕들은 초상화를 통해 자신의 의지를 국민들에게 전달한 것으로 알려져 있다. 그중에서도 엘리자베스는 가장 많은 초상화를 남긴 것으로 유명하다. 그녀의 치세 기간이 워낙 길었던 이유도 있지만, 불안정했던 자신의 왕권을 이미지를 통해 보완하려 했던 엘리자베스의 의도가 깔린 것으로 생각해 볼 수 있다.

이 중에서 <체 초상화>와 <담비 초상화>에 특히 주목해 볼 수 있는데, 왜냐하면 이 초상화들이 순결을 주제로 하고 있기 때문이다. 엘리자베스의 초상화에 대한 연구에 의하면,[9] <체 초상화>에서 하얀 얼굴의 초상화와 함께 그려진 '체'는 로마 신화에 등장하는 순결의 여인 투치아(Tuccia)를 상징하는 것이며, <담비 초상화>에 나오는 '담비'는 몸을 더럽히는 것보다 죽음을 택하는 존재로서 역시 순결을 상징한다. 이것은 자신의 독신상태를 약점보다는 순결로 승화시켜 '순결한 성녀'의 이미지를 만들었던 것으로 생각해 볼 수 있다. 그리고 순결한 성녀는 종국에는 마리아를 떠올리게 하기 때문에, 이로써 엘리자베스는 독신, 순결, 마리아로 이어지는 연결고리를 통해 '어머니' 마리아의 신성한 이미지를 구축했던 것이다.

또한 엘리자베스가 독신을 통해 플라톤의 '철인왕' 이미지를 만들고자 했다는 의견도 있다.[10] 당시 시대배경이나 엘리자베스의 통치 스타일을 생각해 볼 때, 이는 타당한 견해로 보인다. 주지하듯이 플라톤의 핵심 정치사상은 '철인왕' 통치이다. 그리고 철인왕이 될 자격은 남녀를 구분하지 않는다. 충분한 덕을 소유한 남성 혹은 여성이 충분한 교육과 지적 탐구의 수준을 갖춘 경우 '철인왕'이 될 수 있다. 그리고 그러한 지배자 집단, 특히 철인왕들은 사적 소유 및 결혼이 금지되었다. 지배자 집단은 국가의 공적 이익을 위해 통치해야 하는 의무가 있기 때문에, 사유재산 및 가족을 만듦으로써 나타날 수 있는 부패가 사전에 차단되어야 한다. 그래서 플라톤은 철인왕에게 독신을 요구했는데, 이로써 그는 통치자란 공적인 이익을 위해 사적인 욕구를 절제하는 존재임을 분명히 했다. 엘리자베스는 당시 유럽인들이 추앙해 마지않았던 고대 그리스 철학자의 사상에 맞는 사람이 됨으로써, 자신은 '독신'의 '철인왕'이라는 이미지를 구축한 것으로 파악된다. 이로써 자신은 다른 왕들과 구별되는 사람이며 사적인 욕심보다는 국민의 공적 이익을 위해 봉사하는 존재임을 부각시킬 수 있었을 것이다. 물론 이것이 어느 정도의 효과를 가져왔는지는 알 수 없다. 그렇지만 형제도 부모도 자식과 남편도 없는 엘리자베스가 국가와 국민밖에 생각할 것이 없다고 믿게 만드는 데 효과적이었을 것이다.

🏛 4. 나보다 더 백성을 사랑하는 군주는 없습니다

　1559년 1월 14일 대관식을 위해 엘리자베스는 도심을 행진하여 런던탑에서 웨스트민스터로 향했다. 행진로의 총 길이는 6킬로미터. 여왕은 매우 느리게 행진하면서 계속 마차를 세우고 백성들이 내미는 꽃다발을 받았고, 멀리 있는 사람들에게는 손을 흔들며 즐거운 표정을 지어 보였으며, 가까이 있는 사람들에게는 상냥하고 부드러운 어조로 말을 건네기도 했다.11) 이는 6년 전 메리가 보여준 군중들에 대한 무반응과 매우 대조적인 것으로, 국민에 대한 자신의 사랑을 표현하는 방법이었다.

　엘리자베스는 또한 연설에서도 국민에 대한 자신의 애정을 자주 표현했는데, 특히 틸버리 연설과 황금연설에서 그것을 확인할 수 있다. 틸버리 연설은 에스파냐의 무적함대와 결전을 목전에 두고 틸버리에서 한 연설(Speech to the Troops at Tilbury, 1588)로서, 당시 엘리자베스는 유럽 최강이었던 에스파냐에 맞서 싸워야하는 병사들에게 함께 죽음을 각오하고 싸울 것임을 맹세했다.

　　사랑하는 여러분, 나의 안전을 걱정하는 사람들은, 배반의 두려움 때문에, 무장 군중에 나를 맡기는 것에 대해 조심하라고 설득해 왔습니다. 하지만 단언컨대 나는 충실하고 사랑스런 백성을 불신하며 살고 싶지는 않습니다. 폭군이나 두려워하라고 합시다. 나는 항상 잘 처신해왔고, 그래서 신의 가호 아래, 백성들의 충성심과 선의에 나의 강함과 안전을 맡겨왔습니다. 그러므로 나는 지금 여러분에게 와 있습니다. 오락과 재미로 온 것이 아닙니다. 전쟁의 한복판에서 여러분과 함께 살고 죽기로 결심했기 때문입니다. 신을 위해, 왕국과 백성을 위해, 나의 명예와 피를 먼지 속에 내던지고자 결심했기 때문입니다.12)

또한 역사상 최고의 연설이자 엘리자베스의 마지막 연설로 기록된 1601년 11월 30일 황금연설에서는 국민에 대한 자신의 사랑을 강조함과 동시에 자신에 대한 국민들의 사랑에 깊이 감사하고 있음을 표현했다.

> 여러분에게 단언컨대 나보다 더 자신의 백성들을 사랑하는 군주는 없습니다. 어떠한 사랑도 나의 사랑에 맞서지는 못합니다. 제아무리 값비싼 보석이라 해도 지금 이 보석, 즉 여러분의 사랑보다 더 빛나는 보석은 없습니다. 나는 어떤 보물보다도 여러분의 사랑을 더 귀중하게 여기며, 사랑과 감사야말로 그 값을 헤아릴 수 없을 만큼 귀중한 것이라고 생각합니다. 나를 왕의 지위에 올려놓은 것은 신이지만, 여러분의 사랑을 받으며 통치할 수 있었다는 것을 나는 내 왕관의 영광으로 간주합니다.[13]

그러나 말로만 사랑을 외쳤다면 엘리자베스의 진정성은 국민들에게 전달되지 않았을 것이다. 엘리자베스는 거의 매년 지방 순시를 시행하고 백성들과의 직접적인 접촉을 시도함으로써 국민을 보살피는 여왕의 면모를 보여주었다. 엘리자베스는 45년의 치세 기간 동안 거의 매년 지방 순시를 함으로써 255개의 지역을 여행하고 방문했으며, 왕국의 1/3을 이동했다.[14] 그리고 이때 여왕이 국민들에게 모습을 드러내면 국민은 '여왕 폐하 만세! 신이시여, 폐하를 굽어 살피소서!'라고 환호했고, 이에 여왕은 자리에서 일어나 답례하고 때로는 '고마워요, 모두들 감사해요'라고 화답하며 국민들과 소통했다.[15]

물론 이러한 제스처는 자신의 태생적 핸디캡─엘리자베스는 여전히 법적 사생아 상태에서 벗어나지 못했다─을 보완할 수 있는 유일한 선택지로서, 백성들의 사랑만이 자신의 왕권을 보존해 줄 수 있다는 생각에서 비롯된 지극히 고도화된 전략일 수 있다. 그러나 그러한 생각으로 출발했다고 해도, 이동의 불편함을 무릅쓰고 백성들과 직접 접촉하려 했고 이를 통해 백성들의 사랑을 유지하고자 노력했다는 것은 무척 의미있는 행동이다. 백성들의 사랑과 신뢰를 통치기반으로 간주하고, 통신수단이 발달하지 않았던 시대에 백성과 소통하는 귀중한 수단으로 지방 순시를 선택한 것은 당대의 리더에게서는 쉽게 볼 수 없는 모습이었다.

다른 한편, 엘리자베스는 구빈법을 통하여 국민들의 경제적 어려움을 보살피고자 노력했다. 16세기 전반 호황을 누리던 영국의 경제는 16세기 후반(1594년~1597년) 연속적인 흉작과 그에 따른 물가 폭등 및 주요 산업의 불황에 의해 위협을 받았고, 이에 따라 임금노동자들이 실업과 물가 폭등의 이중고에 의해 빈곤층으로 전락했다. 따라서 대중 폭동 및 조직적인 범죄 등의 심각한 사회문제가 대두되었다. 이러한 위기에 직면하여 엘리자베스는 '사회의 안정화'라는 목표 속에서 여러 법령을 통과시켰는데, 그중 하나가 구빈법이었다.

'튜더 시대의 빈민법'에 대한 연구를 참고하여,[16] 엘리자베스 시대의 구빈법의 특징을 살펴보자. 엘리자베스의 구빈법은 1601년 완성되었는데, 이것은 기존의 튜더왕조 구빈법들과 1601년 이전 엘리자베스 치세에 만들어진 여러 구빈관련 법령들을 종합하여 집대성한 것이라 할 수 있다. 그래서 어떤 학자들은 엘리자베스 구빈법이 특별할 것이 없다고 비판하기도 한다. 그러나 다른 튜더의 구빈법과는 구별되는 특성이 있다. 바로 애민정신이 깃들어 있다는 것이다. 물론 구걸금지나 강제취업과 같은 독소조항을 통해 고용인의 입장을 옹호한 측면이 있어서 무리한 주장일 수도 있다. 그러나 이것을 애민정신으로 해석할 수 있는 것은 국가폭력을 동원하여 사태를 해결하지 않고 구빈법을 정비했다는 점, 그리고 구빈법 자체에서도 구빈을 국가의 의무로 간주한 점, 비의도적인 실업이 존재한다고 인정한 점, 정기적인 구빈세 징수를 통해 계획적인 지원이 이루어졌다는 점 등 때문이다.

정기적 구빈세 징수의 경우 지방에서 시험적으로 실시되고 있었지만, 전국적인 차원에서 법적 조치가 마련된 것은 1572년이었다. 당시 의회가 소집되자 정부 측에서 입안한 '부랑인 처벌과 빈민 구제를 위한 법률안'이 제출되었다. 이때 만들어진 구빈법의 핵심은 노동 능력이 없는 빈민을 구제하기 위한 강제적인 구빈세의 신설이다. 반면 부랑인에 대해서는 무거운 처벌을 포함하고 있어 매우 가혹하다는 평가를 받고 있다. 그러나 이것은 노동 능력이 없는 빈민은 구제하되 노동을 기피하려는 부랑인은 처벌한다는 원칙을 수립했다는 점에서 의의가 있다. 또한 구빈세 징수는 세액 규모를 필요에 따라 결정했다는 점, 과거 자발적인 자선보다는 안정적인 자선 재원을 확보했다는 점에서 구제의 비합리성을 해결했다.

또한 1576년 만들어진 구빈법에서는 '비자발적인 실업' 문제를 해결하기 위해 신체 건장한 빈민들에게 일자리를 제공하는 것을 의무화했고, 이를 거부하는 부랑인은 교화소에서 강제 노역을 하도록 규정했다. 이것은 '비자발적인 실업'과 '자발적인 실업'을 구분함으로써, 실직을 개인의 무능으로 간주했던 이전의 관점에서 실직이 경제 악화에 의해 어쩔 수 없이 발생한 것으로서, 국가의 일자리 창출을 통해 해결 가능한 사회문제로 인식했다는 점이 큰 의의라 할 수 있다.

상대적으로 경기가 매우 어려웠던 1597년~1598년 사이에는 많은 구빈법들이 제정되었는데, 특별한 내용보다는 이전 제도들에 나타난 절차상의 비효율성이 보완되었다. 기존에 구빈을 담당했던 치안판사는 주로 감독만 맡고 실제 행정은 4명의 빈민 감독관 등이 포함된 '빈민위원회'가 맡았는데, 위원회는 빈민조사, 예산 책정 및 구빈세 징수,

노동능력이 없는 빈민의 구제, 빈민 자녀 도제수업 알선, 노동 능력이 있는 빈민을 위한 일자리 마련, 공공고용을 위한 일감 재료 비축 등을 책임졌다.17) 이것은 구빈이 국가적 차원에서 이루어졌다는 점에서 중요한 의의가 있다. 왜냐하면 유럽의 대부분의 나라에서 19세기에서야 국가차원에서 빈민 구제가 시행되었기 때문이며, 또한 빈민을 구제하는 일을 국가의 책임으로 간주한 증거이기 때문이다.

🏛 5. 유럽의 어떤 왕도 그와 같은 고문을 두지 못했습니다

엘리자베스는 귀족을 견제하는 한편 능력 있는 인재를 중용하기 위해 젠트리 계층을 대거 등용했다. 젠트리는 부를 축적하고 그것으로 토지를 구입해서 지주가 된 사람들로서, 지방에서는 치안판사로 왕에게 봉사했고, 중앙에서는 관료로 등용되거나 하원을 장악했으며, 특별한 공이 있는 경우 귀족으로 봉해져 상원을 보충하기도 했다. 헨리 8세 이후 튜더 왕조는 이들 젠트리 계층과의 상호 협력 관계를 통해 귀족과 성직자의 권력에 대해 세력균형을 이루고자 했다. 엘리자베스 시절 젠트리는 의회를 장악하고 있었지만 아직 그 세력이 미미한 수준이라고 판단했던 엘리자베스는 이들을 적극적으로 등용하고자 했다. 또한 추밀원 의석에서도 귀족과 나란히 젠트리 출신을 배정했으며, 국정의 실무에 대한 정책 심의와 논의를 담당했던 각종 위원회도 귀족과 젠트리로 그 역할을 분리했다. 그리하여 귀족들은 군사적인 지휘관으로서만 국정에 참여하고 그 외 모든 행정, 재정, 법률, 의회의 업무를 담당하는 직무에는 젠트리를 임명했다. 엘리자베스가 등용하여 적극적으로 활동하도록 지지했던 젠트리 출신의 대표적인 인재들은 프랜시스 드레이크(Sir Francis Drake), 윌리엄 세실(William Cecil), 프랜시스 월싱엄(Francis Walsingham), 월터 롤리(Walter Rleigh) 등이다.

이들 중 단연 돋보이는 사람은 드레이크다. 주지하듯, 드레이크는 에스파냐의 무적함대를 격파함으로써 영국과 엘리자베스에게 아메리카 대륙으로의 길을 열어준 사람이다. 그는 농부출신의 선원이었지만 모험과 부에 대한 강한 갈망을 소유했으며, 에스파냐가 장악하고 있는 신세계에 진출하고픈 야망을 가지고 있었다. 따라서 드레이크는 사략선을 이용하여 에스파냐 선박을 약탈하기 시작했다. 에스파냐 측은 거세게 항의하면서 엘리자베스가 그를 제어하기를 희망했지만, 엘리자베스는 오히려 드레이크가 강탈한 보물로 자신의 재산을 불려가고 있었다. 또한 1577년 드레이크가 펠리컨 호를 타고 세계 일주에 나섰을 때에는 "이제 에스파냐 왕으로부터 내가 받았던 무수한 수모를 그대가 한꺼번에 갚아주겠구나"라고 말하며 약 1천 마르크를 후원했으며, 에스파냐의 배와 식민지에 대한 그의 공격에 동조하기도 했다.[18]

나아가 엘리자베스는 드레이크와 같은 해적들을 정규 해군으로 편성하여 재정부담을 크게 절약하였다. 그녀는 드레이크에게 기사작위를 수여하여 신분과 명예를 높여주고 그의 사회적 성공에 대한 열망과 애국심을 이용했다.[19] 드레이크도 이에 부응하여 여왕이 원하는 때에 신대륙을 공격함으로써 영국의 해군력을 과시하고 에스파냐의 유럽에 대한 관심을 약화시키기도 했다. 드레이크의 업적은 무엇보다도 무적함대와의 대결에서 빛을 발했다. 에스파냐는 1588년 드레이크의 약탈과 메리 스튜어트 처형에 응징하고자, 병사 3만 명과 함선 130척으로 이루어진 무적함대로 영국을 공격했다. 이때 하워드 제독이 이끄는 영국 해군에서 드레이크는 부제독으로 활약하며 영국을 지켜

내었다. 드레이크는 영국 해협에서 벌어진 대규모 해전에서 뛰어난 공을 세웠으며 에스파냐 함대가 칼레부근으로 도피하자 화공작전을 통해 에스파냐 함선들을 교란시켰다. 마침 잘 알려진 바와 같이 '신풍'(Protestant Wind)이라고 하는 신의 기적적인 남풍과 풍랑이 마지막 결정타를 제공했지만, 사략선의 선장으로서 풍부한 경험을 했던 드레이크가 없었다면 무적함대에 대항하는 것은 불가능했을 것이다.

에드워드 6세와 메리 1세 시절 엘리자베스의 영지를 관리하면서부터 그녀의 곁을 지켜왔던 윌리엄 세실은 1551년에 기사작위를 받은 평민 출신으로서 많은 질시를 받았다. 엘리자베스는 그에게 '스피릿(영혼)'이라는 별명을 지어주면서, 추밀원 위원, 국무대신, 옥새상서, 재무대신 등으로 자신의 옆을 지키게 했다. 또한 엘리자베스는 "그대는 모든 면에서 나의 알파와 오메가"라고 선언했을 정도로 그에게 의지했고,[20] 1598년 그가 병상에 누워있을 때에는 그의 저택을 찾아가 직접 밥을 떠먹이며 애정을 표현하기도 했다. 대쪽 같은 성품과 신중한 성격 및 깊은 학식으로 높은 평가를 받았던 세실은 독실한 신교도이자 현실주의적 애국자로서 엘리자베스를 보필했다. 그리하여 엘리자베스는 "유럽의 어떤 왕도 그와 같은 고문을 두지 못했다"라고 말했을 정도였다. 세실의 아들 로버트 세실(Robert Cecil)이 국무대신으로 엘리자베스를 죽을 때까지 보필했던 것은 세실에 대한 그녀의 신임이 어떠했는지를 알 수 있는 대목이다.

영국의 첩보기관 MI6(Military Intelligence, Section 6)의 시초로 알려진 비밀첩보망을 운영했던 프랜시스 월싱엄은 엘리자베스에 대한 반역을 차단하기 위해 노력한 공을 인정받아 1576년 기사작위를 받은 인물이다. 케임브리지, 그레이즈인, 파두아에서 수학한 뒤 하원의원이 된 그는 진중하고 반듯한 성격으로 세실에 의해 발탁되었고 그의 첩보원들을 관리하면서 엘리자베스의 경호를 맡았다. 월싱엄은 어떤 상황에서도 직언을 서슴지 않은 것으로 유명했는데, 이것이 오히려 엘리자베스의 전폭적인 신뢰를 얻는 기회가 되었다. 월싱엄은 이러한 신뢰를 바탕으로 드레이크와 여왕의 만남을 주선하거나 앙주 공작과의 혼담을 주관하는 등 매우 민감한 업무도 처리했다. 엘리자베스의 신변안전을 위해 평생을 바치면서 과로사로 생을 마감했던 그의 가장 큰 업적은 반란의 핵심요소인 메리 스튜어트를 제거했다는 데 있다. 메리 스튜어트는 1567년 스코틀랜드 귀족들의 반란으로 왕위를 당시 한 살이었던 아들 제임스 6세에게 빼앗기고 엘리자베스의 보호를 받으며 영국에 은신하고 있었다. 메리 스튜어트 스스로도 영국 왕위에 관심이 많았지만, 엘리자베스의 신교정책에 불만을 품은 교황청과 에스파냐에서는 엘리자베스를 폐위시키고 가톨릭 신자였던 메리를 영국 왕위에 앉히려는 음모를 계속해서 시도했다. 엘리자베스는 법적으로 사생아라는 상태가 유지되고 있는 반면 메리는 헨리 8세의 외조카 손녀로서 합법적인 왕위계승권을 가지고 있었기 때문에 반란의 거점이 되었다. 오랜 세월 메리를 감시했던 월싱엄은 드디어 1587년 '펠리페의 영국 침공을 승인'한 메리의 편지를 입수하여 메리를 처형시키게 함으로써 엘리자베스를 향한 반란의 싹을 제거했다.

몰락한 젠트리 집안 출신이었던 월터 롤리는 '훌륭한 외모에 몸매가 잘 다듬어진 젊은이'로서, 엘리자베스는 그의 박식함과 솔직한 태도 및 유창한 말솜씨에 매료되어 그를 가까이 하게 되었다. 1585년 기사 작위를 받은 그는 여왕이 길을 걷던 중 웅덩이가 나오자 자신의 망토를 벗어 그녀의 발 앞에 깔았던 것으로 유명하다. 모험가이자 탐험가로서 1578년 자신의 의붓 형제 험프리 길버트를 따라 항해에 나선이후 1585년 아메리카 대륙 동해안에 영국 최초의 정착지를 만들었던 것도 롤리였다.[21] 그는 엘리자베스를 기리기 위해 그곳을 '버지니아'—처녀를 뜻하는 virgin에서 유래—라고 명명했다. 또한 로어노크 섬에 최초로 정착민을 이주시킴으로써 영국의 신대륙 진출을 가능하게 했던 것도 월터 롤리였다.

이렇듯 엘리자베스는 다양한 인재들을 적재적소에 활용함으로써 왕권과 영국의 안정을 꾀하였고 이를 바탕으로 반란세력 제거, 신대륙 진출, 에스파냐 견제 등 정치적 안정과 경제적 번영을 동시에 이루었다.

🏛 6. 나오는 말

이상에서 살펴본 바와 같이, 엘리자베스는 실용주의 관점에서 영국을 통치함으로써 위기를 극복하고 대영제국의 기틀을 마련하였다. 당시 민감한 문제였던 종교적 교리를 뒤로한 채 오직 국민 통합이라는 실리적인 목적을 위해 가톨릭의 장점과 개신교의 장점을 이용하여 통일령을 발표했다. 당시 여자로서는 핸디캡이 될 수 있는 독신상태를 외교정책에 활용하여 결혼의 여지를 줌으로써 영국을 향한 외국 군주들의 정복욕을 약화시켰다. 이로써 종교적으로 분열해 있던 영국은 영국 여왕을 수반으로 하나가 되었고, 치세 초반 30년 동안 외국과의 전쟁 없이 평화로운 상태에서 영국의 번영에 집중할 수 있었다. 그리고 엘리자베스는 처녀왕 이미지를 적극 이용하고 지방 순시나 구빈법 등을 통하여 백성들에게 미움받지 않기 위해 노력했다. 또한 애국심과 충성심을 갖춘 능력 있는 인재들을 적재적소에서 활용하고자 신분에 제한을 두지 않았으며 신흥 젠트리 계층을 적극 이용하였다. 따라서 엘리자베스를 통해 신분상승을 원했던 인재들의 노력으로 신대륙 발견과 에스파냐 무적함대 격파 등 대서양을 영국의 바다로 만들 중요한 계기를 마련하였다.

물론 엘리자베스 치세 동안의 경제와 국민행복지수가 항상 좋은 상태는 아니었다. 그리고 이후에 국민통합을 위해 통합의 상징으로서 엘리자베스 신화가 만들어진 것도 사실이다. 또한 엘리자베스가 당시 유행했던 마키아벨리즘을 충실히 실행했다는 비판도 일면 타당하다. 그러나 같은 시대 엘리자베스처럼 영국의 번영과 국민의 행복을 위해 실용적으로 리더십을 발휘한 왕들은 존재하지 않았다. 예컨대 경제성장이나 영토 확장과 같은 면에서 두각을 나타내는 왕들이 존재하기는 했지만, 자신의 안위와 함께 국민의 안정과 국가의 번영을 존중하며 절대군주정을 수립한 것은 엘리자베스가 유일하다. 특히 '짐은 곧 국가'라는 말로써 백성들의 안위는 고려하지 않은 채 의회도 소집하지 않고 지나치게 절대적이었던 루이 14세와 비교해도, 엘리자베스는 비판보다는 신화적 존재가 될 이유가 충분하다. 현재 대한민국은 보수와 진보의 지나친 이념 대립 속에서 국가의 번영과 국민의 안정은 뒤로 한 채 정쟁에만 몰두하고 있는 상황이다. 이러한 상황에서 우리나라에도 현실 문제를 정확히 진단하고 이를 해소하기 위해 적당한 인재를 활용할 줄 알고 국민의 삶을 먼저 돌아보는 엘리자베스와 같은 실용주의 리더가 필요한 때이다.

* 이 글은 『공공성과 리더스피릿』(CNU 리더스피릿연구소, 2022)에 수록된 저자의 글, 「해가지지 않는 영국의 설계자, 엘리자베스의 공공리더십－공치(共治), 통치(通治), 인치(仁治)를 중심으로－」(pp.178－197)을 부분적으로 수정한 것이다.

"나는 지금 여러분에게 와 있습니다. 오락과 재미로 온 것이 아닙니다. 전쟁의 한복판에서 여러분과 함께 살고 죽기로 결심했기 때문입니다. 신을 위해, 왕국과 백성을 위해, 나의 명예와 피를 먼지 속에 내던지고자 결심했기 때문입니다."

― 틸버리에서의 연설, 1588

"내 시간의 대부분, 내 노력과 고민의 대부분은 백성들이 번영과 행복을 누리며 살 수 있도록 다스리는 데 투입되고 있습니다."

― 의회에서의 연설, 1593

"나를 왕의 지위에 올려놓은 것은 신이지만, 여러분의 사랑을 받으며 통치할 수 있었다는 것을 내 왕관의 영광으로 간주합니다."

― 황금연설, 1601

 읽을거리 & 볼거리 ──────────────── ◉

- 핼런 액슬로드(2000), 『위대한 CEO, 엘리자베스 1세』, 남경태 옮김, 위즈덤하우스.

  이 책은 역사적 인물에게서 경영 및 자기계발의 지혜를 얻기 위하여 16세기 영국을 통치했던 엘리자베스 1세의 생애에 관심을 두었다. 10개의 테마를 중심으로 엘리자베스의 정책들을 기업 경영의 관점에서 분석하면서, 셀프리더십이 다양한 리더십의 근본임을 역설하였다.

- 스펜스 비슬리 외(2005), 『역사를 바꾼 지도자들』, 이동진 옮김, 해누리 기획.

  이 책은 18명의 역사학자들이 22명의 지도자들의 생애를 분석한 책이다. 엘리자베스 1세를 다룬 새뮤얼 L. 냅은 그녀를 영국에 최대 번영을 안겨 준 위대한 군주로 간주했으며, 그 기반은 백성들의 마음을 사로잡은 훌륭한 솜씨에 있다고 주장하였다.

- 『엘리자베스(Elizabeth)』(영국, 1998)

  이복언니 메리 1세와 가톨릭의 견제 속에서 죽음의 고비를 가까스로 넘기고 여왕이 된 엘리자베스. 통일령으로 종교 통합을 이룬 뒤, 스페인, 프랑스, 스코틀랜드 등의 대외적 압박을 이기고, 노퍽을 비롯한 국내의 반란세력을 제압하며 절대군주로 군림한다. 그리고 자신은 '잉글랜드와 결혼'했음을 선포하며 새로운 영국의 도래를 암시한다.

- 『셰익스피어 인 러브(Shakespeare In Love)』(영국, 1998)

  영국의 대문호 셰익스피어의 사랑을 그린 픽션 영화. 극작가이자 배우로 활약하는 셰익스피어와 남장을 하고 연극배우로서 이중생활을 하는 귀족 가문의 여성 바이올라의 사랑이야기이지만, 시대배경은 엘리자베스 시대로서 16세기 르네상스 시대 영국의 모습을 살펴볼 수 있다.

- 『천일의 앤(Anne Of The Thousand Days)』(영국, 1969)

  헨리 8세와 불린 가 자매의 사랑과 질투를 다룬 영화. 앤 불린과의 결혼을 위해 교황과의 결별도 서슴지 않았던 헨리 8세. 그러나 앤 불린이 아들을 낳지 못하자 간통혐의를 이용해 그녀를 참수형에 처한다. 이는 엘리자베스의 부모 이야기로, 엘리자베스의 불우한 어린 시절을 엿볼 수 있는 영화이다.

V 쿠빌라이의 리더십과 세계제국 경영

고 명 수

이 글은 몽골을 세계제국으로 발전시킨 쿠빌라이의 탁월한 업적과 그것을 가능케 한 리더십을 조명한다. 그는 몽골의 창업자 칭기스칸의 손자로 태어나 장기간 경쟁 세력의 혹독한 견제를 극복하고 강인한 인내심, 결단력, 추진력을 발휘하여 대칸위를 쟁취했다. 그는 즉위 전부터 신분, 종족, 종교를 막론하고 오직 실무 능력만으로 인재를 선발하고, 그들이 역량을 마음껏 펼칠 수 있도록 적극 후원했다. 또한 강남의 높은 경제적 가치를 절감하고 남송정복 때 살상·파괴를 최소화하여 강남을 손상 없이 획득했다. 그 후 해양으로 진출하여 동남아·인도양의 모든 나라를 복속시키고 해상항로를 확고히 장악했다. 이를 배경으로 관본선 무역과 같은 혁신 정책을 과감하게 추진하여 동서 해상무역의 눈부신 번영 즉 '팍스 몽골리카'를 이룩했다. 그의 세계제국 건설·운영에서 보이는 실용주의, 거시적 시야, 통찰력, 추진력은 오늘날 각계각층의 리더들에게 훌륭한 귀감이 될 만하다.

🏛 1. 들어가는 말

　쿠빌라이(1215~1294, 재위: 1260~1294)는 칭기스칸의 손자이자 몽골제국의 5대 대칸으로 여러 방면에서 제국의 번영을 이끈 위대한 군주라고 평가된다. 칭기스칸이 초원 유목민을 통합하여 나라를 세우고 활발한 대외정벌을 통해 영토를 확장한 '창업의 군주'라면, 쿠빌라이는 거대제국에 걸맞은 통치체제를 구축하고 몽골을 세계제국으로 발전시킨 '수성의 군주'다. 그가 건설한 세계제국은 역사상 가장 넓은 영토를 보유하고 그 안에서 눈부신 교통·교역의 번영을 이루어 당대는 물론 이후 세계사의 흐름에도 큰 영향을 미쳤다. 공전의 세계제국을 건설한 쿠빌라이는 통치력, 위상, 업적의 측면에서 동서고금을 막론하고 비견할 만한 인물을 찾기 힘들다. 따라서 그러한 성취를 견인한 그의 리더십은 오늘날 충분히 살펴볼 만한 가치가 있다.

　이제까지 쿠빌라이의 리더십은 칭기스칸에 비해 크게 주목받지 못했다. 몽골의 창건자로서 칭기스칸이 갖는 상징성과 세계정복에서 남긴 임팩트가 오늘날까지 더욱 선명하게 기억되기 때문이다. 그러나 세계제국의 경영자로서 쿠빌라이가 발휘한 리더십은 칭기스칸의 창업 리더십 못지않게 제국의 발전에 주된 요인으로 작용했다. 따라서 양자를 모두 살펴야만 몽골제국 번영의 실제상을 제대로 이해할 수 있다. 이에 본고에서 쿠빌라이가 세계제국을 건설·운영하면서 이루어낸 성취와 이를 가능케 한 리더십을 조명함으로써 오늘날 각계각층에서 활동하는 리더들에게 필요한 교훈을 얻고자 한다.

🏛 2. 대칸으로 가는 길

1215년 쿠빌라이가 칭기스칸의 넷째 아들 톨루이의 둘째 아들로 태어났다. 1206년 칭기스칸은 몽골을 건립하고 곧바로 주변 지역 정복에 착수했다. 1215년은 몽골이 한창 금(金) 정벌을 진행하던 시기였다. 쿠빌라이는 건국 직후 출생하여 1260년 대칸에 즉위할 때까지 몽골이 지속적으로 팽창하는 모습을 목도했다. 그러한 경험이 즉위 후 남송·동남아 정벌을 단행하는 동기를 부여했을 것이다.

칭기스칸은 주치, 차가다이, 우구데이, 톨루이 네 아들을 두었다. 막내아들이자 쿠빌라이의 부친 톨루이는 그중 가장 용맹한 전사로 일찍이 칭기스칸을 도와 금·중앙아시아 정벌에서 크게 활약했다. 이에 많은 몽골인에 의해 차기 대칸으로 지목되었다. 그러나 그는 포악하고 저돌적이며 알코올에 중독되었다는 단점을 갖고 있었다. 따라서 칭기스칸은 제국의 지속과 번영을 위해 관대하고 중도적 성품을 지닌 셋째 우구데이를 후계자로 낙점했다.

1227년 칭기스칸이 사망하고, 차기 대칸 선출 때까지 톨루이가 섭정을 맡았다. 그 기간이 2년간 지속되었는데, 아마도 그가 칭기스칸의 결정을 뒤집고 스스로 대칸이 되려고 시도했던 것으로 보인다. 그러나 결국 실패하고, 1229년 우구데이가 대칸에 즉위했다. 그는 칭기스칸의 유명을 받들어 대외정벌을 계속 수행했다. 1232년 톨루이는 금과 전투하여 대승하고 우구데이와 함께 북상하던 중 돌연 사망했다. 그 원인에 관해 여러 설이 있지만, 우구데이가 그를 위협적으로 여겨 독살했다는 설이 유력하다.

톨루이 사망 후 가문 세력이 크게 위축되었다. 미망인 소르칵타니가 부락민을 다스리고 자식들을 양육하면서 가문을 이끌었다. 그녀는 툴루이와 사이에서 뭉케, 쿠빌라이, 훌레구, 아릭부케 네 아들을 두었다. 어린 시절 쿠빌라이에 관해 전해지는 기록은 거의 없다. 일찍이 아버지를 잃고 가문 전체가 조정의 견제를 받아 숨죽이며 지냈을 것이다. 중요한 정치적 사안에 관여하지 않았으므로 탄압받거나 그 활동상이 상세히 기록될 필요가 없었다.

1241년 우구데이가 사망, 1246년 구육 즉위, 1247년 구육 사망 후 차기 대칸 자리를 놓고 지배층 간 내분이 발생했다. 그때 황족의 최고 연장자인 주치의 장자 바투가 툴루이의 장자이자 쿠빌라이의 형인 뭉케를 극력 지지했다. 이에 힘입어 1251년 뭉케가 대칸에 즉위했다. 이로써 몽골의 칸위가 우구데이에서 툴루이 가문으로 이전되었다. 자연스럽게 우구데이-구육 시기 조정의 견제를 받아 위축되었던 툴루이 가문이 부흥할 수 있는 조건이 마련되었다.

뭉케가 즉위했을 때 몽골의 영토는 이미 몽골초원, 만주, 화북은 물론 중앙아시아, 러시아까지 포괄했다. 뭉케는 광대한 영토를 몇 개로 분할하여 총독을 파견해 다스리는 방식을 채택했다. 이에 따라 금 멸망 후 획득한 화북 농경지대에도 총독을 파견할 필요가 있었다. 그때 동생 쿠빌라이를 화북 총독에 임명하여 통치를 위임했다. 이로써 쿠빌라이가 37세 나이로 몽골의 정계에 처음 등장했다.

쿠빌라이는 막남(내몽골)의 개평(開平)에 근거지를 두고 화북 곳곳에 측근 막료를 파견하여 통치하게 했다. 그들은 백성을 위무하고, 농업 생산력을 증대하고, 사회질서를 바로잡고, 군수체계를 정비하여 화북을 안정적으로 다스렸다. 또한 1252년 쿠빌라이는 뭉케로부터 대리(大理: 雲南)를 정벌하라는 명을 받았다. 당시 대리는 남송(南宋) 정복을 위해 반드시 확보해야 할 배후지였다. 그는 대리 정벌을 성공적으로 완수하여 자신의 뛰어난 군사 지휘 능력을 입증했다.

이 같은 정치·군사적 성공으로 말미암아 조야에서 쿠빌라이의 명망이 크게 높아졌다. 이는 군주권 강화를 추구하던 뭉케에게 매우 위협적으로 비쳤다. 이에 그는 쿠빌라이를 견제하기 위해 그의 관할구역에 측근 신료를 파견해 대대적인 구고(鉤考: 세무조사)를 단행하여 여러 비리 행위를 적발했다. 이로써 쿠빌라이는 그 책임을 지고 화북 총독에서 물러나 근거지 개평에 칩거하게 되었다.

1257년 뭉케가 남송 정벌을 개시했다. 그는 막내 동생 아릭부케에게 수도 카라코룸에서 대칸의 권한 대행을 맡기고, 자신이 직접 우익군을 이끌고 사천(四川) 방면으로 남하했다. 그리고 쿠빌라이를 의도적으로 배제하고 좌익군 수장에 황족 타가차르를 임명했다. 그러나 타가차르가 군사작전에서 거듭 실패하자 뭉케는 어쩔 수 없이 그를 해임하고 그 자리에 쿠빌라이를 앉혔다. 이로써 쿠빌라이가 다시금 몽골의 고위 군사 지휘관으로 부상했다.

1259년 뭉케가 사천의 진영에서 역병에 걸려 돌연 사망했다. 장강(長江)에서 남송군과 대치하던 쿠빌라이는 그 소식을 듣고 급히 남송과 화평을 맺은 후 북상하여 다음해(1260) 개평에서 대칸에 즉위했다. 얼마 후 아릭부케도 카라코룸에서 즉위하여, 양측 간 칸위를 둘러싼 투쟁이 개시되었다. 쿠빌라이는 아릭부케를 효과적으로 공략하여 마침내 1264년 그의 투항을 받아 제국의 유일한 군주로서 권위를 확립했다.

그는 칭기스칸의 손자라는 고귀한 신분으로 태어났으나, 부친 사망후 경쟁 세력의 모진 견제를 받으며 성장했다. 그가 대적한 상대에는 우구데이와 구육뿐 아니라 친형제인 뭉케와 아릭부케도 포함되었다. 그러나 그는 여러 번 위기를 극복하고 몽골의 최고 통치자 지위를 확립했다. 이는 조부 칭기스칸이 청년 시절 온갖 고난을 겪고 마침내 초원 유목민을 통합하여 몽골국을 세운 모습과 유사하다. 권력에 대한 강한 의지, 고난에 직면해도 좌절하지 않고 때를 기다리는 인내심, 기회를 잡았을 때 반드시 목표를 성취하는 결단력과 추진력, 이 모든 것이 그가 비범한 인물이었음을 잘 보여준다.

🏛 3. 인재 등용

쿠빌라이는 청년 시절부터 전국에서 학식·재능이 출중한 인재를 초빙하여 막료로 삼고 후하게 대우했다. 그리고 항시 그들과 소통하고 강의를 들으며 정치활동에 필요한 지식·방법을 전수받았다. 그때 유학을 깊이 공부한 여러 한인 사대부가 그의 휘하에 모여들었다. 그들은 유가 이념에 입각하여 쿠빌라이에게 한법(漢法) 시행과 예교문화(禮敎文化) 보전을 강하게 건의했다. 그러나 쿠빌라이가 그들로부터 얻고자 한 것은 정치·군사 활동에 도움될 만한 실무적 지식·재능뿐이었다. 따라서 막료 선발 기준에서 유학적 소양을 중요하게 고려하지 않았다. 그리고 그는 인재를 등용할 때 신분, 종족, 종교의 제한을 두지 않아, 휘하에 한인 사대부뿐 아니라 몽골·거란·여진 무장, 위구르·아랍 상인, 티벳 승려 등 다양한 인재를 포진시켰다. 그는 각양각색의 막료를 모두 공평하게 대우·존중하고 그들로부터 다양한 경로를 통해 필요한 조언과 도움을 얻었다. 카안 즉위 후 관료를 선발할 때도 이 같은 실용적 인재 등용 방침을 견지했다.

그의 인재 등용 성향은 중국의 전통적 관리 선발 제도인 과거(科擧)

를 시행하지 않은 점에서 두드러진다. 카안 즉위 전부터 여러 한인 막료·관리가 쿠빌라이에게 과거 시행을 촉구했다. 그러나 그는 과거 응시자가 답안지에 표현하는 화려한 문장과 비현실적 논의가 실제 정치에 무익하다고 보고, 34년에 걸친 치세 내내 과거를 시행하지 않았다. 이에 따라 과거를 통해 출세하려는 한인 사대부의 관직 진출 기회가 차단되었다. 물론 조정에 과거의 핵심 과목인 유학을 깊이 공부한 한인 사대부가 존재했다. 그러나 쿠빌라이가 그들을 등용한 것은 유학적 소양이 아니라 법제, 역법, 재무, 외국어 등 실무적 지식·재능을 높이 평가했기 때문이다.

쿠빌라이가 즉위했을 때 몽골은 이미 유라시아 대부분을 포괄하는 광대한 영토를 점유했다. 그는 1276년 남송까지 병합하여 강남(江南)을 차지하고 동남아−인도양 해상으로 진출하는 교두보를 확보했다. 그는 비대한 영토를 오로지 정치·군사력으로 통치하기에 한계가 있다고 보았다. 따라서 제국 각지로 통하는 교역·물류를 촉진하여 경제적으로 제국을 번영시키는 전략을 채택했다. 이에 서역인 관료 아흐마드를 중용하여 재무를 전담케 했다. 아흐마드는 서역 상인 출신으로 몽골이 중앙아시아를 공략할 때 포로가 되어 쿠빌라이의 정실 차비의 가문에서 노복으로 복무했다가, 이후 쿠빌라이의 눈에 띄어 중앙정부의 관료로 발탁되었다. 그는 재무관리 분야에서 탁월한 능력을 발휘하여 쿠빌라이의 총애를 받고 착실하게 승진하여 정부 최고위직인 승상 자리에 올랐다.

그 과정에서 한인 관료들이 아흐마드의 승진과 집권을 강하게 반대했다. 명분은 그의 경제정책이 백성을 가혹하게 수탈하여 고통스럽게 한다는 것이었다. 그러나 실제로는 그가 유가적 사농공상(士農工商) 신분 질서에 비추어 미천한 상인 출신이고, 그가 추구하는 상업·무역

진흥 정책이 중농억상(重農抑商)을 표방하는 유가 이념에 배치되었기 때문이었다. 쿠빌라이는 한인 관료의 공격·비판을 물리치고 그를 보호했다. 대칸의 든든한 지원에 힘입어 아흐마드는 20여 년간 집권하면서 혁신적인 경제정책을 과감하게 추진했다. 오랜 전란으로 피폐해진 농민·농업을 보호하고, 전국에 지폐를 전용시켜 상업경제를 활성화했다. 또한 전국 각지로 통하는 교통체계를 정비하고, 상세·관세·통과세를 대폭 경감하여 국내외 상인의 상업·무역 활동을 지원했다. 아울러 담당 관리의 부패행위를 엄하게 단속하고, 체계적인 제도를 마련하여 상업·무역을 보호·육성했다. 이 같은 경제정책이 효과적으로 추진된 결과 몽골은 유라시아 대륙·해양을 무대로 유례없는 교통과 교역의 번영을 이루었다. 오늘날 학자들은 그러한 역사상을 가리켜 '팍스 몽골리카(Pax Mongolica)' 즉 '몽골의 평화'라고 일컫는다.

이처럼 쿠빌라이는 신분, 종족, 종교에 구애받지 않고 실무적 지식·재능만을 평가하여 유능한 인재를 등용했다. 그리고 항시 그들과 소통하면서 제국 통치에 필요한 학문·기술을 배우려 노력했다. 그는 선발한 인재를 적재적소에 배치하고, 능력을 마음껏 펼칠 수 있도록 아낌없이 지원했으며, 반대 세력에 맞서 적극 보호했다. 이에 그들은 제국의 융성과 대칸의 영광을 위해 고안한 혁신 정책을 기탄없이 추진하여 빛나는 성과를 거두었다. '팍스 몽골리카'의 성립은 쿠빌라이의 탁월한 인재 등용에 기인하는 바가 크다.

🏛 4. 남송정복

쿠빌라이는 계승 분쟁에서 승리하고 내정을 안정시킨 후 몽골의 오랜 숙원사업인 남송정복에 착수했다. 그는 세 가지 측면에서 남송을 정복할 필요가 있었다.

첫째, 대칸 권위 확립이다. 전통적으로 유목 군주가 부족민들로부터 자격을 인정받기 위해서는 대외정벌을 성공적으로 수행하여 뛰어난 군사 지휘 능력을 입증할 필요가 있었다. 때문에 우구데이와 뭉케가 남송정복을 시도했으나 성공하지 못해 미완의 과제로 남았다. 그러므로 쿠빌라이가 남송정복을 완수하면 대칸의 위상을 확고하게 다질 수 있었다.

둘째, 강남이 보유한 막대한 부(富)의 획득이다. 즉위 후 쿠빌라이는 거대 제국을 운영하기 위해 많은 재원을 필요로 했다. 남송은 건국 초부터 적극적인 경제개발을 진행하여 강남의 생산력을 크게 향상했다. 그 결과 강남은 세상에서 가장 많은 인구가 집중되고 풍부한 재부와 문화를 보유한 지역으로 존재했다. 따라서 쿠빌라이가 남송을 정복하면 강남의 막대한 재부를 독점할 수 있었다.

셋째, 바다로의 진출이다. 당·송대(唐·宋代)에 이미 강남에서 동남아-인도양으로 연결되는 해상항로를 통해 국제무역이 번성했다. 남송은 건국 초부터 해상무역을 적극 육성하여 광주(廣州), 천주(泉州), 명주(明州) 등 동남 해안의 항구도시를 무역의 중심지로 발전시켰다. 따라서 남송을 정복하면 몽골이 해양으로 진출하고 해상무역에 참여하여 막대한 이윤을 창출할 수 있었다.

남송정복의 주목적이 경제적 측면에 두어졌으므로 쿠빌라이는 정벌

과정에서 살상과 파괴를 최소화하여 강남의 경제기능을 보전하려 했다. 이에 세 가지 전략을 채택하여 정벌을 수행했다. 첫째, 공격을 개시하기 전 남송군 지휘관에게 투항을 권유하고, 투항한 무장을 우대하고 전투에 활용하여 다른 지휘관의 투항을 유도하는 것이다. 둘째, 점령지에서 몽골군의 살상·파괴 행위를 엄하게 금지하는 것이다. 셋째, 점령지에서 백성의 생업을 안정시키고 기존 정치·경제·사회 구조를 보전하여 생산력을 회복하는 것이다. 쿠빌라이는 정벌 과정 내내 이 전략을 일관되게 유지하여 강남의 경제기능을 보전하고, 남송인의 자발적 투항을 이끌어 냈다. 그 결과 남송을 멸망시키고 강남을 별다른 손상 없이 확고하게 장악했다.

이후 그는 강남에서 농업을 비롯한 여러 산업을 진흥하고, 강남-화북 간 교통·물류 체계를 확립하고, 남북에 동일한 화폐·상세 제도를 시행했다. 또한 남북을 오가는 중간상인의 담합 행위를 규제하고, 민간 상인의 상업활동을 지원하는 정책을 추진했다. 이로써 강남의 상품경제가 지속적으로 발전하고, 북송 멸망 후 장기간 단절되었던 남북 상업권이 하나로 통합되었다.

남송의 수도이자 강남의 최대 상업도시 항주(杭州)는 몽골군에게 점령되었을 때 쿠빌라이의 보호 정책에 따라 거의 피해를 입지 않았다. 이후 강남 상품경제의 중심, 남북 운하교통의 요지, 해상무역의 거점으로서의 번영을 지속했다. 마르코 폴로의『동방견문록』에 항주의 번영상이 다음과 같이 기술되어 있다.

이 도시에는 각각 다른 직종에 종사하는 12개의 동업조합이 있고, 각 조합은 1만 2,000개의 점포, 즉 1만 2,000호를 갖고 있다. 각 점포에 적어도 10명, 15명, 심지어 40명까지 있는데, 그들을 모두 장인으로 오해하지 말기 바란다. 그중에는 장인의 지시에 따라 행동하는 사람들도 있다. 이렇게 많은 사람들이 필요한 까닭은 그 지방의 다른 많은 도시가 여기에서 물품을 공급받기 때문이다. 그곳에 상인들이 얼마나 많고 부유하며 얼마나 규모가 큰 교역을 하는지, 그 진실을 말할 만한 사람은 하나도 없을 것이다. 정말 경악할 정도다.

쿠빌라이는 남송을 정복하여 해양으로 진출하는 발판을 마련하고, 강남의 경제기능을 보전하여 거대한 상품 생산력과 소비시장을 손상 없이 획득했다. 그리고 강남과 화북의 상업권을 통합하여 유라시아 내륙 교역권과 동남아·인도양 해상 교역권을 연결했다. 그 결과 강남 에서 생산된 상품이 바닷길을 따라 동남아·인도양·서아시아 해역으로 보급되고, 강남으로 유입된 해외의 진귀한 상품들도 여러 경로를 통해 화북의 대도시로 운송되어 그곳에서 다시 광범위한 육로 교통망을 따라 제국 전역으로 유통되었다.

🏛 5. 해양 진출

쿠빌라이는 남송정복에 만족하지 않고 동남아·인도양으로 진출하여 모든 해상국가를 복속시키려 했다. 이는 일찍이 강남과 교역하던 해상국가를 확고하게 장악하여 해상무역을 육성하는 데 목적을 두었기 때문이다. 처음에는 그들을 무력 침공하여 직접 점령하려 했으나 신료들의 건의에 따라 사신을 파견해 복속을 요구하는 방식을 취했다. 몽골은 전통적으로 군주의 친조(親朝)를 가장 확실한 복속의 표시로 여겼다. 쿠빌라이도 그 이념·방식에 따라 해상국가에 사신을 보내 친조를 요구했다. 그 결과 여러 나라가 친조를 이행하여 몽골에 복속했다.

그러나 과거 중국적 세계질서 안에서 책봉국은 형식적 우월성을 인정받는 대신 조공국의 완전한 정치적 독자성을 보장했으므로 그들에게 실제적 복속을 뜻하는 군주의 친조를 요구하지 않았다. 따라서 그러한 외교관계에 익숙한 일부 나라들이 쿠빌라이의 친조 요구를 거부했다. 쿠빌라이는 고유한 세계관에 따라 친조 거부를 반역으로 간주하여 안남(安南: 베트남 북부), 점성(占城: 베트남 남부), 면(緬: 미얀마), 조와(爪哇: 자바)에 대해 군사 정벌을 단행했다.

쿠빌라이가 동남아에 파견한 군대는 모두 토착민의 강한 저항에 부딪혀 그들을 완전히 제압하지 못하고 철수했다. 그러나 그 후 침략을 받은 나라들이 모두 몽골에 사신을 보내 조공했다. 쿠빌라이의 동남아 정벌은 결과적으로 실패했으나 상대국에게 많은 인명·재산의 손실을 입혔다. 따라서 그 나라들은 전쟁 과정에서 몽골의 막강한 군사력을 실감하여 계속 적대할 경우 다시 대규모 침공을 받을 수 있음을 우려했다. 그들이 몽골군을 격퇴한 후 모두 입조한 것은 몽골의 재침을 미연에 방지하기 위해 내린 결정인 것이다. 또한 동남아 각국에 대한 몽골의 무력시위는 이미 복속한 나라에 잠재한 저항 의지를 불식하고, 미처 복속하지 못한 나라의 투항을 유도하는 데에도 유효하게 작용했다.

쿠빌라이의 해상정벌이 성공적으로 마무리됨에 따라 몽골은 동남아·인도양의 해상국가 대부분과 복속 관계를 맺었다. 이는 몽골이 동남아—인도—서아시아에 이르는 해상항로를 확고히 장악하는 결과를 가져왔다. 그리고 동남아·인도양 해역이 몽골이라는 단일 지배 세력 아래 놓임에 따라 각 지역 간 해상 통교 장벽이 대폭 낮아졌다. 이를 배경으로 쿠빌라이는 국내 상인의 해상교역 활동을 지원하고, 외국 상인을 유치하는 정책을 적극 추진했다. 또한 당·송대 시박(市舶) 무역 제도를 답습하여 해안 곳곳에 시박사(市舶司)를 설치하고 이를 통해 해상무역 전반을 관리하고 관세를 거두었다. 이로써 전대 번영한 해상무역이 남송 멸망 후에도 전란의 영향을 받지 않고 보전되었다.

쿠빌라이는 시박사를 통한 관세 수입에 만족하지 않고 관본선(官本船) 무역을 시행하여 해상무역에 직접 참여했다. 그 방식은 정부가 무역 활동에 필요한 선박·자본을 정부와 계약을 맺은 상인에게 출자하고 해상으로 나아가 교역하게 한 후 그 수익을 정부와 상인이 7：3 비율로 배분하는 것이다. 당·송대 정부가 시박사를 설치하여 민간 상인의 무역 활동을 감독·지원하면서 관세 수익만 거두었던 점에 비춰볼 때 정부가 직접 해상무역에 참여하여 민간 상인과 경쟁하는 관본선 무역은 중국사에서 전례 없는 특수한 무역형태였다. 이는 중국이 상업·무역을 중시하는 몽골의 지배 아래 놓였기에 가능했던 일이다.

관본선 무역의 창시자는 아흐마드 사후 재정을 담당했던 노세영(盧世榮)이다. 그는 한인이지만 사대부가 아니라 아흐마드와 같은 상인 출신 고위 관료였다. 전통적으로 한인 사대부가 천시하는 상인 출신 인물이 재상직에 올라 경제 사무를 총괄한 것은 매우 이례적이다. 이는 쿠빌라이가 신분을 막론하고 오직 실무 능력만으로 인재를 등용했기 때문이다.

쿠빌라이는 한해 전체 조세 수입의 1/9에 달하는 거금을 관본선 무역에 투자했다. 또한 담당 관청에 1만 5천 척의 선박을 마련하여 관본선 무역에 활용했다. 그러므로 규모와 자본 측면에서 관본선 무역은 민간 상인의 무역 활동을 압도하기에 충분했다. 이에 따라 자연스럽게 관본선 무역이 몽골 시대 해상무역을 주도했다. 그 결과 쿠빌라이는 관본선 무역을 통해 막대한 수익을 거두었다.

🏛 6. 해상무역의 번영

쿠빌라이의 해양 진출이 성공적으로 이루어짐에 따라 해상무역이 공전의 번영을 구가했다. 몽골 정부와 민간 상인의 해외 통교 범위가 비약적으로 확대되고, 해양 지리에 관한 지식이 대거 축적되었다. 또한 강남의 무역항 천주가 해상무역 최대 중심지로 발전했다. 『동방견 문록』에 13세기 말 천주에 해외 각지에서 다양한 상품이 유입되고 강 남 전역으로 유통되는 모습이 다음과 같이 생생하게 묘사되어 있다.

> 이 도시에는 값비싼 보석과 크고 좋은 진주를 비롯해 비싸고 멋진 물건들을 잔뜩 싣고 인도에서 오는 배들이 정박하는 항구가 있다. 만 지(강남)의 상인들은 이 항구에서 주변의 모든 지역으로 간다. 수많 은 상품과 보석이 이 항구로 들어오고 나가는 모습은 보기에도 놀라 울 정도인데, 그것들은 이 항구도시에서 만지 지방 전역으로 퍼져나 간다. 여러분에게 말해 두지만 기독교도 지방으로 팔려나갈 후추를 실은 배가 한 척 알렉산드리아나 다른 항구에 들어간다면, 이 차이톤 (천주) 항구에는 그런 것이 100척이나 들어온다. 이곳은 세계에서 상 품이 가장 많이 들어오는 두 개의 항구 중 하나라는 사실을 여러분은 알아야 할 것이다.

쿠빌라이는 수도 대도(大都: 北京)를 기점으로 제국 전역으로 통하는 육로교통 체계를 구축하고, 원거리 상인의 내륙무역 활동을 적극 후 원하여 유라시아 대륙의 육상무역을 크게 진흥했다. 이에 천주에 유 입된 해외 각지의 진귀한 상품이 국내 상인에 의해 대도를 비롯한 화 북 대도시로 운반되고, 원거리 무역 상인을 통해 유라시아 곳곳으로 유통되었다. 이처럼 천주는 유라시아 내륙과 해상 교역권을 연결하는 창구로 기능했다.

몽골 시대 해상무역 범위는 강남에서 동남아, 인도양, 서아시아, 아프리카 동안에 이르는 광대한 해역을 포괄했다. 쿠빌라이는 해양으로 진출하면서 가장 먼저 인도 남부에 위치한 나라들에 사신을 파견해 복속을 요구했다. 그가 동남아보다 먼 거리에 있는 나라들과 우선 접촉한 것은 그곳이 서아시아 일칸국과 곧바로 연결되는 지정학적 중요성을 가졌기 때문이다. 그 나라들은 일찍이 몽골과 쿠빌라이의 명성을 듣고 별다른 저항 없이 복속 요구를 수용했다. 이로써 몽골이 그들과 긴밀한 정치·경제적 우호 관계를 맺고 강남―인도 남부 간 교역을 촉진했다. 자연스럽게 인도 남부의 항구도시 캘리컷이 동서 해상교역의 주요 중개 무역항으로 발전했다. 그곳에서 강남 상인이 토착 상인뿐 아니라 서아시아, 지중해, 북아프리카에서 온 상인과 활발하게 교역했다. 그 결과 강남 상품이 인도 남부를 거쳐 아라비아와 이집트까지 유통되고, 그 지역 상품도 대양을 가로질러 강남의 무역항으로 유입되었다.

아울러 쿠빌라이는 강남에서 동남아, 인도를 지나 서아시아에 이르는 바닷길을 개통했다. 강남―서아시아 간 해상교역은 당·송대에도 활발하게 진행되었다. 그러나 이는 아랍·페르시아 상인이 직접 강남에 와서 교역하거나, 인도 남부 또는 동남아에 이르러 토착 중개무역 상인을 통해 강남 상인과 거래하는 경우가 대부분이었다. 즉 강남 상인이 직접 서아시아에 진출하여 교역한 사례는 찾아보기 어렵다. 그러나 쿠빌라이는 강남에서 서아시아에 이르는 항로를 확고히 장악하고 해상무역 진흥 정책을 강하게 추진하여 강남 상인이 직접 서아시아로 나아가 교역할 수 있게 했다. 또한 『동방견문록』에 쿠빌라이가 모가디슈(소말리아)에 사신을 파견했다고 기록되어 있는데, 이는 그때 몽골의 해상 통교 범위가 아프리카 동안까지 이르렀음을 나타낸다. 더욱이 그 시대 몽골의 지폐가 동남아·인도 각지에서 통용되었다는 기록도 존재한다. 그러므로 쿠빌라이의 해양 진출은 동서 해상무역의 눈부신 번영 즉 '팍스 몽골리카'의 주요한 성립 조건을 마련했다는 점에서 그 역사적 의의를 살필 수 있다.

🏛 7. 세계사의 변동

몽골이 유라시아 대륙을 지배하던 13~14세기는 대여행의 시대였다. 이는 유라시아가 몽골이라는 단일한 지배 세력 아래 하나로 통합된 '팍스 몽골리카'가 존재했기 때문이다. 물론 그 이전에도 광대한 대륙과 해양을 가로질러 먼 거리를 여행한 사람들이 있었다. 전한대(前漢代) 중앙아시아를 방문한 장건(張騫), 불법을 찾아 천축(天竺: 인도)으로 간 승려, 해로를 통해 강남에 도래한 이슬람 상인 등이 그러하다. 그러나 몽골 시대 여행은 두 가지 측면에서 이전과 차이가 있다.

첫째, 유라시아의 양 극단인 유럽과 중국을 오가는 여행이 비로소 가능해졌다. 마르코 폴로를 비롯해 유럽의 여러 여행가, 상인, 종교인이 중국을 방문했다. 또한 몽골인 랍반 사우마와 서역인 이사 켈레메치는 중국을 출발하여 유럽을 방문했다. 14세기 모로코인 이븐 바투타는 아시아, 아프리카, 유럽 3대륙 10만km를 누비며 역사상 유례없는 대여행을 했다. 몽골이 종래 수많은 지역, 나라, 종족 사이에 놓인 장벽을 모두 허물었기에 가능했던 일이다.

둘째, 그들이 남긴 여행기가 동서양의 지리 지식을 확대하여 유라시아와 아프리카를 포괄하는 새로운 세계관을 낳았다. 이전 중국인의 서방 인식 범위는 중앙아시아, 서아시아를 넘지 못했다. 몽골 시대 중국이 유럽과 아프리카에 대해 알게 되었고, 유럽이 처음 중국에 눈뜨게 되었다. 중국을 방문한 유럽인들이 『동방견문록』과 같은 귀중한 여행기를 남겼고, 이를 바탕으로 지리적 실상에 근접한 세계지도가 제작되었다. 이 같은 여행기와 지도가 그들의 세계관을 대폭 확장하여 15~16세기 대항해 시대의 토대를 제공했다.

1492년 콜럼버스가 신대륙을 발견하여 대항해 시대를 개막했다. 그는 『동방견문록』을 읽고 영감을 받아 대항해를 결심했다. 그가 출항할 때 목표로 삼았던 곳은 대칸의 나라 인디아(인도)였다. 당시 유럽에서 아시아를 인디아라 불렀다. 따라서 그는 항해 중 처음 도착한 섬들에 '서인도 제도'라고 이름 붙였다. 그는 오늘날 북미대륙을 대칸이 다스리는 본토, 쿠바를 『동방견문록』에 묘사된 황금의 나라 지팡구(일본)로 인식했다. 그러므로 콜럼버스의 항해가 '팍스 몽골리카'에 관한 기억과 그 시대 확장된 세계관이 전승되었기에 가능했다는 점은 의심할 바 없다. 이처럼 '팍스 몽골리카'가 대항해 시대 개막의 주요인으로 작용했다는 점에서 그 세계사적 의의를 높이 평가할 수 있다.

🏛 8. 나오는 말

'팍스 몽골리카'라는 용어에 함축된 몽골 시대 동서 교류의 번영은 쿠빌라이의 탁월한 리더십의 산물이라 해도 과언 아니다. 그는 장기간 경쟁 세력의 모진 견제 속에서 비범한 인내력, 결단력, 추진력, 권력의지를 발휘하여 대칸위를 쟁취하고 그 위상을 확고히 수립했다. 그는 신분, 종족, 종교적 편견 없이 오직 실무 능력·식견에 따라 유능한 인재를 등용하고, 그들과 활발하게 소통하면서 정치·군사 활동에 필요한 지식·기술을 습득했으며, 그들이 마음껏 능력을 펼칠 수 있도록 아낌없이 후원했다. 이에 그들이 제국의 번영을 위해 고안한 여러 경제정책을 과감하게 추진하여 빛나는 성과를 거두었다.

또한 쿠빌라이는 강남의 높은 경제적 가치를 간파하여 남송 정벌 때 인적·물적 손실을 최소화함으로써 그 막대한 재부를 독점하고 해양으로 진출하는 발판을 마련했다. 특히 그는 몽골의 번영이 제국 전역으로 연결되는 교역·물류의 활성화를 통해 가능하다고 보았다. 이에 해양으로 진출하여 해상항로를 장악하고, 관본선 무역과 같은 혁신 정책을 시행하여 해상무역을 크게 진흥했다. 나아가 유라시아 육로·해상 교역권을 통합하여 거대한 통상 네트워크를 구축함으로써 인류 역사상 전무후무한 교통·교역의 번영 즉 '팍스 몽골리카'를 이룩했다. 그리고 그 시대 확대된 세계관은 이후 유럽의 대항해 시대 개막에 주요한 계기를 제공했다.

이처럼 쿠빌라이의 세계제국 건설·운영에서 보이는 전통에 얽매이지 않는 실용주의, 대륙·해양을 포괄하는 넓은 시야, 고정관념을 뒤집는 획기적 발상, 문제의 핵심을 꿰뚫는 통찰력, 어떠한 난관에도 흔들리지 않는 의지·추진력은 오늘날 각 분야에서 활동하는 리더들에게 충분히 귀감이 될 만하다.

영혼을 깨우는 명문장 ───────○

"무릇 재상은 하늘의 섭리를 밝히고, 땅의 이치를 살피고, 사람의 도리를 다하는 세 자격을 모두 갖추어야 그 직책을 맡기에 적합하다."(夫宰相者, 明天道, 察地理, 盡人事, 兼此三者, 乃為稱職)

— 쿠빌라이

"말 위에서 천하를 얻을 수 있어도, 말 위에서 천하를 다스릴 수 없다."(以馬上取天下, 不可以馬上治)

— 유병충(劉秉忠)

"모든 사람들은 이 대칸이 우리 최초의 조상인 아담에서부터 지금까지 세상에 나타난 어떤 사람보다 많은 백성, 지역, 재화를 소유한 가장 막강한 사람이라는 사실을 알고 있다."

— 마르코 폴로

 읽을거리 & 볼거리 ───────○

- 스기야마 마사아키(1999), 『몽골 세계제국』, 임대희 외 옮김, 신서원.
- 마르코 폴로(2000), 『마르코 폴로의 동방견문록』, 김호동 역주, 사계절.
- 김호동(2010), 『몽골제국과 세계사의 탄생』, 돌베개.
- 모리스 로사비(2015), 『수성의 전략가 쿠빌라이 칸』, 강창훈 옮김, 사회평론.
- 티모시 메이(2020), 『칭기스의 교환: 몽골제국과 세계화의 시작』, 권용철 옮김, 사계절.

• 『마르코 폴로(Marco Polo)』(Netflix, 2014, 2시즌 총 20부작)

몽골제국에 관한 영화나 드라마는 통상 칭기스칸을 소재로 삼고, 쿠빌라이를 다룬 작품은 거의 없다. 다만 마르코 폴로에 관해 1965년, 1982년 각각 제작된 영화와 드라마가 있다. 본 작품은 비교적 근래 제작된 드라마로 비록 허구적 요소가 포함되어 있으나, 등장인물과 사건이 대체로 역사적 사실에 부합하여 쿠빌라이와 그 시대를 이해하는 데 도움이 된다.

VI 이승만의 독립 리더십

양 준 석

　이 글은 이승만의 독립과 자립을 향한 리더십 정신을 민주주의 사상과 반공인식, 국가건설 정책을 중심으로 검토한 것이다. (1) 이승만은 대한제국/일제시기에 형성된 서구민주주의 사상에 기초를 두고 미국식 민주주의 국가건설을 목표로 했다. 이승만의 독립 추구를 위해 부정적 인식을 견지했던 소련과도 협력의 자세를 견지했다. (2) 해방 직후에도 공산주의와 협력적 태도를 보였던 이승만은 공산세력의 물리적 위협이 강화되자 반공인식을 강력하게 표출하며 자유에 기초한 국가 수립에 박차를 가했다. (3) 국가의 독립 이후에도 요원했던 자립국가를 위해 이승만은 미국의 적극적 지원을 요청했다. 하지만 군사·경제·정치 분야에서 전쟁 이전의 상태보다 더 발전된 국가를 지향하는 이승만은 미국과 대립했다. 이승만은 국가의 독립과 자립을 위해 공산주의와 협력할 수도 우방인 미국과 대립할 수도 있는 실리적 리더십을 구사했다.

🏛 1. 들어가는 말

역사학뿐 아니라 정치학에서도 역사적 사건, 인물을 복원하기 위해 개인 기록, 기관, 정부 문서 등을 활용하는 역사적 접근 분석을 시도한다. 또한 사료가 갖는 단면의 한계를 보완하기 위해 생산된 여러 층위의 사료를 교차로 분석하는 다층사료 교차분석 또는 다국사료 교차분석을 통해 분석의 객관성 확보를 추구한다. 그럼에도 역사적 대상이 현재의 정치적 입장과 연계되거나 현실 정치에 이용되는 사례를 무수히 확인할 수 있다. 최근 위험한 역사정치를 경계하고, 학문적 범위 내에서 역사와 정치를 융합하려는 시도가 나타나고 있다. 역사정치학은 현재의 시선에서 보는 과거를 경계하며 역사적 사건 자체에 대한 정치학적 분석을 시도한다. 기존 연구는 "역사정치학이란 역사학과 정치학의 학제적 융합일 뿐만 아니라 역사를 정치적으로 활용하는 역사정치에 대한 정치학적 분석을 통해 '있었던 그대로'의 사실을 규명하고자 하는 학문적 노력을 포함한다"라고 역사정치학을 정의한다.[1]

이 글에서는 이러한 역사정치학의 정의 및 목적의식을 기초로 대한민국 초대 대통령 이승만(李承晩, 1875–1965)의 인식과 활동을 1차 자료들을 중심으로 따라가 보려 한다. 기존의 이승만에 대한 연구와 평가에서는 소수의 자료들이 반복적으로 인용되고 있는 측면을 쉽게 찾아볼 수 있다. 하지만 모든 사물이 다면으로 구성되어 있듯, 인물에 대한 정의가 단면에 그칠 수 없다. '국부'로 추앙하거나 '독부'로 폄훼하는 상반된 평가와 시선에서 벗어나 1차 자료에 입각하여 독립운동가이자 초대 대통령으로서 '있었던 그대로' 그가 견지했던 리더십의 근간을 확인할 필요가 있다. 이 연구에서는 일제강점기 이전부터 형성되고 발현되었던 이승만의 민주주의 사상, 해방 이후 강력한 반공에 기반한 국가건설 의지, 1950년대 자립적 국가건설 사업 추구 등을 주로 다룬다.

🏛 2. 일제시기 이승만의 사상 구조

2.1 미국식 민주주의로의 지향

이승만은 한성감옥에 있던 시기부터 민주주의에 대해 구체적 논리와 구조를 파악하고 있었다. 이승만은 『독립정신』의 15장부터 21장까지에서 전제정치[2], 헌법정치, 민주정치를 구별하고, 미국과 프랑스의 민주정치를 소개한다. 이승만은 미국식 '민주정치'를 "제일 선미한 제도"로 파악하면서 최선의 제도로 보았다. 다만 과도기적으로 황제와 백성이 협력하는 헌법정치를 통해 외세로부터 대외적 독립을 우선적으로 삼고 있었다. 또한 백성 스스로 독립정신을 가져야 한다고 강조했고, 미국의 독립 또한 독립정신이 있었기에 가능했다고 판단했다. 이는 기독교, 특히 개신교를 통해 유교적 신분질서와 중화주의를 배격하는 이승만의 인식에 기반했다.[3]

> 서양에서 시행중인 새로운 제도는 나라와 백성을 이롭고 편안하게 하자는 주의다. 서양에서도 100여 년 전까지는 좋지 못한 정치와 완고한 풍속으로 많은 사람이 죽고 난리도 수없이 발생하자 견디다 못해 새로운 제도를 만들기 시작했다. 그 결과 오늘날 시행중인 제도는

백성의 생명과 재산을 지키는데 대단히 이롭게 되어 있다. 우리는 지금 새로운 제도를 만들어 남들과 같이 되고자 애쓸 것 없이 서양 사람들이 훌륭하게 만들어 놓은 제도들을 도입하여 시행하면 우리도 빠르게 발전할 수 있다.[4]

또한 『청일전기』에도 이승만의 민주주의 인식이 잘 나타나는데, 이승만은 민주주의 제도를 하나의 운영시스템으로 이해하고 있었으며, 이 운영시스템을 대한제국에 도입해 국가 행정방식 개혁을 시도하려는 인식을 지니고 있었다.

일제시기 외교독립을 위한 행보와 대한민국 정부수립 후 최우선했던 유엔 승인외교에서 알 수 있듯이, 이승만은 민주주의를 구가하는 미국 등 서구 중심의 국제관계에서 외교와 국제법을 중요하게 인식했다. 이러한 그의 인식은 일찍이 한성감옥에서부터 나타났다.

> 다른 나라가 우리를 인정하도록 하려면 국제기구에 가입해야 한다. 국제기구에 가입하려면 우선 국제기구에 가입한 나라 사람들의 마음과 제도를 본받아야 한다. 그래야 남들이 우리를 의지와 기개가 서로 맞는 친구로 여겨 인정해주는 마음이 생긴다. 개화는 싫고 내 방식만 좋다고 고집하면 내 마음속에 남을 업신여기려는 뜻이 있는 것으로 인식되어 남들이 나를 동료로 알아주지 않는다.[5]

이승만은 외교에 적극적으로 힘쓰고, 각 나라들이 모여있는 국제기구에 가입해야 국제사회의 인정을 받는 구성원이 된다고 파악했다. 또한 조선의 전통적 기준을 유지하기 보다는 국제적 흐름을 잘 이해해야 하며 이러한 상태가 되도록 배우려는 자세가 확립되어 있어야 함을 주장했다. 또한 1914년 2월 『태평양잡지』 '미국헌법의 발전'에서 민주정치의 원리인 3권 분립을 강조했다.

미국헌법이 생기는 권리는 입법부에 달렸고, 마지막 보호하는 권리는 사법부에 달렸으며, 행정부는 다만 시행할 따름이니 백성의 자유를 보호하는 자는 헌법이요, 헌법의 실시를 보호하는 자는 중앙대심원장이라. 그 지위가 심히 높고 책임이 가장 중하도다 … 일정한 규모를 모본해 다 한결같이 시행하기는 불능하니 대강 종지만 알면 지혜로운 사람이 있어 지혜롭게 인도하기에 있도다.[6]

미국에서 시행되는 헌법의 3권 분립의 기능을 이해하고 그 시행을 촉구한 이승만은 필라델피아 대한인총대표회의에서 "미국의 정치체제를 모방한 정부를 세우기로 제의"하며 독립국가의 방향을 미국식 민주주의 헌법이 기초가 되는 국가 형태로 그려내고 있었다. 이승만에 있어서 미국식 민주주의는 자강과 독립을 위한 구체적 운영시스템이었다.

또한 이승만은 전체주의의 대척점에 미국이 있다고 판단했다. 1941년 *Japan Inside Out*에서 민주주의적 정부 원리를 신봉하는 사람은 근본적으로 개인주의자이고, 정부의 권력은 시민으로부터 나오며, 개인의 권리와 자유 위에 국가 구조가 세워지게 된다고 보았다. 이에 반해 전체주의는 국민이 정부에 복종하는 것으로서 "일본과 소련·독일·이태리가 미주대륙만 빼놓고는 거의 다 장악하고 있으므로 미국의 민주주의는 전체주의 대양 속에 있는 한 개의 섬과 같다"고 보았다. 또한 미국은 영토에 야심이 없는 유일한 나라며 미국의 자유와 평등, 정의 사상은 전 인류에게 영감을 주는 원천이고, 물질적 풍요와 정신력, 천재성의 자유로운 발전에 따라 미국은 쉽사리 구세계에서 신질서를 도입할 수 있었다고 보았다.[7] 이승만의 민주주의에 대한 인식은 청년시기 서구 헌법 등 시스템에 대한 학습에서부터 민주주의와 국제정치 관계를 이해하는 방식으로 발전했음을 확인할 수 있다.

2.2 공산주의와 협력 고려

많은 한국인들이 이승만에 대해 오해하고 있는 사실 중 하나는 이 승만이 처음부터 '냉혹한 반공투사'였을 것이라는 인식이다. 따라서 해방 후 "공산주의는 콜레라 질환과 비슷한 것이다"라고 한 이승만의 언급이 반복되어 회자되곤 한다. 하지만 이승만이 견지했던 공산주의 와 반공인식은 몇몇 그의 언급과 반공투사 이미지만으로 설명하기 어 렵다. 이승만은 일제시대 독립운동의 방략으로 소련 공산주의와 협력 을 모색하기도 했다.

대한제국기 이승만은 러시아가 대한제국을 핀란드처럼 속국으로 만 들려는 야욕을 가지고 있다고 보았고, 러시아의 잔학함은 "하늘의 해 도 빛을 잃을 지경"이라고 표현할 정도로 경계했다. 하지만 일제시대 이승만은 러시아를 두려워하고 반대하는 인식을 표출하기보다 국제정 세와 독립을 향한 여러 세력들과의 연대를 모색했다. 이승만은 1923 년 "공산당의 당부당(當不當)"에서 공산주의의 합당한 부분과 부당한 부분을 나열하며, 공산주의에 관한 판단보다 민족의 독립이 시급한 문제임을 지적한다. 이승만은 공산주의에 합당한 부분으로서 "인민의 평등주의"를 꼽았지만, 재산 분배, 자본가 철폐, 지식계급 철폐, 종교 단체 혁파, 정부, 군사, 국가사상 철폐라는 공산주의의 주장은 부당하 다고 보았다. 특히, "우리 한인은 일심단결로 국가를 먼저 회복하야 세계에 당당한 자유국을 만들어 놓고 군사를 길러서 우리 적국의 군 함이 부산항구에 그림자도 보이지 못하게 만든 후에야 국가주의를 없 이 할 문제"라며, 공산주의의 '당부당'보다 국가의 독립과 생존, 발전 을 시급한 문제로 보았다.[8]

1921년 상해임시정부에서 대통령 시기 공산주의 반대 입장은 직접적으로 표출되지 않았고, 1921년 임시정부는 대표단을 선정하여 소련에 파견할 정도였다. 그럼에도 불구하고 상해파 공산주의자들이 속한 개조파에 의해 탄핵절차가 진행되어 1925년 3월 이승만은 탄핵되었고, 임시정부의정원은 워싱턴의 구미위원부 폐쇄 명령을 공포했다. 이러한 상황에서도 이승만은 공산주의자들을 배척하지 않고, 소련과 협조하는 독립운동을 지속했다. 1924년 글에서도 이승만은 "자유를 위하여 싸우라 … 공산당, 사회당 등 명의로 의견을 나누지 말고 자유의 목적으로 한족당(韓族黨)을 이루라. 오늘날 우리의 제일 급한 것이 자유라"9)라고 주장하며, 공산주의자들에 대한 배척이 아닌 협력적 관계를 강조했다.

『이승만 일기』를 통해서도 1930년대 그가 직접적으로 생각하던 소련과 공산주의자들에 대한 입장이 나타난다. 이승만은 1933년 제네바 국제연맹 총회에 참석한 다음 7월 일본 팽창 저지와 독립 지원을 위해 소련에 입국한 직후 강제 추방을 당했다. 당시 소련에 대해 부정적 인식을 견지했고, 강제추방을 당했음에도, 이승만은 소련정부를 비난하지 않았으며 오히려 소련 정부에 감사를 전달했다. 또한 소련 입국을 도와준 중국인들에게 강제추방 사실을 외부에 알리지 말라고 당부하는 내용도 일기에 기록되어 있다.10) 일제시기 이승만이 공산주의와 소련에 보였던 행동은 반공보다는 해방과 독립을 위해 공산주의와도 협력의 길을 모색하는 방략이었다.

3. 대한민국 정부수립 시기 이승만의 반공정책

3.1 연대에서 대립으로

이승만이 공산주의 세력과는 협력이 불가하다는 인식을 표출하는 것은 냉전이 도래하는 시기부터였다. 이승만은 제2차 세계대전 이후 동유럽부터 시작되는 공산진영의 급속한 확대를 우선적으로 포착하며 공산주의와의 협력에서 강한 반공으로 변화하는 인식을 나타냈다. 1947년 3월 미국은 공산주의때문에 위기에 빠진 그리스와 터키를 지원하는 트루먼독트린(Truman Doctrine)을 발표했고, 1948년부터 마셜 플랜(Marshall Plan) 참가를 포기한 체코슬로바키아가 소련의 영향권에 편입되며 냉전은 본격화되었다. 이승만은 트루먼독트린 이전부터 냉전으로 치닫는 국제적 변화를 '조숙'한 입장으로 정리한 인물이기도 했다.

하지만 이승만의 강한 반공이 제2차 세계대전 종전 직후 바로 표출된 것은 아니었다. 오히려 1945년 해방 당일 이승만이 긴박한 가운데 가장 먼저 전보를 보낸 인물은 미국의 트루먼(Harry S. Truman)도 중국의 장개석(蔣介石)도 아닌 소련의 스탈린(Joseph Stalin)이었다. 이승만은 스탈린의 제2차 세계대전 중 업적을 찬양하고, 통일된 민주/독립 코리아가 소련을 위한 안전장치 역할을 할 것임을 강조했다.[11] 1945년 하반기 이승만의 공산주의에 대한 위기 인식은 확대되었지만, 반공을 강력하게 주장하기보다는 공산주의의 위협을 대중에게 논리적으로 설득했다. 1945년 10월 21일 방송에서 공산주의 복지정책의 합당성과 공산정권 수립을 위한 과격한 사상활동의 위협을 구분하였다.

나는 공산당에 대해 호감을 가지고 있는 사람입니다. 그 주의에 대하여도 찬성하므로 우리나라의 경제대책을 세울 때 공산주의를 채용할 점이 많이 있습니다. 과거 한인공산당에 대하여 공산주의를 둘로 나누어 말하고 싶습니다. 공산주의가 경제방향에서 노동 대중에 복리를 주자는 것과 둘째는 공산주의를 수립하기 위하여 무책임하게 각 방면으로 격동하는 것입니다. 이것은 우리 한인만이 아니라 중국과 구라파의 각 해방된 나라에도 있는 일입니다. 각 지방에 당파를 확장하여 민간의 재산을 강탈하는 배가 있습니다. 이러한 급격한 분자가 선두에 나서서 농민이 추수를 못하게 하고 공장에서 동맹파업을 일으키는 일도 있습니다. 이것을 방임하면 국제적으로 영향을 미칠 수 있습니다.[12]

1945년 하반기 미군정이 공산당을 합법적 정당으로 인정하고 있었던 상황에서 1945년 11월 21일을 기점으로 이승만은 방송언론 등을 활용하여 공산주의에 대해 강력한 공격을 시작했다. 이승만은 공산주의에 대한 위협을 세계적 상황으로 인식하며, 1945년 12월 17일 "공산당에 대한 나의 입장"에서 "공산당 극렬파들의 파괴주의"에 반대한다며 폴란드 사태를 언급했고, 이는 한층 거세진 반공인식의 표출이었다.

파란국(폴란드) 극렬분자는 파란국 독립을 위하야 나라를 건설하는 사람들이 아니요, 파란 독립을 파괴하는 자들입니다. 구라파의 해방된 모든 나라를 보면 각각 그 나라 공산분자들이 들어가서 제 나라를 파괴시키고 타국의 권리 범위 내에 두어서 독립권을 영영 말살시키기를 위주하는 고로 전국 백성이 처음은 그 이들의 선동에 끌려서 무엇인지 모르고 따라가다가 차차 각오가 생겨서 죽기로써 항거하는 고로 구라파의 각 해방국은 하나도 이 공산분자들의 파괴운동으로 인하야 분열항쟁이 아니된 나라가 없는 터입니다. 지금은 민중이 차차 깨어나서 공산에 대한 반동이 일어나매 간계를 써서 각처에 선전하기를 저 이들은 공산주의자가 아니오, 민주주의자라 하야 민심을 현혹시키니, 이 극렬분자들의 목적은 우리 독립국을 업시해서 남의 노예를 맨들고 저의 사욕을 채우려는 것을 누구나 볼 수 있을 것입니다.[13]

이승만의 공산주의에 대한 위기 인식은 냉전의 국제적 양상이 한반도에 그대로 투영된 1946년 제1차 미소공동위원회를 거치며 더욱 커져갔다. 미소공동위원회에서 해결의 실마리를 마련하지 않고 인민민주주의적 협상 방식을 강요하는 소련과 이북의 공산주의자들에 대한 이승만의 실망은 반공 의지뿐 아니라 한반도 이남에서만이라도 안전지대를 구축해야 한다는 태도를 강화시켰다. 따라서 이승만은 공산주의에 대해 호감이 있다거나 또는 용인할 수 있다는 표현보다는 강한 반공인식을 표출했다. 이승만은 1946년 남선순행에서 매일 1회 이상의 군중 연설을 시행했는데, "공산주의는 콜레라 질환과 비슷한 것이다. 빨갱이와의 타협이나 협력은 불가능한 것이다. 유일한 선택의 길은 공산 독재 정치에 항복하거나 대항하여 싸우는 길이다. 한국 민족주의가 살아남을 수 있는 유일한 구원의 길은 신탁통치의 거부를 포함하여 전적으로 공산주의를 몰아내는 길뿐"이라 했으며, 이승만의 정치고문 올리버(Robert T. Oliver)는 반공운동을 시작으로 공산주의를 용인했던 한국인들의 감정이 바뀌고 있었음을 술회했다.14)

3.2 공산주의의 물리적 위협과 이승만의 대응

1947년 3월 트루먼독트린 직후 이승만은 트루먼에게 민족주의자들과 공산주의자들 사이의 연합과 협력을 추구하는 미군정의 노력을 중단해 달라고 요청했다. 그는 38선 이남에 "과도적 독립 정부를 즉각 수립하는 것이 공산주의 팽창을 막는 방파제가 될 것이며, 나아가 남북한의 통일을 실현하게 해 줄 것"이라고 주장했다. 결국 제2차 미소공동위원회도 성과를 얻지 못했고, 1947년 9월 미국의 한국문제 유엔이관은 소련과의 협상을 통한 남북한 통일은 불가능하다는 것이 미국의 최종 확인이었다. 이는 통일을 위한 한반도 이남에서의 정부 수립 정책 방향의 중요한 전환점이었다.

이승만은 강해진 반공 인식에 기초해 공산주의와 대립하며 대한민국 정부를 수립하고, 유엔에 의해 정부 승인을 받는 데 주도적인 역할을 했다. 특히 1948년은 2·7총파업, 제주4·3사건, 국군14연대반란사건 등 공산주의자들이 일으킨 유혈사태가 본격적으로 한반도를 휩쓸었다. 대한민국 정부수립 이후 국내 사건과 1949년 중국 공산화를 보면서 이승만은 공산주의와 적극적으로 대립하며, 민주주의를 수호하고자 했다. 이승만은 "이 이상 방임하면 민주주의는 물론하고 자유나 독립까지도 다 없어지고 소련의 한 부속국이 되고 말 것이다. 나라마다 저이를 위하여 싸우는 것 같이 우리도 우리를 위해서 공산당과 싸우는 것"15)이라 하며, 강한 반공인식을 가감없이 표출했다.

동아시아에서 냉전이 열전으로 휘말려가던 시기 이승만의 반공 의지는 더욱 강력해졌다. 중국의 공산화가 완성되고 있던 시점인 1949년 9월 2일 이승만 대통령은 인터뷰에서 "파괴 및 게릴라전으로 신생 대한민국을 좌절시키려는 공산주의자들의 공작은 반드시 실패할 것이며… 대한민국은 공산주의자들이 한 사람을 더 살해하고 일 부락을 더 방화하기 전에 다시 한 번 생각하게 하도록 더 많은 무기와 탄약을 가져야 한다"라고 하며, 장면(張勉) 주미대사를 통해 무기 원조를 트루먼 대통령에게 요청했다. 또한 "우리는 적당한 무기만 충분히 공급받는다면 소련 지도자들이 손아귀에 전 세계를 넣으려는 생각을 포기할 때까지 우리의 영토를 보유할 수 있을 것"16)이라며 미국에 군사원조를 절실하게 요청했다.

이승만의 반공 활동이 미국에 대한 원조의 기대와 구호로만 진행된 것은 아니었다. 1949년 3월 미국 주도의 소련에 대한 군사봉쇄의 일환으로 북대서양조약기구(NATO)가 발표되었으나, 미국은 아시아의 반공 군사동맹에는 회의적이었다. 이에 이승만은 1949년 5월 공산주의의 위협이 심각한 단계에 이르렀음을 강조하며, 미국에 대해 1) 나토와 유사한 태평양 동맹의 형성, 2) 상호방위를 위한 미국과 한국 혹은 다른 나라와의 협정체결, 3) 공산주의 침략에 대해 한국을 방위하겠다는 트루먼 대통령이 의준한 선서, 이렇게 세 가지를 요청했다. 이승만의 요청에도 미국이 태평양지역에 대한 반공동맹에 부정적 태도를 나타내자, 1949년 8월 이승만은 진해에서 장개석과 함께 태평양동맹 결성을 요청하는 성명을 발표했다. 이승만은 모택동에 의한 중국 공산화가 완성되는 시점에 대미외교에 중점을 두면서도 동아시아지역에 대한 자립적 반공체제 구축을 시도한 것이었다.

냉전의 탄생과 구조에 대한 지도자의 명확한 인식, 정당성과 정통성에 기초한 대한민국 정부 수립, 유엔을 통한 대한민국의 국제적 등장, 이승만의 반공인식에 기반한 태평양동맹 구축 시도의 경험이 있었기에 유엔을 비롯한 국제적 지원의 조건이 완비되었고, 1950년 6월 전쟁 발발 후 유엔군 참전이 시작됐다.

이승만의 반공인식이 고정적 형태가 아니었다는 것에 주목할 필요도 있다. 그는 1945년 10월 연설에서 "우리나라의 경제대책을 세울 때 공산주의를 채용할 점이 많이 있다"라고 말했던 바로 그대로, "정부에서는 사회주의나 공산주의를 막론하고 대중의 인민 정도를 발전 향상시키는 데 노력할 것"17)라고 하기도 했다. 조선공산당, 민주주의민족전선에서 활동했던 조봉암(曺奉岩)을 초대 농림부장관에 임명하여 농지개혁법안을 주도했다. 이는 당시 이승만이 견지했던 공산주의에 대한 입장에 있어서 일관적 측면이 있었다는 것, 그리고 맹목적 반공주의자라는 세간의 인식과도 거리가 있었음을 보여준다.

🏛 4. 제1공화국 시기 자립적 국가기반 구축

현대사에서 1950년대 연구는 상대적으로 미비한 상황이다. 제1공화국기 정부 행정문서, 외교문서의 정리 상황이 다른 시기와 비교해 충분치 못한 상태에서 이승만의 공과를 정리하기란 쉬운 일이 아니다. 현대사 연구자들 사이에서는 1950년대를 '빠진 고리(missing link)'라고 지칭할 정도이다. 또한 1950년대는 6·25전쟁 발발뿐만 아니라 민주주의 측면에서도 혼란의 격동기였다. 특히 1952년 발췌개헌안의 통과, 1954년 사사오입 논리로 통과된 중임제 철폐 개헌안, 1958년 4대 민의원선거, 1960년 3·15부정선거는 대한민국 민주주의의 기틀 마련과 헌정체제 유지에 위기를 가하는 사건들이기도 했다.

하지만 1950년대를 자료의 부족으로 접근하기 어려운 시대 또는 민주주의의 위기 시대로만 치부할 수는 없는 측면도 존재한다. 정부문서 외에도 이승만의 개별 기록, 이승만 관련 미국문서, 무엇보다도 정부활동이 구체적으로 기록된 국무회의록 등이 남아있다. 이 기록들을 통해서 정부수립과 전쟁의 포화 속에서 새로운 국가 기반의 구축 노력을 확인할 수 있다.

4.1 갈등 속 미국과의 진화적 동맹 출범

대한민국의 생존과 발전에 있어서 이승만의 가장 중요한 기여는 한미동맹을 출범시킨 것이라 볼 수 있다. 6·25전쟁시기 1953년 6월 이승만이 반공포로를 석방한 이후, 미국은 곧 한미상호방위조약 체결을 위한 협상을 시작했고, 같은 해 8월 조약은 체결됐다. 많은 사람들이

한미동맹을 미국의 동아시아 전략의 일환에 호응한 이승만정부의 체제 유지를 위한 수단으로 일축하는 경향이 있다. 하지만 이승만에게 한미상호방위조약은 "우리 모두의 목숨과 희망"으로서 국가 생존을 위한 희망의 끈이었다. 동시에 미국에 있어서 양국의 상호방위조약의 체결은 한반도 문제에 대한 지속적 연루를 의미하는 것이기에 전략적 최선책이 되지 못했다.

이러한 상황에서 이승만의 강력한 동맹의지와 무모하게 보이는 반공포로 석방을 통해 상호방위조약은 체결됐으나 이 조약의 발효까지 갈등은 지속됐다. 이 갈등은 개입과 지원을 더욱 분명하게 조문에 명시하고자 한 이승만의 의지와 이러한 한국의 요청을 최소화하려는 미국의 조정에 따른 대립이 원인이었다. 하지만 이러한 갈등은 조약의 생명력을 길게 하기 위한 진통이었다. 이후에도 지속적으로 작전통제권 문제, 주둔군 지위협정 문제 등이 양국 사이 대립적 쟁점으로 떠올랐고, 갈등으로 인한 충돌이 있었지만, 양국은 자국의 이익을 충실히 반영하면서 공동의 이익을 최대화하는 측면에서 문제를 해결해가며 동맹을 발전시켰다.

이승만이 구축한 한국과 미국의 동맹구조를 통해 첫째, 경제적 측면에서 미국은 막대한 지원금을 한국에 투입했는데, 1953년부터 1965년까지 경제원조에 32억 달러, 군사원조에 25억 달러 이상을 지원했다. 또한 미군의 한국 주둔은 국방비 부담을 낮추었고, 축적된 비용은 경제성장의 기반이 되었다. 둘째, 안보적 측면에서 상호방위조약의 존재는 북한의 침략 의지를 봉쇄했고, 동아시아에서 소련과 중공이라는 공산세력의 확장을 억제하는 역할을 해왔다. 이를 통해 한국은 서구 중심의 국제무대에서 번영의 길을 걷게 되었고, 한국의 국제적 위상은 동아시아를 넘어서 지속적으로 확장되었다. 조미수호통상조약 이후 실질적 서구화와 서구체계로 편입의 중대한 기점으로서의 한미동맹은 근현대사에 있어서 가장 중요한 사건이라 지칭할 수 있다. 갈등과 대립으로 발전되어 왔던 한미동맹의 건강한 지속은 동아시아의 패권 대립에서 한국의 안전과 번영을 유지시킬 수 있는 핵심적 기준으로 작동할 것이다.

4.2 자립경제 구축 시도

6·25전쟁 전후 미국의 한국에 대한 막대한 원조에도 불구하고 한국 재건프로그램은 한국의 부흥 지향 대 미국의 안정 지향 정책 대립에 따라 균열했다. 물가안정을 목표로 한 미국의 소비재 지원에 맞서서 한국의 생산재 중심의 정책이 치열하게 대립했다. 한국은 원조자금 운용을 시멘트, 비료, 조선소 등 사회 기반설비에 집중하여 생산재 7, 소비재 3의 비율로 제공해 줄 것을 요청했다. 하지만 미국은 통화팽창과 물자부족으로 인한 극심한 인플레이션을 해결하기 위해 소비재물자 중심으로 원조물자를 공급했다. 결국 1953년 10월 생산재와 소비재 지원비율이 3 대 7로 정해짐에 따라 이승만정부는 소비재에 대한 수입대체산업화를 계획했고, 생산재의 최대 확보에 주력했다.

특히, 미국은 원조물자 판매수입의 많은 부분에 대한 국방비 사용과 일본으로부터 물자구입 지출을 강권하는 분위기였다. 하지만 이승만은 전쟁시기부터 군수물자에 연계된 생산기반 건설을 위해 고민했는데, "고속도로를 건설하는 것이 매우 중요하다. 고속도로는 일시적인 군 전용으로 만들어질 것이 아니라 타르와 오일로 마감하여 포장된 좋은 도로여야 할 것이다. … 이 프로젝트는 후에는 정부에 소속이 되어야 할 장비"[18]들에 대한 구입 역시 UNKRA에 요청하며 전쟁물자를 활용한 장기적 국가기반 시설 구축에 전념했다.

굿펠로우(M. Preston Goodfellow)에게 보낸 문건에서 이승만은 덜레스와의 면담에서보다 더욱 강한 입장을 비추었는데, 한국정부의 방향과 관계없는 지원물자는 받지 않겠다고 하는 강경한 입장을 표명했다.

> 우리는 항상 원조의 기금과 분배, 그리고 구매와 조달에 참여할 권리를 위해서 ECA와 UNKRA와 싸우고 있다. … 뉴욕에 말해 달라. 우리는 우리와 관계없는 물품을 가져오거나 구매한다면 그러한 원조를 받지 않을 것이다. 더 많은 참여권한을 주거나 원조기금 대신 대출을 해주기를 바란다고 전해 달라.19)

이승만의 생산재 중심의 재건원조 요청과 당시 한국의 경제규모를 훨씬 능가하는 원조 요청에 따라서 미국정부의 이승만에 대한 불만은 더욱 커져갔다. 아이젠하워는 이승만에 대해 "너무나 불만스러운 동맹이며, 그를 가장 심한 말로 비난하지 않을 수 없다"20)라며 불편한 마음을 기록했다. 사실 미국의 한국 지원에 대한 최종 목표는 한국 정부의 목표 설정과 큰 차이가 있었다. 미국은 한국지원계획의 전제로서 "원조계획의 달성 목표는 1949~1950년에 근접하는 생활수준" 그리고 "외부 원조를 최소화하는 한국 지향"이 목표였다.21)

미국의 생산재 원조 제한과 소비재 중심 원조에 따라 1954년부터 한국정부는 자립경제를 시도했다. 첫째, 집중투자로서 국회에서는 전력, 비료, 시멘트, 발전소 산업에 주력해야함을 촉구했고, 기획처는 소비재 생산재 비율을 50 대 50으로 사용하고 있음을 강조했다. 이는 미국과 맺은 약속과 큰 차이가 있는 것임에도 한국의 생산기반 시설 의지가 확인되는 대목이다. 한국정부는 복구사업에 절대적인 판유리공장, 시멘트공장을 UNKRA자금을 통해 진행했다. 충주비료공장 건설과

정에서는 미국의 협조가 원활하지 않자, 정부보유불을 투입했고, 서독
회사와 계약을 맺으며 5회에 걸친 계약과 수정을 거쳐 1961년 완공됐
다. 둘째, 1954년부터 한국정부의 산업정책은 본격적으로 수입대체산
업을 지향했다. 도입원조 물자의 규모 및 사용방식에 대한 미국의 제
약을 받고 있었던 한국경제는 외적 제약 아래에서 수입대체공업화를
이뤄갔다.

커밍스는 과연 1950년대의 상황에서 "수입대체산업화 계획이 비합
리적이었던가"라고 질문하며, "(이승만은) 남한에 대한 미국의 암묵적
인 전략은 남한과 일본의 경제관계를 다시 봉합하는 것임을 너무 잘
알고 있었다. 따라서 한국으로서는 종속국이 되느니 차라리 또 하나
의 일본이 되는 편이 낫다"는 판단에 따라 일본과 한국에 대한 미국의
재건프로그램에 균열을 일으킨 것이라 분석했다. 결국 미국의 반대에
도 불구하고 충주비료공장, 나주비료공장 건설을 통해 원조경제로부
터 자립경제로 산업구조를 전환하려는 시도는 더욱 본격화된 것이다.

1950년대 말 자립경제건설을 위한 장기 경제개발계획의 필요성이
제기되었다. 1955년 2월 설립된 부흥부는 원조정책의 틀 내에서 주한
원조기구 대표들과 세부적인 원조자금 이용계획을 심의·결정하고 경
제정책을 협의하는 기구였다. 이후 1958년 2월 '산업개발위원회 규정
안'이 대통령안으로 통과되었고, 4월 부흥부 산하 산업개발위원회가
설치되었다. 산업개발위원회의 경제개발계획은 1960년대 산업발전의
근간이 되었다는 것을 염두에 둘 필요가 있다.

4.3 원자력 기술 도입

오늘날 한국의 세계적 수준의 원자력 기술은 이승만정부로부터 출

발했다는 점도 새롭게 고찰할 필요가 있다. 1948년 5월 14일 이북에서 이남의 전력공급을 일시에 차단한 '5·14단전'과 전쟁으로 인한 발전소 시설의 폐허 상황에서 이승만정부는 전력문제 해결에 골몰했다. 1954년 11월 미국정부의 원자력 관련 한국 과학자 파견 요청과 1955년 2월 유엔 국제원자력평화회의에서 한국을 초청하며 한국의 원자력에 대한 관심이 구체화 됐다. 1957년 문교부 기술진흥국의 원자력과 신설, 1958년 원자력법이 제정으로 원자력 행정체제가 구축되기 시작했다. 이승만 대통령은 원자력 연구 유학을 독려하며, 파견 연구생들에게 이론이 아닌 기술 습득을 당부했다.

> 유위한 청년학도를 선정하여 독일로 보내라. 이런 일에는 돈을 좀 써야 할 것이다.[22]
> 서독에는 원자력의 좋은 기술자가 많다고 하니 그러한 기술자를 얻도록 하라.[23]
> 항상 일본한테 져서는 안된다는 것을 잊고 나가면 안 된다.[24]

원자력 기술에 있어서도 이승만은 미국 중심의 기술 도입을 우선하면서도 미국에 의한 기술지배의 권력관계에 대해서도 민감해 했고, 이에 따라 유럽의 기술도입을 시도했다. 이는 1950년대 초 미국의 한국재건 지원을 두고서 미국과 대립했던 경험을 바탕으로 한국의 대외관계의 다변화를 구축하기 위한 노력 중 하나였다. 원자력 기술 도입을 위한 이승만정부의 노력을 통해 1959년 7월 한국은 아시아에서 일본 다음으로 한국 최초의 시험용 원자로 Triga Mark II를 확보하며 반세기에 걸친 원자력 에너지 기술 확보의 초석을 다졌다.

🏛 5. 나오는 말

　이 글은 역사정치학에 기초해 이승만 리더십의 사상적 토대와 지도자로서의 실제 활동을 분석했다. 이승만은 한성감옥 시절부터 일제시기 전반에 걸쳐 민족의 자강과 독립을 위해 서구, 특히 자유가 중심이 되는 미국식 민주주의를 국가건설의 모델로 삼았다. 일제시기 이승만은 공산주의와 러시아에 대해서 부정적 견해를 견지했지만, 독립이라는 민족적 목적을 달성하기 위해서 비판적 태도를 최소화했다. 하지만 냉전의 시작과 대한민국 정부가 수립되는 시기 공산세력의 물리적 위협이 커지자 이승만은 강력한 반공정책을 수립했고, 동시에 민생을 도모하는 측면에서 공산주의를 유연하게 해석하는 측면도 확인된다. 1950년대 이승만의 국가기반을 위한 구축과정에 대한 연구는 충분하지 않다. 6·25전쟁기 이승만은 미국과 대립하며 공장 등을 건설할 생산재 중심 원조를 요구했고, 이러한 활동이 제약되자 자립경제를 구축하기 위한 시도를 진행했다. 이러한 활동은 충주비료공장 건설 등으로 연계되었고, 교육·과학 분야에서 국가성장을 위한 주요 기반을 구축해갔다.

　일제시기 이승만이 추구했던 자강과 독립의 리더십 방식은 해방기와 제1공화국기에도 유지되고 있었다. 특히 이승만이 견지했던 독립 리더십의 특징은 민족과 국가에 이익이 된다면 사상적으로 대치상태였던 공산주의와도 협력할 수도, 한국의 가장 강력한 지원국인 미국과 대립할 수도 있었다. 그럼에도 불구하고 다층적 형태의 리더십을 견지했던 이승만 관련 연구는 현재 극단에 위치한 것처럼 보인다. 이승만과 관계된 원자료들을 적극 활용해 정형화된 이승만 연구에서 벗어나, 그의 리더십에 관한 다층적인 인식·사상·정책에 대해서 '있었던 그대로' 분석할 필요가 있다.

* 이 글은 저자의 기존 저술들(2016; 2018; 2019; 2021)에 기초하여 작성했음을 밝혀둔다.

"(배재학당에서) 영어보다 더 중요한 것을 배웠는데, 그것은 정치적 자유에 대한 사상이었다."

－ 1912년 이승만

"어느 사람이 반은 죽었는데 그 죽은 부분을 살리기 위하여 산 부분에 약치료를 하면 죽은 부분도 살릴 수 있는 것과 같이 현재 조선은 일부는 죽고 일부는 살고 있다. 그러므로 산 부분인 남조선에 우선 총선거를 실시하여 장차 전조선 총선거를 실시하면 조선은 살 수 있다. 그런데 이것을 방해하는 자가 있으니 한심한 일이다."

－ 1947년 12월 27일 『경향신문』 이승만

"공산주의도 또한 혁명적 사상입니다… 이론상으로 말하면 나도 이 주의를 옳다고 인정하는 바입니다… 그러나 이 공산주의를 선전하는 사람들이 이 아름다운 이상으로 양의 가죽을 만들어서 세계를 정복하자는 야심자를 덮어놓아서 공산주의를 소련의 앞잡이로 쓰고 있는 것입니다."

－ 1953년 『대통령리승만박사담화집 제1집』 이승만

"한미상호방위조약이 성립됨으로써 우리는 앞으로 여러 세대에 걸쳐 많은 혜택을 받게 될 것이다. 이 조약이 있기 때문에 우리는 앞으로 번영을 누릴 것이다. 한국과 미국의 이번 공동조치는 외부 침략으로부터 우리를 보호함으로써 우리의 안보를 확보해 줄 것이다."

－ 1953년 8월 8일 한미상호방위조약 가조인 후 이승만

읽을거리 & 볼거리 ─────────── ◎

- 『이승만의 하와이 30년』(건국이념보급회, 2022)

  이 다큐멘터리는 이승만의 독립운동 대부분을 보냈던 하와이에서의 활동에 대해 실제 그의 행적을 사료들과 인터뷰에 기초해 추적해 간다. "교육이 곧 독립이다"라고 말한 이승만의 교육 활동을 하와이 이민자들의 독립운동 연구에 매진한 이덕희의 동명의 저서에 기초했다.
- 변영태(1997). 『외교여록』, 외무부 외교안보연구원.
- 한표욱(1996), 『이승만과 한미외교』, 중앙일보사.

VII

몽양 여운형의 삶으로 본 '참 정치가'의 리더십

변 은 진

　이 글은 여운형이라는 인물을 항일독립운동가의 차원을 넘어서 '참 정치가'라는 시각에서, 즉 정치지도자로서 그의 리더십에 대해 정리해본 것이다. 일제강점기에는 독립운동 그 자체가 정치운동의 성격을 띤 것으로서 사실상 독립운동가가 진정한 의미에서의 정치가라 할 수 있다. 이를 살펴보기 위해 먼저 여운형의 삶을 크게 네 시기, 즉 망명 이전 국내에서 계몽운동을 전개한 시기, 중국 망명 이후 독립운동을 하다가 검거 투옥된 시기, 출옥 후 국내에 남아 항일운동과 건국준비운동을 전개한 시기, 8·15 이후 통일민족국가 건설에 노력하다가 암살당한 시기로 정리하였다. 그리고 이를 토대로 '참 정치가'로서 여운형이 지닌 리더십의 내용과 특징을 그의 활동 경험을 중심으로 정리하였다. 즉 여운형은 우리 근현대사에서 '역사의 방향을 꿰뚫는 판단력과 실천력'을 지니고 '적과 아를 넘나드는 외교의 달인'으로 활동하면서 늘 '대중과 함께한 신뢰의 정치가'로 평가할 만한 리더십을 가진 정치지도자이다. 그의 리더십이 지닌 이러한 남다른 덕목들은 오늘날에도 되짚어볼 만한 가치가 있다.

🏛 1. 들어가는 말

몽양(夢陽) 여운형(呂運亨, 1886~1947)은 우리 근현대사에서 '나라 없던 시대'라 할 수 있는 일제강점기(1905~1945)와 해방공간(1945~1948)을 치열하게 살다간 인물이다. 그는 일제가 패망하는 마지막 순간까지 적극적으로 독립운동과 건국준비운동을 전개했고, 8·15 직후 권력 공백기의 혼란 상황을 지혜롭게 이끌었으며, 분단의 위험성을 가장 빨리 감지하고 통일운동에 힘썼던 인물이다. 그의 존재를 빼고 우리 근현대사를 들여다보는 것은 마치 '주인공 없는 드라마'를 보는 모양새가 된다.

이 시대를 치열하게 살다 간 인물에게는 흔히 '독립운동가', '민족지도자' 등의 타이틀을 부여한다. 물론 여운형도 여기에 가장 걸맞은 인물 중 하나이다. 일제강점기에는 항일독립운동사에서, 해방공간에서는 통일민족국가 건설운동에서 최상위 그룹에 속하는 민족지도자였다. 게다가 그는 우리 역사에서 제대로 된 '나라'를 갖지 못했던 시대에 보기 드문 감각과 혜안을 지닌 유일무이한 '정치적 리더'였다. 그는 일제하의 수많은 독립운동가 중에서 '정치가'라는 표현이 가장 잘 어울리는 인물이었다. 그런데 안타깝게도 오늘날 우리에게 '정치', '정치가', '정치적', 이런 단어들은 그리 고운 뉘앙스로 다가오지 않는다. 그래서 그에게는 '참 정치가'라는 수식어를 부여하고 싶다.

정치가에게 필요한 중요한 덕목 가운데 하나는 바로 리더십이다. 여운형에게서 확인되는 참 정치가로서의 리더십, 이를 발휘하게 하는 남다른 덕목들은 그의 전 생애를 통해 확인된다. 나라를 전제로 한 개념인 정치를1) 식민지 사회로 투영해보면 당연히 식민지 정부, 예컨대 우리의 경우 조선총독부가 연상될 것이다. 다시 말해서 조선총독부 등 일제의 권력기관을 통해 나라를 다스리는 일이 된다. 그런데 여기에 참가했던 인물을 일본 역사에서는 '정치가'라고 부르지만, 우리 사회에서는 '친일파'라고 부른다. 이들을 '정치가'로 인정하지 않는 것이 우리 사회의 통념이다.

그렇다면 일제강점기와 해방공간에서는 '정치'란 없는 것일까? 그건 아닐 것이다. 식민지배 아래서는, 나라를 다스리려면 먼저 나라를 되찾아야만 했다. 그래서 일제강점기에는 수많은 사람이 국내외에서 항일독립운동을 지속했다. 그리고 이를 위해 최소한 '임시정부'라도 먼저 구성하거나 이웃의 우방국들과 연대해서라도 항일무장투쟁을 벌이려고 애를 썼다. 요컨대 나라 없던 시대에 '정치'의 내용은, 일차적으로는 나라를 되찾으려는 독립운동이자 동시에 독립 이후 건설한 새로운 나라를 준비하는 것이었다. 이 시대에는 독립운동과 건국준비운동이 곧 정치였던 셈이다. 그리고 여운형처럼 이를 이끌었던 인물이 곧 진정한 의미의 정치가, 즉 친일파 등과 구분되는 '참 정치가'라 할 수 있겠다.

이 글에서 여운형에게 '참 정치가'라는 타이틀을 붙인 것은 그가 단지 독립운동을 열심히 했기 때문만은 아니다. 8·15 이후 『매일신보』의 '조선을 대표하는 정치인' 조사에서 33%로 1위를 차지했기 때문만도 아니다. 다른 독립운동가들과는 다르게 그는 망명시절 중국에서건 이후 국내에서건 정치적 안목, 외교적 탁견, 정세 판단력이 가장 뛰어났고 동시에 대중적 명망성과 지지도를 안고 있던 인물이었기 때문이다. 이는 중국 지도자들뿐만 아니라 총독부와 일본의 당국자들도 인정하던 바였다.

🏛 2. 독립과 통일 의지로 일관한 여운형의 삶

여운형은 1886년 5월 25일 경기도 양평 묘골 함양 여씨 집안의 9대 종손으로 태어났다. 동학사상을 지닌 조부의 영향 아래 어린 시절을 보내서 상대적으로 인간 평등사상에 일찍 눈을 뜬 편이었다. 1900년 서울의 배재학당에 입학했다가 곧 그만두고 이후 흥화학교, 통신원 부설 관립 우무학당 등을 거치면서 근대 학문을 익히기 시작했다. 청년시절 이후 여운형의 독립운동과 정치활동은 크게 다음 네 시기로 구분할 수 있다.

첫째, 중국으로 건너가기 전 국내에서 기독교계 활동을 하면서 계몽운동과 청년운동을 전개한 시기이다(1907~1914). 1907~1908년경은 여운형의 삶에서 매우 중요한 전환기였다. 1907년 고향 양평에 기독사립 광동학교를 세우고 국채보상운동을 전개한 것이 그 출발이었다. 미국인 선교사 클라크(Clark.C.A, 郭安連)가 목사로 있던 서울의 승동교회에서 전도사로 활동하면서 기독교계 인사들과도 교류했다. 당시 '백정교회'라고 불리던 승동교회는 사회적 소외계층인 천민층이 중심이 된 교회였다. 그즈음 여운형은 한말의 대표적인 계몽단체인 신민회에 관여하는 등 독립운동에 관심을 가졌다. 1908년 아버지 여정현(呂鼎鉉)의 탈상 이후 집안의 노비를 모두 해방시키고 서울로 이사했다. 평소 청년교육과 스포츠에 관심이 많았던 그는 1910년 강원도 강릉 초당의숙 교사로 초빙되어 청년교육에 힘썼다. 1911년 다시 서울로 와서 YMCA 운동부장 등으로 활동하면서 청년운동을 전개했다. 1912년 평양의 장로교회연합 신학교에 입학했으며, YMCA 야구팀을 이끌고 도쿄 원정을 가기도 했다.

둘째, 국내 생활을 정리하고 중국으로 망명해 독립운동을 하다가 검거·투옥된 시기이다(1914~1932). 1914년 여운형은 중국 난징(南京)의 금릉대학(현 난징대학)에 들어가 신학과 영문학을 공부했다. 1916년 본거를 상하이로 옮겨 본격적으로 독립운동에 투신했다. 1918년 터키 청년당에서 힌트를 얻어 신한청년당을 조직했다. 1919년 1월 파리강화회의에 김규식(金奎植)을 민족대표로 파견하고 자신은 2·8 독립선언과 3·1운동을 기획하였다. 대한민국임시정부 수립에 참여하여 임시의정원 의원과 외무부 차장으로 활동했다. 그해 11월 일본 정부의 초청으로 도쿄를 방문하여 하라 다카시(原敬) 수상 등 고위관리들과 여러 차례 회담하고, 제국호텔에서 조선 독립에 관해 연설했다. 1920년 사회주의 계열의 고려공산당에 가입했고, 1922년 모스크바에서 열린 극동피압박민족대회에 대표로 참석했다. 이후 1925년 쑨원(孫文)의 권유로 중국국민당과 연대하여 독립운동을 하다가, 1929년 7월 상하이에서 체포되었다. 일본 나가사키를 거쳐 서울로 압송, 서대문형무소와 대전형무소에서 복역하고 1932년 7월 출옥했다.

셋째, 감옥에서 나온 후 국내를 무대로 항일운동을 계속하면서 건국준비운동을 전개한 시기이다(1932~1945). 출옥 후 그는 중국행을 선택하지 않고 국내에 머물면서, 합법 활동과 비합법 활동을 넘나들며 항일운동을 계속했다. 1933년 조선중앙일보사 사장에 취임하여 1936년 '일장기(日章旗) 말소사건'으로 신문이 자진 폐간될 때까지 역임했다. 이 밖에도 1934년 조선체육회 이사 등 합법 영역에서 각종 사회활동을 전개하면서 청년층을 대상으로 한 활동을 넓혀갔으며, 여러 차례의 언론 기고를 통해 총독부 당국의 식민정책을 비판했다. 1937년 중일전쟁이 일어난 뒤에는 일제 당국이 그를 '중국통'이라고 평가하여 여러 차례 군부·정계 등 도쿄의 유력자들과 만났고, 중국과의 화평 교섭을 제안받았다. 제안은 모두 거부했으나, 이 과정에서 그는 국내 외 정세를 상세히 파악할 수 있었다. 1942년 '유언비어 유포' 등의 혐 의로 또다시 구속되었다. 1943년 출옥 후 일제의 패망이 임박했음을 확신하고 1944년 비밀결사인 조선건국동맹을 결성하여, 국내외를 아 우르면서 국가건설을 준비해갔다.

넷째, 8·15 이후 통일된 민족국가 건설을 위해 지속적으로 노력하 다가 끝내 암살을 당한 시기이다(1945~1947). 그는 1945년 8월 총독부 로부터 치안권을 이양받은 후 곧바로 건국준비위원회를 조직, 전국에 145개의 지부를 결성했다. 9월 초에는 미군정 설치에 앞서 조선인민 공화국을 선포했으나, 미군정은 이를 인정하지 않고 탄압했다. 그해 11월 건국동맹을 모태로 조선인민당을 결성했고, 미군정 장관의 고문 을 맡았다. 1946년 2월 38도선 이북의 조만식(曺晩植), 김일성(金日成) 을 만나 미소공동위원회 대처 문제를 논의하는 등 이후 다섯 차례나 이북을 방문해 통일정부를 세우기 위해 노력했다. 그해 5월 미소공동 위원회가 휴회되고 이승만(李承晩)의 단독정부 수립 기도가 드러나자, 김규식 등과 함께 좌우합작운동을 주도했다. 1947년 5월 여운형은 근 로인민당을 창당하고 통일정부 수립을 위해 끝까지 노력했다. 이 과 정에서 반대 세력에게 십여 차례나 테러를 당하다가, 결국 1947년 7월 19일 혜화동 로터리에서 한지근(韓智根)의 저격으로 서거하였다.

🏛 3. 나라 없던 시대의 '참 정치가', 여운형의 리더십

3.1 역사의 방향을 꿰뚫는 판단력과 실천력

독립운동이건 사회운동이건 이를 이끄는 지도자에게는 국내외 정세를 정확히 파악하고 판단할 줄 아는 눈, 주체적 역량을 정확히 진단하고 강화할 줄 아는 힘, 이 둘을 아우르는 판단력과 실천력이 무엇보다 중요하다. 여운형은 누구보다 시대와 역사의 흐름을 폭넓고 정확하게 읽으면서 그 요구에 따라 실천할 줄 아는 리더였다.

한말부터 청년계몽운동을 전개하던 그가 1914년 말경 후배 조동호(趙東祜)와 함께 중국 망명을 결심한 것 자체가 이러한 판단력에 기초한 것이었다. 당시 수많은 애국지사가 그러했듯이, 조선이 이미 일제에 완전히 병합되어 무단통치가 실시되던 상황에서 본격적으로 독립운동을 펼치려면 중국으로 건너가는 것이 유리하다는 판단이었을 것이다. 특히 그는 1911년 쑨원의 신해혁명을 주시하고 있었다. 게다가 그가 망명한 1914년은 제1차 세계대전이 시작된 해였다. 세계열강들끼리 인류역사상 가장 큰 전쟁을 시작한 상황이었다. 외교독립을 모색하든 무장독립을 준비하든 이 전쟁의 결과와 조선 독립의 기회를 주시하면서 정확한 정세 판단을 하는 것이 필요한 시기였다.

제1차 세계대전이 끝난 이듬해인 1918년 8월 신한청년당을 결성하고, 1919년 1월 파리강화회의에 김규식을 대표로 파견하여 「한국위원이 강화회에 제출한 13개조」라는 독립청원서를 제출하고 이를 미국의 월슨 대통령에게도 전달한 것 역시 전후 세계정세의 흐름을 읽어내는 그의 탁월한 선견지명에서 나온 것이었다. 1918년 상하이에서 월슨의 특사 찰스 크레인(Charles R. Crane)이 '파리강화회의에서는 민족자결의 원칙에 따라 많은 문제가 해결될 것'이라는 요지의 강연을 했다. 교민단장 자격으로 그 자리에 참석한 여운형은 크레인과 개별 면담을 신청하여, 강화회의에 조선 대표를 파견해 독립을 호소할 경우 국제적 지원을 해주겠다는 약속을 받아냈다.

일제의 강제병합 이후 처음으로 국제사회에서 조선 독립에 대한 관심을 불러일으키고 조선 사회 내에 가라앉아있던 독립 의지를 고무시키는 데에 이보다 좋은 기회는 없었던 것이다. 이에 강화회의 대표 파견과 동시에 여운형은 국내외 인사들과 연락하여 만세운동을 촉구하고 조직적 연계를 도모했다. 이러한 활동의 결과, 1919년 2월 1일 중국 지린성의 대한독립선언, 2월 8일 일본 도쿄의 2·8 독립선언 선포를 거쳐, 3월 1일 서울에서 3·1운동이 시작될 수 있었다. 100여 년이 지난 지금까지도 국가적으로 기념되고 있는 3·1운동의 불씨를 지피고 실제로 이 운동을 기획했던 선구적인 실천가로서의 모습을 엿볼 수 있다.

이러한 활동으로 인해 독립운동진영 안팎에서 여운형의 위상은 크게 높아졌다. 이에 오늘날 대한민국헌법 첫머리에서 그 법통을 계승한다고 밝히고 있는 대한민국임시정부 수립과정에서도 그가 결성한 신한청년당이 주도적 역할을 할 수 있게 되었다. 비록 당대의 국제정세로는 조선인의 요구가 받아들여져 독립으로 이어질 수 있는 상황은 아니었지만, 강제병합 이후 최초로 국제사회에 조선인의 독립 의지를 알릴 수 있었다. 그리고 이 노력은 25년 뒤 제2차 세계대전을 마무리하는 과정에서 세계열강이 조선의 처리 문제를 논의할 때 독립시켜야 한다는 합의를 이끌어 낸 주요한 근거로 작용하였다.

3년간의 감옥생활에서 풀려난 1932년 여운형이 중국행이 아닌 국내 체류를 선택한 것은, 역사의 방향을 꿰뚫어 보는 여운형의 예리한 판단력과 정치가로서의 면모를 가장 잘 보여준다. 만약 일제강점기 그의 항일운동이 중국지역에 국한되고 1930~40년대 국내를 무대로 활동한 경력이 없었다면, 이후 해방공간에서 그가 매우 드물게 '국내 파'로서의 정치적 입지와 대중적 기반을 갖기는 어려웠을 것이다. 일찍이 여운형의 일대기를 작성했던 이만규(李萬珪)가 "몽양의 투옥은 혁명운동 면에서 커다란 과제를 만든 것이다. '몽양이 끝끝내 해외에 있어야 할 것인가? 국내에 있어야 할 것인가?'가 생각할 만한 문제였다"[2]라고 언급한 데서도 충분히 짐작할 수 있다.

이만규가 말한 '커다란 과제,' 즉 출옥 후 여운형의 거취 선택은 전체 일제강점기에서 1930~40년대가 갖는 시대적 조건과 밀접한 관련이 있었다. 1931년 9월 만주를 침략한 후 일제가 중국을 비롯해 미국·소련 등 세계열강과 파시즘전쟁을 벌일 가능성이 높아졌다. 언젠가 다가올 이 전쟁의 결과는 식민지 조선의 운명은 변화시킬 수 있는 결정적인 조건이었다. 만약 전쟁에서 일제가 패한다면 조선이 독립할 수 있는 조건이 마련되는 것이었고, 독립은 곧 새로운 국가의 건설을 의미했기 때문이다. 여운형은 이렇게 암울한 침략전쟁의 시기가 조선인에게는 가장 희망적인 시기가 될 것임을 직감하고 있었던 것이다.

이러한 정세 예측은 1937년 7월 중일전쟁, 1941년 12월 미·일 간의 태평양전쟁으로 현실화해갔다. 중일전쟁의 발단이 된 노구교사건 직후 미국 유학생 몇 명과 주고받았다고 전해지는 다음의 이야기는 여운형의 판단과 의지를 잘 보여준다. 중일전쟁이 영·미와의 전쟁으로 확대될 것이고 그렇게 장기전이 되면 일제는 패망하고 조선은 해방될 것이니 이를 위해 자신감을 갖고 준비해야 한다는 전망이다.

이 사변은 일본이 스스로 묘혈을 파는 것이다. 그 이유는 일·영·미가 중국에서 장거리 경주를 하는데 제1차 전쟁 전까지는 영국이 패권을 잡았고 전쟁 후에는 미국이 패권을 잡아 미국의 차관이 단연 증가하니 일본은 자기가 독점하지 못하는 데 분개하여 노구교사변을 일으킨 것이다. 그러나 일본의 독점은 영·미가 절대 불허한다. 이때에 양국은 반드시 합작하여 일본에 대항할 것이다. (중략) 미국 1국으로도 일본을 대항하기에 넉넉할 터인데 하물며 2국이리오. 그러므로 일본은 자멸하고 조선은 해방될 것이다. 우리는 자신을 가지고 기다리고 준비하여야 한다.[3]

국내외 정세를 살피고 판단하는 그의 탁견을 읽을 수 있는 대목이다. 국내에 있으면서도 이렇게 정확히 전쟁 상황을 예측한 여운형의 인식은 당시 일제의 패망과 조선의 독립을 희망하던 청년들에게 큰 영향을 미쳤다. 이 시기 일제 당국은 전쟁에서 무조건 일본이 이기고 있고 최종 승리할 것이라는 내용의 선전공작과 여론몰이를 강화해갔다. 국내외 정세를 제대로 알기 어려웠던 청년들 가운데는 답답한 마음에 사회적 명망가인 여운형·이광수(李光洙)·안창호(安昌浩) 등을 개인적으로 찾아가는 경우가 많았다. 집안 분위기를 일본풍으로 단장하고 친일 주장만 펼쳐서 청년들에게 실망을 안겨줬던 이광수와 달리, 여운형은 예리한 판단력과 타고난 말솜씨로 큰 감명을 주었다.[4] 이로 인해 그가 1944년 비밀리에 독립과 건국 준비조직으로 결성한 건국동맹과 8·15 직후의 건국준비위원회에는 수많은 청년이 따르며 참여했던 것이다.

좌·우의 이념적 지향을 불문하고 이 시기 국내외 독립운동진영에서는, 전쟁이 장기화하여 일제가 패망할 '결정적 시기'를 조선 독립을 위한 절호의 기회로 보고 국외 무장세력이 국내로 진격해 들어와 민중들과 함께 무장봉기를 일으켜 독립을 쟁취한다는 방략을 공유하고 있었다. 이는 일제강점기 독립운동 세력이 취할 수 있는 최선의 방책이었다. 하지만 제2차 세계대전의 결과로 조성되어간 국제정세는 예상과 달리 빠르게 전개되었다. 미국의 원자폭탄 투하와 소련군의 참전으로 일본은 예상보다 빨리 항복했으며, 항복 즉시 총독부의 통치권은 조선인에게 이양될 수 있었고, 연합군 역시 이를 인정할 것으로 예상되었다. 따라서 여운형은 굳이 수많은 희생을 초래할 민중의 무장봉기가 아니라 곧바로 임시정부를 수립해 연합국의 승인을 받는 차선의 방책으로 전환했다.5) 이처럼 일제가 패망하는 마지막 순간에 그는 정세 변화에 가장 발 빠르게 대처하는 판단력과 실천력을 보였다.

여운형은 남북분단의 위험을 가장 먼저 감지하고 이를 방지하기 위해 노력한 인물로 유명하다. 해방은 되었지만 곧바로 미·소에 의한 38도선 분할 점령으로 이어졌고, 1945년 12월 말부터는 모스크바삼상회의 결정에 대한 그릇된 정보 유포 등으로 대립과 혼란이 급속도로 심해져 갔다. 게다가 1946년 6월 이승만의 '정읍발언' 이후 단독정부 수립, 즉 남북분단의 가능성이 가시화되었다. 이에 여운형은 그 위험을 간파하고 "독립을 완성하려면 땅의 남북과 사상의 좌우를 가릴 필요가 어디 있습니까?"라면서 자주적 통일정부 수립을 위한 좌우합작운동을 추진했다. 이처럼 그는 암살 테러로 숨을 거두는 마지막 순간까지 통일민족국가 건설에 누구보다 앞장섰던 민족지도자이자 '참 정치가'였다. 남북을 아우르는 통일정부 수립운동은 그의 서거 이후 뒤늦게 김구(金九) 등의 남북협상운동으로 이어졌다. 이는 누구보다 한발 앞선 여운형의 탁월한 통찰력을 보여준다.

3.2 적과 아를 넘나드는 외교의 달인

"그대는 조선을 독립시킬 자신이 있는가?" (미즈노 렌타로)
"그대는 조선을 통치할 자신이 있는가?" (여운형)

3·1운동 후인 1919년 11월 도쿄 방문 때 여운형이 총독부 정무총감 미즈노 렌타로(水野鍊太郎)와 나눴던 대화의 일부이다. 여운형은 미즈노와 악수하면서 "경성역에서 강우규(姜宇奎) 동지의 폭탄이 터졌을 때, 그 위력이 어느 정도였는가?"라는 도발적인 질문을 던졌다. 이에 당황한 미즈노의 발언과 이에 맞받아친 여운형의 발언이다. 상대를 역습하는 대담한 언변의 소유자였음을 짐작케 한다.

예상치 못했던 거족적인 3·1운동으로 충격을 받은 일제는 그 핵심 인물로 여운형을 지목하고 그를 회유하기 위해 도쿄로 초청했다. 잘 알려진 대로 3·1운동 이후 1920년대에 일제는 통치의 방향을 '문화정치'로 전환하고 독립운동을 '자치운동'으로 유도하는 제스처를 취했는데, 그 시작이라고 볼 수 있다. 임시정부 내에서는 그의 도쿄행을 둘러싸고 이에 응할 것인가에 대한 찬반 논란이 있었다. 하지만 여운형은 정세를 좀더 정확히 파악하고 일제의 음모를 역이용하겠다는 자신감을 갖고 개인 자격으로 도쿄행을 결정했다. 여기에 찬성했던 안창호 등은 여비 300원까지 마련해줬다.

당시 34세였던 여운형은 일본의 하라(原) 수상을 비롯해 다나카(田中義一) 육군대장, 고가(古賀庚造) 척식장관, 노다(野田貞休) 체신장관 등 고위 관료들과 여러 차례 회담을 가졌다. 이 과정에서 그는 갖은 회유와 협박에도 굴하지 않고 일목요연한 논리로 조선의 독립을 주장하여 오히려 그들을 주눅 들게 했던 일화들로 유명해졌다. 또 그는 일제 당국에 왜곡된 보도와 선전을 취소하고 자신이 도쿄에 온 까닭을 직접 설명할 자유를 달라고 요구하였다. 이 주장이 받아들여져 11월 27일 제국호텔에서 500여 명의 청중과 내외신 기자, 저명인사들 앞에서 조선 독립의 당위성을 밝히는 내용의 연설을 했다. 타고난 웅변가라는 주위의 평판답게, 이날의 연설에 조선인·일본인을 막론하고 많은 이들이 감명을 받았다. 특히 요시노 사쿠조(吉野作造) 등 일본 지식인의 학술단체 신인회(新人會)에서는 여운형을 위해 교수·학생 등 100여 명이 참석한 환영회를 열기도 했다. 이 자리에서 오스기 사카에(大杉榮)의 선창으로 '조선독립만세'를 외친 것이 일본 신문에 보도되었고, 이 일화로 그는 유명세를 탔다.

일제 당국의 입장에서는 여운형을 도쿄까지 불러들인 목적을 하나도 이루지 못했다. 도리어 '제국' 일본의 심장부인 도쿄 한복판에서 조선 독립의 선전 무대만 만들어준 꼴이 되고 말았다. 당시 여운형을 만난 일본의 인사들은 대부분 그의 범접하기 어려운 정의감과 시대를 꿰뚫어 보는 통찰력, 사람들을 품는 포용력에 감복할 수밖에 없었다. 당초 예정되었던 '천황' 등과의 회담은 중지되었고, 일본 정계는 큰 혼란에 빠져 결국 하라 내각의 총사퇴로까지 이어졌다. 이 때문에 하라 내각은 '여운형 내각'이라는 별명까지 얻었다. 도쿄행을 반대하던 임시정부 인사들도 '독립운동사에서 유례없는 성과'라고 인정하는 등 독립운동진영에서 그의 위상은 더욱 높아졌다.

여운형은 조국의 자유와 독립을 위해서는 적과 아를 넘나들고 국경과 이데올로기를 뛰어넘는 활동의 폭을 보여준 인물이다. 자신의 신념과 필요를 위해서라면 중국·미국·소련·일본 등 세계 어느 인사들과도 만남을 가졌다. 이는 일찍이 쑨원이나 크레인 등과 만나면서 3·1운동을 기획했던 데서도 드러났다.

임시정부의 외무부 차장으로 임명된 후 여운형은 항일투쟁을 위해 중국, 소련과 협력을 도모하는 데 주력했다. 1921년에는 임시정부 요인 등 독립운동가와 중국의 유력 정치인이 참가하는 한중호조사(韓中互助社)를 조직하여 공동 항일투쟁에 노력했다. 1922년에는 모스크바에서 개최된 극동피압박민족대회에 참가하여 김규식과 함께 대회 의장단의 일원으로 선출되었다. 이때 그는 러시아혁명의 지도자 레닌, 트로츠키와 만나 조선의 독립 및 동아시아 정세에 대해 논의했다. 평소 쑨원 등과 친분이 두터웠던 여운형은 1925~26년경에는 중국의 1차 국공합작에도 깊숙이 관여했다. 이 경험은 8·15 이후 그가 좌우합작운동을 주도하는 데 큰 자산이 되었다. 이 밖에도 그는 중국의 장제스나 마오쩌둥, 베트남의 호찌민 등 당대 혁명가들과도 폭넓게 교류했다.

한편 1937년 일어난 중일전쟁이 장기화하고 전쟁이 확대되자, 일제 당국의 입장에서는 여운형의 이용가치가 높아졌다. 이들은 여운형을 '중국통'이라고 보고 그를 중국과의 교섭에 이용하려고 애썼다. 여러 차례 회유와 협박에도 불구하고 줄곧 이 요구를 거부해오던 여운형은, 세계대전이 일어난 후인 1940년 봄부터 "이런 중대한 문제는 적어도 중앙정부와 결정할 성질"이라면서 "도쿄로 가서 하겠다"라고 제안했다. 그는 그들의 요구를 받아들이는 척하면서 여러 차례 도쿄를 방문했다.

3·1운동 당시 도쿄행의 경험을 살려서 그는 일본 군부·정계의 유력자들을 여러 차례 만났다. 이 과정에서 일제 당국은 장제스, 왕징웨이 등을 통해 중국과 화평 교섭을 해줄 것을 제안했으나, 여운형은 모두 거부했다. 당시 일본은 소-일 또는 미-일 전쟁을 눈앞에 두고 또다시 '아시아주의' 논리를 내세우며 중국과 화평을 시도하려던 상황이

었다. 한 예로 1940년 3월 방문 때 여운형은 수상 고노에(近衛文磨), 육군성의 다나카(田中隆吉), 우익 정객인 오카와(大川周明), 조선총독이 었던 우가키(宇垣一成) 등을 만났다. 이때 다나카는 그에게 "충칭(重慶)에 가서 장제스에게 권하고 난징에 가서 왕징웨이를 달래어 일본의 진의를 알려 달라"고 하면서 운동비로 2천만 원을 지급하겠다고 했다. 여운형이 "내가 만일 2천만 원을 가져다가 조선독립운동에 써버리면 어찌하느냐"라고 하자, 다나카는 마음대로 해도 좋다고까지 대답했다. 하지만 여운형은 끝내 이를 거절했다.

당시 여운형이 도쿄를 방문했던 데는 다른 목적이 있었다. 누구보다 활동적인 성격의 그로서는 일제의 '보호관찰' 처분이라는 부자유에서 벗어나고 싶었을 것이며, 또 일본 내 최고위 인물을 통해 국내외 상황을 정확히 파악하고 싶었을 것이다. 실제로 도쿄행을 통해 그는 대부분의 목적을 이뤘다. 이러한 활동으로 인해 여운형은 한때 '일본 스파이', '부일(附日) 협력자' 등의 오명을 쓰기도 했지만, '적'의 본거지에 뛰어들어 대담하고 치밀하게 해방의 날을 준비했다는 평가도 동시에 받고 있다.[6]

일본의 '무조건 항복'을 앞둔 1945년 7월 여운형은 또다시 고이소(小磯國昭) 총독으로부터 중국 교섭을 권유받았다. 군사력과 경제력의 한계에 도달한 일제는 1944년 9월경부터 재차 중국과의 화평공작을 결정하고 여러 방면으로 노력하던 중이었다. 제2차 세계대전의 주범 중 하나인 이탈리아가 이미 항복했고 독일 역시 항복만을 앞둔 시점에서 유럽의 전쟁이 끝나면 당연히 소련군이 아시아의 대일(對日) 전쟁에 참여할 것이므로, 이를 막아야 한다는 목적이 가장 컸다. 여운형은 중국이 일본과 싸우는 한 국민당과 공산당은 절대 분리하지 않는다면서 응하지 않았다.

제1차 세계대전 때와는 달리 일본이 독일·이탈리아와 함께 전쟁의 추축국으로 참가한 제2차 대전의 결과는 조선의 운명을 좌우할 방향키였다. 제1차 대전 수습 과정에서 패전국의 식민지 처리 방침으로 등장한 월슨의 민족자결주의 원칙은 3·1운동 당시로서는 승전국 일본의 식민지인 조선에 결코 적용될 수 없는 논리였다. 하지만 일본이 패전국이 될 가능성이 높은 제2차 대전의 결과는 조선의 독립과 국가건설에 매우 중요하게 작용할 것임을 여운형은 잘 알고 있었다. 1942년 4월 18일 미국 비행기의 도쿄 공습을 목격하고 귀국한 그가 지인들에게 "일본은 반드시 전쟁에서 진다. 1차 대전 이후의 평화회의 때처럼 이번 전쟁 후의 평화회의에서 조선은 독립할 것이다"라는 취지로 이야기했다가 또다시 검거된 데서 알 수 있다.

이처럼 여운형은 누구도 따라올 수 없는 탁월한 외교력으로, 언로가 막혀있던 일제말 전시체제기에 국내에 있으면서도 국외 독립운동가들보다 뛰어난 통찰력과 독립에 대한 자신감을 가질 수 있었다. 이를 바탕으로 그는 늘 조선의 앞날에 대해 한발 앞서 방향을 제시하는 '참 정치가'로서의 리더십을 보여주었다.

3.3 대중과 함께한 신뢰의 정치가

"남쪽에서 대통령 선거를 하면 국내파 여운형이 당선된다. 그 다음은 중국파 김구이고, 미국파 이승만은 세 번째다." (존 하지)

1945년 8·15 해방 후 주한미군 사령관 하지(John Reed Hodge)가 극비리에 미국 정부에 보낸 보고서의 한 구절이다. 일본이 물러간 8·15 직후 상황에서 국내의 정치적 여론을 잘 알 수 있게 해주는 대목이다.

물론 이 보고에는 김일성 등 38도선 이북의 정치지도자는 제외되었음을 감안해야 한다. 어쨌든 여운형은 이 시기 국내 항일운동가 가운데는 남과 북을 아울러 거의 유일하게 대중적 인지도와 신망을 지닌 인물이었다.

중국 망명시절에도 여운형은 기독교청년회와 한인교회 활동, 교민회 활동, 인성학교 설립 등 교육활동을 통해 교포사회 내에서 신망을 쌓았다고 알려져 있다. 교포들의 취업을 알선하거나 각종 분쟁의 조정자 역할을 했으며, 청년 30여 명의 미국 유학을 주선하는 등으로 상하이에서 유일한 5선 민단장을 지냈다. 하지만 앞서 언급했다시피 1914년 중국 망명 이후 19년만인 1932년이 되어서야 감옥에서 나와 제대로 조선 땅을 밟은 여운형이 이후 십여 년간 국내에서 활동하지 않았다면, 8·15 직후 미군정이 위와 같은 조사를 하고 평가를 내리기는 어려웠을 것이다.

출옥 직후 우가키 총독이 여운형을 불러 농촌진흥운동 등 일제 정책에 협력해달라고 요구했으나 그는 단호히 거절했다. 이후 그는 한글 신문인 『중앙일보』 사장을 맡아 이름을 『조선중앙일보』로 바꾸고 지면을 혁신하는 등 합법적으로 여러 활동을 전개했다. 일단 신문사 본사와 지부에 수위부터 부장까지 주로 독립운동가나 운동선수 출신을 앉혔다. 그리하여 당시 신문사 본사에만 전과자가 20명이 넘었다고 한다. 동시에 자신은 농촌진흥운동, 브나로드운동 등 총독부의 각종 정책과 개량주의운동을 공격하는 글을 여러 신문·잡지에 실었다.

이 시기 『조선중앙일보』의 혁신성과 민족적 성격을 잘 보여주는 사례로는 널리 알려진 '일장기 말소사건'이 있다. 흔히 '『동아일보』의 일장기 말소사건'으로 알려져 있으나, 사실상 일장기 말소 보도는 『조선중앙일보』에서 처음 한 것이었다. 1936년 8월 9일 제11회 베를린올림픽 마라톤에서 손기정(孫基禎) 선수가 올림픽 신기록을 세우며 우승한 것에 대해 『조선중앙일보』는 「마라톤의 제패, 손·남7) 양 군의 위공 (偉功)」이라는 사설 등을 게재했다. 그러던 중 8월 13일자 보도에서 처음으로 손기정의 가슴에 일장기가 지워진 사진을 게재했는데, 이때 는 다행히 발각되지 않고 당국의 검열을 통과했다. 그리고 며칠 뒤 『동아일보』의 일장기 말소 보도가 문제시되어 『조선중앙일보』까지 큰 타격을 입었고, 결국 폐간에까지 이르렀다. 선수단이 출발하기 전 환송회에서 여운형은 "제군들은 비록 가슴에는 일장기를 달고 가지만 등에는 한반도를 짊어지고 간다는 것을 잊어서는 안 된다"라고 이미 강조한 바 있었다.

이 밖에도 여운형은 수많은 강연과 결혼식 주례, 스포츠대회, 웅변 대회 개최 등을 통해 국내 대중, 특히 청년층과 접촉면을 넓혀갔다. 일제 측에서조차 그를 "현대 조선 청년으로부터 사부처럼 경앙받는 인물"이라고 평가했을 정도였다. 이 과정을 통해 그는 독립운동가를 넘어서 대중 정치가의 이미지까지 쌓아갔다. 당시 세간에는 다음과 같은 말이 떠돌았을 정도로 그는 늘 대중 곁에 있는 인물로 비쳤다.

조선일보 광산왕은8) 자가용으로 납시고
동아일보 송진우(宋鎭禹)는 인력거로 꺼떡꺼떡
조선중앙일보 여운형은 걸어서 뚜벅뚜벅9)

한편 여운형은 1933년 오늘날 대한체육회의 전신인 조선체육회 이 사에 추대되어 1938년 총독부에 의해 강제 해체될 때까지 이사직을 맡아 스포츠 분야에서 활발한 활동을 펼쳤다. 신문사 사장이라는 사 회적 지위에다 체육회 이사라는 직함까지 확보한 상태에서 그는 이를 활용해 청년층의 민족의식을 고취하려 했다. 평소 '건전한 정신은 건

강한 신체에 깃든다'라고 생각했던 그는 식민지 조선의 청년을 정신
적·육체적으로 단련시켜서 독립과 건국의 토대로 삼고자 했다. 그는
평소 청년들에게 운동을 통해 신체를 건강하고 강인하게 단련하라고
당부하면서 스포츠맨십, 권투정신 등을 강조했다. 1933년 4월 초 조선
중앙일보사 주최로 해외 선수를 초청해 권투경기를 가졌는데, 이 자
리에서 그는 다음과 같이 개회사를 했다.

> 권투정신, 피를 흘리면서도 싸우고 다운돼도 다시 일어나 싸우는
> 권투정신은 우리 청년들이 의당 본받아야 할 훌륭한 정신이다. 남성
> 답게 씩씩하게 싸우라. 비겁하지 않게 정정당당히 스포츠맨십으로 싸
> 우라. 나는 청년은 내남을 가리지 않고 좋아한다. 무릇 청년은 진리
> 와 정의를 위해서는 목숨도 아끼지 않는 불가슴을 안고 있기 때문
> 이다.10)

조선중앙일보사 사장 재임 시절 그가 회장 또는 위원장을 맡았던
스포츠 단체나 대회는 조선체육회를 비롯해 조선농구협회, 조선축구
협회, 서울육상경기연맹, 풀-마라톤대회, 빙상경기대회, 동양권투회,
스포츠여성구락부, 고려탁구연맹 등 수없이 많았다. 여운형은 일제하
의 운동경기를 항일운동, 민족운동의 일환으로 보고 있었다. 그가 체
육을 장려하는 대상은 청년이나 남성만이 아니라 남녀노소 모두였다.
게다가 『현대철봉운동법』(1933)이라는 책에는 직접 웃통 벗은 자신의
사진을 넣을 정도로 체육 보급에 대한 열망이 높았다. 지금도 그렇지
만 당시로서는 언론사 사장이 상반신 누드모델로 나선다는 것은 상상
도 할 수 없는 일이었다. 이처럼 그는 권위나 체통 따위는 중시하지
않는 대중적인 면모를 지니고 있었다. 이러한 그의 활동에 대해 오늘
날 체육학계에서는 근대 스포츠 발전의 초석을 다진 황금기를 열었다

며 적극적으로 평가하고 있다.[11]

조선중앙일보사 사장, 조선체육회 이사 등의 직함을 가지고 국내에서 활발하게 활동한 1930년대는 여운형의 전 생애에서 보면 상대적으로 안정된 시기였다. 앞서 언급했다시피, 이 시기의 행보를 '국내 활동'으로 선택한 여운형의 판단, 즉 식민지 조선의 청년대중과 접촉면을 넓히면서 인지도를 쌓고 대중적 신망을 얻어감으로써 그는 암울했던 1940년대에 독립운동과 국가건설운동을 이끌어갈 수 있었다. 이처럼 여운형은 나라 없던 시대에 '대중과 함께 한 신뢰의 정치지도자'라는 리더십을 보여주었다.

🏛 4. 나오는 말: 그에 대한 낙인, 그가 남긴 과제

몽양 여운형은 우리 근현대사에서 '역사의 방향을 꿰뚫는 판단력과 실천력'을 지니고 '적과 아를 넘나드는 외교의 달인'으로 활동하면서 늘 '대중과 함께한 신뢰의 정치가'로 평가할 만한 리더십을 가진 정치지도자였다. 그의 생애와 활동, 그 사상과 이념의 폭은 매우 넓었다. 그의 리더십이 지닌 이러한 덕목들은 오늘날에도 되짚어볼 만한 가치가 있다.

여운형의 사상과 이념은 동학과 기독교 사상에서 인간평등에 눈을 뜬 후부터 민족주의, 사회주의, 공산주의에 이르는 넓고 긴 스펙트럼을 지니고 있다. 그를 어떤 특정한 이념의 소유자, 일명 '××주의자'라고 부르기는 매우 어렵다. 그래서인지 몰라도 여운형에 대한 평가는 우리 근현대사 속 민족지도자들 가운데 가장 극단적이다. 그는 한

때 기독교 전도사와 목사로 활동했고, 여전히 기독교 사상을 운운하면서 처음으로 마르크스의 「공산당선언」을 번역했다. 수시로 중국의 쑨원을 만나고 장제스, 마오쩌둥과 러시아의 레닌, 트로츠키까지 만났다. 심지어 일본수상이나 군부대신, 조선총독이나 정무총감도 자주 접촉했다. 또 유창한 영어로 미군정청을 드나드는가 하면, 8·15 이후 십여 차례나 38도선 이북의 김일성 등과 편지를 주고받거나 회담했다.

그런데 이러한 행적을 보였다고 해서 그를 기독교인, 공산주의자, 친중파, 친소파, 친일파, 친미파, 친북파 등의 단어로 규정하는 것은 상당히 어색하다. 사실상 그는 우파로부터는 공산주의자, 좌파로부터는 기회주의자라고 비난과 공격을 받아왔다. 그의 정치적 행보를 놓고도 어떤 이는 민족지도자라며 존경하고 어떤 이는 친일파라고 매도하곤 한다. 이를 안타까워하면서 그에게 우호적 시선을 던진 이들로부터는 '사회민주주의자', '진보적 민주주의자' 등의 이념적 칭호까지 얻었다. 그에게는 이 모든 것을 뛰어넘는 목표와 신념이 있었음이 분명하다. 그의 삶을 되짚어볼 때, 그것은 조국의 독립과 해방, 인민에 기초한 하나된 민족·민주국가 건설로 요약된다. 어떤 사상이나 이념도 이 목표와 신념에 종속되어 있었다.

그런데 극우파의 암살 테러로 의문의 죽음을 맞은 후의 역사는 여운형이 평생 노력해온 목표와 신념대로 흘러가지 않았다. 남과 북으로 분단된 이후 남쪽의 정치는 한동안 반공·반북·친미·친일 세력이 장악했다. 이에 그는 '친북 공산주의자'라는 어울리지 않는 낙인을 얻은 채 역사 속에 남아야 했다. 그가 추구했던 '통일민족국가 건설'이라는 목표 역시 21세기 세계 유일의 분단국가라는 오명을 쓴 채 여전히 미완의 과제로 남아있다.

8·15 이후 60년 만인 2005년이 되어서야 여운형은 대한민국정부로

부터 처음으로 건국훈장 대통령장을 받았다. 하지만 이는 일제강점기 독립운동가들에게 주는 최고의 훈장이 아니었다. 2008년에 다시 최고 등급인 건국훈장 대한민국장을 받고 나서야 그에 대한 낙인이 조금씩 흐려져 가고 있다. 처음 훈장을 받은 2005년 이후 정식으로 사단법인 몽양여운형선생기념사업회가 발족했으며, 최고훈장을 받은 후인 2011년에 처음으로 경기도 양평에 몽양여운형생가기념관이 문을 열었다. 하지만 그에 대한 낙인, 그가 남긴 과제는 아직도 현재진행형이다. 남다른 정치지도자로서 그가 보여준 리더십에 대한 평가 역시 제대로 이루어지지 않고 있다.

* 이 글은 『인물로 본 문화』(한국방송통신대학교출판문화원, 2015, 현재 절판)에 실은 글 「여운형 – 나라 없던 시대의 '참정치가'」에 약간의 수정을 가한 것임을 밝혀둔다.

영혼을 깨우는 명문장

"주린 자는 먹을 것을 찾고, 목마른 자는 마실 것을 찾는 것은 자기의 생존을 위하여 당연한 요구이다. 이것을 막을 자가 있겠는가! 일본인에게 생존권이 있다면 우리 한민족만이 홀로 생존권이 없을 것인가! 일본인이 생존권이 있는 것을 한인이 긍정하는 바이오, 한인이 민족적 자각으로 자유와 평등을 요구하는 것은 신이 허락한 바이다. 일본 정부가 이것을 방해할 무슨 권리가 있는가! 이제 세계는 약소민족 해방, 부인 해방, 노동자 해방 등 세계 개조를 부르짖고 있다. 이것은 일본을 포함한 세계적 운동이다. 한국의 독립운동은 세계의 대세요, 신의 뜻이오, 한민족의 각성이다. 어느 집 새벽닭이 울면 이웃집 닭이 따라 우는 것은, 닭 하나하나가 다 울 때를 기다렸다가 때가 되어서 우는 것이요 남이 운다고 우는 것이 아니다. 때가 와서 생존권이 양심으로 발작된 것이 한국의 독립운동이요, 결코 민족자결주의에 도취한 것이 아니다."

– 「1919년 11월 27일 도쿄 제국호텔 연설」 중에서

(『마이니치신문』, 1919.11.28; 박은식, 『한국독립운동지혈사』)

"일본의 압박으로부터 자유 해방된 오늘날 민주주의 조선을 건설하는 데 있어서 적색이고 무엇이고 있을 까닭이 없다. 또한 공산주의자를 배격할 필요가 조금도 없다. 나는 믿는다. 다 같이 손을 잡고 민주주의 국가를 건설하면 그만이라고. 다소의 문제는 결국 인민투표에 의해서 결정될 것이다. 영국을 보라. 6~7년간 전쟁에서 승리한 공로자 처칠이 물러나고 영국 노동당이 들어앉았다. 그러나 적색은 아니다. 영국 내각에는 공산당이 3인밖에 없다. 노동자, 농민, 일반 근로대중을 위하는 것이 공산주의라면 나는 공산주의자라도 좋다. 근로대중을 위하여 여생을 바칠 각오이다. 우익이 만약 반동적 탄압을 한다면 오히려 공산주의혁명을 촉진시킬 것이다. 나는 공산주의자를 겁내지는 않는다. 그러나 급진적 좌익이론은 정당하다고 찬성 못한다. 인민이라면 곧 적색이라고 함은 정치에 있어서 무지의 표현이다."

– 「신조선 건설의 대도」 중에서(『조선주보』 1권 2호, 1945.10.2.)

"조선의 건설은 조선인이 맡아야 한다. 불원간 수립될 신정부도 조선제(메이드인 코리아)가 되어야지 외국제가 되어서는 안 되겠다. 우리는 어디까지 조선인이니까 언제든지 조선의 주인이요 조선정치의 주체다. 외인의 원조는 받을망정 그괴뢰가 되어서는 안 되겠다. 우리는 원조를 받아 자립할 뿐 편향과 의존은 금물이다."

– 「의존과 편향은 금물」 중에서(『조선인민보』, 1946.4.6.)

 읽을거리 & 볼거리

- 이기형(2004 개정판), 『몽양 여운형』, 실천문학사.
  2000년 출간되었다가 절판된 책의 개정판. 민족의 완전한 자유독립을 열망했던 몽양 여운형의 일생을 담았다. 흑백논리가 횡행하던 독립 직후의 한국에서 미국과 소련 어느 나라에도 치우치지 않고 민족자주의 정신에 투철하고자 했던 그의 삶을 엿볼 수 있다. (알라딘 책소개에서 발췌)
- 변은진(2018), 『독립과 통일 의지로 일관한 신뢰의 지도자, 여운형』, 독립기념관 한국독립운동사연구소.
  21세기 세계 유일한 분단국가라는 오명을 쓴 채 '통일민족국가의 건설'이라는 미완의 과제 해결을 눈앞에 둔 오늘날의 현실에서, 여운형이라는 인물의 업적을 다시 한번 되새겨보는 작업은 그래서 뜻깊다. 이 책이 많은 독자들에게 그의 사상과 생각, 생애를 전달할 수 있는 매개체가 되기를 바란다. (알라딘 책소개에서 발췌)

Humanities and Leadership

2

철학과 사상이 해석한
휴머니티와 리더스피릿

VIII 『주역』 리더십 탐색

이 한 우

『주역(周易)』을 한마디로 표현하면 '제왕의 리더십 교과서'이다. 『주역』을 점서(占書)로 전락시킨 사람은 주희(朱熹)이다. 그 영향으로 『주역』은 지금도 일종의 점치는 책으로 치부되어 제대로 된 탐구나 학습이 이뤄지지 않고 있다. 그러나 『주역』은 『논어』와 더불어 우리 동아시아 문화권이 보유한 최고의 제왕학 교범이다. 흔히 주장하는 바와 달리, 『주역』을 다 이해했다고 해서 우주의 이치를 완전히 이해하는 것은 불가능하다. 그저 인간사의 이치에 대해 조금 알게 될 뿐이다. 리더십 위기에 대한 걱정이 많은 이때, 『주역』은 이 나라에서 지도자를 꿈꾸는 이라면 반드시 읽어보아야 할 책이다.

🏛 1. 공자가 풀어낸 『주역』은 어떤 책?

필자는 『주역』을 『논어』로 풀고 다시 『조선왕조실록』과 반고(班固)의 『한서(漢書)』를 비롯한 중국사 사례를 통해 검증하는 작업을 하다 보니 자연스럽게 자주 사용하게 되는 열쇠가 있다. 『논어』 「자로(子路)」편에 나오는 공자의 다음과 같은 말이다.

> 군자는 섬기기는 쉬워도 기쁘게 하기는 어려우니, 기쁘게 하기를 도리로써 하지 않으면 기뻐하지 아니하고, 사람을 부릴 때는 그 그릇에 맞게 부린다[器之]. 소인은 섬기기는 어려워도 기쁘게 하기는 쉬우니, 기쁘게 하기를 비록 도리로써 하지 않아도 기뻐하고, 사람을 부릴 때는 한 사람에게 모든 능력이 완비되기를 요구한다[求備].

짧지만 여기에는 참으로 많은 주제들이 녹아들어 있다. 군자와 소인의 대비, 섬김과 기쁘게 하기의 대비, 도리의 문제, 그 그릇에 맞게 부리는 군자형 지도자의 너그러움[寬]과 아랫사람 한 사람에게 모든 것이 다 갖춰져 있기를 바라는 소인형 지도자의 게으름[倦] 등이 그것이다. 사실 이 구절은 『주역』의 내용을 가장 압축적으로 잘 표현하고 있다. 그중에서 한 가지 문제, 군자와 소인의 대비는 여기서 짚고 넘어가자. 『주역』은 한마디로 군자가 되는 공부이자 군자가 일을 잘 풀어가는 지침이며 군자가 자신의 삶을 공명정대하게 살려고 방향을 잡아가는 채찍이다. 적어도 공자가 풀어낸 『주역』은 그렇다. 한마디로 점서(占書)와는 전혀 무관한 책이라는 말이다.

그래서 굳셈[剛]과 부드러움[柔]이 양(陽)과 음(陰)을 가르는 척도이다. 하늘과 땅은 각각 임금과 신하를 상징한다. 따라서 하늘을 나타내는 건괘(乾卦 ☰)는 고스란히 임금의 도리를 담고 있고 곤괘(坤卦 ☷)는 신하의 도리를 담고 있다. 따라서 천지개벽(天地開闢)이란 천지창조가 아니라 임금과 신하의 관계가 열린다는 뜻이니 나라가 처음 세워지거나 새로운 정권이 출범한다는 뜻이다.

이제 좀더 구체적으로 『주역』이 어떤 책인지를 알아보자.

반고(班固)의 『한서(漢書)』「예문지(藝文志)」에서는 요즘 흔히 말하는 성리학이나 주자학의 '사서삼경(四書三經)' 틀에서 벗어난 원형 그대로의 공자 학문 세계, 즉 육예(六藝)를 이렇게 정리해 보여주고 있다.

> 육예의 애씀[文]이란 (첫째) 악(樂-음악, 악기{樂記})은 정신을 조화시키는 것이기 때문에 어짊의 드러남[仁之表]이요, (둘째) 시(詩-시경{詩經})는 말을 바르게 하는 것이기 때문에 마땅함의 쓰임[義之用]이요, (셋째) 예(禮-예기{禮記})는 몸을 밝혀 그 밝힌 것을 겉으로 드러내는 것이기 때문에 별도의 뜻풀이가 필요 없는 것이요, (넷째) 서(書-서경{書經})는 듣는 바를 넓히는 것[廣聽]이기 때문에 사람과 사리를 아는 방법[知之術]이요, (다섯째) 춘추(春秋)는 일을 판단하는 것[斷事]이기 때문에 믿음의 상징[信之符]이다. 이 다섯 가지는 대개 오상(五常-인의예지신)의 도리로 서로 응하여 갖춰지고 역(易-주역{周易})은 이 다섯 가지의 근원이 된다. 그래서 이르기를 "역(易)의 뜻을 볼 줄 모른다면 건곤(乾坤)은 혹 멈추거나 사라지는 것에 가깝다[幾=近]"고 했는데 이는 하늘과 땅과 더불어 시작과 끝[終始]이 이루어진다는 말이다.

한마디로 근본 중의 근본이라는 말이다. 『주역』을 가장 짧게 압축하면 제왕의 일을 하는 책이다. 일[事]을 공자는 『주역』에서 '그 달라짐을 통하게 하는 것[通其變]'이라고 정의한다. 지도자가 일을 한다는 것은 바로 그때마다의 달라진 상황에 맞게 그에 가장 마땅한 도리를 찾아내 일을 풀어가는 것이다. 간혹 날 때부터 일을 잘하는 사람이 있다. 그러나 대부분은 배우지 않고서는 그 일을 극진히 잘 해낼 수가 없다. 그 훈련서가 바로 『주역』이다. 한문 조금 안다고 해서 얼기설기 엮어서 나라의 운세 운운하는 사람들이 입에 담을 수 있는 책이 아닌 것이다.

2. 『주역』에 대한 곡해와 바른 이해

『주역(周易)』의 세계로 들어가는 관문은 공자(孔子)가 지었다고 하는 계사전(繫辭傳) 상하(上下)다. 여기서 『주역(周易)』의 기본 개념들을 충분히 익혀 기초 체력을 기르지 않고서는 『주역(周易)』의 세계로 들어가 봤자 곧바로 길을 잃게 된다.

계사(繫辭)란 문왕(文王)이 64개 괘의 첫머리에 달아놓은 글 단사(彖辭)와 주공(周公)이 384개의 효(爻)에 달아놓은 상사(象辭)를 가리킨다. 예를 들면 건괘(乾卦)의 단사는 '건(乾)은 으뜸이고 형통하며 이롭고 반듯하다[元亨利貞]'이고 또 건괘의 밑에서 첫 번째 양효[初九]의 상사는 '초구(初九)는 물에 잠겨 있는 용이니 쓰여서는 안 된다[潛龍勿用]'이다.

전(傳)이란 공자가 이 둘에 대해 풀어낸 것을 말한다. 그래서 단사를 풀어낸 것을 단전(彖傳)이라 하고 상사를 풀어낸 것을 소상전(小象傳)이라고 한다. 소상전이라고 하는 이유는 이와는 별도로 공자가 64개의 괘마다 총체적 의미를 풀이한 글을 별도로 싣고 있는데 이를 대상전(大象傳)이라고 하기 때문이다. 예를 들면 건괘의 대상전은 '하늘의 운행은 튼튼하니[健] 군자는 그것을 갖고서[以] 스스로 힘쓰기를 조금도 쉬지 않는다[天行健 君子以 自彊不息]'이다. 이는 바로 군주론 혹은 제왕학으로 임금된 자는 건(乾)괘(☰ ☰)를 보았을 때는 그 뜻을 음미해 "스스로 힘쓰기를 조금도 쉬지 않는" 마음 자세를 가져야 한다는 뜻이다. 따라서 64개의 대상전은 그 자체로 제왕학이 된다.

그러면 계사전(繫辭傳)이라고 했으니 그 내용도 단사와 상사에 대한 풀이가 되어야 하는데 실은 계사전(繫辭傳)은 『주역(周易)』 전반의 의미와 근본 개념들을 풀어놓고 또한 실제 활용법까지 소개하고 있는 총체적인 입문의 글이다. 그래서 사마천(司馬遷)은 『사기(史記)』 태사공자서(太史公自序)에서 이를 '역대전(易大傳)'이라고 했고 그 후에는 흔히 줄여서 '대전(大傳)'으로 불러왔다. '역대전(易大傳)'이 실은 그 내용에 부합하는 명칭이라고 할 것이다. 우선 모든 선입관을 버리고 정신을 맑게 한 상태에서 계사전(繫辭傳)을 곱씹고 곱씹어야 한다. 여기서 반드시 짚고 넘어가야 할 요점 하나가 있다. 공자는 일[物=事]의 관점에서 인간 세계의 문제를 다루고 있다는 점이다. 계사전 첫 구절이다.

'건은 평이함[易]으로 (일의 큰 시작을) 주관하고[知] 곤은 간결함 [簡]으로 능히 (일을) 해낸다[能].'
乾以易知 坤以簡能

하늘과 땅의 변화 양상을 살펴 이를 통해 인간사에 지침을 주고자 하는 것이 『주역(周易)』이라고 할 때 이 구절은 일종의 강령(綱領)과도 같다. 그런데 '일의 관점'을 놓쳐버린 국내외 주역 해설서들은 대부분 이 구절의 의미조차 파악하지 못한다. 대만 총통의 국사(國師)를 지냈다는 남회근(南懷瑾)이라는 사람은 이 구절을 다음과 같이 번역하고 있다.

"건으로써 형이상적 역을 알고 곤으로써 그 작용을 간명히 한다."

지(知)가 '알다'가 아니라 지사(知事)라고 할 때의 '주관하다'임을 알지 못한 것이다. 그리고는 이렇게 풀이한다. 국내의 다른 책들에도 이와 비슷한 엉터리 풀이들이 많은데, 그가 이 구절을 어떻게 풀이했는지를 잠깐만 살펴보자.

> "이 구절에서의 역(易)자는 『역경(易經)』의 역(易)자와 같습니다. 이것은 우주 전체를 포괄하는 것입니다. 여러분이 『역경(易經)』의 역(易)자를 이해한다면 위로는 천문을 알고 아래로는 지리를 알며 이 우주가 어떻게 해서 발생했는지를 알 수 있을 것입니다.
>
> 곤이란 무엇일까요? 곤은 물질세계의 모든 작용을 내표합니다. 그 작용은 매우 간단합니다. 우리는 공자의 상기 두 구절로부터 하나의 결론을 도출할 수 있습니다. 즉 세상에서 제일 깊은 학문이 제일 평범하며 제일 평범해야만 비로소 제일 깊을 수 있다는 것입니다.
>
> 여러분이 부처나 하나님을 섬길 때면 이분들이 높고도 깊으며 또 공경스럽다고 생각하는데 그렇게 생각하면 영원히 이 분들을 이해할 수 없습니다. 저는 부처를 섬기는 사람들에게 이런 말을 합니다. 당신이 섬기는 부처는 당신이 상상하는 것이지 원래의 부처가 아니라고요."

일단 무슨 말인지 모르겠지만 단언하건대 『주역(周易)』을 다 이해했다고 해서 "위로는 천문을 알고 아래로는 지리를 알며 이 우주가 어떻게 해서 발생했는지를 알 수 있"는 일은 불가능하다. 그저 인간사의 이치에 대해 조금 알게 될 뿐이다. 따라서 그 후의 이야기는 읽을 필요도 없는 '개똥철학'인데 이런 개똥철학이 나오게 된 것은 다름 아닌 황당한 오역(誤譯)에서 비롯된 것이다. 이 문제를 서두에서 이렇게 깊게 파고드는 이유는 국내 해설서들도 대부분 이같은 오역을 갖고서 자신의 개똥철학을 풀어놓고 있기 때문이다. 그럼 이제 우리 길로 돌아가자.

　　'건은 평이함[易]으로 (일을) 주관하고[知] 곤은 간결함[簡]으로
　　능히 (일을) 해낸다[能].'

　당연히 여기서 건(乾)은 임금, 곤(坤)은 신하다. 임금과 신하의 일하
는 방식을 말한 것이다. 당연히 핵심어는 평이함[易]과 간결함[簡]이
다. 임금은 명을 내리고 신하는 그 명을 수행한다. 그러니 '평이함으
로' 명을 내리고 '간결함으로' 그 명을 수행한다는 말이다.
　먼저 임금의 평이함[易]부터 살펴보자. 이는 이미 『주역(周易)』의
64괘 각각에 64개의 사례가 들어 있다. 앞서 말한 바 있듯이 공자가
각 괘마다 그 전체적인 의미를 규정한 64개의 대상전(大象傳)이 그것
이다. 그중 임의로 지뢰복(地雷復)괘(☷ ☳)의 대상전을 살펴 보자.

　　'우레가 땅 속에 있는 것이 복(復)(이 드러난 모습)이니 선왕(先
　　王)은 그것을 갖고서 동짓날에 관문을 닫아걸고 상인과 여행자들이
　　다니지 못하게 했고 임금은 사방을 시찰하지 않았다[雷在地中復
　　先王以 至日閉關 商旅不行 后不省方].'

　즉 상괘와 하괘의 뒤섞임을 통해 모두 64가지 경우의 수가 있게 되
는데 여기서는 그 상황이 바로 '우레가 땅 속에 있는 것[雷在地中]'이
다. 이런 모습을 군주라면 그냥 지나쳐서는 안 되고 거기에 담긴 의미
를 깊이 성찰하고서 여러 가지 명을 내리지 않고 오직 '동짓날에 관문
을 닫아걸고 상인과 여행자들이 다니지 못하게 했고 사방을 시찰하지
않는 것', 이것이 바로 임금다운 임금의 평이함[易]이다. 이때는 아직
양(陽)이 막 나와서 미미할 때다. 괘의 모양을 보면 맨 아래에 양효(陽

爻)가 하나 나타났고 그 위에 다섯 개는 모두 음효다. 그래서 옛날의 뛰어난 임금[先王]들은 그 도리에 고분고분하여[順] 동짓날 처음 양이 생겨날 때에는 관문을 닫아서 사람들의 움직임을 제한하고 또한 지방을 돌아보러 다니지 않았다. 그만큼 조심조심한 것은 앞으로 나타날 양(陽)을 더욱더 길러주기 위함이었다.

이처럼 『주역(周易)』에는 64개의 평이함[易]이 있다. 즉 64괘가 그 것이다. 하지만 이를 잘 체화한다면 64개의 상황 이외의 새로운 상황에서도 얼마든지 임금으로서, 요즘 식으로 말하자면 리더로서 평이하고 간명한 비전을 제시할 수 있다. '건은 평이함[易]으로 (일을) 주관하고[知]'란 바로 임금이 이런 일을 하라는 말 이외에 다른 뜻이 아니다. 다시 한번 남회근의 글을 읽어보길 바란다.

이제 신하의 간결함[簡]을 살펴볼 차례다. 먼저 신하는 자기 마음대로 일을 하는 것이 아니다. 임금의 명을 받아 그것을 충실하게 이루어내는 것이 신하의 본분이다. 그렇다고 신하가 노비나 종은 아니다. 임금과 신하는 힘이 아니라 의리로 맺어진 관계다. 또한 일을 통해 맺어진 관계다. 일에는 일의 이치[事理=禮]라는 것이 있다. 임금은 일의 이치에 맞게[順理] 명을 내려야 하고 신하는 일의 이치에 맞게 명을 받아서 그 일을 수행해 잘 이루어내야 한다. 간결함[簡]이란 임금의 명이 일의 이치에 맞을 경우 자기가 임의로 덧붙여서는 안 되고 다시 아랫사람들을 부려 일을 시킬 때 임금의 명을 더욱 명료하게 전해 일이 빈틈없이 이뤄지도록 하는 것을 말한다. 번잡스럽게[煩=繁] 해서는 안 된다. 그러려면 아무리 복잡한 사안도 몇 가지 원칙으로 정리해 낼 줄 아는 능력이 있어야 한다. 그렇게 하는 것이 또한 간결함[簡]이다. 그래야 일이 잘 진행되고 성공적으로 마무리된다. 신하의 간결함은 한마디로 하자면 '간결한 이치로 복잡한 문제들을 처리하는 것[以

簡御繁]'이다.

이렇게 해놓고 그 다음을 읽어내려가면 크게 어렵지 않다. 말 그대로 이해하면 되기 때문이다. 뛰어난 임금과 훌륭한 신하[賢君良臣]가 만났을 때 그 일이 순조롭게 진행되는 과정과 성과를 내는 결말을 잘 보여준다는 점에서 계사전을 다시 한 번 읽어 보고 다음으로 넘어가자.

> '건은 평이함[易]으로 (큰 시작을) 주관하고[知] 곤은 간결함[簡]으로 능히 (일을) 해낸다[能]. 평이하면 알기 쉽고 간결하면 (아랫사람들이) 따르기 쉽다[易從]. 알기 쉬우면 제 몸처럼 여기는 사람들이 있게 되고[有親] 따르기 쉬우면 성과가 있게 된다[有功]. 제 몸처럼 여기는 사람들이 있으면 오래 지속할 수 있고[可久] 성과가 있게 되면 (일을) 크게 할 수 있다[可大]. 오래 할 수 있으면 (그것이 바로) 뛰어난 이의 다움[賢人之德]이고 크게 할 수 있으면 (그것이 바로) 뛰어난 이의 공적[業]이다.
> (건과 곤의) 평이함과 간결함[易簡]에서 천하의 이치가 얻어지고 천하의 이치가 얻어지면 그 (하늘과 땅) 안에서 (사람의) 자리는 이루어진다[成位].'

🏛 3. 공자가 풀이한 『주역』은 강명(剛明)한 군주를 길러내는 제왕학: 조선 군주들의 『주역』 학습

태조 이성계의 경우 무인이었기 때문에 학문적 깊이를 논하기에는 적절치 못한 점이 있다. 그러나 이성계도 불심이 깊으면서도 '유술(儒術)'을 좋아했다는 기록이 있는 것으로 보아 유학에 관심이 있었다고 봐야 한다. 실제로 유학에 대한 나름의 조예가 없었다면 정도전을 비롯한 신진사대부들이 추구하던 조선의 건국이념으로서 성리학이 애당초 뿌리내리기 힘들었을 것이다.

실록을 근거로 해서 보자면 '주역'을 처음으로 공부한 국왕은 태종 이방원이다. 문무를 겸비했던 태종은 1407년(태종7년) 4월 1일『주역』에 밝다는 소문을 듣고서 성균관 대사성을 지낸 장덕량으로 하여금 매일 대궐에 나오도록 했다. 이때 태종의 나이 40대 초반이었다. 한번은 태종이 두보의 시를 읽으려 하자 권근이 나서서 "그것은 임금으로서 배울 만한 것이 못되오니『주역』을 강습하소서"라고 건의했다. 태종이 '주역'을 읽게 된 것은 권근의 추천 때문이었다.

그러나 태종이『주역』을 처음 접한 것은 그보다 먼저다. 왕자의 난을 일으키고 형님인 정종을 왕위에 올린 다음 세자(혹은 세제)로 있던 정종 2년 5월 17일 세자 이방원은 좌빈객 이서와 함께『주역』을 강론했다는 기록이 나온다. 이때 태종이 관심을 가졌던 테마는 '주역' 자체라기보다는 넓은 의미에서 제왕의 학문연마와 재위기간 동안의 업적 사이에 어떤 연관관계가 있는가하는 것이었다.

이후 태종은 1407년 5월 8일에도 성균관 대사성 유백순을 불러『주역』과『춘추』를 강론했다. 또 4년 후인 1411년 6월 6일에는『주역』을 읽다가 그것에 관한 해설서인 '회통(會通)'이란 책을 구해 오라고 명한다.

이것을 통해 볼 때 태종은 이미 완숙한 경지에서『주역』을 독파했던 것으로 보인다. 특히 '회통'을 구해오라고 했다는 사실은 처음에는 장덕량, 유백순 등의 대학자를 통해 도움을 받다가 이때쯤 되면 혼자서『주역』을 이해했다는 뜻으로 해석할 수 있다.

세종은 왕위에 오른지 7년째인 세종 7년 12월 12일 경연에서 최초로『주역』을 강론했다. 그러나 이것은 공식적인 자리에서 처음 강론했다는 뜻이고 워낙 학문을 좋아했던 세종은 이미 그 이전에『주역』

을 읽어보기는 했을 것이다. 이를 입증해주는 자료는 태종 18년 1월 26일자다. 바로 이 해에 양녕대군이 폐세자되고 충녕대군(훗날의 세종)이 왕위에 오르게 된다. 이날 세종의 친동생인 성녕대군이 병이 나서 위독하게 되자 정탁이라는 인물이 『주역』으로 점을 쳐서 태종에게 올렸는데 그 뜻을 충녕대군이 너무도 분명하게 풀이하니 세자인 양녕대군도 감복했다는 것이다. 이미 개인적으로는 『주역』을 읽고 어느 정도 이해를 하고 있었다고 볼 수 있다.

특히 세종 8년 7월 4일 세종은 경연에서 "내가 이미 『주역』을 다 읽었다"고 밝히고 있는 것을 볼 때 이미 그전부터 세종이 『주역』을 읽었다고 추론해볼 수 있다. 그렇지 않다면 정독을 하던 그가 불과 7개월만에 난해하기로 정평이 나있는 『주역』을 독파하기란 쉽지 않았을 것이기 때문이다.

세종 14년 10월 25일자에는 아주 흥미로운 대목이 나온다. 세종은 경연에서 신하들과 세자의 문제를 이야기하던 중 세자의 건강이 좋지 못함을 걱정하면서 "요사이는 문안할 때마다 내가 세자에게 『주역』을 가르치고 있다"고 밝히고 있다. 이때 세종의 나이 37살 무렵이었고 세자는 스무살을 바라보고 있었다. 그런데 태종이나 세종 모두 정확히 어떤 시각에서 『주역』을 이해하고 받아들였는지를 보여줄 만한 구체적인 사례가 실록에 나오지 않는 것은 큰 아쉬움이다.

세종에게 직접 『주역』을 배운 때문인지 문종은 경연 등에서 『주역』을 강론하지는 않았다. 그러나 문종은 이미 문과에 급제한 신하들을 대상으로 『주역』에 관한 내용을 물어 우수한 인재들을 선발하곤 했다. 그것은 문종이 이미 『주역』은 충분히 이해하고 있었다는 뜻이다.

세조도 일찍부터 『주역』을 공부했다. 심지어 세종말년 친동생인 금성대군 이유에게 직접 『주역』을 가르치기도 했다. 그 바람에 신하들도『주역』에 정통한 이들이 있었다. 정인지는 세조 3년 4월 9일 경복궁 사정전에서 열린 술자리에서 다른 신하들에게 『주역』을 논해보라고 권유하기도 했다. 그것은 세조가 『주역』을 좋아했기 때문에 비위를 맞추려는 행위로도 볼 수 있다.

세조는 경연을 하지 않은 것으로 유명하다. 그는 신하들에게 더 이상 배울 것이 없다고 생각했다. 대신 대등하게 토론을 하거나 아니면 자신이 일방적으로 강의하는 것을 좋아했다. 세조 11년 9월 26일부터 세조는 당시의 석학들을 불러모아 함께『주역』을 읽고 읽기 편하도록 구결을 다는 작업을 시작했다. 그리고 다음날 세조는 좌참찬 최항에게 이런 지시를 내린다.

> "어제 성균 사예 정자영(鄭自英), 직강 유희익(兪希益) 등과『주역』의 이치를 강론하고 밤이 깊어서야 파하였는데, 그 이치가 무궁하다. 지금 반열에 있는 조신(朝臣) 중에 누가 '주역'의 이치를 아는 사람인가? 이름을 적어서 아뢰라."

그러나 10월 6일자 실록을 보면 신하들 중에 마땅히 세조와 함께 『주역』을 논할 수 있는 인물들은 없었던 것으로 보인다. 정자영이나 유희익은 겨우 장구(章句)를 해석하는 수준이었고 세조의 명으로 뒤늦게 참여한 직강 구종직이나 주부 유진 등은 그나마 두 사람에 미치지 못했다고 비판하고 있다.

이후 자신이 주도하여 완성한 '주역 구결'을 놓고서 신하들끼리 경쟁을 붙이기도 했다. 또 유생 김귀가 『주역』에 능하다는 말을 듣고서는 즉각 불러서 시험해 본 후 만족감을 표시하며 그에게 '장악원 장악'이라는 관직을 내렸다. 한마디로 당시에『주역』만 제대로 파악하고 있었다면 벼락출세도 할 수 있을 만큼 세조는 『주역』 마니아였던 것이다.

🏛 4. 나오는 말

『주역』을 점서로 전락시킨 주인공은 주희이다. 따라서 주자학이 성행하면서 조선에서는 선비들뿐만 아니라 임금도 그다지 가까이 하지 않았다.

그 영향으로 『주역』은 지금도 일종의 점서로 치부되어 제대로 된 탐구나 학습이 이뤄지지 않고 있다. 그러나 『주역』은 『논어』와 더불어 우리 동아시아 문화권이 보유한 최고의 제왕학 교범이다.

리더십 위기에 대한 걱정이 많은 이때 『주역』과 『논어』는 서둘러 지식인뿐만 아니라 이 나라에서 지도자를 꿈꾸는 자라면 읽어야 할 필독서임을 잊지 않아야 할 것이다.

"사람의 마음이란 오직 위태위태한 반면 도리의 마음은 오직 잘 드러나지 않으니, [그 도리를 다하려면] 오직 정밀하게 살피고 오직 한결같음을 잃지 않아 진실로 그 적중해야 할 바를 잡도록 하여라."

— 『서경(書經)』 「대우모(大禹謨)」 편

"군자는 일을 할 때는 주도면밀하게 하고 말은 신중하게 해야 한다."

— 『논어(論語)』 「學而(里仁)」 편

"세 사람이 가면 반드시 나의 스승이 있다. 그 좋은 점을 가려서 따르고, 그 좋은 것을 보면 내 안에 있는 그런 모습을 고친다."

— 『논어(論語)』 「술이(述而)」 편

"어질지 못한 사람은 (인이나 예를 통해서 자신을) 다잡는[約] 데 (잠시 처해 있을 수는 있어도) 오랫동안[久] 처해 있을 수 없고, 좋은 것을 즐기는 데도 (조금 지나면 극단으로 흘러) 오랫동안[長] 처해 있을 수 없다."

— 『논어(論語)』 「이인(里仁)」 편

"예(禮)란 무엇인가? 그것은 일에 임해서 그것을 다스리는 것[治事]이다. 군자는 자신의 일이 생기면 그것을 다스리게 되는데, 나라를 다스림에 있어 예가 없으면 비유컨대 장님에게 옆에서 돕는 자가 없는 것[無相=無助]과 같다."

— 『예기(禮記)』 「중니연거(仲尼燕居)」 편

읽을거리 & 볼거리 ─────────── ◉

- 이한우(2020), 『이한우의 주역: 입문』, 21세기북스.
『주역』을 한마디로 표현하면 '제왕의 리더십 교과서'이다. 이 저술은 본격적인 『주역』 공부에 앞서서, 그 본뜻을 파악하며 제대로 읽기 위해 필요한 기본 개념과 지식을 다루었다. 또 제왕이 익혀야 할 치세의 원리가 풍부하게 소개되어 있다. 따라서 『주역』 전반의 의미와 근본 개념들을 풀어놓고 실제 활용법까지 소개하는 입문 성격의 책이다.

- 이한우(2020), 『이한우의 주역: 상경 ─ 시대를 초월한 리더십 교과서』, 21세기북스.
『주역』 「상경」은 하늘의 도리에 대해서 다루고 있다. 즉 「상경」은 주로 자연의 이치에 주목하였다. 만물의 근원이 되는 건괘(乾卦) '중천건(重天乾)'으로부터 밝음으로써 어지러움을 경계하는 이괘(離卦) '중화리(重火離)'까지 30개의 괘를 풀어나갔다. 『주역』의 본질이 '제왕학'이라는 관점을 시종일관 유지하며 본뜻을 풀고 풍부한 사례를 덧붙임으로써 세상을 다스리는 사람, 즉 모든 지도자가 알아야 할 원리와 도리를 발굴하는 데 천착하였다.

- 이한우(2020), 『이한우의 주역: 하경 ─ 시대를 초월한 리더십 교과서』, 21세기북스.
『주역』 「하경」은 사람의 일에 관해 서술하고 있다. 즉 「하경」은 '함괘(咸卦)' '택산함(澤山咸)'으로 시작하는데, 이것은 「하경」의 성격을 잘 드러낸다. 「상경」이 건괘와 곤괘를 출발점으로 삼아 천지만물에 대해 주로 이야기했다면, 「하경」은 이괘(離卦)에 이어서 남녀 관계를 다루는 함괘를 처음에 둠으로써 사람의 일에 더 관심을 두었음을 은연중에 드러내고 있다. 남녀 관계는 인간사의 근본이다. 여기서 시작해 인륜과 예의로 더 나아갈 수 있다. 그리고 말과 지인(知人)에서 삼가고 조심해야 형통할 수 있음을 강조한 '미제괘(未濟卦),' '화수미제(火水未濟)'로 마무리하며 34개 괘를 다루었다.

IX 플라톤의 아르케 리더십

박 규 철

이 글은 플라톤 정치철학에 나타난 '철학자 왕(여왕)'의 개념과 그것으로부터 파생된 플라톤의 '아르케 리더십'을 논의하였다. 플라톤의 철학적 리더십론은 다음 세 가지 특징을 지닌다. 첫째, 플라톤은 자신의 정치적 비전으로 철학자 왕이 지배하는 칼리폴리스 개념을 제시하고, 그것을 시라쿠사의 전제군주들을 통해 실현시키고자 하는 정치적 실험을 시도했다. 이러한 시도는 시칠리아 프로젝트라 불리며 총 세 번에 걸쳐 시도되었다. 둘째, 플라톤에 의하면 민주정하에서 다수 대중들은 소수 부자들을 공격하는데, 그 공격의 선봉에 선 사람들은 '민중선동가들(dēmagōgoi)'이라 불리는 정치선동가들이었다. 그런데 참주정이 성립되면, 민중선동가들은 참주로 재탄생한다. 플라톤은 그것을 "늑대(lykos)"의 출현이라고 언급했다. 참주정하의 늑대의 리더십은 민주정 하의 데마고고스 리더십에 뿌리를 두고 있다. 이에 플라톤은 늑대의 리더십에 대한 하나의 견제장치 또는 방어기제로 '아르케 리더십'을 제시했다. 셋째, 플라톤의 아르케 리더십에서는 자기인식, 자기희생, 그리고 비자발적 불가피성이 강조된다. 이러한 논의를 통하여, 필자는 플라톤의 리더십이 원리 또는 원칙을 중시하는 고전적 리더십의 원형임을 제시하였다.

🏛 1. 왜 플라톤의 리더십인가?

플라톤(Platon, BC427-347년, 이하 BC는 생략함)은 어린 시절에 정치가로 입신양명(立身揚名)하고자 하는 큰 야망을 가지고 있었다. 그래서 그는 어린 시절부터 정치가로서의 지적·도덕적 소양을 쌓는 데 많은 노력을 기울였다. 하지만 30인 과두정권의 리더였던 외삼촌 크리티아스(Critias, 460-403년)와 외당숙 카르미데스(?-403년)가 정적들에 의해서 살해되고, 스승 소크라테스(Socrates, 470-399)마저 비극적으로 사망하게 되자, 그는 정치가가 되고자 하였던 자신의 꿈을 포기하고 만다. 대신에 그는 정치 지도자를 길러내기 위한 전문 학원이었던 아카데미를 세워 제자들을 길러내는 데 전력투구하였다. 이처럼 우리가 알고 있는 아카데미는 인류 최초의 대학임과 동시에 미래의 정치지도자를 길러 내기 위한 리더십 학교였던 것이다.

소크라테스가 죽고 나서, 플라톤은 "정치체제 전반에 관한 것들이 어떻게 하면 개선될 수 있을까?"(『일곱째 편지』 326a)하는 정치철학적 문제에 집중하였다.[1] 특히 그는 정의로운 개인이나 정의로운 국가를 만들기 위해서 선결적으로 요구되는 것들이 무엇인지를 깊이 있게 탐구하였으며, 실제로 그것이 현실세계에 어떻게 적용될 수 있는지에 대해서 고민하였다. 플라톤의 이러한 노력은 그의 나이 28세에서 40세까지의 시기(기원전 399년-387년 사이)에 이루어졌는데, 이 시기는 스승 소크라테스가 독배를 마시고 사망한 해인 399년에 시작해서, 그가 제1차 시칠리아(Sicilia) 여행을 떠나던 해인 387년까지의 기간에 해당된다. 이때, 그는 철학자에게 권력이 주어져야 한다는 "철학자 왕(여왕)"에 대한 자신의 정치적 비전(vision)을 체계화하였으며, 그것을 시칠리아 섬에 있는 도시국가 시라쿠사(Siracusa)에서 직접 적용시키는 실험을 하게 된다. G. 모로우(G. Morrow, 1962)와 정태욱(2017)에 따르면, 플라톤의 이 실험은 '시칠리아 프로젝트(Sicilian project)'2)라 명명된다.

시칠리아 프로젝트와 연관된 인물들은 시라쿠사의 참주(Tyrannos)인 디오니소스 1세(Dionysius Ⅰ of Syracuse, 432－367년)와 그의 아들 디오니소스 2세(Dionysius II of Syracuse, 397－343년)다. 플라톤은 자신의 제자이자 디오니소스 1세의 처남이었던 디온(Dion of Syracuse, 408-354년)의 요구로 그들을 철학자 왕으로 만들고자 시도하였으나, 3차에 걸쳐 시도되었던 그의 프로젝트는 모두 실패하고 말았다. 특히 플라톤은 디오니소스 1세에 의해 노예로 팔려가기도 하였다. 비록 친구의 도움으로 구사일생으로 살아 돌아왔으나, 독재적 참주에 대한 이미지는 이 시기에 형성되었다. 하지만 그는 이러한 비극적 상황 속에서도 절망하지 않고 자신의 리더십 이론을 다듬어 나갔다.

플라톤의 리더십 이론은 『국가』3)와 『일곱째 편지』에 나타난다. 이 대화편들에 나타난 플라톤의 리더십 이론을 한마디로 이야기하자면 '아르케(arche, 510b, 511a－b) 리더십'이라 할 수 있다. 이 장에서는 플라톤의 아르케 리더십 이론이 그의 '철학자 왕(여왕)'의 개념과 연관해 언급될 것이다.4) 본문에서 언급될 리더십 이론을 세 가지로 요약하면 다음과 같다. (1) 플라톤은 민주 정체(demokratia)하의 리더십을 '데마고고스(demagogos) 리더십' 즉 민중선동가 리더십으로 규정하고, 참주 정체(tyrannis)하의 리더십을 '늑대(lykos)의 리더십'이라 규정하여 그것들을 비판하였다. (2) 플라톤은 가장 부정적인 리더십인 늑대의 리더십에 대한 견제장치로 아르케 리더십을 제안하였다. (3) 플라톤의 아르케 리더십의 세 가지 특성으로는 이론적 지식과 실천적 지혜의 겸비, 도덕성과 경건성의 소유 그리고 욕망을 배제한 채 불가피하게 공적 업무에 참여하는 것이다.

🏛 2. 플라톤과 『일곱째 편지』 그리고 『국가』에 대하여

2.1 플라톤, 그는 누구인가?

플라톤은 기원전 428년경 아테네의 귀족 가문에서 태어나 348년에 사망하였던 그리스 아테네의 철학자였다. 그의 아버지는 아리스톤이었고 어머니는 페릭티오네였다. 그의 친가 쪽은 아테네의 마지막 왕이었던 코드로스의 집안이었으며, 외가 쪽은 입법가로 유명한 솔론의 집안이었다. 그런데 그의 집안에 문제적 인물도 많았다. 외삼촌이었던 카르미데스와 외당숙이었던 크리티아스가 그들이었다. 그들은 모두 친(親)스파르타 성향의 정치가들로 쿠데타(coup d'Etat)를 통하여 정권을 잡았던 30인 과두정권(Thirty Tyrants, 404−403년)의 리더들이었다. 쿠데타 초반, 30인 과두정권에 대한 플라톤의 기대감은 긍정적이었다. 과두정권이 새로운 국가를 만들 수 있다고 확신하였기 때문이었다. 하지만 이 정권에 대한 플라톤의 기대감은 이내 실망감으로 바뀌었다. 왜냐하면 30인 과두정권은 소크라테스로 하여금 살라미스 섬에 숨어있던 민주파 정치가인 "레온(Leon)을 사형에 처하기 위해 연행해오도록 지시"(『소크라테스의 변론』 33c)하는 등 여러 가지 불법적인 일을 저질렀기 때문이었다. 그래서 플라톤은 30인 과두정권에 대해서 실망하고 분노하였다. 플라톤의 실망감을 입증이라도 하듯이, 그 후 30인 과두정권은 와해되고 말았으며, 크리티아스와 카르미데스 역시 정적(政敵)들에게 살해되고 말았다. 이처럼 기원전 404－403년 사이에 있었던 30인 과두정권의 수립과 전복 사건은, 그로부터 4년 후인 399년에 있었던 소크라테스의 죽음 사건과 더불어 플라톤의 인생을 바꾸게 한 결정적인 사건들이었는데, 이 사건들로 인하여 플라톤은 과두정은 물론 민주정 자체에 대한 근본적인 의구심을 가진 채, 자신의 정치철학적 비전이었던 철학자 왕(여왕)에 대한 연구를 천착하게 되었다. 그 결과, 그는 "올바르고 진실 되게 철학하는 그런 부류의 사람들이 권좌에 오르거나 아니면 각 나라의 권력자들이 모종의 신적 도움을 받아 진정 철학을 하기 전에는 인류에게 재앙이 그치지 않을 것"(『일곱째 편지』 326a－b)이라고 결론에 도달하게 되었다. 이것은 그의 정치철학과 리더십 이론의 대전제가 된다.

2.2 『일곱째 편지』는 어떤 책인가?

플라톤의 『일곱째 편지』는 그가 황혼기(353년, 74세)에 시라쿠사에 있는 디온파(디온 사후 그의 추종자들)에 보낸 편지로, 플라톤의 전 생애와 그의 철학적 여정이 잘 나와 있다. 특히 이 편지에서 플라톤은 시칠리아의 2 참주들을 철학자 왕으로 만들고자 하였던 자신의 생각과 과정 그리고 철학과 리더십에 대한 자신의 생각을 담담히 피력하고 있다. 아울러, 디온 사후 방황하고 있던 디온의 정치적 동료들에게 여러 가지 조언을 해주고 있다. 이것과 다른 편지글을 제외한 대부분의 플라톤의 저술들은 대화체로 구성되어 있는 것이 특징이다.

2.3 『국가』는 어떤 책인가?

『국가』는 10권으로 구성되어 있는데, 권마다 작성 시기에 차이가 있다. 제1권은 플라톤의 나이 40세(1차 시칠리아 여행 시기인 기원전 387년) 이전에 집필되었으며, 제2권－제10권은 그의 나이 60세(2차 시칠리아 여행 시기인 기원전 367년) 이전에 작성되었다. 플라톤의 대화편들 중 가장 대표적인 작품으로 꼽히며, 정의란 무엇인가라는 문제를 중심으로 인식론과 존재론 그리고 정치철학 등이 전개되고 있다. 특히, 『국가』에서 플라톤은 '칼리폴리스(kallipolis, 아름다운 나라, 527c)' 즉, 철학자 왕(여왕)이 통치하는 이상 국가에 대한 정치적 비전을 명확히 제시하고 있다.

🏛 3. 플라톤의 리더십은 어떻게 탄생하게 되었나?

3.1 플라톤의 첫 번째 시칠리아 여행과 플라톤 아카데미의 탄생

기원전 388년 플라톤이 약 40세가 되었을 때, 그는 시칠리아의 최대 도시국가인 시라쿠사의 참주인 디오니소스 1세를 방문했다. 역사적으로 볼 때, 디오니소스 1세는 이탈리아 남부 시칠리아 섬에 있던 도시 시라쿠사를 지배하였던 그리스계 참주였다. 디오니소스 1세는 시칠리아 섬과 이탈리아 반도 남부의 여러 도시를 정복하고 카르타고의 세력이 시칠리아 섬으로 확장되는 것을 저지시켰으며, 시라쿠사를 고대 그리스의 도시국가 중 가장 강력한 도시국가 중 하나로 성장시켰던 인물이었다. 그리고 플라톤은 동지이자 후원자였던 디온도 만나게 되는데, 그는 플라톤 철학에 매료되어 평생 그의 가르침을 따르고 전파하였던 인물이었다.

플라톤의 제1차 시칠리아 여행의 목적은 디오니소스 1세를 철학자 왕(여왕)으로 만드는 데 있었다. 하지만 플라톤은 시라쿠사에 도착하자마자 그것이 쉬운 일이 아님을 직감하였다. 무엇보다도 시라쿠사 사람들은 비(非)도덕적이었으며, 시라쿠사의 정치 체제 또한 불안정하였기 때문이었다. 그런데 여기서 하나의 의문이 든다. 그런데도 플라톤은 왜 시라쿠사에 3번씩이나 갔을까? 그것은 디온의 간절한 요청 때문이었다. 사실, 그는 디오니소스 1세의 처남으로 그를 실질적으로 보좌하는 실력자였다. 이후에는 디오니소스 2세를 보좌하기도 하였다. 이런 디온에 대한 플라톤의 신뢰와 애정은 각별하였다. 하지만 디오니소스 1세와의 관계는 부정적이었다. 왜냐하면 디오니소스 1세는 어리석게도 그를 철학자 왕(여왕)으로 만들고자 하는 플라톤의 시도를 그의 권위에 대한 도전으로 받아들였기 때문이었다. 즉 그는 "참주제에 대해 대화하며 더 강한 자가 덕에 있어서도 뛰어나지 않은 한, 더 강한 자의 이익은 자족적이지 않다"(DL 3.18)[5]라는 플라톤의 충고를 무시한 채, 플라톤에게 "당신은 노망난 이야기를 하고 있소"(DL 3. 18)라는 맹비난을 퍼부으면서 그를 살해할 마음까지 먹었다. 디온이 강력하게 반대하자, 그는 플라톤을 노예로 팔아버렸다(DL 3. 19). 다행히 아이기나(Aegina) 섬의 노예시장에서 친구인 안니케리스에게 발견되어 구사일생으로 살아 돌아오기는 하였으나, 이때의 경험은 평생 그에게 큰 트라우마가 되었다. 그 후 플라톤은 친구 안니케리스에게 빚진 돈을 갚고자 하였으나, 그가 거절하자 그는 그 돈으로 아테네 외곽 아카데미에 있는 과수원을 하나 샀다(DL. 3. 20). 그리고 그곳에 그 유명한

'아카데미'를 세웠는데, 그 후 아카데미는 인류 최초의 교양대학이자 정치지도자 양성 전문 기관으로 자리매김 하였다. 이처럼 388년에 있었던 플라톤의 첫 번째 시칠리아 여행은 플라톤에게 철학자 왕(여왕) 프로젝트가 현실적으로 불가능할지도 모른다는 큰 슬픔을 안겨 주었으나, 또 다른 한편으로는 아카데미를 만들어 정치지도자를 양성해야 겠다는 새로운 가능성을 지향하게 하였다.

3.2 플라톤의 두 번째 시칠리아 여행과 디오니소스 2세에 대한 두려움

참주 디오니소스 1세는 기원전 367년에 사망하였다. 그의 뒤를 이어, 그의 아들 참주 디오니소스 2세가 시라쿠사의 권력을 잡았다. 집권 초반기에는 외삼촌 디온의 관리 감독하에 있었지만, 디오니소스 2세는 빠른 시간에 참주로 변신했다. 플라톤과 함께 정치적 비전을 공유하였던 디온은, 만약 디오니소스 2세가 플라톤하에서 제대로 된 철학 교육을 받는다면 훌륭한 철학자 왕이 될 수 있다고 확신하고, 디오니소스 2세에게 플라톤을 초청하여 그에게 가르침을 받을 것을 강력하게 제안하였다. 그 제안을 수용한 디오니소스 2세는 플라톤에게 초청장을 보내고, 그 초청장을 받은 플라톤은 다시 시라쿠사로 갔다. 이때 플라톤의 마음에는 그를 철학자 왕(여왕)으로 만들고자 하는 희망으로 부풀어 있었다. 하지만 디온의 정적들의 방해와 참주 디오니소스 2세의 의심으로 인하여, 플라톤의 목적은 성취되지 못하였다. 그 결과 1차 여행 이후 약 20년만의 2차 여행 역시 무익하게 끝나고 말았다.

사실, 1차 시칠리아 여행 때 디오니소스 1세에게 당하였던 트라우마가 남아 있던 플라톤으로서는 심각한 불안감을 안은 채 2차 시칠리아 여행을 준비하지 않을 수 없었다. 이에, 디온은 플라톤의 불안감을 잠재울 요량으로 디오니소스 2세가 철학자 왕이 될 훌륭한 자질을 타고 난 인물이라 극찬하였다. 디온의 설득 결과, 플라톤은 불안감을 뒤로 한 채 2차 시칠리아 여행길에 올랐던 것이다. 하지만 시라쿠사 국내 상황은 부정적이었다. 플라톤이 보기에 디오니소스 2세는 훌륭한 군주가 될 자질이 없었으며, 디온의 정적들 역시 디온과 플라톤을 강하게 견제하고 있었다. 플라톤의 실망은 디오니소스 2세를 가르치는 과정에서 더 증폭되었다. 하지만 그는 그것을 언급하지는 않았다. 왜냐하면 그랬다가는 자신의 목숨마저 보장받지 못할 것이라는 두려움이 있었기 때문이었다. 설상가상으로, 디온의 정적들은 디온을 모함했는데, 귀가 얇았던 디오니소스 2세는 "중상모략가들의 말에 속아 넘어가"(『일곱째 편지』 333b-c) 그를 국외로 추방하고 말았다(366년). 디온이 추방되고 난 이후, 플라톤은 디오니소스 2세를 철학자 왕(여왕)으로 만들고자 하는 시도를 접은 채, 쓸쓸히 아테네로 귀국하고 말았다. 이렇게 하여 플라톤의 두 번째 시칠리아 프로젝트도 실패하였다.

3.3 플라톤의 세 번째 시칠리아 여행과 철학자 왕(여왕) 프로젝트의 실패

2차 시칠리아 여행이 있고 나서 6년 후인 기원전 361년, 디오니소스 2세는 다시 플라톤을 시라쿠사로 초대했다. 추방된 디온은 불러들이지 않는 대신, 철학자 플라톤만은 다시 보고 싶어 했기 때문이었다. 그런데 이미 60대 중반에 접어들었던 플라톤으로서는 3차 시칠리아 여행이 가져다 줄 이런 저런 피로감으로 인하여, 즉답을 주저하고 있었다. 하지만 제자 디온을 위해서, 그리고 자신의 정치철학적 비전이었던 철학자 왕(여왕) 프로젝트를 완성하기 위해서 다시 한번 디오니소스 2세의 제안을 수용하기로 하였다.

6년 만에 디오니소스 2세를 면담한 플라톤은 시라쿠사의 정치 상황이 녹록지 않음을 깨달았다. 디오니소스 2세는 자신을 철학자라 칭하면서 더욱 더 기고만장(氣高萬丈)해 있었다. 심지어 그는 플라톤으로부터 그 자신도 철학자임을 인정받고 싶어 했다. 플라톤은 디오니소스 2세가 자신을 초빙한 의도가 불순하다는 것을 알고는 있었지만, 이 정도일 줄은 몰랐다. 플라톤의 실망감은 컸지만, 그 누구에게도 하소연할 수도 없는 처지였다. 플라톤은 이런 상황을 예견하지 못한 자신을 질책하면서, 3차 여행 역시 별다른 소득 없이 끝날 것임을 직감하였다. 아니나 다를까, 디오니소스 2세는 플라톤이 자기 뜻대로 되지 않자, 그를 시라쿠사 궁정에서 쫓아내 억류시켜 버리고 말았다. 이에 플라톤은 친구들에게 도움을 요청하였는데, 그들이 도와준 덕분에 무사히 귀국할 수 있었다.

플라톤은 귀국하는 길에 올림피아(Olympia)에서 제자 디온과 조우(遭遇)하였다. 디온은 플라톤에게 시라쿠사 쿠데타를 제안하였으나, 플라톤은 그의 제안을 거절하였다. 그런데 디온은 플라톤의 충고를 무시한 채, 쿠데타를 일으켰다. 플라톤과 헤어진 4년 후인 357년, 그는 용병 1,500명을 동원하여 시라쿠사의 정권을 장악하였다. 하지만 3년 뒤인 354년, 배신자(背信者) 칼리포스 일파에 의해 암살됨으로써 디온의 쿠데타도 물거품이 되고 말았다. 디온이 암살되고 난 이후, 디오니소스 2세가 다시 권력을 잡았다. 하지만 그 역시 코린토스 군대에 의해 권력에서 밀려나는 비극을 맞이하고 말았다. 이처럼 기원전 4세기 시라쿠사의 정치 상황은 플라톤의 기대와 달리, 디온과 디오니소스

2세 간의 피비린내 나는 쟁탈전으로 인하여 극도의 혼란 상태에 있었다.

3.4 플라톤의 아카데미는 정치지도자를 양성하기 위한 인류 최초의 교양대학이다

3차에 걸친 시칠리아 여행을 통하여, 플라톤은 하나의 깨달음을 얻게 된다. 그것은 철학자 왕(여왕)에 의한 이상 국가의 건설은 너무나 이상적이어서 현실의 정치세계에서는 실현되기 힘들다는 자각(自覺)이었다. 그리하여 그는 60대 중반 이후부터는 시칠리아에 이상 국가를 스스로 만들고자 하였던 시칠리아 프로젝트를 유보하는 대신, 40대 이후부터 공을 들여온 아카데미에서 정치지도자 양성과 대화편 집필에 몰두하게 된다. 비록 참주를 통하여 자신의 정치적 비전을 실현시키고자 하였던 계획은 포기하였지만, 철학자 왕(여왕)으로 성장할 정치지도자를 양성하고자 하는 꿈은 결코 포기하지 않았던 것이다. 그의 이러한 작업은 임종을 맞이하기 몇 년 전까지도 지속되었다.

플라톤은 1차 시칠리아 여행이 실패로 끝난 이후, 곧바로 정치지도자를 양성하기 위한 전문교육기관으로 아카데미를 설립하였다. 이런 점에서, 그의 아카데미는 리더를 양성하기 위한 서구 최초의 리더십 학교라는 성격을 띠고 있다. 역사적으로 볼 때, 기원전 4세기 경의 아테네 교육계는 시인들과 수사학자들이 지배하고 있었다. 플라톤은 이 두 지식인 집단들의 교육방법에 근본적인 문제를 제기하면서 새로운 교육방법론을 제시하였다. 먼저, 그는 수사학으로 정치지도자들을 양성하는 데 있어서는 많은 한계가 있음을 지적하였다. 40세에 집필된 『고르기아스』는 수사학에 대한 플라톤의 비판을 잘 보여주고 있다.

물론 『파이드로스』에서는 수사학에 대한 긍정적인 평가가 이루어지고 있지만, 이소크라테스와의 대결 구도 속에서 플라톤이 수사학에 대해 가졌던 생각은 부정적인 것이 주를 이루고 있다.

그럼 정치지도자를 양성하기 위한 플라톤의 교육방법론은 무엇인가? 이에 플라톤은 그것이 순수철학 또는 '변증술(dialektike)'이라 답한다. 그런데 변증술은 고차원적인 것이기에, 그는 변증술을 배우기 이전에 산술과 기하학 그리고 천문학 등을 필수적으로 공부할 것을 주문한다. 아카데미 입구에 적혀 있는 "기하학을 모르는 자는 들어오지 말라"라는 경구는 이러한 배경하에서 이해될 수 있다. 이처럼 플라톤은 수사학이 아니라 변증술로 무장한 리더들이 중심이 되는 교육방법론을 강조하였다.

구체적으로 플라톤의 제자들을 살펴보면 플라톤 아카데미의 특성들이 잘 드러난다. 김봉철(2004, 187-9)에 의하면, 플라톤 아카데미에는 아카데미의 2대 학장이자 그의 조카였던 스페우시포스(Speusippos)와 시라쿠사의 정치가였던 디온(Dion)을 비롯하여, 적게는 약 28명, 많게는 43명(근거가 불확실한 제자들로 15명이 더 있다) 정도의 제자들이 있었다. 약 28명의 제자들 중에서, 철학자가 11명(Speusippos, Xenokrates, Aristiteles, Erastos, Koriskos, Herakleides, Eudoxos, Hermodoros, Menedemos, Asklepiades, Eudemos), 수학자가 2명, 참주가 3명(Chairon, Hermeias, Klearchos), 참주실패자가 2명(Timolaos, Euaion), 참주살해자가 2명(Python, Herakeides2), 정치가가 4명(Dion, Leon, Euphraios, Delios), 입법가가 2명 그리고 장군 및 군인이 2명이었다. 철학자와 수학자 13명을 제외한 15명이 현실 정치에서 활동하였던 사람들이었다. 이 통계에서 흥미로운 것은 현실 정치에 참가한 15명의 제자들 중에서 12명이 일인지배나 과두정과 연관된 인물이었다는 것이다. 이처럼 플라톤은 아카데미에서 지적·도덕적으로 탁월한 정치지도자를 양성하는 데 집중함으로써, 이상 국가는 철학자 왕(여왕)에 의해서 통치되어야 한다는 자신의 정치적 비전을 끝까지 견지하였다.

🏛 4. 플라톤의 아르케 리더십이란 무엇인가?

플라톤의 아르케 리더십이란 원칙에 충실하고 원칙을 지향하는 이상적인 리더십을 말한다. 플라톤의 철학에서 아르케 리더십은 '이상 국가'와 '철학자 왕(여왕)'의 개념과 직접적으로 연관된다.

4.1 플라톤은 왜 '데마고고스 리더십'과 '늑대의 리더십'을 비판하였나?

플라톤은 아테네의 민주정체에 대해 부정적이었다. 민주정체하에서는 미덕이 아닌 "멋대로 할 수 있는 자유"(557b)만이 강조되었고, 페리클레스를 비롯한 민주파 정치가들은 미덕보다는 아테네의 물질적 성장만을 강조했기 때문이었다. 아테네의 리더들이 갖추어야 할 이상적인 미덕은 사라지고, 사이비 리더들의 "게으르고, 비겁하고, 수다스럽고, 돈을 좋아하"(515e)는 악덕들이 자라나고 있었다. 그런데 플라톤이 더 크게 우려하였던 것은 민주정체가 참주정체(tyrannis) 또는 독재정치로 변모될 수 있다는 사실이었다. 그가 보기에 민주정체하에서 개인의 무차별적인 욕망 추구와 멋대로의 자유가 용인되면, 그 결과는 독재자 개인이 자신의 욕망과 자유를 무한히 충족시키고자 하는 독재

정치나 참주제로 이어질 수밖에 없기 때문이었다(562a-569c). 사실 민주정체하에서 다수의 대중들은 소수 부자들에 대해서 부정적인데, '민중선동가들'(dēmagōgoi 565a-566e)이라 불리는 정치선동가들은 다수 대중을 대신하여 소수 부자들을 공격한다. 그러한 공격의 과정에서 최고의 공격 능력을 보유한 한 사람이 권력을 독차지하게 되고, 그가 새로운 권력자로 등장한다. 한 사람의 독재자가 지배하는 정체가 바로 참주정 또는 전제정이다. 특히 플라톤은 참주정하에서 권력을 거머쥔 한 명의 참주(tyrannos, 565d)를 "늑대(lykos)"로 규정한다. 그러기에 참주정하에서 독재자의 통치는 늑대의 리더십이라 할 수 있는 것이다. "이런 사람으로서는 적들에 의해 살해되거나 아니면 참주가 되어 사람에서 늑대로 바뀔 수밖에 없도록 운명 지워질 것이 필연적이겠지?"(565e-566a) 사실 플라톤이 평생에 걸쳐 천착(穿鑿)하였던 정치철학적 문제는 참주나 전제군주 또는 독재자의 출현을 방지하고 그것을 견제하는 것이었다. 하지만 현실에서 그의 시도는 성공적이지 못하였다. 시칠리아 프로젝트가 보여주듯이, 참주를 철학자 왕(여왕)으로 만드는 작업은 지난(至難)하고도 지난한 일이었기 때문이다. 사실, 참주라는 존재는 독재자다. 불법과 탈법을 밥 먹듯이 하는 그런 자들인 것이다. 그렇기에 그들에게는 권력 획득의 어떠한 정당성도 찾아볼 수 없다. 게다가 참주는 권력을 불법적으로 세습하기까지 한다. 참주들의 권력을 떠받들고 있는 사람들은 용병(傭兵)이었다. 디오니소스 1세도 많은 용병을 고용하였으며, 디오니소스 2세도 그러하였다.

4.2 플라톤의 리더십에서 요구되는 기본조건들로는 어떤 것들이 있는가?

4.2.1 이상 국가의 리더는 정치의 전문가인 철학자 왕(여왕)이다

플라톤에게 이상 국가는 "훌륭한 나라(agathe polis)의 본"(472e)이다. 그러한 이상 국가는 "나라를 수립할 수 있음을 입증할 수는 없다고 해도 덜 훌륭한 것은 아니라는 점을 강조한 뒤 어떻게 하면 이런 나라에 가장 가까운 나라"(김영균 2008, 170)를 만들 것인가를 논의하기 위해 필요한 필수적인 개념이기도 하다. 왜냐하면 플라톤에게 이상 국가는 하늘의 "본(paradeigma)"처럼 존재하기 때문이다. 그런데 이상 국가를 다스리는 최고의 리더는 철학자 왕(여왕)들이고, 그들은 전체 대상에 완전한 지식을 소유하고 있는 전문가다. 『국가』에서 변증술은 이러한 리더를 고양시키기 위한 최고 수준의 공부이자 훈련이다.

C. 칸에 의하면(2016 87), 『국가』의 최고 리더인 철학자 왕(여왕)에 대한 개념은 『크리톤』에서 출발해 『고르기아스』와 『프로타고라스』를 거쳐 『정치가』에까지 이어진다. "『크리톤』에서 모호한 모습으로 등장하는 도덕적 기술(technē) 개념은 『고르기아스』와 『프로타고라스』 같은 다른 대화편들에서는 점점 더 중요한 역할을 할 것이다. 가장 잘 알려진 사례는 『국가』의 철학자 왕이 될 것이나, 우리는 이것을 훨씬 뒤에 『정치가』의 왕도적 기술 또는 정치적 기술에서 여전히 발견한다."(C. H. Kahn 2015, 183-4) 이러한 점에서 『고르기아스』의 정치적 기술자는 『국가』의 철학자 왕(여왕)으로 연결되는 것이다.

플라톤은 『국가』에서 "돼지들의 나라(hyon polis, 『국가』, 372d)"에서 출발하여 "호사스런 나라(tryposa polis, 572e)"를 지나 "아름다운 나라

(kallipolis, 527c)"에 대한 언급으로 논의를 전개하고 있다. 플라톤의 이상 국가는 완전성을 전제로 하고 있다. 그의 이상 국가엔 인간적인 불완전성이 들어설 자리가 없다. 그 중심에는 최고 리더인 철학자 왕(여왕)이 있다. 플라톤은 그들이 "철학(지혜에 대한 사랑)에 있어서 그리고 전쟁과 관련해서 가장 훌륭한 자들"(543a)임을 분명히 한다. 즉 그는 철학자 왕(여왕)만이 정치의 전문가이기에, 그들만이 신뢰할 만한 존재이고 통치에 관한 절대적인 권한이 주어져야 한다고 주장하였다(P. Woodruff 2012, 135). 이처럼 플라톤은 국가 운영이나 통치의 일은 아마추어가 담당해서는 안 되고, 오직 전문가인 철학자 왕(여왕)들만이 담당해야 함을 분명히 한다(P. Woodruff 2012, 135).

4.2.2 최고의 리더는 도덕적이고 청렴해야 한다

플라톤은 아테네 민주주의의 한계, 자유의 왜곡과 변질 그리고 아테네 제국주의의 흥망성쇠(興亡盛衰)를 지켜보면서, 리더의 도덕성과 청렴성을 강조하였다. 폴 우드러프의 말대로, "플라톤은 결코 참주정을 옹호하지 않았으며, 자유에 반대하지도 않았다. 오히려 그는 진정한 자유란 이성에 따라 삶을 영위하는 자, 즉 욕망의 노예가 아니라 감정의 굴레로부터 벗어난 자의 영혼 안에서만 찾을 수 있다"(Paul Woodruff 2012, 136)고 주장하였다. 즉 플라톤은 "참주가 되는 것으로부터 스스로를 구하기 위해 영혼을 어떻게 돌봐야 하며, 무엇을 해야 하는지 분명히 알고"(P. Woodruff 2012, 136) 있었다. 이런 점에서 플라톤의 리더는 "즐거운 일들이나 괴로운 일들을 통한 시련을 겪고서도, 제 나라를 사랑하는 사람들"(503a)인 것이다.

리더의 도덕성과 청렴성에 대한 논의는『국가』제5권에서 본격적으로 언급된다. 플라톤은 이상 국가 건설의 어려움을 세 차례의 파도

(trikymia) 비유를 통해서 이야기하는데(451c–473e), 그 가운데서도 제2 파도(457b–466d)에서 '사유재산 금지'라는 논쟁적인 주제를 펼쳐 보인다. 그는 이런 도전적인 주제에 대한 논의를 통하여, 리더의 엄격한 도덕성과 청렴성에 대한 자신의 논지를 전개한다. 먼저 그는 '사유재산 금지'라는 개념을 통하여, 철학자 왕(여왕)들의 '청렴성'을 확보하고자 한다. 나아가 돈이나 재물의 유록으로부터 초탈(超脫)한 정치지도자가 될 것을 강조한다. "이 나라에 사는 시민들 중에서도 오직 이들에게 있어서만이 금은을 다루거나 만지는 것이 허용되지 않으며, 또한 금은과는 같은 지붕 밑에서 기거해서도 아니되며"(416e–417a)라는 그의 언급이 보여주듯이, 플라톤은 리더들의 사적인 욕망이 "나라를 해체시"(462b–c)킬 수도 있다고 생각하였기에, 리더의 사적 욕망을 원천적으로 봉쇄하고자 하였다. 플라톤의 이러한 조치는 최고의 리더들은 청렴해야 한다는 그의 생각을 제도적으로 마련하기 위한 고육지책(苦肉之策)에서 나왔다고 볼 수 있다.

4.2.3 플라톤의 리더는 사적 가족 관계마저 포기할 정도로 자기희생적이다

플라톤은 제2파도(457b–466d)에서 사유재산 금지라는 주제와 함께, '부인과 자식(남편과 자식) 공유'라는 아주 민감한 주제를 논의한다. 여기에서 그는 최고 리더인 철학자 왕(여왕)들에게 요구되는 '자기희생'의 태도를 강조한다. 그런데 플라톤이 아테네 시민들의 오해를 무릅쓰고 이렇게까지 사적 가족 관계를 부정하는 것은 사적 가족 관계가 철학자 왕(여왕)들 및 수호자들 간의 분열과 붕괴를 초래할 수도 있다는 우려(憂慮) 때문이었다. 플라톤의 이러한 통찰은 현실 적용 가능성이란 차원에서 단순하게 저평가하거나 오독(誤讀)될 위험성이 없지 않아 있다. 하지만 우리는 플라톤의 진의(眞意)를 왜곡해서는 안 된다. 왜냐하면 그것은 최고의 리더라는 자리가 자기희생을 필요로 하는 막중한 자리라는 것을 보여주고 있기 때문이다. 사실 플라톤은 그것이 현실적으로 많은 난점을 안고 있음을 충분히 인식하고 있었다. 하지만 철학자 왕(여왕)들의 사적 가족관계 금지라는 전대미문의 아이디어를 통해서 플라톤이 강조하고자 하였던 것은, 그러한 생각의 현실적 '실현가능성'이 아니라 그 아이디어가 가져다 줄 '궁극적 유익함'이었다. 즉 철학자 왕(여왕)들의 세계에서는 사적 가족 관계마저도 포기할 정도의 자기희생이 뒤따르고, 그것을 감수할 준비가 되어 있는 사람만이 그 중책을 맡아야 한다는 것이 그의 생각이었던 것이다.

4.3 플라톤의 리더십에서 강조되는 리더의 세 가지 탁월함은 무엇인가?

4.3.1 리더는 이론적 지식과 실천적 지혜를 겸비해야 한다

플라톤의 리더는 존재에 대한 본질적 지식을 가지고 있는 자다. 『국가』에는 수호자들에 대한 언급이 있는데, 플라톤은 이러한 수호자들 중에서 가장 훌륭한 사람들을 뽑아, 그들을 철학자 왕(여왕)으로 양성해야 한다고 언급한다. 이러한 철학자 왕(여왕)들에게 선결적으로 요구되는 것은 존재하는 모든 것에 대한 보편적 지식이다. 왜냐하면 보편적 지식은 칼리폴리스를 통치하는 데 꼭 필요한 것이기 때문이다. 특히 철학자 왕(여왕)들이 많은 시간을 들여 꼭 공부해야 할 것은 이데아의 이데아인 '좋음의 이데아'다. 그들은 "모든 시간과 일체의 존재에 대한 관상(theoria)"(486a)을 하는 데 모든 관심을 기울여야 하며,

"인간적인(세속적인) 삶"(486a)에 대해서는 큰 관심을 가지지 말아야 한다. 나아가 그들은 "신적이고 인간적인 모든 것에 대한 언제나 전체적으로 접근"(『국가』, 486a)하는 태도를 견지해야 한다. 그래야 공평무사한 정치를 펼칠 수 있기 때문이다.

아울러 플라톤의 리더는 전쟁이나 전투에 대해서도 탁월한 지혜와 능력을 소유한 자이어야 한다(543a). 역사적으로 볼 때, 도시국가가 존속하기 위해서는 외적을 침입을 막아낼 수 있는 완벽한 시스템이 존재해야 한다. 특히 전쟁이나 전투를 이끌 전쟁 지휘관의 역할은 두말할 필요도 없이 중요하다. 만약 정치지도자가 전쟁이나 전투와 같은 위기상황에서 능력을 제대로 발휘하지 못한다면, 그가 이끄는 도시국가는 소멸될 수도 있을 것이다. 그렇기에 한 국가의 리더는 전쟁이나 전투를 승리로 이끌 수 있는 최고의 전쟁지휘관이기도 해야 하는 것이다. 즉 국가의 리더는 "전쟁과 관련해서 가장 훌륭한 자들"(543a)이어야 한다.

4.3.2 리더는 도덕적이고 경건해야 하며, 신적인 삶을 지향해야 한다

플라톤은 시종일관 리더의 도덕성을 강조한다. 리더의 도덕성은 자기통제에서 시작되며, 타자배려와 봉사를 거쳐 자기희생으로까지 확장된다. 동양의 고전인 『대학』에서도 나와 있듯이, 리더는 "수신제가(修身齊家)" 하고 난 이후에, "치국평천하(治國平天下)"의 길을 갈 수 있다. 만약 리더가 도덕성 차원에서 불완전한 상태에 있다면, 그에게 다음 단계인 치국평천하의 길은 주어지지 않을 것이다.

나아가, 플라톤은 리더의 '경건성(敬虔性)'도 강조한다. 『일곱째 편지』 335d-e에 나타나듯이, 그는 리더의 경건성을 다음과 같이 규정한다. "사리분별과 더불어 정의로써 삶을 영위하지 않는다면, 그 어떤 나라

건, 사람이건 간에 결코 행복할 수 없다. 그것은 자기 안에 갖추고 있거나 아니면 경건한 통치자들의 품성 속에서 바르게 길러지고 가르쳐짐으로써 있는 것이다." 그런데 플라톤의 『여덟째 편지』에서도 이와 비슷한 주장이 전개된다. "왕은 이런 송사들의 재판관이 되어서는 안 되고, 사제처럼 살인과 감금과 추방으로부터 정결한 상태를 유지해야 합니다."(『여덟째 편지』 356e-357a) 그런데 리더의 경건성에 대한 이러한 요구는 실제로 리더가 "신적인 것"(to theion, 589d)을 닮아가야 한다는 주장으로 이어진다. 왜냐하면 플라톤에게 있어 리더는 철학자이고, "철학자는 신적이며 절도 있는 것과 함께 지냄으로써 그 자신이 인간으로서 가능한 데까지 절도 있으며 '신과도 같은 사람'이 되"(『국가』, 500c-d)어야 하기 때문이다.

4.3.3 리더는 자기 욕망을 배제한 채, 불가피하게 국가의 일을 돌보아야 한다

현대의 정치 제도는 세속 권력에 관심이 많고 적극적으로 정치 활동을 하는 사람이 권력의 중심부에 진입하기 쉬운 구조로 되어 있다. 하지만 플라톤의 생각은 달랐다. 왜냐하면 그는 권력은 그것을 욕망하는 대부분의 무능력자들에게 주어져서는 안 되고, 그것을 욕망하지 않는 소수의 유능력자들에게 주어져야 한다고 생각하였기 때문이다. 그래서 플라톤은 그의 이상 국가에서 50살이 된 철학자 왕(여왕)들이 국가를 통치하는 일에 종사하게 되는 것은, 그들이 그것을 욕망해서 가능한 것이 아니라, 어쩔 수 없이 "불가피하게"(540b) 그 일을 맡아 수행한다는 것을 분명하게 언급하고 있다.

그런데 플라톤은 왜 이러한 주장을 펼치는 걸까? 플라톤은 국가를 이끌어가는 리더만큼은 인기 있는 사람이 아니라, 정말로 지적·도덕적으로 가장 훌륭하고 완벽한 능력자가 담당해야 한다고 생각하였던 것이다. 주지하다시피, 플라톤은 인기 있는 사람들이 권력을 잡는 아테네의 민주정체에 대해서는 부정적이었다. 왜냐하면 민주정체하에서는 탁월한 지성과 도덕성을 갖춘 전문가보다 무한 욕망과 권력 의지로 무장한 비(非)전문가들이 리더가 될 가능성이 더 많았기 때문이었다. 그렇기에 그는 국가를 이끌어가는 리더는 자기 욕망이나 자기 이익에 휘둘리지 않는 사람, 즉 국가의 부름에 마지못해 공적인 일을 수행하는 사람이어야 한다고 주장하였던 것이다. 만약, 능력 있고 도덕적인 리더가 "스스로 통치하려는 마음을 갖지 않을 경우에, 그에 대한 최대의 벌은 자기보다 못한 사람한테 통치를 당하는 것"(347b)인데, 그것이야말로 가장 불행한 사태가 될 것이다. 그렇기에 도덕적인 유능력자들은 그런 불행한 사태를 방지하기 위해서라도 리더의 일을 받아들여야 하는 것이다. 이런 점에서, 플라톤의 리더가 "정작 통치를 맡게 될 때는, 그런 벌을 두려워해서 맡는 것"(『국가』, 347b-c)이지, 결코 자신의 욕망이나 이익 또는 권력의지 때문에 맡는 것은 아닌 것이다.

🏛 5. 나오는 말

조슬린 데이비스도 그의 저서 『인문학 리더십(2016)』에서 흥미로운 정보를 전해준다.

> 리더십은 과학보다는 기술에 가깝다… 리더십의 과학에 대해 배우고 싶다면 최근 연구를 살펴보라고 추천할 것이다. 하지만 리더십의 '기술'을 배우고 싶다면, 그러니까 다른 사람들이 따를 수 있는 사람이 되고 싶다면 고전을 공부하라고 할 것이다.
> — J. 데이비스 2016, 27

미국의 리더십 연구자인 조슬린 데이비스에 의하면, 리더십은 우리들에게 삶의 기술과 처세술적 행복론을 제공해 준다. 그의 주저 『인문학 리더십』에 나와 있듯이, 모세의 『출애굽기(탈출기)』와 노자의 『도덕경』은 우리들에게 삶을 살아가는 데 필요한 지혜와 통찰을 제공한다. 이는 현대 리더십의 대가들인 P. 드러커(Peter F. Drucker)와 J. 콜린스(Jim Collins) 그리고 D. K. 굿윈(Doris Kearns Goodwin)도 동의하는 바이기도 하다. 사실, 우리 주변에는 두 가지 종류의 리더가 있다. 하나는 진짜 리더고, 다른 하나는 가짜 리더다. 가짜 리더들은 자신의 이익에 관심을 갖는 반면, 진짜 리더들은 자신의 희생에 관심을 갖는다. 가짜 리더들이 오직 자신의 출세에만 관심을 갖는 데 반해서, 진짜 리더들은 자신의 헌신과 의무에만 관심을 갖는다. 하지만 가짜는 진짜보다 더 진짜처럼 보이는 법이다. 그렇기에 우리들에게는 폭군과 독재자의 모습을 한 늑대의 리더십이 더 진짜 리더십처럼 보일 수도 있다. 하지만 올바른 사람이라면, 가짜 리더들로부터 진짜 리더들을 분간해 낼 수 있을 것이고, 원칙 중심의 아르케 리더십에 주목할 것이다. 조슬린 데이비스는 가장 이상적인 리더로 "원동력형 리더"(357)를 제시하는데, 그의 이러한 언급은 필자가 언급하였던 "아르케 리더십"과 일맥상통한다. 조슬린 데이비스의 다음 언급은, 필자를 비롯해 인문학 리더십을 연구하는 모든 이들이 마음에 새길만한 유의미한 말이다.

> 원동력형 리더들은 '자신을 포기한다'는 것이 가장 중요하다. 이 말은 그들이 공익을 위해 자신의 명예와 부는 제쳐 둔다는 뜻이다. 아랍의 자치권을 얻기 위해 평범한 관료가 된 로렌스처럼, 원동력형 리더는 일을 해내는 데 필요하다면 자신의 뛰어난 기술도 절제한 채 그냥 평범한 팀원으로서 어울린다. 그 결과, 원동력형 리더는 종종 최상의 결과를 내고도 칭찬받지 못한다.(357)

* 이 글은 『동서철학연구』 제94호(2019.12)에 게재된 「늑대의 리더십에서 아르케의 리더십으로: 플라톤의 『일곱째 편지』와 『국가』를 중심으로」를 쉽게 풀어 쓴 글임을 밝힌다.

"민중의 선봉에 선 자도 이와 마찬가지로 아주 잘 따르는 군중(ochlos)을 거느리고서, 동족의 피를 흘리는 것을 삼가지 않고, 사람을 부당하게 고발하여-이런 것들은 그들이 곧잘 하는 짓들이어서-법정으로 이끌고 가서는, 그를 살해하네. 사람의 목숨을 사라지게 하여, 경건하지 못한 혀와 입으로 동족의 피를 맛보고, 추방하며 살해하고, 채무의 무효화와 토지의 재분배에 대한 암시를 하네. 그러니 다음으로 이런 사람으로서는 적들에 의해 살해되거나 아니면 참주가 되어 사람에서 늑대로 바뀔 수밖에 없도록 운명지워질 것이 필연적이겠지?"

― 『국가』 565e ― 566a

"따라서 그런 사람도 최선의 인간(ho beltistos)을 지배하는 것과 닮은 것에 의해서 지배받도록 하기 위해서는, 그가 저 최선의 인간이며 자신 속에 신적인 지배자(to theion archon)를 가진 인간의 노예가 되어야만 한다고 우리가 말하는 것은, 트라시마코스가 피지배자들을 생각하듯, 그 노예가 손해보도록 할 생각으로 하는 것이 아니라, 신적이며 분별 있는 (슬기로운) 것에 의해서 지배받는 것이 모두를 위해 낫기 때문일세. 이런 것을 자신 속에 자신의 것으로 지니고 있는 자의 경우에는 특히 그렇겠지만, 만일에 그렇지 못할 경우에는, 외부에서 떠맡게 되어서라도 그렇게 되는 것이 더 좋은데, 이는 가능한 한, 모두가 동일한 것에 의해서 인도받음으로써 닮게 되고 친구가 되도록 하기 위해서이네."

― 『국가』 590c ― d

- 조슬린 데이비스(2016), 『인문학 리더십』, 김지원 역, 반니.
- 칼 포퍼(2011), 『열린 사회와 그 적들 I』, 이한구 역, 민음사.
- 플라톤(2003), 『플라톤의 네 대화편: 에우티프론, 소크라테스의 변론, 크리톤, 파이돈』, 박종현 역, 서광사.
- 플라톤(2005), 『국가·정체』, 박종현 역, 서광사.
- 플라톤(2009), 『편지들』, 김주일·강철웅·이정호 역, 이제이북스.
- 플루타르크(2000), 『플루타르크 영웅전 전집 2』, 이성규 역, 현대지성사.
- 『HC 스파르타, 제국의 흥망』(The History Channel: The Rise and Fall Of SPARTANS)(히스토리채널, 2002, 4부작)
  동시대인들에게 숭배와 두려움의 대상이었으며, 특이한 통치 체제를 창안하여 사회 개조에 성공하고, 오늘날까지도 독특한 스타일의 삶과 미학에 그 이름을 남긴 고대 그리스의 도시국가 스파르타와 그곳에서 배출된 영웅들에 대한 이야기.

X 방촌 황희와 다섯 가지 리더십 덕목

이 종 성

　이 글은 조선 최고의 재상이자 청백리로 알려진 방촌 황희의 리더십정신을 모색해 보기 위한 것이다. 이 글이 주목하는 내용은 황희의 시호인 '익성'(翼成)에 내함된 리더십정신을 현대적 시각에서 해석해 보는 것이다. 황희는 평생 왕을 잘 보필한 현명한 신하의 역할에 충실한 삶을 살았던 인물이다. 이러한 삶이 가능했던 이유는 그가 매미가 가진 다섯 가지 상징적인 덕을 생활세계와 정치 현장에서 훌륭하게 실천하는 리더의 인품과 자질을 가지고 있었기 때문이다. 그 다섯 가지는 바로 '문(文), 청(淸), 염(廉), 검(儉), 신(信)'의 덕목이다. 황희는 학문적 식견을 갖출 것, 내면의 깨끗함을 유지할 것, 외면적 염결을 유지할 것, 검소함의 덕목을 갖출 것, 믿음의 덕목을 갖출 것 등과 같은 매미의 상징에서 찾을 수 있는 리더십의 필요충분조건을 두루 갖추었던 인물이다. 청렴리더십이 그 어느 때보다 강조되는 현재의 시점에서 이상과 같은 황희의 다섯 가지 리더십 덕목들은 현대 사회에 시사하는 바가 크다.

🏛 1. 들어가는 말

리더십(Leadership)이란 지도자가 갖추어야 할 자질 또는 지도자상을 의미한다. 언제부터인가 한국사회에는 리더십에 대한 열풍이 한창이다. 이러한 현상은 서구의 리더십 열풍과 맞물려 있다. 현대사회는 그야말로 리더십의 시대라고 할 수 있다. 그런데 리더십이란 개념 자체가 서구적 개념이고 그 학문적 방법론과 내용 자체가 서구에서 수입된 것들이 많다 보니, 리더십은 서구적 유형의 카리스마(charisma) 리더십, 서번트(servant) 리더십, 펠로우(fellow) 리더십 등등으로 분류되어 기존의 틀 안에서 논의되는 경우가 많다. 즉 서구적 리더십 분류틀과 그 내용에 근거하여 동양의 리더십조차 논의되고 있는 것이다.

리더십은 행복의 가치 구현을 위한 개인의 인격 수양과 밀접하게 연계되어 동서양의 세계관을 하나로 소통시키는 것 같은 착시현상을 일으키기도 한다. 그러나 개인의 행복을 구현하는 방법이나 그 내용을 비롯하여 바람직한 인간상 및 리더십을 통해 도달할 수 있는 이상세계의 형식과 내용은 동서양이 서로 다를 수 있음에 유의해야 한다. 이 글은 이러한 측면에 유념하여 일상적으로 논의되는 리더십이란 개념만 그대로 차용한 후 방촌(厖村) 황희(黃喜, 1363-1452)의 리더십에 관하여 논의해보고자 한다.

잘 알려진 것처럼 황희는 56년의 관직 생활에서 24년간 재상으로 일하고 또 18년 동안 영의정으로 봉직하였다. 이것은 무엇보다 그의 정대한 인품과 경세의 실천력 때문에 가능한 일이었다.[1] 이는 황희 자신이 지니고 있던 리더십이 없었다면 불가능한 일이었다. 재상으로 24년을 근무한 것도 모자라 영의정에 재임한 기간만도 18년에 이른다는 것은, 특히 작금의 현대 한국의 정치 상황을 기준으로 볼 때 상상을 초월하는 일이다.

현대 한국의 정치 상황을 보면 수많은 정치인이 청문회에 나와 자신의 치부를 만천하에 드러내고, 설혹 총리나 장관에 임명되었다 하더라도 그 기간이 불과 몇 달을 넘기지 못한 경우조차 많다. 이러한 정황에 비춰볼 때 황희에게는 분명 타의 추종을 불허하는 특별한 리더십이 있었을 가능성이 높다. 작금의 정치 현실에서 반드시 짚고 넘어가야 모범적 요소가 황희의 리더십에 내함되어 있다면, 이에 대한 철학적 반추가 요청된다.

🏛 2. 방촌 황희와 '익성'(翼成)이란 시호

방촌 황희는 고려 말 조선 초기를 대표하는 문신이자 최고의 재상이었다. 인터넷 『위키백과』에서는 그를 이렇게 소개한다.

본관은 장수(長水). 초명은 수로(壽老), 자(字)는 구부(懼夫), 호는 방촌(厖村)이다. 현명함과 냉철한 판단력으로 세종대왕의 가장 신임 받는 재상의 한 사람으로서 세종대왕 치세기간 중 역대 영의정 중 최장수로 18년간 영의정에 재임하였다. 아직 고려조 말기 시절이던 1376년에 음서로 관직에 나갔다가 1389년(창왕 1년) 별장으로 과거에 급제했으나, 1392년(공양왕 3년) 고려 멸망 후 은거하였다. 그러나 동료들과 이성계의 부름으로 다시 관직에 올라 성균관학관으로 출사하여 조선에서 형조판서, 사헌부대사헌, 이조판서 등을 거쳐 영의정부사에 이르렀다. 사후 1455년(세조 1년) 증 순충보조공신(純忠補祚功臣)에 책록되고, 남원부원군(南原府院君)에 추봉되었다. 종묘 세종실에 배향됨으로써 종묘배향공신이 되었다. 성격이 원만하여 존

경받았으며, 시문에도 뛰어났고 관료 생활 중 많은 치적과 일화를 남겼다.[2]

황희의 여러 가지 정치적 업적 가운데 영의정 재직 중에 행한 몇 가지 업적은 매우 의미가 있다. 이 시기에 황희는 "농사의 개량, 예법의 개정을 추진했고, 양반가문 자손 중 천첩(賤妾) 소생의 천역(賤役) 면제를 건의하여 성사시켰다. 또한 국방강화 정책을 펼쳐 야인과 왜 방어책을 세워 김종서와 최윤덕 등을 적극 중용케 하였고, 그들을 통해 4군 6진을 개척하게 할 것을 건의하였다."[3]

황희는 청백리의 대표적인 인물로 널리 알려져 있다. 그는 평생 세종의 각별한 신임 속에 정치 생활을 이어갔고, 사후에 세종의 묘정에 배향되어 '익성'(翼成)이란 시호를 받았다. 「영의정부사 황희의 졸기」는 '익성'의 의의를 이렇게 설명한다. "익성이란 사려가 심원한 것이 '익'이고, 재상이 되어 종말까지 잘 마친 것이 '성'이다."[4] 요컨대 심원한 사려를 날개처럼 펼쳐서[翼], 정치적 과업을 완수한[成] 이가 바로 황희라는 말이다. 무릇 하늘을 날아다니는 동물들은 날개가 있다. 그 날개를 펼쳐서 안정적인 활공을 하여야만이 하늘을 나는 동물들은 자신의 가치를 다할 수 있는 것이다. 이렇게 날개 있는 동물로서 비유할 때 황희는 자신의 책무와 소임을 다한 인물이라는 평가가 가능하다.

혹자는 황희에게 주어진 '이루었다'(成)는 평가에는 『주역』의 세계관이 내재되어 있다고 본다.[5] 『주역』은 신하의 도는 땅의 도 내지는 아내의 도와 같음을 전제로, 신하는 왕의 일을 따라할 때 스스로 나서서 주재하거나 시작하는 것은 아니지만, 이루어 내는 역할을 담당하고 있음을 주장한다.[6] "곧 신하는 일을 크게 시작하거나 주재하는 것이 아니다. 그는 왕을 따라 일을 할 때 스스로 이루어 내지 않지만, 왕이 시작하고 주재하는 그 일을 이루어낸다. 이는 섬기는 자의 도를 말한 것이다."[7]

물론 '이루었다'는 말에는 맹자가 공자를 '집대성자'라고 평가한 사례도 하나의 용례로서 확인되고 있기는 하지만, 황희가 공자처럼 학문적 완성을 이루어낸 것과는 다른 이룸을 이루었다는 점에서 집대성이란 용례는 황희에게 적절하지 않음을 알 수 있다. '익성'이 황희의 시호라는 점을 감안한다면, '이루었다'는 말은 황희가 평생 국가와 조정을 위하여 이루어낸 공이 지대하였다는 측면에서 정치적 과업 완성을 의미한다고 볼 수 있다.

그렇다면 하늘을 나는 동물의 날개[翼]가 뜻하는 것은 무엇일까? 이는 새의 날개, 곤충의 날개를 의미함과 동시에 '돕다'라는 뜻을 가지고 있다. '익'은 황희가 하늘을 나는 동물처럼 두 날개를 펼치고 평생 훌륭하게 왕을 보필하였음을 은유한 말이다. 그처럼 왕을 잘 보필한 인물도 달리 없다는 점에서 황희는 '익성'이란 시호를 얻었던 것이다. 세종은 자신의 만년에 황희를 가리켜 '세상을 도운 큰 재목'이라고 평가한 바 있는데,[8] 황희의 시호에는 이와 같은 세종의 평가가 반영된 측면이 있다.

🏛 3. 방촌 황희와 다섯 가지 리더십 덕목

일반적인 견해에 따르면, 황희의 시호에 내재된 '날개'(翼)의 의미는 '새의 날개'를 의미한다. "새의 날개는 공간 이동이 용이하고 또 적을 공격하거나 방어하는 데 매우 유용하다. …『주역』경문에 열 개의 해석 글을 십익(十翼)이라 부른다. 열 개의 날개가 『주역』 사상을 잘 보호하고 그것이 공간비행을 하게 하여 참으로 넓은 지역, 다양한 분야에서 그 보편적 타당성을 과시하고 수용하게 하는 효과를 거두었다."[9]

그러나 이때의 날개는 '새의 날개'라고 보기보다는 '매미의 날개'라고 보는 것이 타당하다. 왜냐하면 과거 전통시대에 매미의 날개는 정치의 상징으로 널리 원용되고 있었기 때문이다. 특히 그것은 중국에서 삼국시대가 종료되고 진나라가 천하를 평정했던 시대를 살다 간 육운(陸雲, 262-303)이 밝힌 매미의 다섯 가지 덕과 관련이 있다.

육운은 「한선부」(寒蟬賦)를 지어 정치인들이 매미의 덕목을 본받아 '문(文)·청(淸)·염(廉)·검(儉)·신(信)'해야 한다고 주장한 바 있다. 육운은 이렇게 말한다.

무릇 매미의 머리가 마치 갓끈이 늘어진 모습과 유사하니 곧 배움이 있네. 오로지 수액과 이슬만 먹고 산다고 하니 곧 청백함이 있네. 사람이 먹는 곡식을 먹지 않는 등 남이 지어놓은 곡식에 피해를 주지 않으니 염결함이 있네. 다른 곤충들처럼 집을 짓지 않고 사니 검소함이 있네. 철 따라 때맞추어 허물을 벗고 자신의 절개를 지키니 곧 믿음이 있네.[10]

오늘날 생물학적 시각에서 볼 때, 모든 매미가 무해한 존재인 것은 아니다. 매미 가운데는 해충으로 분류되는 종도 있다. 그러나 전통시대의 매미들은 대체로 인간에게 무해한 곤충으로서 인식되었다. 이러한 곤충관에 입각하여 육운은 매미의 긍정적 요소를 찾아 이를 위정자들에게 제시하고, 정치적 모범으로 삼아야 함을 권고하였던 것이다.

육운이 제시한 매미의 다섯 가지 덕을 현실정치에서 구현하고자 하는 이념적 방편으로 만들어진 것이 왕과 신하들이 머리에 쓰던 매미형상의 모자였다. 이른바 익선관(翼善冠)과 오사모(烏紗帽)가 그것이다. 익선관은 왕이 착용하는 모자이고 오사모는 신하들이 착용하던 모자였다. 오사모의 뒤에는 매미날개의 형상을 덧붙여 항상 매미의 다섯 가지 덕을 잊지 않겠다는 자세로 정무에 임하였던 것이다.

익선관과 오사모는 모자 뒤의 매미날개의 형상이 서로 다르다. 익선관은 매미의 날개가 모여 있는 형상을 띠고 있는 반면에 오사모는 모자의 양쪽으로 날개가 펼쳐진 형상을 띠고 있다. 이는 남면하여 정무에 임하는 왕은 백성들의 모든 것을 수렴하여야 한다는 정치이념의 성격을 반영한 것임과 동시에, 실제 정사를 펼쳐야 하는 신하들은 매미가 두 날개를 펼치고 날아다니는 것처럼 날개를 펴지 않으면 안 된다는 생각이 반영되어 있다.

중요한 것은 익선관이나 오사모에 붙어 있는 매미날개는 항상 균형을 이루고 있어서, 한쪽으로 치우치지 않는다는 점이다. 위정자들은 한쪽으로 치우치지 않은 매미날개의 균형감각을 본받아 현실정치에 임해야 한다는 교훈을 확인할 수 있다. 황희야말로 매미날개의 균형감각을 갖고 정치에 임한 대표적인 인물이다. 평생 매미의 다섯 가지 덕을 실천하며 살았던 황희의 실천적 삶의 일단을 간략히 살펴보면 다음과 같다.

3.1 리더의 조건 1: 학문[文]적 식견을 갖출 것

'문'이란 학문 또는 공부를 의미한다. 특히 문사철로 집약되는 인문학적인 공부를 학습하는 것이 '문'의 의의이다. 황희는 학문을 대단히 중시하였는데, 이것이 리더십의 가장 기초적인 전제라고 생각하였기 때문이다. 황희의 학문적 열정 및 평소 그가 관심을 갖고 공부한 내용을 확인할 수 있는 몇 가지 사례를 살펴보면 다음과 같다.

① 황희는 평생 책을 손에서 떼는 법이 없었다고 한다. 나이가 들어 책을 읽을 때는 교대해가면서 한쪽 눈으로 문장을 읽었다고 하며, 잘 보이지 않는다고 하여 문장을 지나치지 않고 작은 글씨까지 꼼꼼하게 읽었다고 한다.[11]

② 그는 유가의 경전인 사서오경과 『주자가례』 같은 주자학 관련 저서 및 제자백가서를 비롯하여 『자치통감』과 『자치통감강목』 같은 역사서에도 두루 관심을 갖고 폭넓은 공부를 하였음이 확인된다.[12]

③ 황희는 일찍이 남원에 귀양살이 할 적에 다만 손에 한 질의 시운을 들고 정신을 집중하여 주목하여 읽을 따름이었다. 후에 나이가 많아서도 글 뜻 한 마디 글자 한 획을 백에 하나도 그르친 일이 없었다.[13]

④ 1409년 3월 16일 태종이 황희에게 물었다. "예부터 임금이 굳세고 용감하면 능히 아랫사람을 제압할 수 있었고, 온유하고 나약하면 실패함이 많았다. 무릇 활 쏘는 것과 말 달리는 것은 굳세고 용감한 기질을 키우는 것이다. 지금 세자로 하여금 무사(武事)를 익히게 하는 것이 도리에 어떠한가?" [이에] 황희가 대답했다. "신의 어리석은 생각으로는 학문에 정진함이 마땅하다 보입니다."[14]

이와 같은 기록을 보면 실천적 경세가였던 황희였지만, 그는 결코 학문에 게으르지 않은 호학(好學)적 인물이었다. 특히 앞의 사례③은 서거정의 평가를 인용한 것인데, 이 평가에 의하면 황희의 학문정신이 대단히 명석(clear)하고 판명(distinct)하였음을 알 수 있다.

이때 황희가 집중했던 시운은 『예부운략』을 말한다. 이 책은 송나라 인종 때 간행된 자서로 송·원시대에 가장 많이 간행되었고, 여말선초에도 널리 유행하였는데, 특히 과거시험을 보는 사람들이 운을 취하는 표준으로 활용하였다.[15] 황희가 이와 같은 운서에 깊은 관심을 갖고 공부에 매진했다는 기록을 통해 볼 때, 그가 어문학 방면에 매우 조예가 깊었을 것임에 의심의 여지가 없다.

뿐만 아니라 황희는 유학의 기본 경전인 사서오경과 주자학에 대한 학문적 소양을 갖춘 유교 지식인으로서 요순의 도리와 주자의 사유를 통해 세상을 경영해보고자 한 인물이다. 그럼에도 황희는 주자학의 이기심성론에 토대를 둔 관념적 사유체계에 매몰되기보다는 다양한 제자백가서에도 관심을 가졌을 뿐 아니라, 특히 『주자가례』와 같은 예법서의 내용을 현실에 구현해보고자 한 실천 중시의 유교 지식인이었다.

이러한 황희의 실천적 학문관에서 빼놓을 수 없는 분야가 있다면 그것은 역사학 분야이다. 황희가 사마광의 『자치통감』 및 주희·조사연이 공동 편찬한 『자치통감강목』을 주의 깊게 열독한 까닭이 있었던 것이다. 지나간 역사 속의 구체적인 사건과 인물들의 사례를 귀감으로 삼아 현실정치에 적용해보고자 한 황희 나름의 목적의식이 있었다고 보아야 한다.

이러한 사유의 기초 위에서 황희는 앞서 사례④의 내용과 같이 조선의 군주는 무사(武事)보다 마땅히 학문을 중시하지 않으면 안 된다고 말할 수 있었던 것이다. 문치주의 체제에서는 무사보다는 학문이 중시될 수밖에 없던 환경적 요인도 작용하였다고 볼 수 있다.16) 이것은 또한 장래 리더가 되어야 할 인물이 너무 이른 나이에 심신 수련에 힘쓰기보다 자신의 성색에 빠져 활쏘기나 말 달리기 등에 힘을 쓰게 된다면, 자칫 자신을 통제하지 못하고 광포한 데로 나아갈 수 있음을 사전에 경계한 측면이 있다고 보아야 한다.

3.2 리더의 조건 2: 내면의 깨끗함[淸]을 유지할 것

청(淸)이란 청백의 의미가 있다. 청백이란 사념이나 탐욕이 없이 깨끗하다는 것을 의미한다. 황희는 조선시대를 대표하는 청백리이다.[17] 이 점만 보더라도 황희가 얼마나 철저히 청백의 덕목을 실천하며 살았는지 짐작할 수 있다. 황희의 청백함을 살펴볼 수 있는 몇 가지 사례를 제시해 보면 아래와 같다.

> ① 황희는 이장손이 과거에 자신을 극렬하게 비난하는 상소를 올린 적이 있었음에도, 좌의정이 되어 인사행정을 담당했을 때 그를 도리어 발탁하여 등용하였다.[18] 인재등용에 있어 청탁을 거부하였을 뿐 아니라, 사심 없이 임했음을 알 수 있다.
> ② 신숙주는 황희의 「묘지명」에서 그가 수상으로 있으면서도 가세가 쓸쓸하여 마치 벼슬이 없는 선비의 살림과 같았다고 하였다.[19]
> ③ 허조의 아들 허후가 황희를 평가한 글에서, 황희는 "수상이 된 지 거의 30년에 탐오한 이름이 없었다"고 하였다.[20]

이와 같은 기록들은 모두 황희의 평소 삶의 모습이 대단히 청백하였음을 알려주는 사례들이다. 특히 허저의 아들 허후가 평가한 말에서 황희가 '탐오'한 적이 없는 인물이라는 점에 주목하면, 황희는 욕심이 적고 행위 자체가 맑고 깨끗한 인물이었음을 알 수 있다. 사전적정의에 의할 때, '탐오'란 '욕심이 많고 하는 짓이 더러움'을 뜻한다. 이 정의에 따른다면, 리더가 청백에 도달하기 위해서는 탐오로부터 멀리 떨어져야 함을 알 수 있다.

그런데 인용문의 사례②의 내용 중 황희가 "인재등용에 있어 청탁을 거부하였을 뿐 아니라, 사심 없이 임했음을 알 수 있다"라고 한 말은 역사적 기록이 아니라 필자가 내린 평가이다. 이 말은 오늘날 '청렴'의 정신을 잘 반영한다. 그런데 엄밀하게 말한다면, 앞부분의 '인재 등용에 있어 청탁을 거부'한 사례는 아래에서 살펴볼 '염'의 정신에 가깝고, 뒷부분의 '사심 없이 임'한 행위는 '청'의 정신에 가깝다. 일반적으로 '청렴'이라고 흔히 사용하는 말을 엄밀하게 본다면 '청'과 '렴'으로 구분하여 보아야만 그 의미가 더 명확해진다.

'청'이란 내면의 정신세계를 깨끗하게 하여 자기 욕망을 제어한 것을 의미한다. 이런 점에서 이는 자기 수양과 관련이 깊다. 이른바 '수기치인(修己治人)' 가운데 '수기(修己)'의 덕목을 실천함으로써 체득하는 세계라고 할 수 있다. 요컨대 내면의 덕성을 함양하지 않고는 '청'의 정신에 도달할 수 없다는 점에 유의한다면, '청'의 정신은 리더가 갖추어야 할 조건으로서 매우 중요한 덕목이 아닐 수 없다.

3.3 리더의 조건 3: 외면적 염결[廉]을 유지할 것

염(廉)이란 염결이라고 할 수 있다. 염결이란 청렴하고 결백한 것을 말한다. '염'이란 본디 집의 모퉁이를 가리키는 말이었다. 이 말이 확대되어 방정, 고결, 청백, 검약, 공평, 명찰, 불탐오 등으로도 쓰인다. 또는 욕심을 내지 않음 및 분별력이 있어 취하지 않음의 뜻을 갖기도 한다.21) 이와 같은 의미에 주목해 볼 때 '염'은 앞서 살펴본 '청'과 매우 유사한 뜻을 가지고 있음이 확인된다.

그러나 매미의 다섯 가지 덕을 말한 육운이 매미가 남의 곡식을 먹지 않는 등 타자의 곡식에 피해를 주지 않는 것을 가리켜 염결하다고 한 점을 감안하여 이해한다면, 사람들은 자신의 얼굴(또는 명분)에 맞는 행동을 하여 부끄럽지 말아야 한다는 것이 '염'의 의의라고 할 수 있다. 이는 재물이나 관직 등의 범주에 적용되는 개념으로서 자신의 허물을 바라보는 태도와 직접적인 관련을 갖는다. 즉 타자에 대한 불필요한 욕심을 내지 않는다는 의미가 '염'에 있다고 보아야 한다. 이는 타자에 대한 욕망의 측면보다는 자아의 욕망을 제어한다는 취지가 강한 '청'과 서로 대비된다.

황희의 살아생전 행적에서 찾아볼 수 있는 '염'의 정신과 관련이 깊은 사례를 몇 가지 살펴본다면 다음과 같다.

① 황희가 장생전에 나갔을 때 공조판서 김종서가 음식상을 걸게 차려온 적이 있다. 이에 황희가 공과 사를 구분하지 못한 김종서를 추궁하였던 사건이 있다.[22] 염결한 행위는 정확한 공사구분의 태도에 의해 판가름이 난다는 사실을 지적한 것이라 볼 수 있다.

② 기복하여 직무에 나오라는 명에 사양하는 편지, 영의정을 사양하는 편지, 좌의정·영의정·영의정부사를 사양하는 소, 궤장 하사를 사양하는 소, 영의정 부사를 사양하는 전 등, 상당수의 사양과 사임의 글이 있다. 그의 염결을 드러내는 자료가 아닐 수 없다.[23]

③ 고 상신 황희가 정부의 모임에 갈 때 탁지관이 그가 추울까 걱정하여 율무죽을 드리자, 황희가 말하기를 "탁지가 어찌 재상의 아문에 음식을 지급하는가? 장차 논계하여 정배하겠다"라고 하였다. 한 그릇 율무죽이 탁지부의 재용에 있어서 그야말로 있으나 없으나 한 것인데도, 이를 물리쳐 거절하는 것으로 부족하여 정배하겠다는 말까지 하였으니, 어찌 보면 지나치게 청렴한 것이고 어찌 보면 너무 편협한 것이라 할 수도 있을 것입니다.[24]

이들은 모두 황희의 염결을 대표하는 사례들로서, 지위 고하를 막론하고 특히 위정자들이 갖추어야 할 정치적 덕목들이라고 할 수 있다. 다산 정약용은 염결을 실천한 최상의 염리(廉吏)는 "봉급 외에는 아무것도 먹지 않고, 먹고 남는 것이 있더라도 가지고 돌아가지 않으며, 임기를 마치고 돌아가는 날에는 한 필의 말로 아무것도 지닌 것이 없이 떠나는"[25] 사람이라고 규정하였다.

동서고금을 막론하고 정치 일선에 나선 리더들은 자칫 부정 청탁과 연계될 소지가 다분한데, 앞의 사례들을 통해 볼 때 황희는 사심 없이 공무에 임하였음을 알 수 있다. 이러한 황희의 사례는 오늘날 국민권익위원회가 제정한 「부정청탁 및 금품 수수의 금지에 관한 법률」의 시행정신과 매우 밀접한 관련성이 있다.

청탁금지법은 연고·온정주의에 기반을 둔 부정청탁과 공정한 직무수행을 저해하는 금품 등 수수를 금지해 국민에게 신뢰받는 공직사회를 구현하려는 목적으로 2016년 9월 28일에 시행되었다. 청탁금지법에 금지되는 부정청탁 행위로는 인가·허가·면허·특허·승인·검사·인증·채용·승진 등 인사, 계약, 보조금, 입학·성적 등 학사업무, 병역 등 법에 명시된 14가지 대상 직무와 관련해 직무를 수행하는 공직자 등이 법령을 위반하거나 법령에 따라 부여받은 지위·권한을 벗어나 행사하도록 하는 행위 일체이다.26)

리더가 갖추어야 할 '염'의 덕목은 부정청탁과 같은 불공정한 행위를 거절하는 정신이라고 할 수 있다. 앞의 인용문에 제시된 사례②와 사례③은 자신이 타자로부터 매우 융숭한 대접을 받는 것이 정도에서 벗어났다고 판단하여 거절하였다는 점과 벼슬에 나아가 녹봉을 축낼 수 없다고 겸양하여 사양의 미덕을 보인 점에서 모두 황희가 '염'의 정신을 실천한 의의가 확인된다.

3.4 리더의 조건 4: 검소함[儉]의 덕목을 갖출 것

검(儉)이란 검소함을 말한다. 그리고 검소함이란 '사치하지 않고 꾸밈없이 수수함'을 의미한다. 황희의 리더십에서 검소함의 덕목을 살펴볼 수 있는 몇 가지 사례를 제시해 보면 다음과 같다.

① 거친 베옷과 해진 도포 한 벌로 만족하며 살아갔다. 이에 관해 『연려실기술』은 이렇게 기술한다. "4년 임인에 태상왕이 명하여 공을 불렀다. 공이 이르러 통이 높은 갓을 쓰고 푸른색 거친 베로 만든 단령을 입고 남색 조알을 띠고 승정원에 들어왔는데, 막 시골에서 왔으므로 몸체만 큼직할 따름이어서 사람들이 특이하게 여기지 않았다."[27]

② 성종 때 인물인 이칙이 경연석상에서 "세종조의 황희는 정승 직을 30년간이나 하였지만, 가산을 돌보지 아니하여 그 집이 텅텅 비었다"라고 한 바 있다.[28]

③ 정조 때 인물 윤면동이 상소를 통해 "재상 황희가 통나무집에서 남루한 갓과 실띠를 매었던 검소함을 묘당에서부터 시작할 수 있겠는가"라고 하여 황희를 거론한 것은 그의 검소했던 삶의 행적이 후대의 모범이 되었음을 시사해 주는 발언이다.[29]

④ 황희는 죽음을 앞둔 상태에서 후손들에게 자신의 상례를 능력과 분수에 맞게 집의 형세에 따라 알맞게 할 것을 유언한다. 황희는 자신의 상례에 대해서조차 검소하게 치를 것을 당부한 것이다.[30]

이와 같은 검소함의 덕목은 앞서 살펴본 청렴의 덕목과 긴밀한 연관성을 갖는다. 이처럼 청렴과 검소함의 덕목은 상호 불가분리의 관계에 있다. "복은 청렴하고 검소함에서 생겨난다"[31]라는 말처럼, 특히 정치적 리더는 검소함을 기반으로 살아가야만 청백리의 삶이 가능해진다. 「영의정부사 황희의 졸기」에는 그가 집을 검소하게 다스렸다고 평가하고 있다.[32] 황희는 자식들에게도 검소함이 습관이 되어야 함을 누누이 강조하였다.

3.5 리더의 조건 5: 믿음[信]의 덕목을 갖출 것

믿음은 앞에 제시된 다른 네 가지 덕목들의 중심이며, 그 기반이 된다. '문, 청, 염, 검'의 실천력이 동반되지 않으면 믿음은 확보되지 않는다. 공자는 일찍이 "믿음이 없으면 정치는 바르게 서지 않는다"[33)]라고 선언할 정도로 정치적 믿음을 강조한 바 있는데, 황희야말로 정치적 믿음을 이루어낸 대표적인 인물이라고 평가할 수 있다.

황희 자신이 타자에게 믿음을 준 인물이었음을 알려주는 여러 가지 사례가 있다. 그 대표적인 사례는 다음과 같다.

① 태종이 일찍이 황희를 신임하여 속 깊은 대화를 많이 주고받았는데, 하루는 "이 일은 나와 경만이 홀로 알고 있으니, 만약 누설된다면 경이 아니면 곧 내가 한 짓이다"라고 말할 정도였다.[34)]

② 신숙주는 "세종은 늘 공의 식견과 국량이 크고 깊어 대사를 잘 결단한다고 칭찬하면서 길흉(吉凶)을 점치는 시(蓍)·구(龜)와 물건을 다는 권(權)·형(衡)에 비유까지 하였"[35)]다고 하였는데, 이는 세종에게 있어서 황희는 절대적 믿음의 대상이었음을 시사해 주는 평가라고 할 수 있다.

③ 세종은 황희가 영의정을 사직하고자 할 때 다음과 같이 비답하여 자신의 믿음을 드러낸 바 있다. "돌아보건대 그렇게 많던 대신들이 점점 새벽하늘의 별처럼 드물어지고, 오직 한 사람의 늙은 재상이 의젓이 높은 산처럼 우뚝 솟아 서서 시정을 모아 잡을 만한 인망이 공을 버리고 그 누구이겠는가?"[36)]

④ 태상왕이 세종에게 이르기를, "황희의 전날 일은 어쩌다가 그릇된 것이니, 이 사람을 끝내 버릴 수 없다. 나라를 다스리려면 이 사람이 없어서는 안 된다"라고 하고는 곧 예조 판서로 제수하였다.[37)] 또한 세종 때 황희는 대간에 의하여 여러 차례 탄핵을 당하였다. 그때마다 세종은 "태종도 황희의 재능을 지극히 아꼈는데, 내가 어찌 연소한 대간의 말에 따라 그를 등용치 않을 수 있겠느냐"라고 하여,[38)] 황희에 대한 절대적인 믿음을 표시하며 일체의 비난을 물리쳤다. 황희는 세종에 대한 기대에 부응하여 조선조를 대표하는 어진 재상의 표상이 되었다.

이상의 인용 사례에서 확인되는 것처럼 황희는 태종뿐만 아니라 세종에게도 절대적인 신임을 얻었던 인물이다. 특히 황희는 오랜 기간 세종과 함께 정치적 파트너십을 발휘하였는데, 이는 세종이라는 성군(聖君)과 황희라고 하는 현신(賢臣)의 정대한 만남이 있었기 때문에 가능한 결과였다.[39]

세종과의 관계에서 황희가 믿음을 확보할 수 있었던 까닭은 그가 모든 정무를 공명정대하게 처리하는 모습을 보여주었기 때문이다. 다음과 같은 하나의 일화는 중요한 시사점을 던져준다. 세종이 어느 날 도승지 신인손에게 일러 『태종실록』을 보고자 한 일이 있었다. 황희는 이를 불가한 일이라고 간하여 세종은 결국 실록의 내용을 열람하지 못하였다. 이 사건이 『세종실록』에 기록되어 있다.[40] 만일 세종이 실록을 열람한 후 문제가 될 만한 기록에 대해 사관들에게 수정을 지시하기라도 했다면, 그의 명성에 큰 오점을 남길 수도 있었을 것이다. 황희가 사전에 이를 막은 것이다.

정치와 제도도 하나의 약속이다. 그런데 그것을 시행할 주체로서의 위정자가 먼저 약속을 어긴다면 정치는 어느 경우에도 바르게 서지 않을 것임은 자명하다. 이러한 점에서 황희는 리더가 갖추어야 할 믿음의 덕목이 잘 준행되어야 할 필요가 있음을 몸소 보여준 것이라 볼 수 있다. 믿음이 없는 정치는 정치가 아니기 때문이다.

🏛 4. 나오는 말

황희를 조선 최고의 청백리로 꼽는 것은 그의 심원한 사려와 행위가 매미의 다섯 가지 덕을 벗어나지 않았기 때문이다. 이 글은 이 내용에 주목하고, 황희의 시호인 '익성'(翼成)에 내함되어 있는 리더십의 내용을 이념적인 측면에서 천착하여 검토해 본 것이다. 황희는 평생 왕을 잘 보필한 현명한 신하의 역할에 충실한 삶을 살았던 인물이다. 이러한 삶이 가능했던 이유는 그가 매미가 가지고 있는 다섯 가지 덕을 실천하는 리더의 인품과 자질을 가지고 있었기 때문이다. 그 다섯 가지는 바로 학문[文], 청백[淸], 염결[廉], 검소[儉], 믿음[信]이다.

동서고금을 막론하고 리더십의 부재는 이상 다섯 가지 덕목의 부재와 무관하지 않다. 특히 부정부패를 멀리하기 위해서는 반드시 매미가 가졌다는 다섯 가지 상징적인 덕이 수반되어야만 한다. 현대 한국 사회는 부정부패를 방지하고 투명성을 제고하기 위해 한창 노력 중임에도, 정치일선에 나서있는 정치인들의 부정부패가 연일 그치지 않고 논란이 된다는 점에서 갈 길이 멀게 느껴진다.

국제투명성기구(TI, Transparency International)의 발표에 따르면, 2018년도 국가별 부패인식지수(CPI, Corruption Perceptions Index)에서 한국은 100점 만점에 57점을 받아 180개국 중 45위를 차지했다. 국민권익위원회는 이러한 결과가 한국부패인식지수에서 역대 최고점수라고 고무적인 반응을 보였지만,[41] 이는 OECD 36개국 가운데 30위에 해당하는 순위로서 여전히 최하위권에 머물러 있는 실정이다. 이러한 점을 감안하면 이는 매우 부끄러운 결과라고 할 수 있다.

이젠 매미가 껍질을 벗듯이, 우리는 자기 자신의 구각을 벗지 않으면 안 된다. 특히 위정자들이 내세우는 미래가치의 이념과 방향성은 그들 자신의 철저한 자기반성 없이는 공염불에 그치고 말 것이다. 투명한 사회 또는 행복한 사회로 나아가기 위해서라도 매미가 가지고 있다고 표상되는 다섯 가지 덕의 실천과 여기에 도달하기 위한 공동의 껍질 벗기가 시급하다. 매미의 껍질(蟬蛻殼)처럼 우리의 허물도 벗겨져야만 한다.

물론 시대와 역사적인 한계 때문에 황희의 리더십이 부득이 현대와 같은 종류의 민주주의의 특성을 드러냈다고 보기는 어렵지만, 그의 리더십의 이념만큼은 민주주의적인 특성을 넘어 인본주의적인 데로 나아가는 지향성을 가지고 있었음이 확인된다. 단적으로, "종도 하늘이 내린 백성이다"(『대동야승』)라고 한 황희의 인간관이 이를 잘 보여준다.

황희가 종들을 인격적으로 대하였음을 알려주는 사례는 매우 많다. 전해지는 일화를 보면, 황희가 총명한 자질을 가진 어린 노비를 면천시켜 주었는데, 후일 그는 과거에 급제하여 나라의 동량이 되었다는 사례가 있을 정도이다. 또한 어린 종들이 황희의 턱수염을 잡아당기거나 뺨을 때리고 밥상에 밥을 빼앗아 먹어도 나무라지 않고 그대로 두었다는 기록들을 통해 본다고 하더라도 황희의 인품이 얼마나 관후하였는지 충분히 가늠할 수 있다.

또한 『세종실록』에는 여러 신하들이 상의하여 백정들이 자신의 신분 때문에 아무런 죄도 없이 가혹한 형벌을 받거나 부당한 처우를 받아서는 안 된다고 주청한 기록이 있는데,42) 여기에 구체적인 인명이 거론되지는 않았지만 그 여러 신하 가운데는 황희가 함께하였을 가능성이 매우 높다. 이것이 세종 17년의 일이었음을 감안하면 그 가능성을 배제하기 어렵다. 황희는 백정에게 패를 만들어 주어 정병으로 삼을 것을 주장한 바도 있는데,43) 이 역시 백정에 대한 처우개선의 일환이었음이 분명하다.

신분질서가 명확하던 당대의 상황에서 종이나 백정까지도 인간 그자체로 보아야 한다는 황희의 입장은 분명 시대를 앞서간 선각자적인 사유였다. 이러한 리더십의 특징은 인본주의적인 성격을 갖는다. 황희의 리더십은 분명 서구적 리더십의 이념적 방향성과는 그 궤를 달리하는 특성이 있다. 최근 유행처럼 번지고 리더십 가운데는 개별적 주체의 성장을 전제로 하면서 계층 상호 간의 관계성 자체를 강고하게 유지하고자 하는, 일부 보수주의적 리더십이 인기를 끌기도 한다. 개인의 행복을 위해서는 타인의 존재를 무시하고 수단시하여도 좋다는 방식의 일부 이기주의적 성향이 짙은 리더십까지 발견되고 있다.

이상과 같은 특정한 리더십과는 달리 황희의 리더십은 사적 개인의 문제보다는 인간 그 자체의 문제에 초점을 맞춘, 보다 보편적이고 근원적인 존재와 존재사물 상호 간의 관계성 회복을 염두에 둔 특징이 있다는 점에서 그 철학적 의의가 인정된다.

* 이 글은 『동서철학연구』 제94호(한국동서철학회, 2019) 및 편저 『방촌 황희의 리더십과 향사서원』(서울: ㈜보림에스앤피, 2021)에 게재한 연구 논문 「동방의 소공(召公) 방촌 황희의 리더십 — 황희 관련 몇 가지 상징 요소에 대한 해석을 중심으로 —」의 내용 중 일부 주제를 발췌하여 그 논의를 확대하여 수정한 것임을 밝힌다.

영혼을 깨우는 명문장

"학문은 모름지기 연소할 때 힘써야 할 것이기에, 제 생각으로는 세자께서 활쏘기를 익힘은 아직 이르지 않을까 합니다. 활쏘기와 말 달리기는 나이가 들어서도 배울 수 있는 것입니다."

– 『세종실록』 권58, 세종 14년 10월 경술.

– 이는 세종이 세자에게 활쏘기와 말타기를 가르치는 문제로 황희와 의논하던 중 황희가 세종에게 답변한 말이다. 황희는 성색이 움직이는 대로 살아가게 된다면 살아가면서 문제가 많아질 것이기 때문에 어린 시절에는 무엇보다 학문을 통한 수양 공부를 우선시할 필요가 있음을 역설한 것이다. 연소할 때 공부에 힘쓰지 않으면 안 된다는 황희의 입장을 알 수 있다.

"종친을 돈목하게 하는 것은 하늘의 이치와 인간의 정리에 부합하는 일이지만, 재능이 없으면 벼슬을 준 후에 시골에 물러가 있게 함이 옳을 것입니다."

– 『방촌선생문집』, 「연보 2」, 992쪽 참조.

– 황희가 상정소 도제조였을 때 태종의 당내 친척인 한금강이 죽었다. 이에 세종이 시호를 내리고 싶어 했다. 그러나 황희는 공사를 엄격히 구별하여 시호를 내릴 수 없다고 간하였다. 또한 황희는 제아무리 종척일지라도 그가 능력이 없다면 작은 벼슬을 주어 시골에서 면세전을 경작하며 살게 하는 정도는 가능할지 모르지만, 조정에 등용하는 것은 불가하다고 하는 입장을 밝힌 것이다.

 읽을거리 & 볼거리

• 이성무(2014), 『방촌 황희 평전: 조선의 기틀을 다진 탁월한 행정가이자 외교가』, 민음사.

이 책은 청렴하고 온화한 모습으로 인식되어 온 황희의 실제 삶과 공적을 역사적 맥락에서 객관적으로 조망한 의의가 있다. 56년 관직 생활을 하는 동안 24년간 재상직을 맡았고 그 가운데 18년 동안 줄곧 영의정 자리를 지키면서 새 왕조의 기틀을 다져 나간 황희가 다방면에 걸쳐 이루어낸 크고 작은 업적 등을 두루 살펴볼 수 있는 내용으로 구성되어 있다(인터넷 교보문고 책소개 참조). 황희가 보여준 리더십의 면모를 역사적 관점에서 살펴볼 수 있는 중요한 자료적 성격을 갖고 있다.

- 오기수(2017), 『황희: 민본 시대를 이끈 행복한 2인자』, 고반.
  이 책은 앞표지에서 이 책의 의의를 이렇게 소개한다. "우리가 살고 있는 지금은 세종대왕 같은 1인자, 황희 같은 2인자의 조화로운 인간경영이 필요한 시대이다. 모두 1인자가 될 수 없으며, 1인자 또한 혼자서 모든 것을 할 수 없다. 거칠고 험한 경쟁의 시대, 물질적인 부를 좇아 인간성이 나약해지는 탐욕의 시대에, 황희에게서 사람 사는 지혜의 길을 찾는다." 필자는 황희의 리더십정신의 요체를 관후, 정대, 검소, 총명이라는 네 가지 덕목에서 찾고 있다. 이 네 가지 덕목을 기반으로 세종을 도와 국정운영을 함께한 황희 리더십의 참모습을 확인할 수 있는 저서이다.

XI 『페더럴리스트 페이퍼』를 통해 본 자유와 리더의 조건

서 영 식

이 글에서는 미국 건국의 이념을 명확히 제시하였으며 또한 정체(政體)의 모습을 포괄적으로 소개한 『페더럴리스트 페이퍼』가 리더십 차원에서 어떤 의의를 가질 수 있는지를 서술하였다. 이 책의 저자들은 서구의 유구한 역사와 정치사상 속에 산재되어 있던 다양한 권력분립 모델들을 참고하여 당시의 아메리카 상황에 최적화된 '혼합적 권력분립 모델'(권력 간의 분립과 상호견제)을 제안하였다. 이 점은 리더십의 관점에서 21세기 한국사회에 중요한 교훈을 제시한다. 권력분립의 제도와 이념은 정치 주체들 간의 상호 양보와 타협을 통해서만 현실에서 구현 가능하며, 또한 양보와 타협은 정치인 각자에게 절제의 능력이 내면화된 경우에만 실현된다는 사실이다.

🏛 1. 들어가는 말

『페더럴리스트 페이퍼(*The Federalist Papers*)』는 미국 건국의 이념(자유민주주의와 대의제 그리고 연방주의를 토대로 한 광대한 공화국 건설)을 가장 명확하게 제시하였으며 나아가 미국 국체(國體)의 실질적인 내용을 포괄적으로 소개한, 당대의 대표적인 대중정치 교양서이자 사상서이다.[1] 이 글에서는 21세기 현대 민주주의 사회에서 '자유'란 어떤 의미를 지닌 가치이어야 하며, 이 자유의 편재(遍在)적인 구현을 위해 통치 리더 그룹은 자신들의 '권력'을 국가·사회적 차원에서 어떻게 이해하고 사용해야 하는가를 『페더럴리스트 페이퍼』를 중심으로 논하고자 한다.

우리는 해방 이후 좌우의 극심한 정치적 대립과 혼란 속에서 특별히 미국을 통해 접한 자유민주주의 사상을 신생 대한민국의 건국이념으로 받아들였으며, 『페더럴리스트 페이퍼』에 내재된 정치철학적 사유는 사실상 이 자유민주주의 이념의 사상적 뿌리에 해당된다. 다시 말해서 이 저술에 대한 명확한 이해는, 70여 년 전 우리가 자유민주주의를 정치체제의 근본이념으로 받아들였으면서도 이 이념의 본래 모습과 내재적 가치를 서구사상사의 스펙트럼 속에서 제대로 파악하지 못한 채 단편적인 해석으로 일관해 왔다는 점에서 시작해야 한다. 또한 오랜 기간 지속된 공산권과의 이념적 대립 속에서 자유민주주의 이념이 일부 권위주의 정권에 의해 자의적으로 왜곡·유포되고 정권 유지의 이념적 수단으로 악용됨으로써, 아직도 일반인들의 의식 속에 자유민주주의에 대한 부정적인 인식이 자리 잡고 있는 상황을 이제는 점진적으로나마 개선해야 한다는 문제의식과도 연결되어 있다.

다른 한편 이 글은 『페더럴리스트 페이퍼』에 대한 심층적인 이해가 우리 한국사회의 리더십에 적지 않은 교훈과 시사점을 제공할 수 있다는 판단을 배경으로 한다. 우리 한국사회는 지난 20세기 중반 이후 지구상에서 거의 유일하게 산업화와 민주화를 동시에 달성했다는 자부심을 가지고 있으면서도, 21세기에 접어든 오늘날 경제적 양극화, 지역·계층·세대 간 갈등, 청년실업문제, 환경문제, 법률 불신풍조, 북핵 위기와 통일문제 등 사회 곳곳에 도사리고 있는 수많은 난제들을 제대로 해결하지 못한 채 이른바 '헬조선'으로 전락할 위기에 처해 있으며, 청년들은 이른바 '금수저-흙수저' 담론을 통해 기성세대와 사회전반에 대한 근본적 불신을 드러내고 있는 실정이다. 그 주된 원인은 우리 사회 각계각층의 지도급 인사들 특히 국가경영에 직간접적으로 참여하고 있는 지위의 사람들이 가치지향적이며 헌신적인 리더의 모습과는 정반대의 길을 선택함으로써, 자유, 정의, 평등, 질서, 안전 같은 공공선의 추구를 통해 공동체에 새로운 가치와 비전을 제시하려는 노력은 등한시한 채, 오직 사적인 이익과 허명 같은 개인의 영달만을 뒤쫓는 삶에 만족해왔기 때문일 것이다. 이처럼 2021년 현재 우리 한국사회의 모든 영역에서 무엇보다 절실히 요청되고 있지만, 동시에 좀처럼 찾아보기 힘들며 특히 국가경영의 영역에서는 희귀하기까지 한 가치개념이 바로 책임감과 명예의식 그리고 희생과 봉사정신을 바탕으로 한 리더십(leadership)과 리더 정신(leaderspirit)인 것이다.

이 글에서는 국내 학계에서는 아직 본격적으로 논구되고 있지 않은 『페더럴리스트 페이퍼』[2]의 기원과 내용구성 및 서술상의 특징에 대해 먼저 간략히 소개한 후에, 이 작품의 사상적 특징과 지향점이 무엇인지 서구사상사의 스펙트럼 안에서 살펴보고, 마지막으로 리더십의 관점에서 이 작품이 우리 한국사회에 주는 교훈은 무엇인지 고찰하고자 한다.

2. 『페더럴리스트 페이퍼』는 왜 저술되었으며, 어떤 내용을 담고 있는가?

2.1 작품의 기원과 배경

역사적으로 잘 알려져 있듯이, 크리스토퍼 콜럼버스(Christopher Columbus, 1451-1506)는 1492년 4월 서인도 바하마 제도에 도착하여 유럽에 신대륙의 존재를 소개하였다. 신대륙 발견 이후 미국 독립 전후까지 아메리카의 역사는, 한마디로 유럽인의 아메리카 원주민 학살의 역사라고 칭할 수 있을 것이다. 역사학계에서는 콜럼버스의 발견 이후 아메리카 대륙으로 몰려가서 허영과 탐욕을 채우려 했던 유럽인들(상인·광산업자·군인·종교인 etc.)이 1세기 동안 약 6000만 명에서 1억 명 가량의 원주민을 무참히 학살한 것으로 추정하고 있는데, 21세기 현재 잔존하는 원주민은 불과 25만 명 내외인 것으로 알려져 있기 때문이다.[3]

아메리카 원주민들이 멸종의 위험에 처한 상황이 지속되던 와중에, 이른바 필그림 파더스(Pilgrim Fathers)로 불린 일군의 청교도(Protestant)들은 유럽에서의 종교박해를 피해 메이플라워(Mayflower)호에 몸을 싣고 1620년 잉글랜드 남서부 플리머스에서 출발하여 네덜란드를 거쳐 신대륙 식민지(현재의 메사추세츠 주 플리머스)에 도착하였고, 이들의 도착과 더불어 탐욕과 수탈의 인간사냥터로 전락했던 아메리카 대륙에 또 다른 역사가 시작되었다.[4]

아메리카 대륙의 새로운 서양인 사회는 자유와 평등을 갈망하는 유럽 이주민들을 중심으로 서서히 형성되어 갔는데, 시간의 흐름과 더불어 식민지 사회와 영국 본토와의 불화가 점점 더 빈번하고 심해졌으며, 잘 알려진 '보스턴 차 사건(1773)' 등 일련의 항쟁을 도화선으로 하여 자유의 쟁취를 위한 독립운동이 본격적으로 전개되었다. 즉 1774년 필라델피아에서는 아메리카 대륙 13개 식민지의 대표들이 모인 1차 대표자회의(일명 대륙회의, Continental Congress)가 개최되었으며, 1776년(7월 4일)에는 식민지 13주의 결정으로 유명한 '아메리카 독립 선언'5)이 공포되었고, 1777년 2차 대륙회의에서는 '연합헌장'(일명 연맹규약, the Articles of Confederation and Perpetual Union)의 초안이 마련되었다. 이에 독립을 불허하는 영국과의 독립전쟁(1776–1781)이 발발하였다. 영국과 패권경쟁 중이던 프랑스의 지원을 받은 식민지 독립군은 총사령관 워싱턴 장군의 지휘 하에 '요크타운 전투'에서 최종적인 승리를 거둠으로써 전쟁은 종결되고(1781년 10월 19일) 마침내 그토록 갈망하던 자유를 쟁취하게 된다. 독립전쟁의 종결과 더불어 위에서 언급한 1777년의 연합헌장이 비준되었고(1781년) 이후 약 12년간 사실상 미국헌법의 역할을 담당하게 된다. 그러나 독립전쟁 이후 아메리카 대륙에는 하나의 통일된 국가가 등장한 것이 아니라, 기존의 식민지들이 주축이 된 이른바 '독립 13주(Original Thirteen States) 연맹'이 성립되었으며, 이는 독립적인 '나라들'(states)의 연합체 성격을 띠고 있었다. 이러한 정치상황으로 인해 독립된 '나라들'은 식민지 시절부터 가지고 있던 주권의 지속을 주장하였고, 대륙 전체의 입장에서 볼 때는 세금징수와 외교권한 부재 등의 한계에 따른 혼란을 피할 수 없었다. 이처럼 '연합헌장'을 통해서는 혼란스런 상황에 효율적으로 대처할 수 없음이 드러나자, 1787년 필라델피아에서 최초의 아메리카 '제헌회의'(the Constitutional Convention, 5월 25일–9월 17일)가 소집되었다. 오랜 진통 끝에 결국 이 회의에 참석한 13개 주 대표들 중 39명이 서명한 '미합중국 헌법'이 최종적으로 공포되었고, 각 주별 비준 작업을 거쳐 1789년 3월 마침내 헌법이 발효되었다. 바로 이 미합중국 헌법을 통해 아메리카 대륙에는 비로소 하나의 국가 성립과 대통령 선출이 가능하게 되었다. 『페더럴리스트 페이퍼』는 새 헌법에 대한 각 주(state)의 비준 과정에서, 이것의 필요성과 당위성을 일반 대중에게 설파하고 정적들의 주장을 극복하기 위해서 때로는 철학과 이념의 수준에서, 때로는 현실 정치적인 차원에서 논자들의 입장을 설명한 신문 칼럼 모음집이다.

오늘날에는 『페더럴리스트 페이퍼』가 마치 미국 건국 초기의 정치사상을 유일하게 대변하는 작품처럼 비치기도 하지만, 사실 이 저술의 출판 당시에는 '연방주의자들'(federalists)과 '반연방주의자들'(anti-federalists) 사이에 극심한 사상적·정치적 대립이 존재하였다. 그렇지만 이러한 대립은 양측의 대변인들이 개인적인 사리사욕이나 정파적 당리당략에 빠져 무의미한 정치투쟁을 벌였다기보다는, 대(對)영국전쟁이라는 유혈투쟁을 거친 후에 새로운 나라를 건립함에 있어 각자 나름의 정치사회적 이상을 효과적으로 구현하려는 선의에서 비롯되었다고 보는 편이 보다 합당할 것이다. 즉 우리는 『페더럴리스트 페이퍼』 탄생의 가장 중요한 정치사상적 배경으로 당시 '연방파'(federalists)와 '공화파'(republicans) 사이의 경쟁과 대립을 꼽을 수 있다.6) 먼저 연방파의 경우에는 주로 동북부와 중부 해안지대의 보수적이며 국가주의적인 상공업 세력들이 주축을 이룬 것으로 알려져 있는데, 이들은 인간 본성에 대해 성악설적인 관점을 지니고 있었으며, 겉으로 드러나는 이성 능력이나 합리적인 태도보다는 인간 내면 깊숙이 자리 잡고 있는 감정과 욕망을 생각과 판단과 행동의 근본동인으로 간주하였다. 연방파는 중앙집권적 권위와 정교한 상업경제를 갖춘 국민국가를 지향했으며, 또한 이를 기반으로 하는 강력한 연방정부의 건립을 갈망하였다. 나아가 국가의 통치와 정부 운영 역시 교양과 책임감을 지닌 유산계급에 의해 이루어져야 한다고 보았으며, 민중들의 정치참여는 원칙적으로 배제되어야 한다는 입장을 고수하였다. 이에 반해 공화파는 남부와 서부의 급진적이며 지방 분권적 농업세력들이 주축을 이뤘으며, 인간의 본성은 본래 선하다는 성선설의 입장에서 혈통과 출신에 관계없이 누구라도 교육과 계몽을 통해 내면의 이성능력을 유감없이 발휘할 수 있다는 입장을 견지하였다. 공화파와 달리 연방파의 일원들은 민중과 가까우며 지방분권적인 작은 정부를 지향했으며, 일정 정도의 계몽이 이루어진 민중들이 가능한 한 직접 정치에 참여할 수 있도록 제도를 확충하고 기회를 늘려야 한다고 주장하였다. 이처럼 지방을 거점으로 한 농업세력이 주축을 이루었던 공화파는, 자영농민의 자율성을 극대화하고 나아가 이들의 정치경제적인 참여기회가 최대한 확대되어야 한다는 점을 강조하여 정치적 이상을 신장된 농본주의적 민주공화국의 건설에 두었다.[7]

2.2 작품의 구성적 특징과 지향점

그렇다면 자유주의와 연방공화국 수립의 바이블로 일컬어지는 『페더럴리스트 페이퍼』는 구체적으로 어떤 내용으로 구성되었는가, 또한 이 작품의 핵심적인 특징은 무엇이며 사상적 지향점은 어디에 있는가? 이에 대해 구체적으로 소개하기 전에, 우선 건국 이후부터 21세기 현시점에도 유지되고 있는 미연방 정치제도의 근본 특징과 관련해서 다음의 두 질문을 염두에 둘 필요가 있다. 왜 미국 대통령 선거제도는 건국 이후 현재까지도 직선제가 아니라, 주(state)별 선거인단(the electoral college)에 의한 간선제(indirect election)이며 승자독식제('winner-takes-all' system)가 유지되고 있는가? 그리고 미합중국 연방정부(the central (federal) government)와 주정부(the state government)의 권한은 어떻게 구분되는가?8) 『페더럴리스트 페이퍼』에서 다루고 있는 중심 주제들과 다양한 논의들의 궁극적인 지향점은 이 두 가지 질문에 대한 대답과 밀접히 연관되어 있다. 역으로 말하면, 우리는 이 두 질문에 대한 해답과 더불어 『페더럴리스트 페이퍼』의 저자들의 저술의도 내지 작품의 대의를 파악할 수 있다는 것이다.

『페더럴리스트 페이퍼』는 총 85편의 논설문(article)으로 구성되어 있는데, 대략 해밀턴이 51편, 매디슨이 26편, 제이가 5편, 그리고 매디슨과 해밀턴의 공동작이 3편으로 알려져 있다. 작품 안에서 논구된 주제로는 ① 시민의 정치적 번영을 위한 연맹의 유용성(14편), ② 연맹을 보존하기에 부적당한 현재의 식민지 연맹체제(8편), ③ 목적 달성을 위해 적어도 현재 제안된 정부와 같은 강력한 정부의 필요성(14편), ④ 공화정부의 신뢰할 만한 원칙에 대해 제안된 헌법의 적합성(48편), ⑤ 제안된 헌법과 여러 주정부 헌법 사이의 유사성(1편), ⑥ 제안된 헌법이 채택됨으로써 얻을 수 있는 공화정부, 자유 그리고 재산의 보호에 대한 추가적 보증(1편) 등이 있다.9)

이 작품의 명시적인 주제가 앞에서 언급된 1781년의 '연맹규약'(the Articles of Confederation and Perpetual Union)에 의거한 느슨한 연맹체제의 문제점을 개선할 수 있는, 하나의 새롭고 획기적인 '연방공화국'(federal republic)의 구성방안이었다면, 헤밀턴과 메디슨, 제이 같은 저자들이 논설문을 구상하고 집필하는 과정에서 지녔던 심층적인 문제의식은, '본성상 부정적인 면이 강한 인간 개개인들의 이익을 효과적으로 충족시키면서도 이 과정에서 발생할 수 있는 이해충돌을 최대한 방지하기 위해, 어떻게 바람직한 공동체를 건설할 것인가?'와 '미국인들이 대륙으로부터의 이주와 독립전쟁 등 역경으로 가득찬 삶의 체험 속에서 가장 중요한 가치로 간주했던 '개인의 자유'를 어떻게 최대한 보장하는가?'라는 두 질문에 내포되어 있었다고 말할 수 있다.

🏛 3. 『페더럴리스트 페이퍼』의 핵심 사상

3.1 고대 정치철학과의 내적 연관성

서양정치사상사에서 잘 알려져 있듯이, 플라톤은 자신의 주저(主著)로 손꼽히는 『국가』편에서 '정의(dikaiosynê)란 무엇이며, 정의로운 생각을 하고 이를 실천하는 사람에게는 행복한 삶이 보장되는가?'라는 질문을 던지고, 정의롭고 행복한 사회를 구현하는 방안으로 이른바 '철인왕'(philosopher king)들에 의해 통치되는 '이상국가'를 제시한 바 있다.10) 나아가 플라톤은 자신의 『서간문』을 통해 밝히고 있듯이, 시라쿠스에서 이상국가론의 실현 가능성을 시험해 보았으나, 그의 철학과 이상을 제대로 이해하지 못한 현실 정치세력들을 상대하면서 현실의 벽을 절감하기도 하였다. 이후 죽음을 목전에 둔 말년의 플라톤은 유작이 된 『법률』편을 통해, 이상국가의 실현가능성을 부정하지는 않았지만11) 이제는 좀 더 현실적인 차원에서 법에 의해 통치되는 국가인 '마그네시아'에 관한 논의를 진행하였으며, 특히 나라의 성립과정에서 가장 핵심적인 과제 중의 하나인 법률의 제정 및 집행에 대한 설명을 포괄적으로 제시하였다. 그런데 우리의 논의와 연관해서 『법률』

편이 주목을 끄는 점은, 작품 속에서 제시된 법의 제정과 집행 그리고 법률수호에 관한 논의 속에서, 이후 수많은 사상가들에게 영감을 주며 다양한 담론을 촉발시켰던 '혼합정체론'의 단초들이 비교적 자세하게 묘사되고 있다는 사실이다.[12]

플라톤은 『법률』편에서 바람직한 혼합정체의 모습을 당시 실제로 존재했던 정치체제들 중에서 특별히 군주정과 민주정의 장점을 결합한 형태에서 찾았는데, 그 이유는 이 두 정체를 나머지 다양한 정체들의 근원에 해당하는 것으로 간주하였기 때문이다.[13] 그렇다면 이 두 현실 정치체제의 근원적인 한계를 어떻게 극복하고, 내재된 특징과 장점들 중에서 무엇을 취사선택할 것인가? 이와 관련해서 플라톤은 먼저 실제적인 권력행사를 누가 해야 할 것인가에 대한 입장을 제시한다. 물론 최선의 군주정은 완벽한 지성능력과 감수성 그리고 권력에 대한 절제능력을 갖춘 철인왕이 다스리는 정체이겠으나 이는 현실적으로 거의 불가능하며 설혹 그러한 상황이 한 순간 가능하더라도 결코 지속되기 어렵기에, 누가 통치자의 역할을 수행하든 모든 권력행사는 오직 (인간의 영혼 안에 존재하지만 자체로서 신적인 능력이라 할 수 있는 지성(nous)에 따라 제정된) 법률[14]에 의거해서만 가능하게 해야 한다는 것이다. 이것은 어떠한 권력행사라도 통치자의 자의가 아니라 법률에 의거할 경우에만 정당성을 가질 수 있으며, 역으로 국정을 담당하는 사람은 그가 누구이든지 단지 법률의 집행자 내지 대리인에 불과함을 의미한다.[15]

나아가 플라톤은 이러한 '법에 의한 통치' 이념에 따라, 철저하게 지성에 의해 통치됨을 전제하며 따라서 통치의 주체가 상당한 정도의 정무적 판단을 하는 것이 용인되는 철인왕 체제와 달리, 혼합정체에서의 권력행사는 오직 필요한 만큼 제한적으로 그리고 집단적으로만 가능하며, 또한 통치행위의 주체들 간에는 엄격한 분리와 상호견제가 필요함을 강조하였다. 이것은 플라톤이 권력의 독점으로 인한 정부의 타락을 미연에 방지하기 위해, 현실 민주정체의 특징들 중에서 권력의 평등적 분배 내지 권력기관 상호 간의 견제라는 기본원리를 발전적으로 계승한 것으로 볼 수 있을 것이다.

이와 관련된 사항을 좀 더 살펴보면, 플라톤은 법치와 정의로운 사회구현을 위한 제도적 장치로서 '호법관'(nomophylax), '사정관'(eu-thynthēs), '3심제', '야간회의'(ho nykterinos syllogos) 등을 제안하였다.16) 호법관은 법률을 온전히 제정하지 못한 상태에서 죽거나 법률제정 기간이 지나 자리에서 물러나야 하는 입법자가 자신의 임무를 계승하고 수행하도록 지정해 놓은 대리 입법자이다. 호법관의 역할은 주로 법률을 수호하거나 기존 법률을 보완하고, 시민들의 법규준수에 관한 포괄적인 감독 업무를 수행하는 것이다. 예를 들어 호법관은 행정관들을 감독하거나 징계하고, 문제가 발견되었을 경우 법정이나 조사관에 회부함으로써 누구든 자신의 공적인 행위에 대해 책임을 지도록 강제할 수 있다. 나아가 호법관은 시민이 자신의 가족이나 재산과 관련해서 중요하거나 자체 해결이 불가능한 일처리를 위임하는 경우 이를 규정에 따라 처리할 수도 있다.17) 다른 한편 사정관은 공직 종사자의 잘못을 임기 후에 바로잡는 역할을 수행하도록 고안되었다. 즉 사정관은 나라의 정의와 공직기강을 바로세우며, 공직 종사자의 부정으로 인해 내분이 발생하지 않고 실질적으로 단합된 상태를 유지시키는 임무를 맡는다. 예컨대 법률 제정 및 집행과 관련해서 막강한 권한을 지닌 호법관 역시, 임기를 마친 후에는 직무수행의 내용 및 절차와 관련해서 사정관의 철저한 감사를 받게 되어 있다. 이처럼 마그네시아의 공직자는 누구나 공무수행과 관련해서 서로가 서로의 통제대상이 되었으며, 이것은 법치국가에서는 어느 한쪽으로의 권력집중 현상으로 인해 발생할 수 있는 부정부패를 원천적으로 차단할 수 있는 권력 간 견제와 균형의 장치가 마련되어야 함을 저자 플라톤이 강조한 것으로 볼 수 있다.

플라톤의 '혼합정체'에 관한 사상적 단초를 비판적으로 발전시킨 아리스토텔레스는 자신의 저서 『정치학』에서, 모든 정체는 기본적으로 세 부분으로 나눌 수 있다고 보았다. 그것은 바로 심의권과 집행권 그리고 재판권이다.18) 이러한 구분은 서양정치사상사에서 최초로 정식화된 '권력분립'(separation of powers) 이론으로 평가될 수 있을 것이다. 나아가 아리스토텔레스는 『정치학』 4권을 중심으로 다양한 정치체제를 분석하였으며, 현실적으로 가능한 최선의 정체는 어떠해야 하는가에 관한 논의를 전개하였다.19) 그의 분석에 따르면, 최악의 정체는 왕정이 타락한 형태인 참주정이다. 여기서는 독재자만 유일하게 삶에 만족하며, 나머지 사람들은 공포와 고통 속에 빠져 있기 때문이다. 귀족정의 타락한 형태인 과두정은 권력을 장악하고 나누어 가진 소수의 지배자들에 의해 억압과 공포정치가 자행되는 상태이며, 여기서는 사회의 부익부 빈익빈 현상이 점점 더 가중되어 국가의 존립 자체가 위태롭게 된다. 민주정은 국정참여와 부의 배분 등에서 국가구성원 각 개인의 가치와 능력이 전혀 고려되지 않은 채, 오직 산술적이며 획일적인 평등이 일방적으로 적용되는 상태이며, 여기서는 다수의 횡포에 휘둘림으로써 법치의 이념이 쉽게 무시될 수 있다. 올바른 정체의 경우, 먼저 통치자의 자격을 갖춘 인물의 현명한 국가운영을 의미하는 왕정은 자체로서는 이상적일지 모르지만 현실화되기 매우 어려운 것이 사실이다. 또한 역사 속에서 적지 않은 수의 왕정은 절대 권력의 획득과 더불어 태도를 바꾸어 참주정으로 전락하곤 하였다. 두 번째,

귀족정은 윤리적 덕목과 정치적 능력을 고루 갖춘 소수의 유능한 인물들에 의한 합법적이며 합리적인 통치를 의미하며, 토론과 합의 등을 통해 경솔하거나 성급한 정책적 판단을 예방할 수 있다. 그렇기에 만약 현실화되면 바람직하겠지만 그것은 왕정과 마찬가지로 실현되기 어렵다. 또한 귀족정은 권력을 쥔 소수에 의한 담합으로 인해 과두정으로 전락하기 쉬우며, 시민의 자격을 갖춘 다수의 사람들의 국정참여를 권장하는 아리스토텔레스의 관점에서 보면, 탁월한 능력을 갖춘 소수의 인물들이 나라를 잘 다스리더라도 그것은 결과적으로 나머지 시민들이 공직에 참여함으로써 명예를 추구할 수 있는 기회를 박탈하는 것이다.

이에 아리스토텔레스는 자신의 정치철학적 이상이 포함되는 동시에 현실에서도 어느 정도 실현 가능하며, 따라서 정치적 안정성과 지속성을 동시에 담보할 수 있는 정체로서 '혼합정'을 제시하였다. 혼합정은 민주정과 마찬가지로 다수가 지배에 참여하지만 대중영합주의에 빠지기 쉬운 민주정과는 달리 공공선을 추구하기에, 지배에 참여하는 다수는 각각의 장점에 따라 통치의 기능을 효율적으로 분할하며, 따라서 국정 운영에서 구성원 상호 간의 견제와 균형 그리고 역할배분이 가능한 통치체제이다. 그는 혼합정의 구체적이며 현실적인 모습을 과두정과 민주정의 이상적인 조합에서 찾았는데, 이를 통해 다수의 시민으로부터 나오는 정치적 안정감과 소수의 유능한 인물들의 탁월한 능력이 조화롭게 결합될 수 있다고 보았기 때문이다. 그런데 아리스토텔레스는 자신의 윤리학적 전제인 중용(mesotes)사상을 토대로, 지나치게 부유하거나 가난하지 않기에 당파성에 빠지지도 품위를 잃지도 않으며 이성의 명령을 가장 충실히 수행할 수 있는 중간계층이 시민의 다수를 구성한 상태가 가장 바람직한 것으로 보았다. 또한 그는 현실 속의 정치체제는 이 중간계층의 지지를 기반으로 유지될 경우에 안정과 지속성을 담보할 수 있다고 주장하였는데, 이러한 정치체제가 바로 혼합정의 현실적인 모습이라 할 수 있다.[20]

사실 『페더럴리스트 페이퍼』의 저자들이 플라톤의 『법률』이나 아리스토텔레스의 『정치학』 같은 고대 정치사상 관련 저술을 인용하거나 그들의 아이디어를 직접 언급하며 논의를 전개한 예는 기대보다 많지 않다. 그렇지만 플라톤과 아리스토텔레스가 전개한 '혼합정체론' 관련 논의들이 『페더럴리스트 페이퍼』의 핵심내용을 일정부분 선취하고 있거나, 적어도 후대의 담론을 예고하고 있음을 부인하기는 어려울 것이다. 이것은 법치의 원리나 권력의 배분 혹은 권력 간의 견제와 균형 등에 관한 서양고대 정치사상의 지적인 성과들이, 미합중국 건립 당시 최고 지성에 속했던 『페더럴리스트 페이퍼』 저자들의 의식 속에 내재해 있었고 필요에 따라 적절히 활용되었음을 시사하는 것으로 볼 수 있다.[21]

3.2 근대 정치이념의 총체적 구현

연방주의자들이 주장한 국가수립과 정부체제 구성의 핵심축은 사상적 차원에서 대략 세 가지 정도로 구분할 수 있을 것이다. 첫 번째는 성악설을 토대로 한 인간본성에 대한 이해 즉 이성보다는 감정과 열정의 중요성을 강조하는 입장이며, 두 번째는 이른바 삼권분립 및 견제와 균형으로 대변되는 권력분립과 혼합정체 사상이고, 세 번째는 전통적인 유럽군주의 자의적인 통치와는 명백히 구분되는, 대화와 협력을 모델로 하는 새로운 국가형태 공화정에 대한 이해가 그것이다.[22]

이러한 세 가지 사상적 핵심축은, 18세기 후반 미국 건국 당시로부터 그리 멀지 않은 시기에 활동했던 유럽의 거물급 사상가들의 영향 하에서 구체적으로 형성되었다. 『페더럴리스트 페이퍼』를 비롯하여 연방주의자들의 사상과 국가관 형성에 영향을 준 주요 이론가로는 우선적으로, 인간은 자기 이익을 추구하는 존재임을 주저하지 않고 명확히 밝힌 토마스 홉스(Th. Hobbes, 1588‒1679), 자연권과 인간의 권리 보장을 강조하였으며, 이른바 '이원정부론'을 중심으로 정부구성과 운영에 있어서 서구 지성사상 최초로 권력의 견제와 균형의 중요성을 강조했던 존 로크(J. Locke. 1632‒1704), 로크의 권력분립이론을 확대·발전시킨 삼권분립론을 주창하였으며 덕과 상업정신(이익)을 토대로 한 근대적 차원의 '공화주의'(republicanism) 이념을 제시했던 샤를 몽테스키외(Ch. Montesquieu, 1689‒1755)를 들 수 있다. 이하에서는 세 가지 사상적 입장(인간본성·삼권분립·공화주의)이 『페더럴리스트 페이퍼』 안에서 구체적으로 어떻게 전개되었는지 간략하게 살펴보기로 한다.

3.2.1 '인간 본성(human nature)'에 관한 사실적 논의

주지하듯이 홉스는 『리바이어던(Leviathan)』에서, 인간은 어느 상황에서든 자기 자신의 이익을 추구하는 존재라는 점을 설득력 있게 묘사하였으며, 구체적으로 "인간은 인간의 늑대(Homo homini lupus)"라고 규정한 바 있다.[23] 홉스는 이처럼 자신의 욕구와 본능 충족을 가장 중시하는 인간의 모습이 자체로서 선하거나 윤리적으로 바람직하다고 말할 수는 없지만, 이러한 성향은 인간 존재가 생명을 지닌 한 결코 외면하거나 회피할 수 없음을 인정해야 하며, 바로 이 사실로부터 인간과 사회 나아가 국가와 정치의 근본문제에 관해 솔직하게 논의하고 합의점을 도출해야 한다고 주장하였다.

연방주의자들 역시 이러한 홉스의 인간이해에 찬동하는 가운데, 사회나 조직 내부에서 남보다 우월해지려 하거나 권력과 이윤을 추구하는 행태는 인간 존재의 거역할 수 없는 속성이며, 이것을 추구하는 과정에서는 '파벌'(faction)과 투쟁이 필연적으로 발생할 수밖에 없다고 진단하였다.24) 연방주의자들에 따르면, 그럼에도 우리는 사회에 만연한 우월성과 권력 그리고 이윤추구에의 욕구를 그대로 방치함으로써 홉스가 말한 대로 세상을 "만인의 만인에 대한 투쟁"의 장소로 전락시킬 수는 없기에, 이러한 욕망의 에너지를 어떻게 인간 자신에게 유용하게 사용할 것인지 적극적으로 고민해야 한다. 그런데 그것은 바로 인간 영혼의 심연에 내재한 "열정과 이해관계"(passions and intersests)에 대한 관심을, 세상에서는 공개적으로 강조하지만 사실상 제대로 역할과 기능을 수행한다고 보기 어려운 인륜적 덕성이나 이성능력보다 더욱 적극적으로 활용함으로써 가능하다고 보았다. 예컨대 연방주의자들은 당시 절대적인 권력을 지닌 한 사람에 의해 지배되는 군주국가로의 회귀를 무엇보다 두려워하고 거부했던 아메리카 민중과 지식인 사회의 정서로 인해, 역사상 최초로 선출되는 대통령의 임기 후 재선을 허용해야 할 것인가를 두고 많은 논란이 일자, 자기이익을 추구하는 인간의 열정은 오직 또 다른 강력한 열정을 통해서만, 혹은 탐욕은 그보다 더욱 가치 있고 추구해 볼 만한 것으로 생각되는 또 다른 탐욕을 통해서만 효과적으로 통제될 수 있다는 논리로 재선의 필요성을 역설하였다.25) 명예를 향한 강한 욕망과 이기심도 잘 활용하면 개인과 국가의 발전과 정화에 긍정적으로 작용할 수 있다는 것이다.

3.2.2 새로운 '권력분립'(separation of powers) 이론

로크는 정부의 구성과 운영에서 권력분립이 제도적으로 반드시 필요한 이유를 바로 인간 자신의 본성적 한계에서 찾았다.26) 또한 로크의 이론을 자신의 조국의 정치적 상황에 맞게 발전적으로 계승한 것으로 평가되는 몽테스키외 역시, 삼권분립을 핵심으로 하는 혼합정체론에서 국가는 서로 다른 권력집단들의 이익이 대변되도록 조직되어야 한다고 주장하였다.27) 로크와 몽테스키외를 비롯한 사상가들이 정치권력의 분립을 강조한 이유는 무엇인가? 정치학자들의 관점에서 볼 때, 세계사에 등장하는 다양한 통치체제들은 끝없이 생성소멸하며 순환해 왔으며, 이 과정에서 부작용과 피해는 거의 예외 없이 국민들이 감당해야 할 몫이었다.28) 권력분립이론은 바로 이러한 정치체제의 지속적인 타락과 국민의 피해라는 악순환을 방지하고, 역사 속에 실존했던 통치체제들(왕정·귀족정·민주정 etc.) 안에서 찾을 수 있는 긍정적인 측면을 선별해서 현실적으로 가능한 최선의 정체를 구성해 보겠다는 노력의 일환으로 평가할 수 있을 것이다.

　주지하듯이 몽테스키외의 혼합정체론은, 민주정과 과두정의 장점을 모으고 결합하여 현실 속에서 최선의 정부를 구성하고자 한 아리스토텔레스의 혼합정체이론이나, 집정관과 원로원 그리고 호민관 같은 권력기관들이 상호 견제와 힘의 균형을 유지하는 고대 로마의 혼합정치체제를 사상적 원천으로 하며, 당시 서구에서 최고의 선진 정치시스템으로 평가된 영국의 권력체제를 본으로 삼되,29) 각 권력조직의 기능적 분할에 좀 더 방점을 두고 조국 프랑스의 시대적 조건하에서 새롭게 고안한 권력분립 모델이었다. 『페더럴리스트 페이퍼』의 저자들은 이처럼 다양한 사상적·역사적 모델들을 참고하여 자신들의 현실 정치상황과 민의에 부합할 수 있는 독자적인 혼합정치체제를 제시하는데 상당한 분량을 할애하였는데, 이 중에서도 특히 중요한 것은 이들이 권력 간의 최대한의 분립과 상호견제에 주안점을 두었다는 사실이다. 또한 연방주의자들은 유럽식 삼권분립제도 등의 수용이 현실 속에서 왕정 복귀로 귀결될 것을 우려하여, 3권의 주체인 행정부(대통령), 입법부(양원제), 사법부 모두 국민의 투표로 선출하는 방식을 채택한 것도 미국식 혼합정체의 특징이라고 말할 수 있을 것이다.

앞에서 언급된 바와 같이, 다양한 체제의 끝없는 순환을 방지하고 지속적으로 안정된 상태에서 주권이 국민에게 주어지는 상황을 만들기 위한 방안으로 고안된 미국 건국 초기의 혼합정치체제 구상은, 역사적으로 존재했던 정상적인 정부형태의 장점들을 수용하여 취합하고 나아가 권력기관들 사이의 지속적이며 체계적인 상호견제 시스템을 구축하는 데 방점이 놓여졌다. 이를 좀 더 구체적으로 살펴보면, 전통적인 군주제는 국민의 정치적 열망을 담아 '대통령제'(presidency)로 발전하였으며, 귀족정의 장점들은 상원(6년제. 미국 50개주 당 2명씩 100명)과 대법원제도(종신직)로 수용되어 주로 대외적인 정치적 중대사의 결정, 국가의 안전보장, 법치수호의 기능을 담당하게 되었다. 또한 민주정의 핵심 특징은 하원(2년제. 435명. 인구비례)으로 변모하여 주로 연방정부와 각주의 예산을 담당하는 역할이 부여되었다.

앞의 인간 본성에 관한 논의를 통해서 확인했듯이 건국 당시 미국의 권력분립론은 인간본성에 대한 불신에서 출발했다. 연방주의자들은 권력의 성립과 유지의 차원에서 볼 때 인간은 지속적으로 감시되고 통제되어야 한다는 관점을 유지하였다.[30] 권력분립의 목적이 거대한 국가권력의 상호견제와 균형을 통해 권력의 독점화를 방지하고 국가로부터 시민의 자유를 엄격히 보장하는 데 있었다면, 권력분립의 방식은 입법권, 행정권, 사법권을 기능적으로 분리하여 서로 다른 사람들이 그 기능을 수행하도록 제도화하는 것이었다.[31] 즉 연방주의자들은 '정부'(government)[32]를 중앙정부와 주정부로 나누어 상호 견제하고 국민의 권리를 보호하는 데 역점을 두었으며(연방정부와 주정부 각 각 삼권분립), 나아가 사회세력을 다양화하는 정책을 채택하여 종교의 자유를 보장하고 이민정책을 적극 추진하는 등 사회의 일부 파벌들이 다른 일부분을 억압하는 상황을 방지하도록 하였다.

정부 각 부분의 고유한 직무수행을 위한 안전장치(견제와 균형의 메 커니즘)의 구체적인 내용을 간략히 살펴보면, 행정부(administration)는 '거부권'(veto power)을 행사함으로써 입법부의 결정에 대해 대통령이 제한적으로 반대의사를 표명할 수 있도록 하였다. 의회 양원제의 채 택은 상호 간의 '경계와 견제'(watch and check)를 통해 졸속적이거나 억압적인 법의 제정을 미연에 방지하는 효과를 염두에 둔 것이며, '탄 핵제'(impeachment)는 입법부가 현실적인 차원에서 권력의 집행기관이 라 할 수 있는 행정부와 사법부를 일정 부분 통제할 수 있는 장치로서 마련되었다. 미국 대법원(the U.S. Supreme Court)의 '사법심사제'(judical review)는 입법부의 새로운 법률 제정이 법률분야 최고의 권위자들을 통 해 헌법과 부합하는지 다시 확인하는 과정이며, 행정법원(administrative court)의 '행정심판' 역시 행정부의 법집행이 실정법에 맞는지를 법률 전문가의 관점에서 판단하는 것이다.

그렇지만 권력분립과 관련된 건국 초기 연방주의자들의 다양한 논의 들 중에서도 가장 혁신적이며 세계정치사에 큰 획을 그은 것은 다름 아 닌, 임기제 대통령제의 채택이었다.33) 즉 미국의 새로운 대통령제 도 입은, 인류 역사상 최초로 국민들이 자유롭게 자신의 리더를 선택할 수 있는 국가체제가 탄생했음을 선포한 하나의 중대한 사건이었 다.34) 대통령 역시 국민의 한 사람으로서 국가 운영을 책임지는 역할 을 잠시 수행할 따름이며, 선출직 대통령은 국민의 자유와 국가의 번 영을 위해 주어진 기간 동안 최선을 다한다는 전통이 시작된 것이다.35)

3.2.3 '광대한 공화국'(extended republic)의 건설

『페더럴리스트 페이퍼』의 근대사상적 배경에 관한 마지막 논의로서, 전통적인 서구유럽식 군주제와 명백히 차별화되는 '미국식 공화주의'(American republicanism)에 관해 간략히 살펴보자. 미국식 공화제의 성격을 논함에 있어 먼저 지적해야 할 점은, 비록 공화정체에 대한 연방주의자들의 개념적 이해는 그리스와 로마를 비롯한 서구의 역사적·사상적 사례들을 원천으로 하지만, 구체적인 내용을 비교해 보면 전자와는 상당한 차이가 발견된다는 사실이다. 예를 들어 서구 공화주의 정치이념의 출발점을 형성하는, 고대 그리스 아테네에서 유래하는 '순수민주주의'(pure democracy)의 경우에는 '직접민주주의' 내지 '인민민주주의'를 표방하여, 추첨에 의해 시민들 중에서 공직자를 직접 선출하거나 국가 중대사와 주요정책을 시민들의 투표에 의해 결정하는 등 제도와 이념 자체가 소규모 나라에 적합한 특성을 내포하고 있다. 이에 반해 연방주의자들은 아메리카 대륙 고유의 지리적 특징과 독립전쟁 이후의 시대적 상황이 반영된, 이른바 '광대한 공화국'을 표방하였으며 이전의 직접민주주의 시스템에 적용되었던 정치제도들은 상당히 변형되거나 포기되었다.36)

'미국식 공화주의'(American republicanism)의 특징을 논할 경우 우리는 그 핵심가치로 다음의 세 가지에 주목하게 된다. '인민주권'(popular sovereignty), '대의제'(represen‒tative), '입헌주의'(rule of law)가 바로 그것이다. 인민주권론과 관련해서, 독립 당시 반연방주의자들을 중심으로 한 아메리카 대륙의 상당수 정치지도자들 사이에는, 13개로 존재하는 각각의 '나라'(state)가 독립이념인 '자유'의 진정한 수호자이고 주권은 '나라 정부'(state government)에 있는 바, 이 주권은 어떤 경우에도 양도 불가능하며 불가분의 성격을 지니고 있다는 통념이 지배적이었다고 해도 과언이 아니다. 이에 광대한 공화국의 건설을 주창한 연방주의자들의 일차적인 과제는, 헌법 제정을 통해 새롭게 탄생하는 '연방정부'(federal government)는 결코 '나라'를 흡수하거나 소멸시키지 않을 것임을 입증하는 데 있었다. 다시 말해서 새롭게 수립되는 공화국은, 기존의 '나라'들이 단순한 연합체이기에 발생할 수밖에 없었던 사실상의 무정부상태를 회피하면서도, 새로운 중앙정부 권력이 나라들을 모두 흡수해 버리는 일종의 제국화를 지향해서도 아니 되고, 결국 두 극단 사이의 절충과 중도의 길을 걸어야 한다는 것이며, 이를 '부분적으로 단일국가적이고 부분적으로 연방적인'(partly national, partly federal) 체제로 규정하였다. 이처럼 절충과 중도의 길을 발견하는 과정에서 중요한 역할을 한 것은 바로 『페더럴리스트 페이퍼』의 저자 중 한 사람이며 미합중국 4대 대통령을 역임한 매디슨(James Madison)이 고안한 '인민주권' 개념이다. 매디슨에 따르면, 중앙(연방)정부의 권한의 근원은 '나라' 정부에서 나오며, 또한 '나라' 정부의 모든 권한은 본질적으로 인민으로부터 유래한다. 즉 아메리카 대륙의 새로운 정치체제에서 모든 권한은 오직 인민의 최고 권력으로부터 나오는 바, 권력은 근원적으로 인민에게 있으며, (각 정부에서) 선출된 인민의 대표에게 단기간 동안 위임되는 것이다.[37] 이러한 논의를 통해 주권은 연방정부와 나라 정부 사이에서 성공적이며 지속적으로 분할 가능하다는 연방제의 기본원리가 제시되었다고 말할 수 있다.[38] 이처럼 '나라'의 무력화로 인한 연방 자체의 분열(무정부상태)을 회피하면서도, 국가권력의 과도한 연방정부 집중(제국화)으로 인한 건국이념(자유와 자율) 훼손 같은 폐해를 방지하기 위해 고안된 것이 바로, 인민주권의 한시적·제한적·단계적 양도라는 구상을 통해 형성된 연방공화국인 것이다.[39]

다른 한편,『페더럴리스트 페이퍼』저자들을 비롯한 미국의 국부들에게 '공화주의'(republicanism)는 앞에서 언급된 '직접민주주의'와 명확히 대비되어, '대의제 민주주의'(Representative democracy)와 사실상 동일한 의미로 사용되었다.[40] 또한 앞에서 논의된 바와 같이, 초기 건국 과정에서 미국에는 역사상 최초로 성문 헌법을 토대로 한 정치체제가 등장하였으며, 이것은 '입헌적 민주주의' 혹은 '민주주의적 입헌주의'의 역사적 출발점을 형성하였다. 그렇다면 입헌적 민주주의를 토대로 한 대의제를 표방한 미국에서 대표(Representatives)의 자격은 어떤 방식으로 부여되는가? 이와 관련해서『페더럴리스트 페이퍼』에는 다양한 논의가 제시되고 있는데, 대표의 자격으로 특별히 강조된 것은 대내적으로는 입법 활동 경험이며,[41] 대외적으로는 상업·과세·무역·통상 지식 및 지역현장 경험이고,[42] 내면적으로는 덕성과 (임기제를 통한) 책임의식[43]을 꼽을 수 있다. 이처럼 정치적 대의제를 표방한 미국사회의 전통적 특성은 바로 '자유지향적 엘리트주의'에 있다고 말할 수 있다. 즉 한편으로 국가의 구성원들에게는 누구를 막론하고, 건국 이념이자 최고의 가치인 자유를 구가할 수 있는 동등한 권리로서의 평등이 보장되며, 이것은 구체적으로 기회균등의 원칙과 다원주의적 사회질서 유지의 근간을 형성한다. 그렇지만 다른 한편 미국사회는 (공교육을 통해 이루어진) 기회의 차등에 근거한 엘리트의 지배를 당연한 것으로 간주하였다. 인민에게 최대한의 자유를 보장을 위해서는 최고의 자질을 지닌 소수에게 정치적인 권한이 집중되어야 한다는 것이다.

🏛 4. 나오는 말

이 글에서는 미국 건국의 이념을 명확하게 제시하였으며 또한 정치체제의 실질적인 내용을 포괄적으로 소개한 『페더럴리스트 페이퍼』의 핵심 내용을 살펴보았다. 이 작품은 미국 건국과정에서 이념적 토대를 제공한 저술일 뿐만 아니라, 현대의 입헌적 대의민주주의 사회에서 여전히 관심을 가질만한 서구 정치사상사의 기념비적 작품으로 평가할 수 있다.[44] 특히 우리는 이 글을 통해 인류 역사상 최초로 현실정치에서 보편적 자유의 가치를 설파하고 대의민주주의를 표방한 『페더럴리스트 페이퍼』가 갖는 의미를 확인할 수 있었다.

나아가 『페더럴리스트 페이퍼』에 제시된 정치사상에 대한 심층적인 고찰은, 이후 등장한 미국 정치인들의 공공성에 대한 강조와 정책결정의 동인(動因)을 이해하는 데 도움을 줄 수 있을 것이다. 저자들은 인간 영혼의 심연에 잠재된 권력에의 욕망을 극단적으로 부정하거나 죄악시하지 않고 있는 그대로 인정하면서도, 이 욕망의 에너지가 단지 개인적인 열정이나 이해관계를 위해 소비되지 않고 국가와 대중을 위해 긍정적인 방식으로 활용될 수 있도록, 다시 말해서 정서적 차원에서 평범한 한 인간이 선공후사(先公後私)를 지향하는 공공리더로 거듭날 수 있도록 인도하는 제도적 방안은 무엇인지 깊이 고민하였다. 같은 맥락에서 '국부 중의 국부'로 칭송받고 있는 워싱턴이 보여준 권력에 대한 겸허한 자세(대통령 재직 당시의 권한 사용 자제 및 종신 대통령 거부와 평화적인 정권교체 등)는 『페더럴리스트 페이퍼』가 지향한 정치리더십의 정수를 보여주었을 뿐만 아니라, 천 마디 말보다 훨씬 더 소중한 정치적 자산이 되어 이후 미국이 단번에 서구사회에서 으뜸가는 정치 선진국으로 발돋움할 수 있는 계기를 마련하였다.

저자들은 서구의 유구한 역사와 정치사상 속에 산재되어 있던 다양한 권력분립 모델들을 참고하여 당시의 아메리카 상황에 최적화된 '혼합적 권력분립 모델'을 제안하였으며, 특히 권력 간의 분립과 상호견제에 방점을 두었다. 이 과정에서 제도화된 다양한 정치시스템은 미국독립혁명 이후 250여 년이 지난 현재까지도 대체로 본래 모습을 유지하고 있을 정도로 가치와 안정성을 인정받고 있다. 이 점은 리더십의 관점에서도 우리 한국사회에 중요한 교훈을 제시하고 있는데, 그것은 바로 권력분립의 제도와 이념은 오직 정치 주체들 간의 권력에 대한 상호 양보와 타협을 통해서만 비로소 구현 가능하며, 또한 양보와 타협은 정치인 각자에게 자기절제의 능력이 어느 정도 내면화된 경우에만 실현될 수 있다는 사실이다. 다시 말해서 현실 속의 정치인이 과연 나라 전체를 행복하게 만들려는 의지와 역량 그리고 리더십을 충분히 갖고 있는지를 판단할 수 있는 시금석은 더 이상 그의 입에서 쉽게 흘러나오는 정의나 공정성 같은 거대담론이나 실현되지 못할 구두선이 아니라, 일반적으로 사람들이 큰 애착을 갖게 마련인 욕구의 대상들(권력, 명예, 재산 etc.)에 스스로 얼마나 초연하며 절제 있는 태도를 보일 수 있는가에 달려있는 것이다.

서양의 여러 고전적 텍스트를 배우고 익히는 궁극적인 목적은 이를 한국의 현실에 맞게 해석하고 적절히 응용함으로써 창조적인 방식으로 새로운 가치를 창출하는 데 있다. 우리가 1945년 해방 이후 미국을 통해 자유민주주의 이념을 수용하여 나라를 건설하고 지속적인 발전을 거듭해 왔다는 사실만 보더라도, 『페더럴리스트 페이퍼』에 대한 심층적인 이해는 우리의 현실과 미래를 위해 중요한 의미를 내포한다고 말할 수 있다. 또한 이 저술은 리더십의 관점에서도, 21세기 민주주의 사회를 선도할 지도자는 어떤 인간적인 자세와 정치적 역량을 갖추고 있어야 하는가에 관해 적지 않은 시사점을 제공하고 있다.

* 이 글은 필자의 『리더와 리더스피릿』(2023)의 일부 내용(pp.157－184)을 부분적으로 수정한 것이다.

"시민의 자유는 자신이 안전하다는 의견에서 나오는 정신의 평온함이며, 시민이 이러한 자유를 누리도록 하기 위해서 정부는 한 시민이 다른 시민을 두려워하지 않도록 해야 한다."

— 몽테스키외, 『법의 정신』, 2권 ch.6

"정의는 정부의 목적이다. 그리고 그것은 시민사회의 목적이다."

— 『페더럴리스트 페이퍼』, 51편

"정부의 권력남용을 억제하기 위해 이러한 제도적 장치들이 필요한 것은 인간의 본성에 대한 불신에서 비롯되는 것이다. 그러나 인간의 본성에 대한 큰 불신이 바로 정부 그 자체가 아닌가? 만약 인간이 천사라면 어떤 정부도 필요 없을 것이다. 또한 천사가 인간을 다스린다면 정부에 대한 외적, 내적 통제도 필요 없을 것이다."

— 『페더럴리스트 페이퍼』, 51편

"정치란 열정과 균형감각 둘 다를 가지고 단단한 널빤지를 강하게 그리고 서서히 뚫는 작업입니다. 만약 지금까지 〈불가능〉에 도전하는 사람들이 계속 나타나지 않았더라면, 인류는 아마 가능한 것마저도 성취하지 못했을 것입니다. (…) 자신이 제공하려는 것에 비해 세상이 너무나 어리석고 비열하게 보일지라도 이에 좌절하지 않을 자신이 있는 사람, 그리고 그 어떤 상황에 대해서도 〈그럼에도 불구하고!〉라도 말할 능력이 있는 사람, 이런 사람만이 정치에 대한 〈소명〉을 가지고 있습니다."

— 막스 베버, 『소명으로서의 정치』

읽을거리 & 볼거리 ─────────────── ◉

- 로버트 달(2016), 『미국 헌법과 민주주의』, 박상훈 외 역, 휴머니스트.
- 막스 베버(2011), 『소명으로서의 정치』, 최장집 엮음·박상훈 역, 후마니타스.
- 알렉시스 드 토크빌(2014), 『미국의 민주주의 I』, 임효선·박지동 역, 한길사.
- 『존 아담스(John Adams)』(HBO, 2008, 7부작)

  미국 2대 대통령 존 아담스(1735 – 1826)를 주인공으로 '미국독립혁명'
  (American revolution) 당시의 정치와 전쟁, 그리고 권력을 둘러싼 '국부
  들'(Founding fathers) 사이의 경쟁과 갈등을 세밀하게 묘사한 미국드라마
- 『링컨(Lincoln)』(2012, 드림웍스 픽처스)

  미국의 전기작가인 도리스 컨스 굿윈이 저술한 『권력의 조건(Team of
  Rivals: The Political Genius of Abraham Lincoln)』을 기반으로 제작되었
  다. 남북전쟁의 막바지인 1865년 링컨 대통령은 상원에서 통과된 노예제
  를 금지하는 수정헌법을 최종 단계인 하원에서 통과시키고자 하나, 법안
  을 대하는 정파들의 시각과 이해관계가 달라서 통과가 불투명하다. 이에
  링컨은 공화당과 민주당 의원들에 대한 개별적인 대화와 협상을 시도하
  고, 나아가 변혁적 리더십과 거래적 리더십을 적절히 발휘하여 결국 법안
  통과를 이끌어낸다.

『목민심서』의 위엄과 신뢰의 리더상

황 병 기

『목민심서』는 조선 후기의 대학자 다산(茶山) 정약용(丁若鏞, 1762~1836)의 대표 저서이다. 목민(牧民)은 '백성을 기른다'는 뜻이며, 민생을 살피고 지도하는 지방의 장관을 목민관이라 한다. 오늘날의 지방자치체의 장들을 목민관이라 할 수 있다. 원래 『목민심서』는 이 지방관들의 행정 지침서로 작성된 글이다. 그러나 대상을 넓혀보면 모든 공직자의 지침서이자, 모든 조직의 리더를 위한 지침서가 된다. 정약용이 이 책의 이름을 '마음의 책(心書)'이라 한 것은 강진 유배지에서 글을 쓰면서 실제 정치 현장에서 활용하지 못하는 안타까운 마음을 담은 것이다. 훗날 다시 정치 현장에서 활용할 날을 기다리며 마음으로 새기기 위한 의지를 담고 있다. 『목민심서』는 『흠흠신서』, 『경세유표』와 함께 이른바 '1표 2서'의 하나로, 그 핵심은 '청렴'에 있다.

🏛 1. 들어가는 말

인간은 사회생활을 시작한 이후 강한 구속력을 지닌 사회이든 느슨한 형식의 사회이든 영도하는 사람과 영도되는 사람으로 구분되었다. 영도하는 사람과 영도되는 사람은 남성과 여성으로 구분되기도 하였고, 어른과 아이로 또는 지배자와 피지배자 등으로 구분되었다. 사회의 규모가 커가면서 영도하는 사람과 영도되는 사람의 집단들이 만들어지고 각 집단들 사이에서 또 다시 영도하는 집단과 영도되는 집단이 만들어졌다. 아울러 하나의 집단 내에서도 더 영도적인 사람과 덜 영도적인 사람, 강하게 영도되는 사람과 느슨하게 영도되는 사람으로 구분되었다. 이것이 훗날 하나의 질서가 되었다. 가족집단에서는 부모와 자식, 어른과 아이의 질서가 존재하였고, 기업집단에서는 사장에서부터 말단 직원까지의 질서가 존재하였다. 관료제집단에서는 상급관료와 하급관료가 존재하였으며, 왕조제 집단에서는 국왕과 신하의 질서가 존재하였다. 그리고 이것들은 서로 중첩되었다.

조선시대의 수령은 지방의 행정, 사법, 재정, 군사 등 거의 모든 분야를 국왕을 대신하여 관장하는 작은 왕과 같았다. 다만 국왕에 의해 임명되어 지방이라는 공간적 한계 안에서 통치하였고, 임기가 제한된 시간적 한계를 지녔을 뿐이다. 『목민심서』는 바로 이러한 수령의 지방행정 지침서였다. 책의 내용은 철저하게 수령들을 독자층으로 삼아, 수령이 지녀야 할 기본 소양과 지방행정의 이념, 그리고 당면한 현실 문제에 취해야 할 적절한 원칙들을 다루고 있다. 수령은 왕명의 대행자로서 지방통치의 막중한 임무를 수행하는 사람이었다.

조선은 일찍부터 중앙집권적 통치체제를 확립하고 지방에 대한 공적 통치조직으로 군현을 두었다. 중앙에서 이 군현들에 파견된 수령들은 왕의 원칙과 국가의 이념을 지방에 실현하는 첨병 역할을 하였다. 이들이 자신의 본연의 임무를 수행하기 위해 가장 중요한 것은 지방의 백성을 올바르고 부유하게 부양하는 일이었다. 그래서 그들을 목민관(牧民官)이라 불렀다. '목민'은 백성을 부양한다는 뜻이다.

오늘날 과거의 신분제 사회와는 달리 누구나 관리가 될 수 있고, 누구나 정치가가 될 수 있지만 영도하는 사람과 영도되는 사람으로 구분되는 것은 예나 지금이나 한결같다. 리더(Leader)는 최고위의 영도자만을 가리키는 것이 아니다. 두 사람만 모여도 리더와 팔로워(Follower)가 존재한다. 이 관계는 늘 존재하며, 사안에 따라 그 관계가 뒤바뀌거나 얽히기도 한다. 리더는 다른 사람보다 앞서서 결정하고 실천하는 사람이다. 목민관은 바로 오늘날의 리더로 재해석할 수 있다.

🏛 2. 리더와 리더십

정약용은 「원목(原牧)」편에서 다음과 같이 말했다.

> 옛날에야 백성이 있었을 뿐 어찌 목자(牧者)가 있었던가? 백성들이 옹기종기 모여 살면서 한 사람이 이웃과 다투다가 해결을 보지 못한 것을 공언(公言: 공적인 발언)을 잘하는 어른이 있어 그에게 가서 해결을 보고 온 마을의 이웃들이 모두 감탄한 나머지 그를 추대하여 높이 모시고는 그를 이정(里正)이라고 불렀다. 또 여러 마을 백성들이 자기 마을에서 해결 못한 다툼거리를 가지고 준수하고 식견이 많

은 어른을 찾아가 그를 통해 해결을 보고는 여러 마을들이 모두 감탄한 나머지 그를 추대하여 높이 모시고서 당정(黨正)이라고 불렀다. 또 여러 고을 백성들이 자기 고을에서 해결 못한 다툼거리를 가지고 어질고 덕이 있는 어른을 찾아가 그를 통해 해결을 보고는 여러 고을이 모두 감탄하여 그를 주장(州長)이라고 불렀다. 또 여러 주의 장(長)들이 한 사람을 추대하여 어른으로 모시고는 그를 국군(國君)이라고 불렀으며, 또 여러 나라의 군(君)들이 한 사람을 추대하여 어른으로 모시고는 그를 방백(方伯)이라고 불렀고, 또 사방의 백(伯)들이 한 사람을 추대하여 우두머리로 삼고서 그를 황왕(皇王)이라고 불렀다. 이렇게 황왕의 근본은 이정에서부터 시작되니, 결국 목자는 백성을 위해 존재하는 것이다.

　　　　　　－『정본 여유당전서』 2, 문집 권10, 「원목」, 206－207쪽.

정약용의 시대에도 목민관은 임명직이었기 때문에 「원목」에서 말하는 선출직으로서의 목민관과는 엄연히 다르다. 그러나 「원목」편의 주장은 아주 오랜 옛날 최초로 어느 집단의 우두머리가 폭력이나 무력에 의해 된 것이 아니라 그 집단 구성원의 추대와 합의에 의해 세워진 것이라는 역사적 가정하에 목민관뿐 아니라 군주, 황제에 이르기까지 목민의 정신과 취지를 분명히 하여 민본주의의 목표를 설파한 것이라고 할 수 있다.

의회제도가 없던 당시에 정약용이 말하고 있는 '목'(牧)은 목민관, 곧 지방 수령을 가리킨다. 오늘날의 시장, 군수, 지사 등이 이에 해당한다. 오늘날 추대의 형식은 고대와 다르겠지만, 선거에 의해 선발된, 아마도 추대된 것으로도 말할 수 있는, 선출직은 국가기관으로 보면 이런 수령들뿐만 아니라 시의원, 도의원, 국회의원 등이 모두 해당된다.

이렇게 선출된 자들은 그 집단의 민의를 대변하는 자들이다. 이론적으로는 하급단계에서부터 최상급단계까지 민의가 수렴된 것으로 본다면 국회의 입법과 행정부의 법 집행은 그야말로 민의의 대변인 셈이다. 그러나 현실은 그렇지 않다.

유가의 민본주의는 백성을 근본으로 한다지만 실제로는 위민정치(爲民政治)이다. 민본(民本)과 정본(政本)으로 구별되는, 다시 말해 정치의 주체와 대상이 분리된 이념이다. 정약용의 말대로 목자는 당연히 백성을 위하여 존재하는 자들이고, 그들이 비록 추대와 합의에 의해 세워진 자들이라 하더라도 정치의 무대에 서게 되면 백성과는 유리된 통치자로 변모한다. 형식적으로 백성 가운데서 통치자가 탄생하지만 통치자는 백성은 아니다. 근대 서구의 사회계약론자들이 자연상태라는 관념적 지평으로부터 정치적 합의를 이끌어낸 것처럼 정약용도 태곳적 원시상태라는 관념적 지평으로부터 이상적 정치의 모델을 설정했다. 따라서 이러한 구도는 관념적 정당성이 필요할 뿐 실증적 논리를 통해 논증될 수는 없는 것이다. 우리는 다만 정약용의 「원목」을 통해 통치자의 바람직한 행위가 피통치자의 민의를 대변하는 것이어야 한다는 이상을 취하면 된다.

실제로 역사의 무대에서 「원목」과 같이 지도자가 선출된 적은 동서고금에 없다. 정약용이 말한 '태곳적'(太古)은 관념의 산물일 뿐이다. 주목할 것은 통치자가 분쟁의 조정자로 등장한다는 점이다. 분쟁은 충돌과 갈등, 폭력을 수반한다. 평화를 갈등 없는 상태, 폭력 없는 상태로 규정한다면, 결국 지도자는 분쟁의 조정자이자 평화의 수호자인 것이다. 목자의 탄생 목적이 분쟁 없는 상태라면 정약용이 바라본 개인에서부터 집단, 사회, 국가에 이르는 모든 사회조직은 평화를 목적하는 조직이다.

그러나 태곳적이 아닌 현실 속에서 어떻게 평화를 유지할 것인가? 「원목」에서 말하는 분쟁 없는 평화의 상태는 민의가 최대한 반영되어야만 가능한 상태이다. 만약 민의가 반영되지 않은 통치자가 추대된다면 어떻게 할 것인가? 「탕론」에서 그 해결책이 제시된다.

> 대저 여러 사람이 추대해서 만들어진 것은 또한 여러 사람이 추대하지 않으면 물러나야 하는 것이다. 때문에 5가(家)가 화협하지 못하게 되면 5가가 의논하여 인장(鄰長)을 바꿀 수 있고, 5린(鄰)이 화협하지 못하면 25가가 의논하여 이장(里長)을 바꿀 수가 있고, 구후(九侯)와 팔백(八伯)이 화협하지 못하면 구후와 팔백이 의논하여 천자를 바꿀 수가 있다. 구후와 팔백이 천자를 바꾸는 것은 5가가 인장을 바꾸고 25가가 이장을 바꾸는 것과 같은 것인데, 누가 신하가 임금을 쳤다고 말할 수 있겠는가. 또 바꿈에 있어서도 천자 노릇만 못하게 할 뿐이지 강등하여 제후로 복귀하는 것은 허락하였다. 때문에 주(朱)를 딩후(唐侯)라 했고 싱균(商均)을 우후(虞侯)라 했고 기자(杞子)를 하후(夏侯)라 했고 송공(宋公)을 은후(殷侯)라 했다. 완전히 끊어버리고 후(侯)로 봉(封)하지 않은 것은 진(秦)나라가 주(周)나라를 멸망시키고부터이다.
> ― 『정본 여유당전서』 2, 문집 권11 「탕론」, 304쪽.

정약용은 「탕론(蕩論)」에서 중국에서 상나라를 세운 탕왕(湯王)이 하나라의 마지막 왕인 걸왕(桀王)을 추방한 것이 과연 옳은 일인가라는 질문을 통해 민의를 반영하기 위한 정권의 교체, 왕조의 교체 등의 정당성을 설파하였다.

탕왕은 걸왕의 제후로서 걸왕을 몰아내고 새로운 왕조를 연 사람이다. 그는 하늘의 명에 따라 도탄에 신음하고 있는 백성들을 구제하기 위해 군사를 일으켰으며, 그가 군대를 일으키자 나라 안의 온백성이 환영했다고 한다.

걸왕은 세습된 왕이긴 하였지만, 형식적으로는 추대된 왕으로서 민의를 최상급단계에서 대변하고 있는 자이다. 그런 정통성이 있는 왕을 탕이라는 새로운 인물이 폭력으로 전복시켰는데, 이것을 정당화한 것이 「탕론」이다. 나라와 백성이 평안한 새로운 평화를 위해 폭력을 사용한 것에 대해 그 정당성을 인정한 것이다. 평화적인 정권교체를 '선양(禪讓)'이라 한다. 동일한 왕조 내의 선위(禪位)뿐 아니라 왕조가 교체되는 역성(易姓)혁명까지도 선양이라는 비폭력을 통해 교체될 수 있다. 반면에 폭력적 정권교체는 '혁명(革命)' 또는 '방벌(放伐)'이라 하였다. 혁명은 천명이 바뀌는 것이므로 주로 역성혁명을 가리켰고, 방벌은 폭력적 또는 비도덕적 군주에 대한 정당한 교체를 의미했다. 요순우(堯舜禹)의 정권교체는 선양의 전범이며, 탕왕과 무왕의 왕조교체는 방벌의 전범이자, 역성혁명이기도 했다.

혁명, 방벌, 선양 등의 교체 방법이 무엇이든, 정당한 것인가 하는 것이 정약용의 질문이지만 답은 의외로 간단하다. 추대와 꼭 같은 방식으로 퇴출도 가능하다. 협의에 의해 추대된 집단의 장은 마찬가지로 협의에 의해 장의 자리에서 퇴출시킬 수 있다는 것이 「탕론」의 핵심이다. 「탕론」의 "옛날에는 아랫사람이 윗사람을 추대하였으니 아랫사람이 윗사람을 추대하는 것이 순(順)이었지만, 지금은 윗사람이 아랫사람을 세우니 아랫사람이 윗사람을 추대하는 것이 역(逆)이 된다"라는 말은, 마치 오늘날의 상향식 민주주의는 옳고, 하향식 민주주의는 옳지 않다는 주장과 같다. 통치자가 국민을 통치의 대상으로 삼아 법을 제정하고 집행하며, 구미에 맞는 관료를 세워 하향식으로 명령을 국민에게까지 미치게 한다면, 그것은 「원목」에서 말한 것처럼 인간의 태곳적 자연상태에서 자연스럽게 형성된 순(順)의 방식, 곧 상향식 인물 추대와 정책 제안 등을 거스르는 행위가 된다.

그러나 「원목」과 「탕론」의 주장은 통치자의 선발과 퇴출에 대한 정당성을 논한 것일 뿐, 이러한 일련의 사태에서 발생하는 폭력을 정당화하는 것은 아니다. 일련의 사태에 행사된 무력과 폭력이 천명이라는 이름으로, 혹은 민의를 대변한 정치적 행위로 미화되고 결과적인 정당성만 부여된 것이다.

🏛 3. 『목민심서』의 저술동기

『목민심서』는 지방행정 전반에 대한 개혁안을 담고 있다. 그가 책 제목을 '심서(心書)'라 한 것은 유배자의 몸으로 마음만 있고 실행하지 못하는 안타까움을 표현한 것이다. 『목민심서』는 총 12편으로 구성되어 있고, 각 편마다 6조씩 총 72조의 지침들이 실려 있다. 지방 수령을 대상으로 한 것이기 때문에 부임할 때부터 해관될 때까지 목민관의 시작과 끝을 모두 상세하게 언급하였다. 첫째 편은 부임(赴任)편이고 마지막 편은 해관(解官)편이다. 그 사이에 이른바 삼기(三紀)가 되는 제2편 율기(律己), 제3편 봉공(奉公), 제4편 애민(愛民)편이 있고, 이어서 각 부서의 실전 매뉴얼로서 육전(六典)이라 불리는 제5편 이전(吏典), 제6편 호전(戶典), 제7편 예전(禮典), 제8편 병전(兵典), 제9편 형전(刑典), 제10편 공전(工典)이 있고, 마지막으로 일종의 복지정책안을 담고 있는 제11편 진황(賑荒)편이 있다.

중국이나 일본 등지에서도 목민서들이 만들어지긴 하였으나, 『목민심서』와 같은 규모와 내용을 지닌 목민서는 종래 없었다. 『목민심서』는 목민관의 모든 업무를 총괄하고 있어 얼핏 시시콜콜하게 여겨질 정도로 상세하게 지침을 주고 있다.

정약용이 실제 관료의 신분으로서 목민관을 간접적으로 경험하게 된 것은 1794년 암행어사 때이다. 정조는 1794년 경기지방에 흉년이

들었을 때 민생이 어렵다는 보고를 받고 10명의 암행어사를 파견하였
는데, 이때 정약용은 양주(楊州)로 들어가 적성(積城), 마전(麻田), 삭녕
(朔寧)을 거쳐 파주(坡州)로 나오라는 어명을 받고 임무를 수행하였다.
이때 마전에서 경기 관찰사로 있던 서용보(徐龍輔), 삭녕에 있던 강명
길(康命吉), 연천에 있었던 김양직(金養直)의 죄상을 고발하였다. 정약
용은 관료의 신분으로 처음 백성들의 현실과 마주하게 되었고, 백성
들의 궁핍함이 수령의 탐학과 착취에서 비롯한다는 것을 알게 되었다.
경기 관찰사 서용보는 명문세도가의 사람이었으며, 연천의 전 현감
김양직은 왕실 가족의 묏자리를 봐주는 지관 출신으로 사도세자의 묘
소를 화성으로 정한 인물이기도 하였다. 삭녕의 전 군수 강명길은 궁
중어의 출신으로 정조의 어머니 혜경궁 홍씨의 병환을 돌보았던 사람
이다. 이들 모두 세도와 왕실의 비호를 받던 사람들이었기에 정약용
이 올린 복명서의 탄핵이 지연되자 "법의 적용은 마땅히 임금의 가까
운 신하로부터 하여야 한다"고 하여 결국 탄핵을 성공시켰다. 정약용
은 철저한 법집행으로 수령들의 착취를 근절시켜야만 민생이 안정된
다는 확신을 가지고 있었다.

  정약용이 진정한 의미에서 목민관의 경험을 한 것은 1797년(36세)
윤6월부터 1799년 4월까지 약 23개월 근무한 곡산부사(谷山府使) 때이
다. 당시 천주교 신부 주문모(周文謨)의 건으로 노론의 공격이 거세지
자 정조가 황해도 곡산부사로 부임시켜 이들의 공격을 피하게 배려한
것이다. 곡산부사 시절 가장 인상적인 사건처리는 이계심(李啓心)이 일
으킨 농민봉기 사건의 처리였다. 정약용이 부임하기 위해 막 곡산 땅
에 들어섰을 때 갑자기 이계심이라는 사람이 길을 막고 백성의 고통
12개 조목을 적어 올려 호소하였다. 정약용이 부임하기 전 이미 이계
심은 전임 부사의 농간에 반발하여 1,000여 명의 백성들을 이끌고 관

아를 공격했던 농민봉기의 주모자였다. 이 때문에 수배중이었는데, 갑자기 신임부사의 길을 막고 억울함을 호소했던 것이다. 이때 주변 사람들은 즉시 체포하여 포박하고자 하였지만 정약용은 오히려 그의 포박을 풀어주고는 "관청이 밝지 못하게 되는 까닭은 백성이 자신을 위해 도모하는 데만 영리하여 폐단을 들어 관청에 항의하지 않기 때문이다. 너 같은 사람은 관청에서 천금을 주고 사야 할 것이다"라고 칭찬하였다. 정약용은 이 사건의 처리를 통해 진정으로 백성을 위한 정치가 어떤 것인지를 직접 매우 인상적으로 보여주었다. 이때의 경험들이 『목민심서』의 저술에 중요한 자료가 되었다.

그러나 이것만이 전부가 아니다. 정약용은 어린 시절부터 아버지 정재원(丁載遠)의 수령 임관지에 함께 살면서 아버지의 목민 경험을 간접적으로 경험하였다. 이것을 정약용은 『목민심서』의 서문에서 분명하게 밝혔다.[1] 아버지의 목민관 생활에 대한 간접 경험과 관료로서의 직간접 경험들이 『목민심서』 저술의 중요한 모토였음을 알 수 있다.

그러나 이러한 경험만으로는 위대한 책이 완성될 수 없을 것이다. 정약용은 여기에 역사적 자료와 경전적 자료, 유배지에서의 경험 등을 더하여 책을 저술하였다. 그는 오경(五經)과 사서(四書), 23사(史), 우리나라 역사 및 문집 등 여러 서적을 가져다가 옛날 지방관이 백성을 다스린 사적을 골라, 위아래로 뽑아 엮고 이를 분류한 다음 편집하였다.[2]

정약용은 이처럼 아버지의 목민관 시절의 간접 경험, 자신의 목민관 시절의 직접 경험, 여기에 더하여 강진 유배기의 민초들과 함께한 경험에 바탕하여 바람직한 목자의 상을 수립하였고, 또 중국과 우리나라의 역사를 종합적으로 참조하여 총 12편의 리더 지침서를 저술한 것이다.

『목민심서』의 12편 72조목은 목민관의 부임에서 해관에 이르기까지 목민관이 갖추어야 할 내면적 덕성과 윤리적 자세뿐만 아니라 장악해야 할 외재적 행정업무와 실천 매뉴얼을 체계적이고 상세하게 언급하고 있다.

부임과 해관의 통과의식을 제외하고 「율기」편을 맨 앞에 배치한 것은 지방행정에서 절대권한을 가진 목민관의 올바른 윤리적 자세를 강조한 것이다. 「봉공」편은 목자로서의 올바른 자세와 태도를 확립하고 나면 사욕을 버리고 오로지 공무에 봉사해야 한다는 점을 강조한 것이다. 「애민」편은 노인이나 어린이, 빈자 등 소외되기 쉬운 백성을 사랑하는 구체적인 실천방법을 담고 있다. 결국 목자로서의 주체적 자세를 보여주는 3기(三紀)는 목자 개인의 도덕적 자세와 태도 확립에 기초하여 공적인 업무를 수행하되 백성을 사랑하는 마음을 전제로 해야 한다는 것을 구조적으로 보여주고 있다.

🏛 4. 『목민심서』의 리더십

『목민심서』에는 목자의 개인적 자세와 아울러 각 방면의 실무에 대한 지침을 통해 당시 조선사회를 구할 여러 정책들이 제시되어 있다. 정책적 차원의 중요한 몇 가지를 예로 들어본다면 다음과 같다.

토지를 균등하게 분배하여 경자유전의 원칙을 실현할 것, 배와 수레를 제작하여 국내 물산을 효과적으로 상통할 것, 도량형을 표준화할 것, 외적을 토벌하기 위해 축성과 수성을 철저히 할 것, 신상필벌, 약자를 보호하고 노인을 봉양할 것, 붕당을 타파할 것, 인재를 균등하게 등용할 것, 치수 사업으로 홍수를 예방하고 관개를 원활히 할 것, 과실수를 심어 소득을 증대시키고 축산을 장려할 것, 맹수를 포획하여 활용할 것, 광물자원을 개발할 것, 질병 관리를 철저히 할 것 등이 있다.

이러한 정책들은 결국 목자의 청렴을 통해 실천되어야 하는 것들이다. 정책을 시행할 때 공직자의 청렴이 지향하는 목표는 청렴 그 자체가 아니라 청렴을 통해 국가의 재정을 튼튼하게 하고 백성들의 삶을 넉넉하게 만들어주는 것이다. 따라서 『목민심서』의 교훈을 청렴으로만 한정하는 것은 이 책의 가르침을 온전히 이해한 것이 아니다. 『목민심서』가 지향하는 목자의 청렴은 반드시 『경세유표』가 지향하는 부국유민(富國裕民)과 결합되어야 되는 것이다.

그렇다면 목자는 부국유민의 목표를 달성하기 위하여 청렴을 실현해야 한다. 목자가 청렴을 실현하기 위하여 발휘해야 하는 능력과 방법론이 바로 리더십이 된다.

4.1 시공간 장악의 리더십

『목민심서』 리더십의 핵심은 바로 리더가 시공간을 장악해야 한다는 것이다. 정약용은 제1 「부임」편에서부터 리더가 해야 할 일로 시공간의 장악을 여러 차례 언급하였다.

『목민심서』 제1 「부임」편 첫 장은 목자의 막중한 책임감을 강조하는 말로부터 시작한다.

> 다른 벼슬은 구해도 좋으나, 목민의 벼슬은 구해서는 안 된다.
> ─ 『목민심서』 제1편 「부임」, 제1조 제배(除拜), 제1항.

중앙에도 수많은 벼슬이 있지만, 특히 목민관은 국왕을 대신하여 지방을 통치하는 벼슬이기 때문에 국왕의 책임만큼이나 막중한 책임이 부여되는 자리이다. 목자가 지방을 잘 다스리면 나라가 부강해지지만, 잘못 다스리면 지방의 재정이 무너져 결국 나라가 그 피해를 입게 된다. 목자의 자리는 그만큼 막중한 자리이다. 또한 지방에는 세습하며 지방행정을 장악해 온 노회한 아전들이 있고, 목자는 단지 3년의 임기제로 파견되는 임명직인데다가 그 임기마저 제대로 채우지 못하는 자가 많으니 목자의 자리는 어렵고도 위험한 자리이다. 『목민심서』는 그러한 막중한 자리를 쉽게 생각하여 자신감에 넘쳐 함부로 수행하고자 덤벼들어서는 안 된다는 경고의 말로부터 시작한다.

목자가 부임하면서 가장 먼저 해야 할 것들은 무엇일까. 부임지에 대한 상황파악과 정보수집이다.

> 부임하는 길에서는 오직 엄하고 온화하며 과묵하기를 마치 말 못하는 사람인양 할 것이다.
> — 『목민심서』 제1편 「부임」, 제4조 계행(啓行), 제1항.

대부분의 목자는 부임지에 대한 정보가 부족한 채로 출발하게 된다. 아전들이 먼저 서울에 올라와 새로 부임한 목자를 안내하여 가는데, 그들은 새로 부임한 자신들의 상관이 얼마나 부임지에 대한 정보를 파악하고 있는지 수시로 간파하고자 할 것이다. 또한 새 상관이 무엇을 좋아하는지 무엇을 탐하는지를 엿볼 것이고, 어떤 종류의 사람인지를 끊임없이 잴 것이다. 목자는 이들에 부화뇌동하지 말고 과묵하게 가면서 이들에게서 부임지에 대한 정보를 최대한으로 끌어내야 한다. 이러한 노력은 거쳐 가는 지역마다 지속해야 한다.

관부를 두루 찾아가 마땅히 먼저 임관한 자의 말을 귀담아 들어 다스리는 도리를 익힐 것이며 농으로 밤을 보내서는 안 된다.
　　　　　 ─ 『목민심서』 제1편 부임, 제4조 계행(啓行), 제4항.

이렇듯 철저한 준비 없이 리더가 될 수는 없다. 거쳐 가는 지역의 선임자로부터 치도를 배우고 정보를 수집해야 한다. 이를 망각하고 술과 농으로 시간을 보내서는 안 된다.

부임지에 도착하기 전까지 목자는 엄중한 책임감을 느끼고 철저히 부임지에 대한 상황파악과 정보를 수집해야 한다. 이에 바탕하여 부임지에 도착하면 가장 먼저 해야 할 일은 곧 그곳의 시간과 공간을 장악하는 것이다.

　　책력에 맞는 작은 수첩을 만들고 모든 일의 정해진 기한을 기록하여 잊어버림이 없도록 한다.
　　　　　 ─ 『목민심서』 제1편 「부임」, 제6조 리사(莅事), 제6항.

　　노련한 아전을 불러 화공(畫工)을 모으게 하여 본현의 사경도(四境圖)를 그려서 벽 위에 걸도록 한다.
　　　　　 ─ 『목민심서』 제1편 「부임」, 제6조 리사(莅事), 제7항.

지방행정의 시간표를 만드는 것과 부임지의 사경도를 그리는 것이 목자의 첫 번째 업무이다. 시간표 작성은 곧 시간을 장악하는 것이다. 일을 잘 아는 체하고 아랫사람에게 묻기를 부끄러워하여 두리뭉실 의심스러운 것을 그냥 삼킨 채 다만 문서 끝에 서명하는 것만 착실히 하다가는 아전들의 술수에 빠지는 경우가 많다. 어리석은 목자와 게으른 목자는 아전들의 서류에 서명하는 일로 업무를 다한 것처럼 느낄 것이다. 따라서 목자는 업무의 시간표를 만들어 반드시 스스로 어기지 않아야 하며, 백성들에게도 기한을 철저히 지킬 것을 엄히 단속해야 한다. 관청의 일은 기한이 있는데 기한을 지키지 않는 것은 곧 백성들이 명령을 희롱하는 것이기 때문이다.

사경도를 그리는 것은 곧 공간을 장악하는 것이다. 정약용은 지도에 강줄기와 산맥은 실제와 꼭 같게 그리게 하고, 동서남북의 방위를 표시하게 하였으며, 마을 단위의 이름과 거리, 마을의 인구를 적시하게 하였다. 또한 큰길과 작은 길, 다리, 나루터, 고개, 정자, 객점(客店), 사찰(寺刹) 등을 모두 그려 놓도록 하였다. 게다가 이 지도는 아주 상세할 필요가 있다. 먼저 경위선(經緯線)을 그리고 1칸을 10리 단위로 하되 1백 호가 있는 마을은 호수를 다 그려 넣을 수 없으니 집이 조밀하게 있는 모양을 그려서 큰 마을임을 알게 하도록 할 것이며, 한두 집 골짜기에 있는 것도 빠뜨리지 말도록 하였고, 기와집과 큰 집도 표시하여 토호(土豪)의 집임을 알 수 있도록 하였다. 이를 통해 부임지의 인정과 풍속을 살필 수 있고 고을의 사정을 알 수 있으며, 또 아전과 백성들이 왕래하는 길을 알 수 있기 때문이다. 지도는 가장 긴요한 것이기 때문에, 본현에 화공이 없다면 이웃 현에서 졸렬한 솜씨의 화공이라도 데려와 그리게 하였다.

4.2 신뢰와 위엄의 리더십

『목민심서』리더십의 또 하나의 핵심은 바로 신뢰와 위엄을 겸비해야 한다는 것이다.

> 사람들을 통솔하는 방법은 위엄과 신뢰일 뿐이다. 위엄은 청렴에서 나오고 신뢰는 충실함에서 나오니, 충실하고도 청렴할 수 있다면 사람들을 통솔할 수 있다.
> — 『목민심서』제5편 「이전」, 제2조 어중(馭衆), 제1항.

정약용은 목자가 지녀야 할 덕목으로 위엄과 신뢰를 들었는데, 흥미로운 것은 위엄이 청렴에서 나오고 신뢰는 충실함에서 나온다는 것이다. 그렇다면 위엄은 어떻게 청렴함에서 드러날까. 정약용은 청렴을 다음과 같이 규정한다.

청렴이란 목민관의 기본 임무이며 모든 선(善)의 원천이요. 모든 덕(德)의 근본이다. 청렴하지 않으면서 목민을 할 수 있었던 자는 없다.
— 『목민심서』 제2편 「율기」, 제2조 청심(淸心), 제1항.

그리고 그 주에서 『상산록(象山錄)』을 인용하여 청렴의 등급을 구분하였다.

청렴에는 세 등급이 있다. 최상은 봉급 외에는 아무것도 먹지 않고, 먹고 남는 것이 있더라도 가지고 돌아가지 않으며, 임기를 마치고 돌아가는 날에는 한 필의 말로 아무것도 지닌 것 없이 떠나는 것이니, 이것이 옛날의 이른바 청렴한 관리(廉吏)라는 것이다. 그 다음은 봉급 외에 명분이 바른 것은 먹고 바르지 않은 것은 먹지 않으며, 먹고 남는 것이 있으면 집으로 보내는 것이니, 이것이 중고(中古)의 이른바 염리(廉吏)라는 것이다. 최하로는 무릇 이미 규례(規例)가 된 것은 명분이 바르지 않더라도 먹되 아직 규례가 되지 않은 것은 자신이 먼저 시작하지 않으며, 향임(鄕任)의 자리를 팔지 않고, 재감(災減)[3]을 훔쳐 먹거나 곡식을 농간하지도 않고, 송사(訟事)와 옥사(獄事)를 팔아먹지 않으며, 세(稅)를 더 부과하여 남는 것을 착복하지 않는 것이니, 이것이 오늘날의 이른바 청렴한 관리(廉吏)라는 것이다. 모든 나쁜 짓을 갖추고 있는 것은 오늘날 모두가 그러하다. 최상이 되는 것은 본디 좋지만, 만약 그렇게 할 수 없다면 그 다음이라도 좋다. 이른바 최하의 것은 옛날에는 반드시 팽형(烹刑)을 당하였을 것이니, 무릇 선을 즐기고 악을 부끄럽게 여기는 사람은 결코 이를 하지 않을 것이다.
— 『목민심서』 제2편 「율기」, 제2조 청심(淸心), 제1항 주.

청렴은 목자의 의무이며, 모든 선의 원천이자 모든 덕의 근본이다. 청렴하지 않고 목자 노릇을 할 수 있는 자는 없다. 그렇지만 청렴에는 세 등급이 있다. 정약용이 구분한 최상의 청렴은 봉급 외에는 아무것도 먹지 않고, 먹고 남는 것이 있더라도 가지고 돌아가지 않으며, 임기를 마치고 돌아가는 날에는 한 필의 말로 아무것도 지닌 것 없이 떠나는 것이다. 이런 사람이야말로 진정한 청백리이다.

최상의 청렴을 추구해야 하지만 부득이할 때는 차상을 선택해도 무방하다. 그러나 최하의 청렴은 옛날 같으면 팽형을 당할 만한 것으로, 선을 좋아하고 악을 부끄럽게 여기는 사람이라면 결코 그렇게 하지 않아야 한다. 이렇듯 청렴은 쉽지 않은 것이다.

청렴은 목자의 기본 덕목이지만 결코 쉽지 않은 것이기에 청렴의 평판이 사방에 퍼져서 명성이 날로 빛나게 되면, 인생의 지극한 영광이 될 것이다. 이와 같은 청렴한 사람(淸士)은 지나가는 곳마다 숲과 샘과 돌까지도 모두 맑은 빛을 띨 것이라고 하였다. 청렴한 관리가 베푸는 해택이 결국 백성들의 윤택한 삶으로 이어질 것임을 이렇게 은유적으로 표현하였다.

그런데 청렴하면 어떻게 위엄을 갖게 될까. 하나의 사례를 들어 보자.

> 참판(參判) 유의(柳誼)가 홍주 목사(洪州牧使)로 있을 때에, 찢어진 갓과 굵은 베도포에 간장 빛깔의 낡은 띠를 두르고 느릿느릿한 말을 탔으며, 이부자리는 남루하여 요도 베개도 없었다. 이렇게 하여 위엄이 서서, 가벼운 형벌도 쓰지 않았는데도 간활(奸猾)한 무리들이 두려워하는 것을 내가 직접 보았다.
> — 『목민심서』 제1편 「부임」, 제2조 치장(治裝), 제1항 주.

유의(柳誼)라는 사람은 정약용이 1795년 잠시 금정찰방으로 내려가 있을 때 관할지의 직속 상관이어서 직접 경험한 인물이며, 그의 청렴은 『목민심서』 여러 곳에 등장한다. 「율기」편에서는 유의(柳誼)가 홍주(洪州) 목사(牧使)로 있을 적에 조랑말 한 필에 종 둘을 데리고 야외로 순행하다가 들밥을 가지고 가는 아낙네를 만나면 밥보자기를 벗겨보아 나물반찬이 보잘것없으면 그 게으름을 경계하고 반찬이 너무 많으면 그 지나침을 나무라니 백성들이 크게 기뻐했다는 기록이 있고, 또 공문서를 보냈는데 유의가 회신이 없자 직접 홍주관아로 찾아가서 주고받은 일화가 기록되어 있다. 이때 유의는 정약용에게 자기는 벼슬 살 때는 본래 편지를 뜯어보지 않는다고 하면서 상자에서 뜯지도 않은 채 모아놓은 편지뭉치를 보여주었다고 한다. 이는 모두 조정의 귀인들이 보낸 편지였다. 정약용은 유의의 청렴함에 감탄하여 청렴의 표본으로 자주 언급하였다.

유의는 평소 남루한 복장을 하고 있었는데 이러한 모습에 저절로 위엄이 있었기에 형벌을 쓰지 않아도 교활한 범죄들이 없었다고 한다. 목자가 청렴하면 어찌 아전들과 백성들이 청렴하지 않을 수 있겠는가. 또 어찌 위엄이 서지 않겠는가.

위엄과 함께 리더십의 또 한 축인 신뢰는 약속을 지키는 데서 얻어진다. 따라서 리더는 신뢰를 생명처럼 여겨야 한다.

> 관에서 하는 일은 기한이 있는데, 이 기한 내에 이행하지 않으면 백성들이 법령을 가볍게 여길 것이므로 기한의 믿음이 반드시 있어야 한다.
> — 『목민심서』 제1편 「부임」, 제6조 리사(涖事), 제5항.

미국 전역과 세계 각국에서 리더십과 자기개발 등을 강의해 온 영향력 있는 리더십 지도자로 평가받는 존 맥스웰(John Maxwell C., 1947~)은 "신뢰를 깨트리고도 계속해서 영향력을 발휘할 수 있는 리더는 그 어디에도 없다. 리더십의 토대는 신뢰다"(존 맥스웰, 『리더십 불변의 법칙』, 비즈니스북스, 2010)라고 언급한 바 있다.

중국 춘추시대의 공자도 『논어』 「안연」편에서 식량과 군대와 신뢰 중에 가장 중요한 것으로 신뢰를 선택한 바 있다.4) 당시 사람들의 관념 속에서 국가를 이루는 세 가지 요소 중에서 부득이하게 하나씩 제거할 때 공자는 먼저 군대를 포기하였고, 다음이 식량이었으며, 마지막 보루는 군주와 백성 간의 신뢰였다. 식량과 군대는 없어도 되지만 신뢰가 없다면 국가 자체가 성립될 수 없다고 보았기 때문이다. 물론 이것은 이상적 도덕주의자의 말이지만 그만큼 신뢰가 중요함을 알 수 있다.

그런데 신뢰는 어디에서 나오는가.

> 마음에 털끝만큼도 편향이 있어서는 안 된다. 만일 편향이 있으면 반드시 사람들이 엿보아서 알게 된다. 내가 일찍이 심부름 다니는 하인을 부렸는데 그가 자못 민첩함을 보고 그를 부리기를 좀 자주 하였더니 다른 하인들이 그를 무겁게 여겼다. 나는 드디어 그를 쫓아내었다. 이것은 비록 작은 일이지만 이로서 수령 자리에 있는 자는 마땅히 공명정대하여야지 털끝만큼도 편향이 있어서는 안 된다는 것을 알게 되었다.
> ─『목민심서』 제2편 「이전」, 제2조 어중(馭衆), 제1항 주.

아마도 정약용은 신뢰의 근원으로서의 충실(忠)의 내용을 편향 없는 공명정대함으로 봤던 것 같다. 신뢰를 쌓기 위해서는 사심을 부려서는 안 되며, 언제나 공명정대해야 한다. 이렇게 되면 자연히 신뢰가 형성된다.

이렇게 리더십의 두 축은 청렴에서 드러나는 위엄과 충실함에서 드러나는 신뢰의 결합을 통해 완성된다.

🏛 5. 베풂의 리더십

『목민심서』에서 강조하는 청렴은 리더십의 한 축을 형성하는 핵심 요소이며, 충실과 함께 짝을 이루어야 완벽해진다. 위엄과 신뢰를 통해 만들어지는 리더십은 청렴과 충실을 목표로 지향하는 것이 아니라 거기에서 출발하는 것이며 그 목표는 본론에서 언급하였듯이 부국유민(富國裕民)이다. 곧 나라를 부강하게 하며 백성의 생활을 윤택하게 하는 것이다.

정약용은 청렴한 관리가 될 것을 책 전체에서 강조하였지만 무조건적인 청렴은 경계하였다. 왜냐하면 목자가 청렴해야 하는 것은 부국유민을 위한 것이니 나라를 위해 백성을 위해서는 과감하게 써야 하기 때문이다. 정약용은 절약보다는 시혜가 목표라는 점을 「율기」편에서 분명하게 언급하였다.

> 절약만 하고 쓰지 않으면 친척도 멀어지니, 베풀기를 즐겨하는 것은 덕德을 심는 근본이다.
> — 『목민심서』 제2편 「율기」, 제6조 낙시(樂施), 제1항.

> 못에 물이 괴어 있는 것은 흘러내려서 만물을 적셔 주려는 것이다. 그러므로 절약하는 자는 남에게 은혜를 베풀 수 있고 절약하지 못하는 자는 남에게 은혜를 베풀지 못한다. 기생을 가까이하고 광대를 부르며, 가야금을 타고 피리를 불리며, 비단옷을 걸치고 높은 말 좋은

안장을 사용하며, 게다가 상관에게 아첨하고 권귀(權貴)에게 뇌물을 쓴다면 그 비용이 날마다 수만 전이 넘을 것이며, 한 해 동안 계산하면 천억 전이나 될 터이니 어떻게 친척들에게까지 은혜를 베풀 수 있겠는가. 절용은 은혜 베풀기를 좋아하는 근본이다.
— 『목민심서』 제2편 「율기」, 제6조 낙시(樂施), 제1항 주.

이처럼 베풀기를 좋아하는 것은 목자가 지녀야 할 덕이니, 베풀기 위해서 청렴하고 충실해야 하는 것이다. 자칫 『목민심서』를 오독하면 굶어가면서 절약하는 것만을 강조한 것으로 오해할 수 있으나, 사실 청렴과 충실은 리더십의 시작점이지 목표가 아니다.

리더십은 리더가 갖추어야 할 덕목이자 방법론이다. 『목민심서』는 목민관을 훈계하는 지침서로서 12편으로 구성하여 목자의 부임에서 해관에 이르기까지 갖추어야 할 기본 자세와 태도 그리고 각 행정분야의 상세한 지침을 주고 있는 책이다.

목자는 국왕을 대신하여 잠시 지방을 다스리는 대리인으로서, 막중한 책임을 지는 사람이다. 막중한 책임감은 곧 시간과 공간에 대한 정확한 상황판단과 정보수집을 통해 훌륭한 리더십으로 발휘될 수 있으며, 청렴과 충실이라는 핵심 덕목을 기본 바탕으로 하여 신뢰와 위엄을 형성함으로써 완벽한 리더십으로 발휘될 수 있다.

🏛 6. 나오는 말

오늘날은 과거의 신분제 사회와는 달리 누구나 관리가 될 수 있고, 누구나 정치가가 될 수 있지만 영도하는 사람과 영도되는 사람으로 구분되는 것은 예나 지금이나 한결같다. 리더(Leader)는 최고위의 영도자만을 가리키는 것이 아니다. 두 사람만 모여도 리더와 팔로워(Follower)가 존재한다. 이 관계는 늘 존재하기도 하고, 사안에 따라 그 관계가 뒤바뀌기도 한다. 리더는 다른 사람보다 앞서서 결정하고 실천하는 사람이다. 공직자는 이런 의미에서 넓게 리더로 재해석할 수 있다.

대한민국의 공직자들에게 다음과 같은 말을 전한다. 리더는 한 사회와 국가의 미래를 책임지는 사람이다. 사회를 자기 욕심을 채우기 위한 무대나 시장으로 여기는 자는 리더가 될 수 없고, 되어서도 안 된다. 그러나 왜 꼭 정치의 리더들은 B급들로만 가득한지 갑갑하기 그지없다. 한 사회에서 B급이 리더가 되면 팔로워는 영낙없이 B급 이하가 되고, A급은 자취를 감춘다. 작금의 대한민국에는 A급 정치 리더가 필요하다. A급 리더는 적어도 A급 리더를 동료로 둘 수 있고, B급 이하의 팔로워를 A급화할 수도 있다. 그런데 2023년의 대한민국 정치 리더들을 과연 리더라고 칭할 수 있을지 의심스럽다. 위엄도 없고, 신뢰도 없고, 청렴이란 찾아볼 수 없고, 부국유민을 해야 할 자들이 나라 곳간을 털고 있으니 누군들 따를 수 있겠는가.

리더의 위엄은 스스로의 위압적인 자세나 행사가능한 강제력에서 나오는 것이 아니라, 신뢰를 통해 얻어지는 것이다. 대한민국 국민의 리더들은 위엄을 갖추고 있는가, 신뢰를 얻고 있는가? 국민에게 한 약속을 당연한 듯 여반장으로 여기고, 장악력을 행사하여 위엄을 갖추려고 하는 리더들은 곧 신뢰를 잃고 위엄을 빼앗기게 될 것이다. 민주 사회의 정권은 정치역학의 추세에 따라 바뀌는 경향이 있다. 참 리더들이 국민의 신뢰를 통해 위엄을 얻게 된다면 국민에게는 행복이 될 것이다.

영혼을 깨우는 명문장

"다른 벼슬은 구해도 좋으나, 목민의 벼슬은 구해서는 안 된다."

- 『목민심서』 제1편 「부임」, 제1조 제배(除拜), 제1항

"사람들을 통솔하는 방법은 위엄과 신뢰일 뿐이다. 위엄은 청렴에서 나오고 신뢰는 충실함에서 나오니, 충실하고도 청렴할 수 있다면 사람들을 통솔할 수 있다."

- 『목민심서』 제5편 「이전」, 제2조 어중(馭衆), 제1항

 읽을거리 & 볼거리

- 존 맥스웰(2012), 『리더의 조건』, 전형철 역, 비즈니스북스.
- 정약용(1997), 『경세유표 1』, 이익성 역, 한길사.
- 정약용(2006), 김정진 편저, 『사례로 읽는 목민심서 다산 정약용 리더십』, 자유로.
- 황인경(1992), 『소설 목민심서』, 삼진기획.
- 『킹 메이커』(씨앗필름, 2022)
  2022년 1월 26일에 개봉한 한국 영화. 대통령을 꿈꾸는 정치인과 그를 돕는 전략 참모의 치열한 선거전쟁을 그린 드라마 장르의 작품으로, 1970년 신민당의 대통령 경선과 그 이후 즈음, 김대중과 그를 도왔던 '마타도어의 귀재', '선거판의 여우' 엄창록의 실화를 바탕으로 하고 있다. 『나의 PS 파트너』, 『불한당: 나쁜 놈들의 세상』을 연출한 변성현 감독의 세 번째 장편 영화.

만하임의 지식인상(像):
계도적(啓導的) 리더[1]로서의 지식인

선 우 현

만하임(K. Mannheim)의 지식인론(論)에 대한 검토는, 우리 사회의 현 실태를 타개하는 데 기여할 지식인의 소임 및 과업, 무엇보다 '리더'로서 지식인의 자격 조건 및 역할과 관련해, 유의미한 정보와 지식, 시사점을 제공해줄 수 있다. 먼저, 사태가 이 지경에 이르기까지 본연의 책무를 다하지 못한 지식인 집단의 '무책임적 실상'을 온전히 드러내 보일 수 있다. 다음으로, 치열한 '자기 성찰'을 통해 동료 시민 대중을 인식론의 차원에서 자각케 하여 실천적 활동에 참여토록 이끄는 '계도적 리더'로서 새롭게 태어나야 할 필요성과 당위성을 제시해 볼 수 있다. 끝으로, 그에 상응하여 리더로서 실행해 나가야 할 당면 과제, 더불어 '리더로서의 지식인'에게 요구되는 리더십의 유형과 그 주요 특성을 '단초적' 형태로나마 개진해 볼 수 있다.

🏛 1. 현 한국 사회의 현실: 진영논리의 전일적 확산

한국 사회는 오랜 기간에 걸쳐 군부 및 민간 독재 정권과 반민주적 권위주의 정부에 대항하여 치열한 민주화 투쟁을 전개해 왔다. 그리고 그 잠정적 성과로서, 형식적 차원에서 민주화를 실현했을 뿐 아니라 실질적 민주화를 이루어 나가고 있다. 이는 전 세계적으로도 그 유례를 찾기 어려울 만큼 빛나는 '시민 대중적 성과'라 할 수 있다. 실제로도 한국 사회는 2차 대전 이후 민주화와 산업화 모두를 성공적으로 이룩한 거의 유일한 정치적 공동체로 평가받고 있다.

한데 최근 들어 그처럼 애써 이루어 놓은 민주주의의 근본 토대가 허물어지거나 민주주의의 퇴행적 사태를 야기하는 반민주적인 징후와 현상들이 도처에 걸쳐 나타나고 있다. 그중 특히 유념해 볼 사안은, '진영논리'가 한국 사회 전반에 걸쳐 광범위하게 번져나가 전일적으로 장악하는 상황이 연출되고 있는 점이다. 주요 정치적 사안들은 말할 것도 없고 부동산 정책을 비롯한 경제적 현안이나 다양한 사회적·문화적 이슈들의 경우에 있어서도, '어느 것이 규범적 차원에서 정당하고 합당한 것인가?'의 여부에 관한 판단은 '전적으로' 진영논리에 입각해 이루어지고 있는 실정이다. 그에 따라 자신이 속해 있거나 지지하는 진영의 결정 및 행태는 그 어떤 것이든 올바른 것으로 간주된다. 반면 반대 진영이나 대립적 이념 집단이 개진하는 입장이나 주장은, 들어 볼 생각조차 없이 부당한 것으로 배척되기 일쑤다.

이처럼 작금의 한국 사회 내에는 그 어떤 사안이든 그에 대한 평가는 '구성원 각자가 옹호·지지하는 진영에 의해서만 온전히 내려질 수 있다'라는 맹신적 믿음이 팽배해 있다. 이는 한층 더 개별 구성원들의 의식 구조에 내재화됨으로써, 사회 자체를 '적과 동지'라는 이분법적 대결 구도로 몰아가면서 구성원들 상호 간에 끊임없는 대결과 투쟁, 증오와 적대적 혐오를 부추기고 심화하는 '집단적 신앙'으로[2] 기능하고 있다.

주지하다시피 공적 사안 등을 놓고 다양한 집단들 간에 정치 사회적으로 이해관계가 첨예하게 맞물려 있는 경우, 그 결정과 선택은 합리적이며 개방적인 공적 논의의 과정을 거쳐 그 타당성 및 수용성 여부가 판결남으로써 이루어진다. 이것이 전형적인 민주적인 방식이다. 그에 비해 진영논리에 따른 결정 방식은, 어느 편이 보다 강력한 지배 권력과 영향력, 여론 형성적 힘을 보유하고 있는가에 따라 그 정당성 여부가 판가름 난다. 그런 점에서 이는 비민주적인 폭력적 방식과 다르지 않다. 이렇듯 진영논리는 겉으로는 적폐 청산과 같은 그럴듯한 사회 개혁적인 명분을 내걸며 민주화의 논리인 양 자신을 드러내지만, 실상은 반민주적 속성을 내장한 힘의 논리이자 강자의 논리로서 기능한다.

사정이 이러함에도, 진영논리에 매몰되어 특정 이념 세력을 맹목적으로 신뢰하고 엄호하는 열혈 팬덤층 및 지지층 시민들은 별다른 문제의식을 느끼지 않는 것처럼 보인다. 이들은 정치적 지배층이 자신들의 기득권을 안정적으로 유지·강화하기 위한 '정치 공학적 기법'으로 진영논리와 그에 기초한 통치 방식을 적극 활용하는 과정에서, 자신들이 정치적 도구로 이용되고 있다는 사실을 온전히 간취하지 못하고 있는 실정이다. 오히려 당사자들은 그 누구의 강요 없이 자유로이 선택한 일이라고 굳게 믿고 있는 듯하다. 요컨대 '진보적 민주시민'의 일원이든 아니면 '보수적 애국시민'의 한 사람이든, 그들은 자신의 결정과 행동이 순전히 자율적으로 이루어진 정치적 소신이자 실천적 결단의 산물이라고 강변한다.

하지만 불행하게도 이러한 '오인의 메커니즘'을 정치적 집권 세력은 집요하게 노리고 활용해 왔다. 왜냐하면 진영논리는 구성원들 각자가 스스로의 판단에 따라 특정 이념 및 집단을 선택·지지하고 있다고 믿게 하면서, 실제로는 은밀하게 그들의 사유와 판단을 조종함으로써 '자발적 복종'을 이끌어 내는 '비(非)가시적인 일상적 파시즘'의 논리로 기능하는 메커니즘이기 때문이다.[3]

실상이 이런 만큼, 진영논리는 통치 권력의 행사와 관련해, 구성원들의 민의를 대변하고 이를 실현코자 시도함에 있어 그 근간이 되는 '민주주의 원리'에서 한참 벗어난 것이다. 다시 말해 그것은 통치 세력과 정치적 강자의 이익을 일방적으로 강변하고 관철함에 있어 그 토대가 되는 반(反)민주적인 '정치 공학적·정략적 원리'에 다름 아니다. 더불어 그에 따른 개별 구성원들의 처지란, 진영논리에 기반한 정당성이 결여된 통치 권력에 전적으로 예속된, '자율성과 자유를 상실한 정치적 노예의 삶'을 살아가고 있는 셈이다. 자신이 선호하는 지배 집단의 행태를 맹목적으로 옹호·지지한다는 것은, 진영논리의 구현체인 특정 지배 권력에 의해 일방적으로 지배·조종되어 그것에 무반성적으로 복속하는 구속적 삶을 받아들이고 있는 것이기 때문이다.

🏛 2. 왜 지금 만하임의 지식인론(論)인가

오늘의 한국적 현실에서 매우 세심하게 들여다 볼 대목이 하나 있다. 한국 사회 전반이 진영논리의 수렁에 빠져 허우적대며 정치적·사회적·규범적 아수라장이 되어 버린 작금의 사태를 초래함에 있어서, 지식인들의 역할과 몫이 결코 작지 않았다는 사실이다. 이는 피아(彼我)를 가리지 않고 '살아 있는 통치 권력'에 대한 비판적 견제와 감시를 생명으로 삼는4) 지식인들이 자신에게 주어진 역할을 제대로 수행하지 못했다는 점을 말해준다. 동시에 지배 세력에 의해 진영논리가 광범위하게 유포되는 사태로부터 벗어날 방안을 강구하기보다, 반대로 그것의 확산과 그에 따른 사회 내 적대적 분열 상황을 심화시켰다는 점에서, 최우선적 비판의 대상은 지식인 본인이어야 한다는 점을 또한 일깨워준다. 여기에는 진영논리의 확산·심화를 주도하거나 그에 적극 가담한 지식인 뿐 아니라, 통치 세력이나 시민 대중 권력의 눈치를 보며 보신주의적 행태를 일삼은 지식인들 또한 포함된다. 이는 지식인 집단의 역할에 관한 사회적 기대치가 여전히 크다는 점, 아울러 그에 부합하지 못한 지식인의 행태에 대한 실망감 또한 결코 작지 않다는 점을 대변해 준다.

이 지점에서, 작금의 한국적 현실과 관련해 '과연 이 땅의 지식인 집단은 이러한 사태를 해결해 나갈 실천 주체로서의 자격 조건과 역량을 온전히 갖추고 있는가?'하는 점이 초미의 관심사로 떠오른다. 게다가 그러한 사태를 야기함에 있어 지식인이 깊숙이 연루되어 있다는 사실을 감안할 때, '시민 대중적 신뢰를 저버린 지식인 집단에게 그같은 극복 과제를 다시금 수행하게끔 맡길 수 있는가?' 하는 점 또한 깊이 고려해 봐야할 사안이다. 이러한 물음들은 주로 '외부'의 대상을 비판하는 데에 주력해 온 지식인들이, 자신들의 과오로 인해 초래된 '민주주의의 파괴적 양상'과 관련하여, 자신의 행태와 '내적 자아'를 비판의 대상으로 삼아 치열하게 성찰해 볼 필요가 있음을 말해준다. 요컨대 현재의 양극화된 이념적 혼란상은 지식인 집단으로 하여금 '자기 비판적 고발'을 수행하게끔 촉구하고 있다. 더불어 일반 시민들도 '지식인의 동료'로서 그러한 의문들에 대해 진지하게 고민해 볼 것을 요청하고 있다.

이 지점에서, 오늘의 한국적 현실과 대단히 흡사한 이념적 격변의 한복판에 놓여 있던 1920년대 독일적 상황에서, 당시의 위기적 혼란을 수습하기 위한 돌파구를 모색·강구할 주체를 지식인 집단에서 찾고자 한 만하임의 '지식인론'을 떠올리게 된다.

지식인의 역할과 기능에 관한 만하임의 철학적·사회학적 논변에 관한 검토는, 우리 사회의 현 실태를 타개하는 데 기여할 지식인의 소임과 과업, 무엇보다 '리더'로서의 지식인의 자격 조건 및 역할과 관련하여 유의미한 정보와 지식, 시사점을 제공해줄 수 있다. 그에 따라 먼저, 사태가 이 지경에 이르기까지 본연의 책무를 다하지 못한 지식인 집단의 '무책임적 실상'을 온전히 드러내 보일 수 있다. 이어, 치열한 '자기 성찰'을 통해 신뢰를 회복한 상태에서, 동료 시민들을 인식론적 차원에서 자각게 하여 위기 탈출을 위한 실천 활동에 참여토록 이끄는 '계도적 리더'로서 나서야 될 필요성과 당위성을 제시할 수 있다. 끝으로, 그에 상응하여 리더로서 실행해 나가야될 당면 과제, 더불어 '리더로서의 지식인'에게 요구되는 리더십의 유형과 그 주요 특성을 개진해 보일 수 있다.

3. 1920년대 후반 독일 사회의 현실: 이념적 무정부 상태

카를 만하임이 공적 사안이나 정치적 사건, 사회적 이슈들에 주목하면서 학술적 차원에서 가장 열정적으로 활약하던 시기는, 『이데올로기와 유토피아(*Ideologie und Utopie*)』(1929)의 출간을 전후 한 1920년대 후반 독일 바이마르 공화국 시절이라 할 수 있다. 한데 그 당시의 독일적 현실은 최근 우리 사회의 실상과 대단히 흡사한 상황이었다. 무엇보다 1차 세계대전 이후 혼란스럽던 정치 사회적 현실에 더해, 적대적 집단이나 대립적 계층들 간에 이데올로기적 대립 전선이 구축되어 상호 간에 끊임없는 갈등과 충돌이 빚어지고 있던 '이념적 카오스'의 시기였다.

전후 인플레이션의 만연과 높은 실업률은 만성적인 경제적 위기 상황을 야기했으며 이는 다시금 대다수 독일인들의 불안과 절망, 미래에 대한 두려움을 불러 일으켰다. 자연스레 이러한 심리적 상태는 정부와 국가, 사회를 향한 불만의 목소리나 규탄, 물리적 폭력을 수반한 공격적 행태로 이어졌다. 파편화된 대다수 개인과 집단들은 각자 자신의 사적 이익을 관철하고 주창하는 데 혈안이 되었으며, 다양한 이해관계를 지닌 집단과 세력들 간의 끊임없는 이념적 갈등과 대립, 충돌로 불거졌다. 특히 그 상황에서 좌우 이념적 양극단에 속했던 급진 과격파들의 폭력적 행동과 도발은 이데올로기적·사상적 대결을 한층 더 혼돈과 투쟁의 상태로 끌고 나갔다. 이로 인해 당시 독일의 바이마르 공화국은 한시도 평안하고 안정적일 틈 없이 사회 전반이 불안정과 혼동, 무질서로 요동치는 이념적 무정부주의로 치닫고 있었다. 그 어떤 진영이나 계층도 예외 없이 자신의 견해와 입장만이 정당하다고 강변하고 있었다. 동시에 상대방의 생각과 주장은 들어볼 가치조자 없는 것인 양 외면해 버리기 일쑤였다. 합리적 대화나 토론은 사라지고 적과 동지라는 이분법적 적대적 대립 구도 속에서 상대방을 향한 일방적인 주장만이 난무하는 대결적 상황이 연출되고 있었다.

이런 탓에 정치 사회적 질서는 혼돈 그 자체였지만, 한편으로는 다양한 논변과 논리가 등장하면서 이전과 비교할 수 없을 만큼 다수의 지성적 문화와 사상적 담론들이 우후죽순 출현하며 번창하기에 이르렀다. 그 속에서 예술가나 문인을 비롯한 당대의 지식인들은 수다한 집단 및 세력들 간에 구축된 이념적 대결 전선의 최전방에서, 각자 자신이 속하거나 지지하는 진영의 입장을 열정적으로 대변하고 있었다.

한데 만하임은 그러한 현실을 목도하고 있었음에도, 직접적인 정치적 참여활동은 극도로 자제하고 있었다. 여기에는 자신의 조국 헝가리에서 겪었던 소비에트 공화국 시절의 불행했던 개인적 경험이 적지 않게 작용하였다. 그런 만큼 만하임의 연구 활동 역시 구체적인 현실을 대상화하여 논의를 전개하기보다, 철저하게 학술적·이론적 차원에 국한하여 이루어지고 있었다. 이 점과 관련해, 1920년대 당시 만하임은 일반 대중들이 접하기에는 상당히 어려운, 전문적인 사상적 논구 작업을 벌여나가면서 순수 학술적 논문들만을 집중적으로 발표하였다. 그 결과로 '비전문적인' 성격을 띤, 일반 독자들을 대상으로 한 글은 스위스의『신슈바이처 평론』에 실린「독일 사회학의 문제점에 관하여」라는 논문 단 한 편 뿐일 정도였다.5) 그 정도로 만하임은 연구실 '내'에서만 이루어진 탐구 및 저술 작업에만 매진할 뿐 구체적인 독일 및 유럽적 현실과는 거리를 두고 있었다.

하지만 당시의 독일적 사회 현실에 대해 일정 정도 '객관적 거리두기'를 하고 있었음에도, 여전히 그것은 자신의 사회학적 철학적 탐구의 주 대상이었다. 더욱이 그의 학문적 관심사와 과업 역시 그러한 이념적 혼란 상황을 넘어서거나 극복할 실천 방안과 그것을 실행에 옮길 실천 주체를 제시하는 데에 모아지고 있었다. 그 과정에서 특히 주목할 만한 대목은 만하임의 새로운 '지식인관(觀)'이었다. 그러한 관점은 그의 학문적 스승이었던 알프레트 베버(A. Weber)가 애초 개진한 것을 차용하여 재구성한 '사회적으로 자유롭게 부동하는 지식인 집단 (die sozial freischwebende Intelligenz)' 개념으로 요약된다.6)

4. 만하임의 새로운 지식인상(像): '계급적 제약성'에서 벗어나 자유롭게 부동(浮動)하는 지식인

만하임은 1920년대 후반, 독일 사회의 극심한 이념적 혼란과 계급(층)적 대결 구도를 타파하는 데 기여할 최적의 적임자로 지식인 집단에 주목했다. 특정 현안이나 사태를 놓고 다양한 입장과 주장들이 난무하며 상호 간에 끝없는 충돌이 이어지는 상황 속에서도, 지식인 집단은 사사로운 이해관계를 뛰어 넘어, 실체적 진실을 온전히 파악하여 내놓을 수 있는 '이론적 실천'의 주체라고 판단했던 것이다.

물론 만하임은 지식인 집단의 경우도 다양한 신분과 지위, 계층 등에서 오는 구성원들 간의 차이로 인해, 단일한 가치관 및 세계관을 지닌 동질적 집단을 형성하기 어렵다고 보았다. 그에 따라 지식인 집단역시 주어진 '하나의' 사안에 관해 개별 지식인들 사이에 통일된, 동일한 인식과 판단을 내리기가 쉽지 않다는 점 또한 파악하고 있었다.

하지만 만하임에 따르면, 지식인은 자신이 속한 특정한 계급(층)과도 '객관적 거리두기'를 실행할 수 있다. 즉, '계급(층) 초월적인' 혹은 '계급(층) 중립적인' 존재로 스스로를 자리매김할 수 있는 자기 비판적 역량과 자아 성찰 능력을 견지하고 있다. 이는 오랜 기간에 걸친 교육과 전문가적 훈련 등을 지속적으로 받아온 점에 기인한다. 이렇듯 지식인들은 탈주관적인 전문성과 계급적 중립성을 자연스레 체득해 왔기에, '계층(급) 특수적인' 인식을 넘어 보다 객관화된 해석과 판단을 내릴 수 있다는 것이다. 그러므로 사적·집단적 이익을 근본 토대로 한 다양한 이념들이 난무하고 대립하는 혼란 속에서도, 그 같은 이해관계에서 자유로운 지식인 집단은 진리성과 규범적 정당성을 함유한 '보편타당한' 사상과 입장을 온전히 간취할 수 있다고 만하임은 확신했다.

이러한 지식인관은 만하임 본인의 최고 학문적 성과라 할 지식사회학적 입론과 그로부터 개진된 '지식의 존재 제약성(Seinsverbundenheit des Wissens)' 테제를 통해서도 확인된다.[7] 지식의 존재 제약성이란, 지식을 배태시킨 발판인 사회 내 요인들이 지식을 포함하여 다양한 사상 및 이념의 발생 뿐 아니라 그 내용과 형식까지 침윤해 들어와 주조하고 나아가 지식 창시자의 경험과 관찰의 범위 및 강도, 전망까지 규정해 준다는 점을 말한다.

이를 좀 더 풀어 보면, 사상이나 관념은 그 주창자가 사회 내에서 차지하는 위치나 계급에 따라 근본적인 지향점과 핵심 논지 등이 궁극적으로 규정된다는 것이다. 사정이 이렇다면, 사회 내 특정 계급이나 계층에 속한 개별 구성원들은 그 누구도 이러한 존재 제약성에서 벗어나기 어렵다. 그러므로 이러한 실상은 상호 대립적인 진영들이 내건 이념이나 슬로건은 한층 더 상이할 수밖에 없으며, 결국 치열한 갈등과 충돌, 투쟁으로 이어짐으로써 극심한 이념적 무정부 상태로 귀착될 수밖에 없음을 가리킨다.

이러한 구속성 테제에 의거하여 만하임은 당시 루카치를 비롯한 마르크스주의 철학자들의 '계급적 당파성 테제'를 비판했다. 마르크스주의자들은, 자본주의 체제에 대한 다양한 시각과 입장은 그것을 개진한 계급의 이해관계를 반영하고 있다는 점에서 보편타당성을 지니지 못한다고 주창한다. 하지만 노동자 계급의 사회 인식은 계급 특수성을 벗어나 보편성을 지니고 있다고 강변한다. 그러면서 자본주의 체제에서 가장 억압받고 착취 받는 노동자 계급의 관점과 시각에는 옹호할만한 특권적 이해관계가 전혀 내장되어 있지 않은 탓에, 진실된 것이자 공명정당한 것이라는 이유를 제시한다.

그러나 만하임은 노동자 계급의 관점이나 이념 또한 제약성 테제에서 한 치도 벗어나지 못하고 있다고 반박한다. 비록 사회적 약자인 노동자 계급의 고통스러운 처지를 감안하더라도, 거기에도 사적 이해관계나 계급 특수적인 권력 추구적 욕망이 중심을 이루고 있다는 것이다. 그러므로 프롤레타리아 혁명을 통해 자본주의를 타도하고 사회주의 사회로 이행해 간다고 해서, 곧바로 계급적 구속에서 자유로운 공명정대한 해방사회가 구현되는 것은 아니라고 본다. 일찍이 홉스(T. Hobbes) 등이 지적한 것처럼, 사회주의에로의 전환은 탄압받던 노동자 계급에 의해 억압적 세력인 부르주아 계급이 타파되는 정의로운 사태로의 이행이라기보다, 또 다른 권력 추구 계급에 의해 통치 집단이 바뀐 것에 불과한 '중립적인' 정치적 사건이라는 것이다. 해서 단지 통치 세력이 교체된 것일 뿐, 사회 체제의 억압성과 구속성은 여전하다는 것이다.

이러한 현실의 사회 구조적 제약 조건으로 인해, 만하임은 특정 계급에 매몰되지 않는, 그로부터 자유로운 실천 주체를 오랫동안 모색·논구해 왔다. 그로부터 마침내 계급(층)에 얽매이지 않고 비교적 자유롭게 사유하고 인식하며 실천적 삶을 영위해 나가는 주체들이 존재함을 발견해 내었다. 이들은 다름 아닌 '상대적으로 자유롭게 부동하는 지식인'들이다. 만하임에 따르면, 이러한 지식인은 자신의 본래적 뿌리를 비교적 쉽게 단절할 수 있으며 서로 간에 끊임없는 대화와 상호 비판을 통해 애초에 지녔던 편견 및 선입견의 잔재를 털어낼 수 있는 존재다. 요컨대, 지식인은 '원칙상' 사사로운 세속적 이해관계에 얽매이지 않고 그것을 넘어서 '고고(孤高)한 초연(超然)의 입장'에 다다를 수 있는 존재라는 것이다.

이러한 지식인론에 의하면, 지식인은 자신이 속해 있는 계급이나 계층의 이해관계를 일방적으로 대변하는 자세에서 탈피하여, 자신이 속한 계급(층)의 문제점에 대해서도 객관화하여 신랄하게 비판하는 존재이다. 그런 만큼 적대적인 계급이나 진영의 견해나 입장도 그것이 보편타당하다고 판단될 경우 충분히 수용할 수 있는 존재이다. 사정이 이러하므로, 계급적 당파성을 우선시하는 마르크스주의 지식인론과는 확연히 차별화된다. 곧 만하임의 지식인론이 내세운 부동하는 지식인은, 계급 특수적인 관점을 뛰어 넘어 모든 계급들의 다양한 시각과 견해를 비판적으로 종합화하여 보편타당한 입장을 제시하는 역할을 수행할 수 있다. 더불어 그 같은 역할을 수행하는 것이 지식인의 시대적 책무로 간주된다.

이처럼 극좌와 극우를 비롯해 수다한 진영들 간의 이데올로기적 대립과 충돌로 극단적 혼돈에 빠져 있던 1920년대 독일적 상황의 한 복판에서, 만하임은 이러한 이념적 무정부 상태에서 벗어날 탈출구를 제시하였다. 모든 이념적 입장들을 역동적 종합을 통해 계급과 무관하게 누구나 수긍할 보편타당한 관점을 도출·제공하는 책무를, 자유 부동하는 지식인 집단이 수행토록 하는 방안이었다. 계급의 구속성과 당파성에서 벗어나 자유롭게 사유하고 인식하는 지식인이야말로 그러한 과업과 역할을 맡길 거의 유일한 존재, 요컨대 존재 구속성에서 자유로운 주체들이었기 때문이다. 동시에 그 순간 이러한 지식인에게는 일반 시민 대중과 함께 그러한 과업을 수행하고 선도할 '리더'로서의 자격과 품격이 부여된다. 이를 우리는 잠정적으로 '계도적 리더'라고 부를 수 있을 것이다.

🏛 5. 계도적 리더로서의 지식인: 그 역할과 소임

만하임은 '사회 계급(층)적 제약'에서 — 다른 계급 구성원들과 비교하여 — 상대적으로 자유로운 존재인 지식인 집단에게 이념적 혼란을 수습할 시대적 책무를 맡기고자 했다. 적어도 지식인은 계급적 이해관계가 맞물린 첨예한 이데올로기적 충돌 사태의 진상(眞相)을 계급 초월적인 관점에서 간파하고 그 극복책을 강구할 수 있는 존재라는 이유에서다.

한데 '리더론'의 관점에서 자유 부동하는 지식인은 위기 상황을 극복해 나가는 도정에서의 리더, 특히 계도적 리더로서 해석해 볼 수 있다. 계도적 리더란 '특정 사태의 본질적 실체를 통찰하고 이를 동료 시민 대중으로 하여금 온전히 인식·자각게 하여 현실의 난관을 극복할 실천적 활동에 참여토록 독려하면서, 부여된 과제를 선도적으로 실행해 나가는 리더'를 가리킨다.

따라서 계도적 리더로서의 자유 부동하는 지식인은 우선, 첨예하게 맞서 있는 대립적인 이념들 사이에서 '이성적 종합화'의 과정을 거쳐 보편타당하며 공명정대한 이념과 관점을 제대로 규명·제시하는 과제를 수행해야 한다. 이어, 동료 시민 대중들과의 합리적 대화 및 토론을 통해, 오인 또는 왜곡된 인식에서 벗어나 주어진 사태의 실상을 제대로 파악토록 이끌어 줄 과업에 전력을 기울여야 한다. 나아가 온전한 현실 인식을 바탕으로 이데올로기적 혼란 상황을 해소·극복하는 데 기여할 실천적 활동에 적극 참여토록 독려하고 인도하는 선도적 역할을 실행해 나가야 한다. 이것이 만하임의 지식인관으로부터 '비판적 재구성의 차원'에서 도출해 낼 수 있는 '계도적·선도적 리더'로서의 지식인상에 관한 성찰적 논변의 기본적 윤곽이다.

사정이 이런 만큼, 계도적 리더로서의 지식인에게는 그에 부합하는 리더십이 필수적인 '덕목'과 '자격 조건'으로 요청된다. 그런데 만하임이 개진한 지식인의 역할과 기능에 합치하는 리더십은, 형식적 차원에서 대략 세 가지 특성이 상호 긴밀하게 연결된 '포괄적 유형'의 리더십으로 잠정 구축해 볼 수 있다. '자기 성찰성'과 '상호 신뢰성', '계몽성'이라는 특성을 함유한 각각의 세 가지 하위 유형의 리더십, 즉 '자기 성찰적 리더십', '상호 신뢰적 리더십', '계몽적 리더십'으로 구성된, 포괄적 형태의 리더십이 바로 그것이다. 이를 우리는 '계도적·선도적 리더십'이라고 이름 붙일 수 있을 듯싶다.

이를 좀 더 구체적으로 해명해 보기 위해, 계도적 리더십을 형성하는 세 가지 하위 유형의 리더십을, 그것이 지닌 '리더십의 구성적 특성'을 중심으로 살펴보도록 하자.

먼저, '자기 성찰적 리더십'이다. 이것은 지식인 스스로가 자신을 비판적 대상으로 설정하여 치열한 '자기 비판적 성찰'을 수행하게끔 강제하는 리더십이다. 이것이 유사 본능적 차원에 이를 만큼 내재화되었을 때, 동료 시민들을 거짓과 오인의 굴레에서 벗어나 옳고 참된 이념을 제대로 간취하도록 이끌 리더로서의 지식인이 갖춰야 될 계도적 리더십의 기초가 마련되었다고 할 수 있다. 이 리더십은 특히 무분별한 이념적 대결 사태를 야기·확산하는 데, 특정 계급(층)의 대변자로서 지식인들 또한 그 일익을 적지 않게 담당했다는 점에 대해, 그 어떤 계급 구성원보다 치열한 자기 비판적 성찰을 실행할 것을 촉구한다. 이 과정을 통해 지식인 본인의 행위 및 판단이 잘못되거나 오류였을 경우, 이를 인정하고 치열하게 자신을 비판함으로써 새롭게 환골탈태하게끔 이끄는 리더십이 바로 자기 성찰적 리더십이다.

다음은 '상호 신뢰적 리더십'이다. 이것은 지식인과 동료 시민 대중, 양자 간에 신뢰를 구축·공고화하는 과정에서 발현되는 리더십이다. 이 리더십이 특히 요청되는 것은, 지식인에 대해 일반 시민 대중이 갖고 있는 '불신'과 관련되어 있다. 이렇게 된 데에는 상호 대립적인 세력들 간에 빚어진 이념적 충돌로 인한 극심한 사회적 혼란을 초래하는 데, 특정 계급 혹은 집단의 전위(前衛)로 나선 지식인들의 역할이 적지 않게 작용했다는 점이 한몫하고 있다. 그로 인해 일반 시민 대중에게 비친 지식인의 모습은 불신과 실망, 기회주의자 등으로 각인되기에 이르렀다. 자연스레 사회의 발전과 변혁을 위한 리더로서 요구되는 지식인의 자격 조건에 대해서도 의심의 눈초리가 높아만 갔다.

이 같은 실상을 감안할 때, 위기 상황의 극복 과업을 수행할 지식인의 역할과 관련하여 우선적으로 선행되어야 할 것은 상실된 신뢰와 믿음을 회복하는 일이다. 이것이 성공적으로 이루어지지 못할 경우, 지식인에게 부여된 과제와 책무는 착수조차도 쉽지 않을 것이기 때문이다. 그런 만큼 상호 신뢰적 리더십의 확보는 시급하고 필수적인 요소로 다가온다.

동시에 이 리더십은 절박하리만큼 가혹한 자기 비판적 성찰을 토대로 해서만 주조될 수 있다는 점도 유의해 볼 대목이다. 치열한 자기비판을 통해 자신의 기회주의적 행태 등에 대한 진정성 있는 성찰과 반성이 이루어질 경우에만, 시민 대중이 가졌던 지식인에 대한 불신과 의혹이 상당 정도 완화 내지 해소될 기반이 조성될 수 있기 때문이다. 그와 함께 지식인과 시민 대중 간에 보다 심화된 상호 신뢰와 존중의 관계가 형성될 수 있다. 이런 한에서 상호 신뢰적 리더십은 자기 성찰적 리더십을 바탕으로 해서만 형성·확보될 수 있다고 말할 수 있다.

끝으로, 계도적 리더십을 구성하는 하위 리더십 유형들 가운데 핵심인 '계몽적 리더십'이다. 이는 다수의 시민 대중들이 갖게 된, 특정 이념이나 사상에 대한 왜곡된 인식이나 오인을 바로 잡아, 주어진 사태의 실체와 본질을 온전히 통찰할 수 있게 인도하는 과제의 성공적 완수와 관련해 가장 긴요한 리더십이라 할 수 있다.

그런데 유념할 점은 이 리더십은 형식적으로는 '계몽의 주체와 객체'라는 '수직적' 관계 속에서 작동하는 것처럼 보이나 실상은 그렇지 않다는 사실이다. 곧 이 같은 계몽적 리더십이 원활하게 작동하기 위해서 요구되는 관계는, 지식인과 동료 시민 구성원 간에 서로 대등하고 '수평적인' 동반자적 협력 관계이다. 이러한 상호 수평적·민주적 관계 속에서, 리더로서의 지식인은 동료 시민 대중들과의 자유롭고 평등한 소통과 대화, 토론을 함께 펼쳐 나간다. 아울러 그러한 절차적 과정을 통해, 현 사태에 관한 타당하고 설득력 있는 분석적·평가적 논변을 제시함으로써 그들의 의식을 각성·변화시킨다. 이어 그 바탕 위에서, 주어진 문제적 사태를 극복·해결할 실천적 행위에 자발적으로 참여토록 이끄는 '계몽적 과제'를 선도적으로 수행해 나간다.[8]

실상이 이런 만큼, 자유 부동하는 지식인이 리더로서 계몽적 리더십을 발휘한다고 해서, 동료 시민 위에 '군림하여' 일방적으로 그들을 교화하는 것처럼 이해되어서는 곤란하다. 단지 보편적 시각에서 정당성 여부를 판별할 수 있는 전문화된 인식 능력을 비롯한 전문가적 역량에서 시민 대중과 차이가 난다는 점에서, 형식상 지식인이 선도적으로 동료 시민들을 '앞장 서' 계도할 뿐인 것이다. 이런 연유로, 수다한 이념들이 충돌하는 이데올로기적 무정부 상태에서 동료 시민들을 각성시켜 주어진 문제의 '진상'을 통찰하고 그것을 해결할 실천방안을 강구하여 참여토록 독려하는 지식인의 계몽적 리더십은 '핵심적 리더십' 유형일 뿐 아니라 '필수불가결한 리더의 덕목'이라 하지 않을 수 없다.

🏛 6. 나오는 말: 오늘의 한국적 현실과 계도적 리더로서의 지식인의 당면 과제

만하임은 자신의 모국인 헝가리 시절부터 독일에서의 활동 시기를 거쳐 1930년대 망명지 영국에서 보낸 후반부 삶의 시절에 이르기까지, 지식인의 역할과 소임에 관한 관점과 입론에서 적지 않은 변화를 드러내 보였다. 하지만 그러한 차이와 변화에도 불구하고, 코저(L. A. Coser)가 언급하고 있듯이, 특정 계급의 이익이 아닌 계급 초월적인 '(사회) 전체 이익의 대변자'9)로서의 지식인의 역할에 관한 한, 일관된 입장과 논지를 견지하였다. 곧 특정 계급(층)이나 진영의 이해관계를 뛰어 넘어, 보편타당한 관점과 시각을 제시하고 그것의 수용과 관철을 위해 진력하는 '이론적 실천' 주체로서의 지식인의 모습이 만하임의 기본적 지식인상이었다.

이러한 관점은 『이데올로기와 유토피아』를 중심으로 개진된 '비교적 자유롭게 부동하는 지식인' 개념을 통해 가장 극명하게 표출되었다. 그런데 이러한 지식인상은 리더의 역할과 기능에 관한 논의와 관련하여, 사회의 혁신과 변혁을 추구하는 선도적 리더로서 재해석될 수 있다. 해서 이 글은 만하임의 지식인론에 대한 검토 작업을 통해, '자유 부동하는 지식인' 개념을 리더론의 차원에서 새롭게 '계도적 리더로서의 지식인'으로 재규정하여, 이에 관해 다각도로 해명해 보았다.

그렇다면 만하임의 지식인론에서 도출된 계도적 리더로서의 지식인은, 작금의 한국적 현실과 관련하여 그 어떤 역할과 과제를 수행할 수 있으며 또한 수행해야'만' 하는가? 이는 리더에게 요구되는 필수 덕목이자 자격 조건인 계도적 리더십을 형성하는, 세 가지 하위 리더십 유형들인, '자기 성찰적 리더십', '상호 신뢰적 리더십', '계몽적 리더십'을 염두에 둘 때 일정 정도 해명될 수 있다.

첫째, 한국 사회에서 계도적 리더로서의 지식인은 자신에 대한 치열한 자기비판 및 자기성찰의 과제를 '최우선적으로' 수행해야만 한다. 특히 반민주적 진영 논리의 급속한 확산에 따라 오랜 기간에 걸쳐 이룩해 온 민주주의의 원칙과 토대가 허물어져 가는 현 상황에 대해, 지식인으로서 본연의 역할을 다하지 못한 것에 대한 통렬한 비판적 반성이 선행되어야만 한다. 이를 통해 지식인의 본래적 역할이 변질·왜곡된 점과 그렇게 된 주된 요인들을 반추해 보아야 한다. 동시에 현 시점에서 계도적 리더로서의 지식인이 수행해 나가야할 소임과 책무를 명확히 재규정하고, 이를 실행해 나가는 데 긴요한 리더십을 함양하는 방안을 적극적으로 모색·강구해야할 것이다.

둘째, 잃어버린 신뢰와 믿음을 시민 대중으로부터 되돌리는 데 전력을 기울여야만 한다. 이를 위해서는, 무엇보다 진영논리가 전일적으로 한국 사회를 장악·지배해 나감에 있어, 주도하거나 관여한 사실에 대한 가혹한 자기고발 및 반성이 이루어져야만 한다. 해서 될 수 있는 한, 지식인 집단 내부에서부터 치열한 자기 성찰적 토론과 논쟁을 통해 자신들의 기회주의적 행태나 치명적 과오에 관한 학술적 단죄가 철저하게 이루어져야만 한다. 더불어 그 과정에서 동료 시민 대중을 향해 한국 지식인 집단의 진심어린 반성과 사죄가 표명될 필요가 있다. 그럴 경우에라야 일반 시민 대중이 갖고 있는, 지식인을 향한 불신과 불만, 회의로부터 벗어날 발판이 확보될 수 있을 것이다. 위기적 상황을 타개하고 사회의 혁신을 주도할 계도적 리더로서의 지식인에 대한 전폭적인 믿음이 전제되지 않고서는, 지식인에게 부여된 본연의 소임과 책무를 수행하는 것 자체가 사실상 불가능에 가까운 것일 수 있기 때문이다.

셋째, 현 시점에서 가장 시급한 과제, 즉 진영논리의 실체적 본질을 규명하고 해체하는 과업을 실행에 옮겨야만 한다. 여기에는 '정치의 쇼 비즈니스화'와 결합된 팬덤 정치의 폐해, 진영논리에 기초한 파시즘적 망령의 횡행과 그에 따라 민주주의의 토대가 서서히 허물어져 가는 실태에 관한 철저한 비판적 폭로의 작업이 포함된다. 특히 진영논리에 기대어, 특정 권력 집단들에 의해 자행되는 반민주적 사안들의 실상을 온전히 간취할 수 있도록, 개별 시민 누구나 이성적으로 수용할 수 있는 보편타당한 인식 및 판단 방식을 일깨워주는 데 전력을 기울여야만 한다. 그럴 경우에만, 힘의 논리에 입각하여 이루어지는 자의적인 비민주적 가치 판단의 준거인 진영논리로부터 벗어날 탈출구가 비로소 마련될 수 있을 것이기 때문이다. 그런 이유로, 이성적 토론과 논쟁을 통해 도덕적 정당성 여부가 '계급 초월적' 관점에서 판별될 수 있는 '의사소통적 담론 방식'을 적극 소개하고, 그를 통해 보편적 도덕 판단 능력을 함양할 수 있는 규범적 시스템을 구축하는 데 힘을 쏟아야 할 것이다.

끝으로, 진영 논리의 이면에 자리한 정치 조작적 '오인의 메커니즘'의 실체를 폭로함으로써 시민 대중들을 계몽·각성시키는 계도적 리더로서의 지도 과제를 당장 수행해야만 한다. 그렇게 함으로써'만' 보수나 진보를 가리지 않고, 거의 맹목적으로 특정 권력 집단을 일방적으로 지지하고 옹호하는 '적지 않은' 일반 시민들의 의식에 자리하게 된 '허위의식'과 왜곡되고 호도된 신념, 아울러 '거짓된 대안적 믿음'으로부터 벗어날 수 있도록 이끌 민주주의적 통로를 제공해 줄 수 있을 것이다. 그리고 당연하게도 이러한 과업을 수행할 소임과 역할은, 이 분야에 가장 탁월한 전문가적 식견과 통찰력을 갖춘 지식인에게, 계도적 리더의 자격을 갖추고 있다는 단서하에 부여되어야 한다. 지식인이야말로 '동료' 시민들을 계몽을 통해 거짓과 허상에서 벗어나게 해줄 뿐 아니라, 진리치와 정당성이 담보된 이념을 온전히 파악하도록 해주며, 나아가 보다 혁신적인 사회체제의 구현을 위한 실천적 활동에 참여토록 이끌어줄 전문가적 역량과 계도적 리더십을 내장한 계도적·선도적 리더이기 때문이다.

* 이 글은 『청주교대 논문집』 60집(2024. 2. 29.)에 게재 예정인 「카를 만하임의 지식인론(論): 현재적 의미와 의의」를 리더론의 관점에서 대폭 보완·수정하여 재구성한 것이다.

영혼을 깨우는 명문장

지식인은 분명히 사회 주류의 일부이지만 주류의 대중 정서나 판단에 흡수되지 않아야 한다.
"지식인은 주류 안에서 주류의 단견과 기득권을 결연히 비판하는 역할을 수행함으로써 사회통합을 실현하는 파수꾼이 되어야 한다."

— 한상진(2022), 『하버마스와의 대화』

지식인은 자신의 본래의 뿌리를 비교적 쉽게 단절할 수 있으며, 게다가 서로 간에 끊임없이 대화하며 상호비판을 통해 애초에 가졌던 편견의 잔재를 벗어버릴 수 있다.
"지식인은 세속적인 일에 관여해서 속된 발자취를 남기는 대신, 이를 넘어서서 위엄 있는 공평무사의 경지에 다다를 수 있다."

— 루이스 A. 코저(2004), 『사회사상사』

읽을거리 & 볼거리

- 강수택(2004), 『다시 지식인을 묻는다』, 삼인.
- 노암 촘스키(2005), 『지식인의 책무』, 강주헌 역, 황소걸음.
- 장 폴 사르트르(2018), 『지식인을 위한 변명』, 박정태 역, 이학사.
- 카를 만하임(2012), 송호근 해제, 『이데올로기와 유토피아』, 임석진 역, 김영사.
- 케이티 마튼(2021), 『메르켈 리더십—합의에 이르는 힘』, 윤철희 역, 모비딕북스.

• 『12인의 성난 사람들(12 Angry Men)』(20세기 폭스, 1957)

친아버지를 살해한 혐의를 받고 기소된 18세 라틴계 소년의 살인사건을 놓고, 12명의 배심원들이 최종 판결을 내리기 위해 격렬한 토론과 논쟁을 벌이면서 상호 합의에 이르는 과정을 그린 영화다. 그 과정에서 주인공 배심원(헨리 폰다)은 다른 11명 배심원 각각이 개진한 주장을 뒷받침하는 근거가 타당한가의 여부를 논리적으로 따져 나가며, 주관적 이해관계를 대변한 주장이나 편견에 기인한 견해 등을 하나하나 논파해 나간다. 그리곤 마침내 12명 전원이 동의하여 합의한 공명정대한 판결을 이끌어 낸다. 이 대목에서 주인공 배심원은 주어진 사태의 실체와 본질을 온전히 파악할 수 있게끔, 나머지 배심원들을 계몽·자각시키는 계도적 리더로서의 면모를 유감없이 보여준다.

XIV AI시대, 휴먼리더십

김 희 정

정보기술이 가지고 올 변화는 상상하기 어려울 정도이다. AI에게 밥그릇을 빼앗길지 모른다는 궁핍한 상상력만으로는 다가올 새로운 파고를 넘기 어려울 것이 분명하다. 이 글은 인공지능 자동의사결정의 대상이 된 인간이 어떤 환경에 직면하고 있는지, 그리고 어떤 존재적 위험에 처하게 되었는지 여러 관점에서 검토하였다. 이 글을 통해 인간이 어떻게 해야 더 인간적일 수 있는지 스스로 질문을 던질 수 있는 기회가 되었으면 한다. 또한 AI의 시대에 리더십은 본질적인 변화를 갖게 될 것이며, 그 변화의 중심에 '인간에 대한 존중'이 있다는 것을 이야기한다.

🏛 1. 들어가는 말

　벌써 오래된 일이기는 하지만 알파고가 최고의 인간 바둑기사를 이겼을 때 전율과 두려움이 교차했다. 1980년대 제임스 카메론 감독이 만든 영화 '터미네이터'가 당시에는 미래 과학공상영화에 불과했는데, 이젠 미래의 예언일지 모르겠다는 생각이 들었다. 이제 생성형 인공지능 챗GPT의 작동을 보고 있으면 인간을 '흉내 내는' 어리숙한 기계가 아니라 노련하게 인간을 '가지고 노는' 기계를 상상하게 된다. 지금 생성형 인공지능은 예술작품을 창작해내고, 스스로 운전을 하며, 변호사 시험을 상위 10% 이내로 치르고, 영상의학진단에 있어 인간의 판단을 압도하는 정확성을 보여준다. 그래서 AI저작물의 저작권이 문제되고, 자율주행차가 사고를 낼 때 그 법적 책임소재도 문제된다. 소비에트 출신의 미국 3대 SF거장이며 과학자인 아이작 아시모프는 1976년 '바이센테니얼 맨(The Bicentennial Man)'이라는 작품에서 자율적 학습능력을 지닌 인공지능 '로봇'을 통해 지금 우리가 처한 이 상황을 앞서 이야기 한 바 있다. 창의적 예술가의 능력을 가진 인공지능 로봇의 저작물과 저작권 문제, 그로부터 창출한 경제적 이익과 재산권의 문제, 인격을 갖춘 로봇과 인간의 관계 문제 등이 그것이다. 더불어 불사를 포기하며 인간이 되려하는 로봇을 통해 인간과 비인간의 경계가 무엇인지에 대한 철학적 의문도 제기하였다. 2017년 유럽의회에서는 지능형 자율로봇에 관한 전자인격의 지위를 부여하도록 권고하였다. 지능형 자율로봇이 사회적 합의 안에서 자율적 주체로서 그 법적 지위를 향유할 수 있도록 한 것이다. 노동력뿐만 아니라 인격까지 갖추어가며 더 많은 것을 기계가 대체해 가는 이 세상에 인간은 대체 어떤 존재로 남아야 하는 것일까?

　최근 대기업들은 직원을 채용할 때 알고리즘을 이용하여 인성과 적성, 능력을 평가하고, 개인의 신용도를 평가하며, 개인 맞춤형 광고를 한다. 국가기관의 행정처분이 자동화결정으로 이루어 질 날도 멀지 않았다.[1] 현대 정보기술은 기계가 사물과 인간, 경제, 금융 등에 대하여 추론·평가하고 중요한 결정을 하도록 발전하였다. 이러한 정보기술은 일의 효율 면에서 뿐만 아니라 인간의 주관성과 편견으로부터 자유로울 수 있다는 면에서도 그 혜택을 기대하게 한다. 그런데 유럽의 일반정보보호법(General Data Protection Regulation, GDPR)은 인간 개인에게 중대한 영향을 줄 수 있는 결정이 기계에 의해서 이루어졌을 때, 이 결정에 대해 '인간의 개입권'(the right to human intervention)을 부여한다. 인간의 편의를 위해 수행되는 알고리즘 또는 인공지능의 결정에 대해 인간은 왜 '개입할 권리'가 필요할까. 인공지능의 시대, 법적인 측면에서 인간의 지위를 생각해보고 AI시대 휴먼리더십에 대해 생각해 보자.

🏛 2. AI의 결정, 법적 지위

　바둑이 인공지능 혹은 컴퓨터 기계 능력의 테스트베드인 이유는 체스나 장기와는 달리 계산·논리만으로는 해결되는 게임이 아니기 때문이다. 바둑의 행마를 예측하기 어려운 이유는 우주의 원자 수보다 많다는 '경우의 수' 때문이 아니고, 인간의 직관과 상상력이 요구되는 관계성 판단 때문이다. 이런 바둑에서 기계가 인간을 이긴다는 것은

10년 전까지만 해도 요원한 일이었으나, 2015년에 나온 '알파고'는 1년의 학습 끝에 이세돌 9단을 이기고, 2년의 학습을 거쳐 세계 바둑 랭킹 1위인 커제를 꺾었다. 그런데 불과 2년 후인 2017년 출시된 '알파고 제로'는 단 21일 만에 세계 바둑랭킹 1위를 이기는 수준에 이르렀다. 알파고 제로는 알파고와 달리 인간의 바둑기보 학습을 하지 않고, 오직 바둑 규칙만을 가지고 스스로 연구하여 시뮬레이션도 없이 바둑을 두어나갔다.[2][3]

프로그램은 순서화된 규칙을 이용하여 데이터를 선택, 배열, 처리하도록 명령하는 알고리즘 설계를 통해 이루어지고, 이 알고리즘의 설계는 사람인 프로그래머가 한다. 그런데 이제 알고리즘은 스스로 정보를 선택하여 학습을 하고 이것을 기반으로 더 나은 알고리즘을 설계한다. 게다가 인간신경망 체계를 본떠 수억 개의 정보를 주고받으며 결론을 내릴 수 있도록 하는 딥러닝[4]이라는 기계학습 덕분에 알고리즘은 단순한 분석이나 계산 작업이 아니라 학습하여 추론하고, 평가하는 추상적인 작업도 가능하다. 물론 명백한 규칙이 있는 바둑이 아니라 변수 가득한 인간 세상에 대해 알고리즘 결정이 완벽한 정답을 내놓을 수는 없다.[5] 그러나 이제 기계는 인간으로부터 독립된 자율적 판단을 한다. 인간의 의사는 알고리즘을 설계하는 초기 단계에서만 작동하고 그 다음부터는 반영되지 않는다. 자율운행자동차가 사고를 일으켰을 때, 그 사고의 원인을 기계의 결정으로 볼 것인지, 사용자의 결정으로 볼 것인지, 설계자의 결정으로 볼 것인지 분명하지 않은 것처럼, 알고리즘의 결정을 기계(알고리즘) 자체의 결정이라고 보아야 하는지, 아니면 그 알고리즘과 프로그램 사용자의 결정이라고 보아야 하는지 기존의 법체계는 분명한 답을 가지고 있지 않다.

독일의 한 식료품 회사의 사장이 자신의 회사와 이름을 검색할 때마다 구글이 '사이언톨로지'를 관련 검색어로 추천하여 명예를 훼손했다는 이유로 고소한 사건에서 구글은 '과거 이용자의 검색 결과를 바탕으로 컴퓨터 알고리즘이 예측한 자동 완성 추천 검색에 대해 책임질 이유가 없다'고 항변하였다. 그러나 독일 법원은 구글의 자동 검색기능이 원고의 인격권을 침해한다는 것을 인정하였고, 자동 검색을 위한 소프트웨어를 설계하고, 검색이라는 사용자의 행위를 이용하고, 이를 다시 사용자들에게 제공한 구글에게 그 책임이 있다고 하였다.[6] 그러나 실상은 구글의 항변 내용처럼 알고리즘의 자율적 판단, 즉 기계의 결정에 대해 인간의 책임을 부정하고 새로운 법적 체계를 만들려는 움직임이 더욱 활발하다. 2017년 2월 유럽연합은 장기적 관점에서 외부 통제나 외부 영향을 받지 않고 독립적으로 의사결정을 내리고 구현할 수 있는 로봇과 인공지능에 대해 전자적 인간의 지위를 부여하도록 권고한 바 있다.[7] 이것은 아직 권고에 불과하므로 법적으로 수용 가능한 것인지, 수용 가능하기 위해 어떤 전제가 마련되어야 하는지 등에 대하여 많은 논의가 진행되어야 하겠지만,[8] '기계에 의한 결정이 미래에 어떤 법적 지위를 가질 것인가'라는 논의의 결과는, 결국 독자적 판단주체, 책임주체로서의 기계 혹은 인공지능이라는 판단으로 모아질 가능성이 높다.[9]

🏛 3. AI의 결정시스템과 인간의 관계와 영향

알고리즘 자동 의사 결정 시스템에서는 기계가 인간을 평가한다. 사람이 인터넷에서 검색을 할 때마다 발생하는 쿠키 정보[10]로부터,

구매 물품, 댓글의 성향, 자주 사용하는 단어 등 다양한 정보를 수집하고 처리하면서 알고리즘은 정보 주체의 행위와 생각에 대해 추론한다. 이런 과정을 통해 글이나 음악을 추천하고, 구매 능력을 판단하여 싼 호텔 혹은 비싼 호텔을 선택하도록 유도하고, 정치적 성향을 분석하여 정보 주체가 선호하리라고 생각하는 동영상이나 기사를 나열한다. 사람을 채용할 때도 자동 의사 결정 시스템이 활용된다. 알고리즘이 하는 질문에 답을 하는 동안 그 대답과 구직자가 제공한 정보, 그리고 구직자가 사용에 동의한 정보를 이용하여 구직자의 성향과 능력을 판단한다.[11] 자동 의사 결정은 그 외에도 보험 계약을 체결할 것인지, 신용대출을 해주어도 될 만한 사람인지를 판단한다. 이러한 기술들은 일의 효율성을 높이고, 소비자 시장에서 개인화된 마케팅이라는 새로운 가능성을 열어 왔지만 개인의 기본권과 이익에 전과 다른 방식의 위해를 가져올 수 있다는 우려와 인식이 제기되어왔다.

우선 자동 의사 결정은 많은 데이터를 사용하여야 하는 건강, 교육, 금융서비스, 마케팅과 같은 분야에서 활발히 사용되고 있고, 매우 효율적이고 일관성 있는 결과를 가져올 수 있다는 장점이 있다. 그런데 위와 같은 분야의 개인정보와 사용자 정보를 이용하여 생성하는 추론은 대개 개인의 고유한 특성 혹은 사생활과 관련된다. 예를 들어, 임신을 했는지, 해외여행을 자주 다니는지, 아이와 시간을 보내는지, 어디에 '좋아요'를 눌렀는지, 진보적인지 보수적인지, 성적 취향은 무엇인지, 신뢰할 만한 사람인지, 가용재산은 어느 정도인지까지 예측한다. 이러한 시스템은 기본적으로 사생활을 존중받을 권리를 위협한다. 뿐만 아니라, 행동이 관찰되고 분석된다는 인식 때문에 정보 주체가 스스로 자신을 검열하고 행동을 조정하게 함으로써 위축 효과가 유발되어[12] 자율성과 표현의 자유 그리고 일반적 행동권에 영향을 준다.

한편 상업적 이익을 위해 설계된 자동 의사 결정은 맞춤형 정보를 제공한다는 명목으로 특정 유형의 컨텐츠만을 지속적으로 제공한다. 정보 주체가 좋아할 만한 콘텐츠를 광고와 연결하여 수익을 내는 플랫폼의 경우 콘텐츠의 진실 여부와 상관없이 개인의 선호도만으로 우선순위를 정해 배포한다. 이러한 패턴은 개인이 스스로 제공한 초기의 정보를 강화시켜 이미 알고 있는 내용이나 가치관을 강화하고 그것과 맞지 않는 가치관이나 내용은 무시하거나 아예 제시하지 않는다. 민주주의 사회는 시민들이 마음을 정하기 전에 다양한 위치에 직면할 것이 요구되는데, 알고리즘에 의한 자동화 검색 추천등은 새로운 정보나 상황에 직면했을 때 발생해야 할 학습을 방해하고 반대의견을 대면하지 못하도록 함으로써 시민으로서의 능력을 감소시켜 민주주의의 기반을 해친다.13)

개인 정보로 유도되는 프로파일링 기술의 악용은 민주주의를 비롯한 헌법적 가치와 질서의 근본적인 조건을 약화시킬 수 있다. 예를 들어 트럼프의 대선 승리와 영국의 브렉시트(Brexit)가 캠브리지 어낼러티카(Cambridge Analytical)라는 영국의 정치컨설팅 회사의 부적절한 도움을 받아 가능했다는 것이 2016년 밝혀졌다. '캠브리지어낼러티카 스캔들'(Cambridge Analytical scandal)로 알려진 이 사건은 당해 회사가 페이스북앱을 통해 얻은 미국인 8천 7백만의 정보를 이용해 '설득가능자'를 분류하여, 그들의 생각과 의식에 영향을 미칠 수 있는 비디오 컨텐츠를 계속 노출시켜 작업 세력이 원하는 방향으로 생각을 바꾸도록 한 사건이다.14) '설득가능자'로 분류하는 방식은 "당신의 디지털 라이프를 알려준다"는 제목으로 설문을 하면서 '나는 내 자신에게 정확한 사람인가', '나는 나의 내부 세계가 정확한 사람인가'과 같은 내용의 질문을 던져 개인의 성향을 파악하는 매우 평범한 것이었다. '설득가능자'들에게 노출된 영상은 외국인이나 힐러리 클린턴의 이미지에 타격을 줄 수 있는 것들이었다. 외국인과 관련된 영상은 시위를 하거나 총을 들고 있는 모습을 보여주는 것이었고, 힐러리 클린턴의 경우는 연설을 하면서 침이 튀는 모습을 노출하는 것이었다. 반면 트럼프의 이미지는 강하고 멋지게 연출되었다. 트럼프의 선거캠프가 이 작업의 기본 플랫폼인 페이스북에 지불한 돈은 하루에 백만 달러였다고 한다. 영국 브렉시트 캠페인을 주도했던 단체도 캠브리지 어낼러티카(Cambridge Analytical)와 계약하고 동일한 작업을 하였다.15) 표현의 자유에 대한 강력한 보장국가인 미국에서 이 사건은 싱겁게도 페이스북이 정보를 쉽게 노출하고 팔아먹었다는 비난과 배상명령으로 끝이 났지만, 이런 강력한 정보기술에 접근할 수 있는 소수의 사람들이 민주주의 기본질서를 손쉽게 변형시키고 마음대로 유도할 수 있다는 것을 보여 주었다.16)

이런 거대한 문제가 아니라 하더라도 기계에 의한 결정이 인간의 주관성이나 비합리성을 극복하지도, 차별과 편견에서 자유롭지도 않다는 것은 익히 지적되어왔다.17) 어쩌면 차별은 이미 개인의 정보를 분류하고 정렬하는 시점부터 발생한다. 알고리즘 설계자의 편견이나 정보자체의 편향성 등 다양한 원인들도 자동의사결정이 차별에서 자유롭지 못하게 만든다. 소위 'AI채용'을 실시하는 기업에서 성별이나 인종, 장애 등의 이유로 일단의 사람들은 채용과정에서 배제하는 사례는 매우 많다.18) 오히려 알고리즘 자동의사결정과정에서 차별은 눈에 띄지 않는 방법으로 이루어지기 때문에 비판도, 교정도 어렵다. 뿐만 아니라 자동의사결정이 만드는 차별은 구조적 성격의 차별을 고착화하고 새로운 차별체계를 만들 수 있다. 점수시스템에 의존할 수밖에 없는 자동의사결정은 '다른 속성'을 가진 사람들을 '부족한' 사람들

로 만들기 때문에 헌법의 기본이념인 인간의 존엄에도 반한다. 누군
가의 편견이 가지는 위험은 소수에게만 적용 되지만 자동의사결정의
편견은 수많은 사람에게 적용되어 결국 사회 전체로 영향을 미칠 수
있어 그 위험성은 더욱 크다.[19]

그러나 무엇보다 주목해야 할 문제는 1조 원이 넘는 개인디지털정
보분석 산업에서[20] 인간이 원자재로서 정보의 자원으로 분할되고 취
급됨으로써, 목적이 아닌 수단이 된다는 점이다. 인간은 정보의 조합
이 아니라 고유한 존재임에도 정보의 연결과 조합을 통해 정체성을
강제로 형성 당한다. 이 정체성은 온라인이라는 공간에서 정보 주체
가 자신을 표현하는 디지털 페르소나일 수는 있으나 실제의 모습은
아니다.[21] 그러나 이 디지털 정체성은 현실에서 인간이 어떤 권리와
이익을 받을지 혹은 받지 못할지를 결정할 수 있다.

기계의 자동의사결정 시스템은 다양한 방면에서 새로운 가능성을
창출하기도 하지만 문제도 야기한다. 그러나 개인정보를 보호하는 것
만으로는 자동의사결정의 질을 보장하지 않는다. 예를 들어 개인정보
보호법은 개인정보, 즉 동일인을 식별할 수 있는 정보를 정보주체가
통제할 수 있도록 하는 데 중점이 있기 때문에 자동의사결정이 야기
할 수 있는 자율성과 인격권 침해, 차별, 표현의 자유, 민주주의 등에
관련한 문제를 방어하기 어렵다.

🏛 4. AI 결정에 대한 인간 개입

유럽일반정보보호법(General Data Protection Regulation, GDPR)은 28

개국 유럽연합 회원국에 공통적으로 적용되는 법률로서 정보주체의 권리와 기업의 책임성 강화 등에 관한 규정을 담고 있다. 이 법률은 개인정보보호와 함께 디지털 단일시장 구축이라는 목적을 추진하고자 만든 법률이다.22) 유럽일반정보보호법에 의하면 유럽연합 내에서 사업장을 운영하는 기업, 재화나 서비스를 제공하는 기업 모두 그 대상자가 된다. 따라서 한국의 금융기관과 기업들, 그리고 전 세계 글로벌 기업들이 이 법의 적용을 받으며23) 법 위반 시 엄청난 과징금을 내야 한다.24) 현재 세계 정보보호의 동향은 EU의 GDPR을 중심으로 재편되고 있다. 이 일반정보보호법은 개인정보보호를 위해 꽤 까다롭고 조심스러운 규정들을 세밀하게 마련해놓고 있다. 우리의 개인정보보호 관련법률들도 EU의 GDPR의 기준을 따르기 위해서 고군분투하고 있다.

그런데 유럽일반정보보호법은 자동화 결정과 관련하여 일련의 상세한 규정들을 가지고 있다. 여러 규정들이 있으나 일부만 조망해본다면 제22조 제1항에서는 정보 주체가 자동화 결정을 거부할 권리를 규정하고 있다.25) 제2항은 자동화 결정을 거부할 수 없는 예외 3가지 경우를 규정한다.26) 제3항에서는 자동화 결정을 거부할 수 없는 경우 인간이 개입할 수 있는 권리를 규정하고 있다.27) 특히 제22조 제3항의 권리에 대한 연구가 축적 중에 있는데, 관련 학술논문들은 제22조 제3항에서 부여하는 세 개의 권리를 '인간의 개입권'(the right to human intervention)으로 분류하고 있다.28) 이 규정은 기계 결정과정에서 그 대상이 된 정보 주체의 권리와 자유, 적법한 이익을 보호하기 위하여 "정보 처리자의 개입을 요구할 권리"(the right to obtain human inter-vention on the part of the controller), "자신의 입장을 설명할 권리"(the right to express his or her point of view), "자동 결정에 이의를 제기할 권리"(the right to contest the decision)를 인정한다. 다만 여기에서 주의할 점은 "정보 처리자의 개입을 얻을 권리"는 정보 주체의 권리이지만 정보주체가 직접 개입하는 것이 아니고 정보처리자로 하여금 절차에 개입할 것을 요구할 수 있다는 의미이다. 여기서 인간의 개입권이 정보 주체가 원하는 결론을 이끌어 낼 수 있을 만큼 강력한 권리가 아니라는 것은 쉽게 알 수 있다. 우선 문제 삼고자 하는 자동의사결정이 '완전한' 자동절차인 경우여야 하기 때문에 적용 범위가 제한적이고, 그 결정이 정보 주체에게 중요한 영향을 미치는 경우에만 행사할 수 있다. 결정의 영향이 법적이고 중요한 것이었는지를 정보주체가 입증해야 할 부담도 있다. 그리고 이 개입권은 자동의사결정 내용을 변경하거나 더 나은 결정을 받을 권리를 의미하지도 않는다.

그렇지만 인간 개입권의 중요성은 작지 않다. 인간의 개입권은 인간이 대상화되고 도구화되는 구조에 대항하는 권리이고, 사용자 정보와 개인정보가 상상을 초월하게 수집되고 공유되는 세상에서 인간이 통제권을 잃지 않기 위한 최소한의 장치이기 때문이다. 내가 어떤 사람인지를 기계가 결정한다는 것은 인간이 존엄하다는 근본적인 명제를 위협한다. 인간은 정해진 질문에 대한 대답의 조합도 아니고, 무엇을 사고 먹었는지, 어디에 살고 있는지 등의 정보조합이 아님에도, 알고리즘은 이러한 정보를 이용하여 개인을 결정하고 평가하면서 낯선 정체성을 형성한다. 인간은 기계가 나에게 호의적인 결정을 하도록 늘 자신을 조정해야 하고, 기계의 결정이 나오면 그 정체성에 맞추어 살아야 한다. 헌법재판소는 헌법이 전제하는 인간상에 대해 "자신이 스스로 선택한 인생관·사회관을 바탕으로 사회공동체 안에서 각자의 생활을 자신의 책임아래 스스로 결정하고 형성하는 성숙한 민주시민"이라고 말한 바 있다.[29] 뒤리히(Günter Dürig)는 "인간 존엄성은 구체적인 인간이 한낱(단순한) 수단으로 대체될 수 있는 정도의 중요성을 가진 것으로 축소될 때 침해된다"고 하였고, 인간이 자신의 주체성을 박탈당할 때 가치질서의 타락이 시작된다고 하였다.[30] 알고리즘의 분류와 정렬은 인간을 끊임없이 데이터로 환원하고 정보의 원자재로 만든다. 따라서 인간개입권은 인간 존엄성의 복원과 관련이 있다. 비록 '개입'에 불과하고 이미 일반화된 기계 결정을 대신할 수 없는 자조적인 권리일지도 모르지만 인간의 개입권은 기계의 알고리즘이 사람을 등급으로 분류하고 자원으로 취급하는 것에 대한 통제권 유보를 의미한다.

🏛 5. 기본권 vs 산업

헌법재판소에 의해 독자적인 기본권으로 인정된 개인정보자기결정권은 "자신에 관한 정보가 언제, 누구에게, 어느 범위까지 알려지고 또 이용되도록 할 것인지를 그 정보주체가 스스로 결정할 수 있는 권리"[31]이다. 개인정보자기결정권은 각종 개인정보들이 국가기관이나 민간부문에서 광범위하게 수집되고 처리되어 정보가 축적되고 이용되고 공개되면서 인격적 정체성이나 사회적 인격상에 대한 통제력을 상실하는 것으로부터 보호한다.[32] 헌법재판소는 "오늘날 개인의 인적 사항이나 생활상의 각종 정보가 정보주체의 의사와는 전혀 무관하게 타인의 수중에서 무한대로 집적되고 이용 또는 공개될 수 있는 새로운 정보환경에 처하게 되었고, 현대의 정보통신기술의 발달에 내재된 위험성으로부터 개인정보를 보호함으로써 궁극적으로는 개인의 결정의 자유를 보호하고, 나아가 자유민주체제의 근간이 총체적으로 훼손될 가능성을 차단하기 위하여 필요한 최소한의 헌법적 보장 장치를 만들기 위함"33)이라고 개인정보자기결정권의 의의를 밝힌 바 있다. 즉 개인정보자기결정권은 정보통신기술의 내재된 위험으로부터 개인의 결정의 자유와 자유민주체제를 보호하는 것으로 확장된다. 그러나 이러한 보호가 실효성 있게 작동할 것인지 여부는 불확실하고 또 전망도 좋지 않다. 예를 들어 가명정보에 대한 민간부문의 처리권한이 매우 강해졌음을 보면 잘 알 수 있다. 2020년에 소위 데이터 3법이라고 불리는『개인정보보호법』,『정보통신망 이용촉진 및 정보보호 등에 관한 법률』,『신용정보의 이용 및 보호에 관한 법률』의 개정안이 통과되었다. 이 법률 개정에서 가장 주목받은 부분은 가명정보 이용에 관한 것이었다. 가명 처리한 정보는 정보 주체의 동의 없이 활용할 수 있게 하고, 서로 다른 정보처리자가 가지고 있는 가명 정보의 결합도 가능하게 하고 있다. 가명정보의 활용은 데이터 활용의 폭을 넓히고, 빅데이터 분석 및 인공지능 등의 활용을 가능하게 하여 교통, 금융, 의료 등 다양한 분야에서 정보서비스를 창출하게 할 것으로 기대받았다. 특히 산업계에서는 이종가명정보의 결합의 허용이 새로운 부가가치와 혁신을 가능하게 할 융합정보산업의 탄생을 애기할 수 있을 것이라며 환호했다.

'데이터 주권'과 'AI 주권'이 중요해지는 현대 사회에서 개인정보를 보호하려는 규정이나 절차는 산업의 발전을 더디게 하는 무용하고 뒤떨어진 규제로 여겨진다. 구글, 페이스북, 유튜브, 아마존은 데이터 자원회사이고, 디지털 정보를 가공하여 무서운 속도로 성장하고 있다. 현재 데이터 자원의 가치는 중동의 석유자원 이상이라고 평가된다. 아직 구글에게 데이터 주권을 빼앗기지 않은 나라는 중국과 한국뿐이라고 한다. 중국은 정부가 구글의 침략을 막았고 한국에서는 네이버와 다음이 막은 셈이다. 어쩌면 이 대목에서 자랑스럽게 생각해야 하는지도 모르겠다. 어차피 해외의 구글에게 모든 것을 빼앗기는 것보다는 잘 처리해서 국내의 다음이나 네이버가 주권을 가지고 있도록 하는 것이 나을 지도 모르기 때문이다.

🏛 6. AI 시대, 휴먼리더십

정보사회가 가지고 올 변화는 상상하기 어려울 정도이다. AI에게 밥그릇을 빼앗길지 모른다는 정도의 궁핍한 상상력만으로는 다가오는 새로운 파고를 넘기 어려울 것이 분명하다. 요즘 사람들은 인공지능에 대응하여 인간을 '휴먼'이라고 부른다.

'너의 이름은 무엇인가, 휴먼'
'무슨 생각을 하고 있는가, 휴먼'

인간이 휴먼인 것은 당연하지만 지금 이 '휴먼'이라는 단어는 'AI'만큼이나 낯설게 느껴진다. '미래'라고 말하기도 어려울 가까운 미래에는 AI가 더 많은 결정을 내리게 될 것이다. 어쩌면 인공지능을 인간에 대한 위협으로 간주하는 것은 어리석은 일이 될지 모른다. 분명한 것은 이 과도기적 시기를 고통없이 넘길 수는 없으며 리더십의 본질이 바뀔 것이라는 점이다. 환경의 변화는 리더십의 본질을 변화시킨다. 언어와 문자의 발전이 리더십의 본질을 '무력과 외적인 힘'에서 '설득과 소통'으로 바꾼 것처럼, AI혁명은 리더 '휴먼'에게 필요한 자질과 훈련의 기술을 변화시킨다. 연구자들은 기존의 리더십이 전문성과 결단력을 본질로 하였다면 이제 겸손, 적응능력, 비전, 참여라는 덕목이 그 본질을 대체할 것이라고 보고 있다.34)

- 겸손(Humility): 급변하는 시대, 매일 수집되는 엄청난 양의 새로운 정보 앞에서 리더는 기꺼이 배우고 조직 외부와 내부로부터 의견을 구하는 것에 열려있어야 한다. 다른 사람들이 자신보다 더 많은 것을 알고 있다고 믿어야 한다. AI시대에 지위나 경험의 높낮이는 AI시대에 중요한 기여를 하지 않는다.
- 적응력(Adaptability): AI시대에는 나약함이나 신념의 부족으로 간주될 수 있는 마음의 변화가 의사결정을 향상시킬 수 있는 장점이다. 의견을 바꾸고, 수정된 의견을 효과적으로 전달하며 새로운 행동방침을 취하는 것을 두려워하지 않아야 한다.
- 비전(Vision): 비전은 항상 리더십의 중요한 요소였다. 그러나 급속한 기술과 비즈니스 모델이 붕괴하는 AI시대에는 명확한 비전이 더욱 중요하다. 어디로 향하고 있는지, 무엇을 해야 하는지, 왜 해야하는지에 대한 질문에 명확하게 설명할 수 있어야 한다.
- 관계맺음(Engagement): 리더는 소음보다 신호를 감지할 수 있도록 사람과 환경에 지속적으로 관계맺음을 하여야 한다. 특히 구성원과의 관계맺기를 포기하지 않고 유지하는 것은 외부의 변화와 위협에 대응할 수 있는 가장 중요한 요소이다.35)

이러한 리더십의 본질은 그 안에 '인간'이 있다는 것이다. 겸손, 적응력, 비전, 관계맺음을 가만히 들여다 보면 '인간에 대한 존중'이 그 어느 시대의 리더십보다 더 중요한 요소임을 도출할 수 있다. 정보를 수집하거나 전문적인 스킬이 필요한 부분은 AI가 대신한다면, 리더는 다른 사람의 기여에 겸손하여야 하고, 자신의 선택에 결함이 있을 수 있음을 빠르게 인정할 수 있어야 하고, 구성원들이 가고 있는 길에서 혼란함을 느끼지 않도록 도와주어야 하며, 진실성과 감성을 유지하며 관계를 맺어야 한다.

당신의 인생은 당신에게 일어나는 일 10%와 그에 대한 반응 90%로 만들어진다.

― 루 홀츠

배우는 것을 멈추는 사람은 20살이든 80살이든 늙은 사람이다.

― 헨리 포드

 읽을거리 & 볼거리 ────────────○

- 권예슬(2018), 『알파고 제로, 인간의 도움없는 초지능 나올까』, 동아엠앤비.
  인공지능의 탄생과 발전에 대한 흥미로운 이야기와 앞으로 어떤 변화가
  생길지에 대한 생각을 하게 도움을 준다.
- 루크 도멜(2014), 『만물의 공식: 우리의 관계, 미래, 사랑까지 수량화하는
  알고리즘의 세계』, 노승영 역, 반니.
  우리가 살아가는 삶을 알고리즘으로 풀어 인간의 창조성, 인간관계, 정체
  성등에 어떤 영향을 미치는지 전망할 수 있도록 한다.

미주

인문학과 리더십

1) 헨리 엘프리드 키신저(2023), 『리더십』, 서종민 역, 민음사, p.521.

2) 이와 관련해서 이태수는 여타의 학문이 직지향(直志向, intentio obliqua)적 성격을 지니고 있다면, 인문학은 예외적으로 사지향(斜志向, intentio obliqua)적 성격을 지니고 있다는 점을 설득력 있게 밝히고 있다. 이하의 인문학 관련 서술에서는 이 해석을 반영하였다. 이태수, 「학문 체계 안에서 인문학의 위치에 관한 고찰」, 소광희 외(1994), 『현대의 학문 체계』, 민음사, pp.210-236.

3) 인문학적 소양을 지닌 지식인이 갖추어야 할 리더십과 관련해서는 이 저술에 게재된 선우현의 글(「만하임의 지식인상(像): 계도적(啓導的) 리더로서의 지식인」)을 참고.

4) 물론 경영학이나 행정학 같은 응용학문 분야에서도 대상에 대한 일차적인 분석을 넘어 그 의미나 가치를 전체와의 연관 속에서 점검하는 작업을 수행할 수 있으며, 실제로 그와 같은 학문적 시도를 경영철학이나 행정철학으로 지칭하곤 한다. 또한 이 과정에서는 철학을 비롯한 인문학 담론과 밀접하게 교류하게 된다. 그렇지만 이 경우에는 이미 이들 학문영역이 추구하는 일차적인 지향점을 넘어선 것으로 보아야 할 것이다.

5) 이미 지난 20세기 후반부터 한국 인문학계에 떠돌아다녔고 현재도 자주 논의되고 있는 이른바 '인문학의 위기' 담론을 떠올려 보자. 인문학의 무수한 연구 성과들이 현실사회의 다양한 영역에서 효과적으로 활용되도록 학자들이 적절한 노력을 기울이기보다는, 여전히 순수학문의 이상만을 추구하는 작금의 상황은 인문학 외부에서 볼 때 좀처럼 이해하기 어려울 뿐만 아니라, 사실상 인문학의 위기를 지속시키는 원인 중의 하나라고 말해도 과언이 아닐 것이다. 리더십에 관한 인문학 차원의 심층적인 접근과 활용이 필요한 현실적인 이유이기도 하다.

Ⅰ. 호메로스의 『오디세이아』에 나타난 오디세우스의 생존 리더십
― 소포클레스의 『아이아스』와 연관하여 ―

1) 이종원, "밀레니엄 최고 탐험가는 콜럼버스", 『조선일보』, 1999.11.02. https://www.hankyung.com/society/article/1999110202271.

2) 이동구, "섀클턴의 '위기극복 리더십' 上", 『울산제일일보』, 2021.06.30., http://www.ujeil.com/news/articleView.html?idxno=278819.

3) 이한수, 『제11회 석학 연속 강좌: 이태수 인제대 석좌교수: 삶은 고향을 찾아 가는 험난한 여정, '오디세이아'를 텍스트로 自我의 정체성 확립 탐구』, 조선일 보, 2009.11.10. https://www.chosun.com/site/data/html_dir/2009/11/09/ 2009110901785.html.
이태수는 이 강좌에서 호메로스의 『오디세이아』의 주된 키워드인 '귀향'(歸鄕) 을 상실될 위기에 처한 인간의 정체성을 확립하려는 노력으로 해석한다. 필자 역시, 이태수의 해석에 근거해 오디세우스의 귀향과 왕권 회복을 자아의 정체 성 확립이라는 차원에서 해석한다.

4) "참아라, 마음이여! 너는 전에 그 힘을 제어할 수 없는 키클롭스가 내 강력한 전우들을 먹어치울 때 이보다 험한 꼴을 보고도 참지 않았던가! 그때도 이미 죽음을 각오한 너를 계략이 동굴 밖으로 끌어낼 때까지 참고 견디지 않았던 가!"(Od., 20.18-21)

5) "그대의 홀에는 하녀가 쉰 명이나 있는데, … 그런데 그중에서 모두 열두 명이 파렴치의 길로 들어서서 나는 물론이고 페넬로페조차도 존중하지 않았어 요."(Od., 22.421-425)

6) "이제 그들은 문간과 안마당을 지나 멜란티오스를 데려오더니, 무자비한 청동 으로 그자의 코와 두 귀를 베고, 개들이 날로 먹도록 그자의 남근을 떼어냈으 며 성난 마음에서 그자의 두 손과 두 발을 잘라버렸다."(Od., 22.473-477)

Ⅱ. 한국문학과 리더십

1) 만해사상실천선양회 편(2000).

2) 김삼웅(2019), p.20.

3) 남기택, 「민족의 천석종을 울린 만해 한용운」, 서영식 외(2023) 참조 및 재인용.

4) 원본 『진달래꽃』의 체재대로 간행된 현대적 판본으로는 김소월(2022) 참조.

5) 남기택, 「생성하는 정전」, 『시와시학』 2022년 가을호 참조 및 재인용.

6) 남기택, 「전통적 인간에서 전통을 생성하는 존재로」, 고봉준 외(2022) 참조 및 재인용.

Ⅲ. 『맥베스』를 통해 본 리더의 조건

1) 외국 특히 영미권의 경우에는 셰익스피어의 작품을 리더십 차원에서 분석하고 교훈을 얻거나 사회과학 차원에서 접근하고 실용적으로 해석하려는 시도가 대략 2000년대 이후 꾸준하게 진행되고 있다. 예컨대 다음의 연구물을 참고할 수 있다. John Bell(2021); Kristin M.S. Bezio(2021); Eliot A. Cohen(2023); Stephen Greenblatt(2019); Frederick Talbott(1994); John O. Whitney & Tina Packer(2001)

2) 『맥베스』는 무성영화 시대 이후 2020년대까지 영화와 드라마로 30여 편이 제작된 것으로 알려져 있다. 이것은 대중적으로 잘 알려진 『햄릿』을 포함해서 셰익스피어의 작품 중에서 가장 많이 영상으로 제작된 경우이다. 물론 전 세계의 연극무대에서는 훨씬 더 많은 『맥베스』 공연이 이루어졌다. 이러한 영상작품 수치는 이 작품이 품어내는 매력과 대중성을 증명하는 것으로 볼 수 있을 것이다.

3) 고대 그리스의 신화와 문학작품 속에서는 탁월한 활동으로 존재감을 드러낸 여러 명의 걸출한 영웅이 등장한다. 트로이 전쟁 이전에 활동했던 영웅 중에서 가장 전형적인 모습은 신들의 왕인 제우스와 알크메네의 아들로 태어나 인류사에서 최고 영웅의 대명사로 불린 헤라클레스이다. 트로이 전쟁 이후에는 바다의 여신 테티스의 아들이며 고대 세계에서 가장 매력적인 영웅으로 칭송된 아킬레우스와 트로이 전쟁을 승리로 이끄는 등 인간적인 지혜의 대명사로 불린 오디세우스가 최고의 영웅으로 평가되었다.

4) 서영식(2023), p.14.

5) 셰익스피어 문학에 내재된 르네상스·근대적 성격에 관한 근래의 국내 연구로는 다음을 참고. 이경원(2021)

6) 『맥베스』의 주인공 맥베스는 스코틀랜드의 실존했던 왕 막 베하드 막 핀들라크(Mac Bethad mac Findláech, 1005-1057)를 모델로 삼고 있으나, 두 인물의 실제 행적은 별로 일치하지 않는다. 셰익스피어가 『맥베스』를 비롯한 역사극을 집필할 때 참고하고 내용을 '재창조'한 것으로 알려진 래피얼 홀린셰드의 『연대기(Holinshed's Chronicles)』(1577)에 따르면, 막 베하드 막 핀들라크는 왕좌에 오른 후 상당 기간(1040-1057) 동안 스코틀랜드를 지배하였다. 또한 그는 잉글랜드의 공격을 막아내는 등 군사적 재능에서 두각을 나타냈으며,

『맥베스』의 폭군 이미지와 달리 전반적으로 무난하게 통치한 것으로 서술되어 있다. 던컨의 실제 모델인 돈카드 1세(Donnchadh I)와의 관계 역시 『맥베스』에서 묘사된 바와 달리 막 베하드가 일방적으로 배신한 것이 아니다. 실제로는 위기감을 느낀 돈카드 1세가 먼저 막 베하드를 공격하였으나 전투에서 패하고 전사한 것으로 기록되어 있다. https://ko.wikipedia.org/wiki/막_베하드_막_핀들라크

7) 맥베스가 내보이는 모순적이며 이중적인 성격은 그가 외형적으로는 중세의 강인하고 잔혹한 전사 이미지를 보이고 있지만, 내면적으로는 당시 셰익스피어가 정확히 인지하고 있던 르네상스 종교개혁 시기의 기독교인(protestant)이 지닐 법한 불안한 심성(양심의 가책과 고통)으로 채워져 있기 때문이라는 분석이 있다. 이에 관한 해석의 역사는 다음을 참고. 황효식(2010), pp.309-329.

8) "맥베스: 소신이 충성을 다하는 것은 당연한 의무입니다. 폐하께서는 신들의 의무를 다할 수 있게 한 것이 그저 기쁠 따름입니다. 신들은 국왕의 신하, 국가의 충복, 오직 폐하의 은총과 명예를 명심하여 마땅히 충성을 다할 따름입니다."『맥베스』, 1막 4장. 이 작품의 한국어 인용은 다음의 번역본을 사용하였다. 윌리엄 셰익스피어(2008)

9) "(…) 그러나 어림없는 일, 용감한 맥베스 장군이 용맹에 어긋나지 않게 운명을 무시하고 검을 휘둘러 피 연기를 뿜으면서, 무신의 총아답게 적병들을 물리치고 쳐들어가서, 마침내 적장(맥돈왈드)과 맞섰습니다. 그리고 작별의 악수도, 인사말도 할 여유조차 주지 않고, 배꼽에서 턱으로 적장을 한칼로 잘라 그 목을 성벽 위에다 걸어놓았습니다."『맥베스』, 1막 2장

10) "던컨: (…) 왕자, 친척, 영주, 기타 고관 대작들은 들으시오! 맏아들 맬컴을 황태자로 책봉하여 앞으로는 컴벌랜드공이라 부를 것을 선포하겠소. 물론 이 영광은 황태자 한 사람의 것이 아니라, 이 영광은 모든 공신들 위에 별처럼 빛을 내게 하리라. (…)"
맥베스: (방백) 컴벌랜드공이라! 장애물이 끼어들었어. 이 한 계단이 내가 헛디뎌서 주저앉느냐 뛰어넘느냐가 문제로다. 별들아, 빛을 감춰라! 빛은 지옥같이 시커먼 나의 야만을 보지 말고, 눈은 손이 하는 짓을 보지 마라. 에잇, 단행해야지. 결과를 눈이 보면 질겁할 일을."『맥베스』, 1막 4장

11) "맥베스: 벤쿠오는 왕자다운 성격을 갖고 있어서 불안한 존재야. 그자는 매우 대담하고 게다가 지혜까지 갖고 있어. 그 지혜는 용기를 안전하게 행동으로 옮기거든. 그 자 곁에서는 내 수호신이 맥을 못쓰니 내가 두려워하는 놈은 그 자뿐이야. (…)"
"맥베스: 이제 짐이 너희들에게 은밀한 일을 부탁하겠는데, 이를 실행하면 원

수가 없어질 뿐만 아니라, 너희들은 짐의 신의와 총애를 받게 될 것이다. 그자가 생존하는 한 짐은 절반은 환자나 다름없고, 그자가 없어져야 짐의 건강은 완전할 것 같다." 『맥베스』, 3막 1장

12) cf. 『맥베스』, 4막 1장

13) 맥베스를 비롯한 등장인물의 모순적인 성격과 행동 방식에 대해 분석한 국내의 연구로는 다음을 참고할 수 있다. 김유(2007), pp.423－447; 권오숙(2003), pp.9－25; 신철희(2017), pp.217－235; 이영순(2012), pp.865－889; 이행수(2009), pp.89－107; 황남엽(2013), pp.545－571.

14) "레이디 맥베스: 당신은 글래미스 영주와 코더(Cawdor) 영주가 되었습니다. 그러니 예언된 지위도 차지하게 될 것입니다. 하지만 당신의 성품이 염려가 돼요. 당신은 원래 인정이 많아서 지름길을 취하지 못하는 분이잖아요. 당신은 출세를 원하고 야심이 없는 것도 아니지만, 출세에 꼭 필요한 잔인성이 없어요. 높은 지위는 탐나도 신성하게 얻고 싶고, 나쁜 짓은 하기 싫지만 어떻게 해서라도 이기고 싶어하는 사람이예요. 글래미스 영주님, 당신이 소원하는 것, 그것이 이렇게 외치고 있습니다. '원하면 행하라'(Thus thou must do, if thou have it)고. 그런데 당신이 행하고는 싶은데 두려운 거예요. 어서 돌아오세요. 저의 결심을 당신의 귀에 불어 넣어드릴 테니까요. 그리고 이 혀의 힘으로 당신으로부터 황금의 관을 방해하는 모든 것들을 혼을 내주겠어요. 지금 운명과 마력이 협력하여 그 금관을 당신의 머리 위에 씌워줄 것 같지 않습니까? 『맥베스』, 1막 5장

15) "맥베스: 누가 이렇게 외치는 소리가 들리는 것 같구려. '이젠 잠을 못 잘 것이다! 맥베스는 잠을 죽였다'고. 아, 천진난만한 잠, 뒤엉킨 고민의 실타래를 풀어주는 잠, 매일매일 생명의 죽음인 잠, 피로를 씻어주는 잠, 상처난 마음에겐 향기로운 약을 발라주는 잠, 대자연의 제2의 요리인 잠, 생명의 향연의 제일의 영양분인 잠을 그 잠을 죽여버린 거요. (…) 저 노크 소리는 뭐지? 웬일일까, 소리만 조금 들려도 깜짝깜짝 놀라니. 이 피묻은 손을 보니 눈알이 튀어나올 지경이야! 넵튠의 대양의 물을 다 가지고도 이 손의 피가 씻어질 수 있을까? 천만에, 오히려 이 손은 망망대해를 분홍으로 물들이고, 푸른 바다를 온통 핏빛으로 만들고 말거야. (…) 저지른 죄를 인식하기보다는 멍청히 자신을 잊고 있는게 상책이지. (노크 소리) 그 노크로 던컨을 깨워라! 제발 깨워다오!" 『맥베스』, 2막 2장

16) cf. 『맥베스』, 3막 4장, 4막 1, 2장

17) "맥베스: 지금이 아니라도 언젠가는 죽어야 할 사람, 한 번은 그런 소식이 있고야 할 것 아닌가. 내일, 내일, 또 내일은 매일 살금살금 인류 역사의 최후 순간까지 기어들고, 우리의 어제라는 날들은 모든 어리석은 자들이 무덤으로 가는

길을 비쳐왔구나. 꺼져라 꺼져, 짧은 촛불들아! 인생이란 한낱 걷고 있는 그림
자, 가련한 배우, 자신의 시간엔 무대 위에서 활개치고 안달하지만, 얼마 안
가서 영영 잊히고 말지 않는가. 그것은 천치가 떠들어대는 이야기 같다고나
할까. 고래고래 고함을 지른다. 아무런 의미도 없이."『맥베스』, 5막 5장

18) 김유(2007), p.434. 켈트족의 왕위 계승방식과 관련해서는 또한 다음을 참고.
폴 커리건(2000), p.160 f.

19) 왕좌에 오른 이후 보인 맥베스의 혼란스러운 태도와 행동은, 셰익스피어의 희
곡 중에서 성공한 리더십의 대명사로 평가되는『헨리 5세』의 주인공 몬머스의
헨리(Henry of Monmouth)와 대조를 이룬다. 헨리는 왕자 시절 아버지(헨리
4세)와의 갈등으로 인해 왕자 시절 궁궐 밖에서 무뢰한들과 어울리며 방탕한
생활을 이어가지만, 부친의 사망 이후 왕좌에 오르자 곧바로 지난 시절과 단절
하고 라이벌 프랑스와의 전쟁(아쟁쿠르 전투)을 승리로 이끄는 등 참다운 리
더의 모습을 보여준다.

20) 맥베스의 왕권승계에 절차상 큰 문제가 없다는 점은, 평소 맥베스의 정치적
경쟁자였으며 극 후반부에서는 가족의 몰살로 인해 그와 원수가 되는 맥더프
조차 처음에는 그의 왕위 추대 사실을 정치적으로 부정할 수 없음을 내비치는
대목을 통해서도 확인할 수 있다. cf.『맥베스』, 2막 4장

21) 예컨대 전통적으로 동아시아 정치사에서 사상적 토대를 형성해온 유학의 관점
에서 보면 최악의 패륜 행위(同氣相殘)도 주저하지 않았던 당태종 이세민(唐
太宗 李世民, 599−649)이나 태종 이방원(太宗 李芳遠, 1367−1400)에 대한
후대 역사가들의 평가는 도덕주의자들의 예상보다 후한 편이다. 그들이 권력
을 쟁취하는 과정에서 벌인 잔혹한 행동보다는 권력 쟁취 이후에 국가를 운영
하는 과정에서 보여준 헌신적인 모습과 실제 성과에 초점을 맞추고 있기 때문
이다.

22) 셀프리더십에 관한 일반적인 논의로는 다음을 참고. 이상호(2015), pp.403−
429.

23) 수호자에 관한 플라톤의 논의는 다음의 포괄적인 해석을 참고. 서영식(2023),
pp.71−94.

24) 셰익스피어에 대한 마키아벨리의 영향과 관련해서는 다음을 참고. 김동호
(1997), pp.87−114; 김동호(1998), pp.1−16.

25) cf.『군주론』1, 2, 25장.『군주론』의 인용은 다음의 번역서를 비교하여 사용하
였다. 니콜로 마키아벨리(2005); 니콜로 마키아벨리(2008)

26) 잘 알려진 동양의 사례로는 한고조(漢高祖) 유방(劉邦, BC 256−195)을 들 수
있다. 한나라를 건국한 유방은 본래 학문과는 거리가 먼 인물이었다. 무력을
통해 권력을 차지한 후에는 말을 앞세우는 유학자 출신 신하들을 가소롭게 여

기고 구박하기 일쑤였다. 이에 그를 도와 천하통일에 공을 세운바 있는 육가(陸賈)는 '말 위에서 천하를 얻을 수는 있어도 말 위에서 천하를 다스릴 수는 없다'(馬上得之, 寧可以馬上治乎)고 간언하였다. 국가의 통치자는 문무를 겸비할 수 있도록 노력해 한다는 것이다. 육가의 말을 들은 유방은 기존의 태도를 반성하고, 인의(仁義)를 통치원리로 제시한 『신어(新語)』를 저술토록 지시하였다. 또한 분야별로 인재를 널리 등용하여 바르게 통치하고자 힘썼다. 사마천, 『사기(史記)』, 「육가열전(陸賈列傳)」

27) 조선 왕조 건국 초기의 『용비어천가』와 『월인천강지곡』 제작, 로마 공화정 몰락 이후 사실상 독재자의 권한을 행사했던 옥타비아누스의 치세에 집필된 베르길리우스의 『아이네아스』 등은 무력을 동원하여 최고 권력에 도달한 리더와 그 후예들이 자신이나 가문의 정치적 행동을 옹호하기 위해 행한 문학 차원의 정당화 시도이다.

28) "(…) 던컨: 오, 맥베스, 어서 오시오! 지금도 짐은 고민 중에 있었소. 장군이 워낙 앞서가니, 아무리 훌륭한 상으로도 장군의 업적을 따라갈 수가 없구려. 차라리 공적이 좀 더 적었다면 짐으로서는 충분한 감사와 보답을 할 수 있었을 것이오! 그런데 장군의 공적이 너무나 커서 무엇을 가지고도 보답하기 어렵다고 할 수밖에 없구나." 『맥베스』, 1막 4장

29) "던컨: (…) 왕자, 친척, 영주, 기타 고관 대작들은 들으시오! 맏아들 맬컴을 황태자로 책봉하여 앞으로는 컴벌랜드공이라 부를 것을 선포하겠소. 물론 이 영광은 황태자 한 사람의 것이 아니라, 이 영광은 모든 공신들 위에 별처럼 빛을 내게 하리라. (…)" 『맥베스』, 1막 4장

30) "맥베스: (방백) 컴벌랜드공이라! 장애물이 끼어들었어. 이 한 계단이 내가 헛디디어서 주저앉느냐 뛰어넘느냐가 문제로다. 별들아, 빛을 감춰라! 빛은 지옥같이 시커먼 나의 야만을 보지 말고, 눈은 손이 하는 짓을 보지 마라. 에잇, 단행해야지. 결과를 눈이 보면 질겁할 일을." 『맥베스』, 1막 4장

31) 서영식(2023), p.140. cf. 『군주론』 14장

32) 서영식(2023), p.140 f. cf. 『군주론』 12장

33) 서영식(2023), p.141 f. cf. 『군주론』 13장

34) 이런 관점에서 보면 맬컴이 작품 후반부에서 보여준 나름의 리더십에 대해서도 검토해 볼 필요가 있으나, 이에 관한 논의는 지면 관계상 다음으로 미루고자 한다.

35) 이하 아리스토텔레스의 정의론은 다음을 참조한 것이다. 서영식(2013), pp. 70–105, 특히 85 ff.

36) "또 이것은 가치(axia, 공적)에 따라 분배해야 한다는 생각을 중심으로 고려해 보더라도 분명하다. 분배에 있어 정의로운 것은 어떤 가치에 따라 이루어져야

한다는 것에 대해서는 모든 사람이 동의하지만, 그럼에도 모든 사람이 동일한 것을 가치로 주장하는 것은 아니다. 민주주의자들은 자유[민의 신분]를 가치라고 말하고, 과두정의 지지자들은 부(富)나 좋은 혈통을 가치라고, 또 귀족정체를 지지하는 사람들은 탁월성을 가치라고 말한다." 아리스토텔레스(2011), 1131a24 ff.

37) "(…) 그렇다면 군주는 짐승의 방법을 잘 이용할 줄 알아야 한다. 그중에서도 여우와 사자를 모방해야 한다. 사자는 함정에 쉽게 빠지고 여우는 늑대를 물리칠 수 없기 때문이다. 함정을 알아차리기 위해서는 여우가 되어야 하고 늑대를 혼내주려면 사자가 되어야 한다. 단순히 사자의 방식에만 의지하는 자는 이 사태를 제대로 이해하지 못한다. 현명한 군주는 신의를 지키는 것이 그에게 불리할 때 그리고 약속을 맺은 이유가 소멸되었을 때, 약속을 지킬 수 없으며 또 지켜서도 안 된다. 이 조언은 모든 인간이 선하다면 온당하지 못할 것이다. 그러나 인간이란 사악하고 당신과 맺은 약속을 지키려고 하지 않기 때문에, 당신 자신이 그들과 맺은 약속에 구속되어서는 안 된다."『군주론』18장.

38) 이와 관련해서는 다음을 참고. 폴 거리긴(2000), pp.160−177. 또한『맥베스』를 포함한 비극 작품 속에서는 주인공의 야심에 따라 진행되었던 권력 추구의 명과 암이 어느 한쪽에 대한 일방적인 긍정이나 부정을 넘어서 훨씬 복합적인 방식으로 전개된다. cf. 권오숙(2003), pp.9−25.

Ⅳ. 위기의 영국을 구원한 엘리자베스 1세의 실용주의 리더십

1) 백기복 교수에 의하면 "실용적인 리더는 현재의 문제를 직시하여 그의 해결에 전력투구하며, 비전이나 이념보다는 당면한 문제해결에 주의를 집중하므로 문제해결에 도움이 되는 엘리트나 능력 있는 사람을 중용하는 특징을 갖는다." 이러한 관점에서 볼 때 문제해결과 능력있는 인재 등용과 같은 엘리자베스의 정책은 과연 실용적인 리더의 면모라고 할 수 있다. 백기복(2021), p.97.

2) 박지향(2004), p.29.

3) 앨리슨 위어(2010), p.103.

4) 가톨릭 미사의 성체성사에서는 성찬식에 사용된 빵과 포도주가 외형은 변하지 않지만 실체는 그리스도의 살과 피로 변한다는 의미가 담겨있었지만, 당시 개신교에서는 이것을 미신으로 간주하고 있었다.

5) 앨리슨 위어(2010), pp.100−101.

6) 김현란(2004), pp.143−147.

7) 김현란(2007), p.173.

8) 앨리슨 위어(2010), p.80.

9) 허구생(2004), pp.173－196.

10) 김현란(2005A), pp.163－200.

11) 앤 서머싯(1991), pp.104－106.

12) Babara Kellerman(2010), pp.207－208.

13) 헬런 액슬로드(2000), 부록.

14) 김현란(2005B), p.172.

15) 앤 서머싯(1991), pp.429－431.

16) 허구생(2015), pp.183－240.

17) 차용구, 고반석(2019), p.229.

18) 앨리슨 위어(2010), p.506.

19) 김현란(2008), p.198.

20) 앨리슨 위어(2010), p.695.

21) 앨리슨 위어(2010), p.554.

Ⅵ. 이승만의 독립 리더십

1) 김명섭(2018), p.181.

2) 이승만은 전제정치하의 백성들이 마음을 결박당하고, 생각을 발달시키지 못하고, 나라일에 관심이 없게되는 폐단을 지적한다. 우남이승만전집발간위원회·연세대학교 이승만연구원 편(2019), p.154.

3) 우남이승만전집발간위원회·연세대학교 이승만연구원 편(2019), pp.448－451.

4) 이승만 편저(2015), p.341.

5) 이승만 편저(2015), pp.339－340.

6) 유영익(2015), p.119.

7) 이승만(2015), pp.276－281.

8) 이승만(1923).

9) 이승만(1924/04/23).

10) 이승만(2016), pp.210－214.

11) 박명수(2023), pp.19－20.

12) 이승만(1945/10/21).

13) 이승만(1945/12/23).

14) 로버트 올리버(2008), p.54.

15) 이승만(1949/04/23).

16) 이승만(1949/09/03).

17) 이승만(1948/08/22).

18) "From The President to Mr. Sae Sun Kim",(April 10, 1951), 國史編纂委員會
(1996).

19) "From Syngman Rhee to Col. Goodfellow(1953)", 國史編纂委員會(1996).

20) Box 9, DDEL Diary Series, Ann Whitman File, DDEL, (July 24, 1953).

21) "Memorandum by the Executive Officer", lot 63 D 351 (December 30,
1954). FRUS.

22) 국무회의록, 1958/02/04 제11회.

23) 국무회의록, 1958/06/10 제52회.

24) 국무회의록, 1958/12/09 제111회.

Ⅶ. 몽양 여운형의 삶으로 본 '참 정치가'의 리더십

1) 오늘날 국어사전에서 '정치'의 뜻을 찾아보면, "나라는 다스리는 일"이라고 명
쾌하게 정의되어 있다. 즉 정치란 바로 나라를 전제로 하는 개념인 것이다.

2) 李萬珪(1946), p.106; 몽양여운형선생전집발간위원회(1993), p.302. 이 글에서
여운형과 관련된 인용문은 주로 이만규의 책에 근거했는데, 이하 각주의 쪽수
는 이만규의 『여운형투쟁사』가 수록된 전집발간위원회의 책을 근거로 한다.

3) 몽양여운형선생전집발간위원회(1993), p.321.

4) 변은진(2013), pp.476-482 참조.

5) 장원석(2012), pp.228-230 참조.

6) 몽양여운형선생전집발간위원회(1993), p.332; 윤해동(1991), pp.220-222; 강
덕상(1997), p.308.

7) '남'은 베를린올림픽 동메달리스트인 남승룡(南昇龍).

8) 당시 『조선일보』 사장이었던 방응모(方應謨)를 말한다.

9) 이기형(2004), p.224.

10) 이기형(2004), p.237.

11) 최성진(2011), pp.59-60.

Ⅸ. 플라톤의 아르케 리더십

1) 철학자 왕에 대한 이념은『국가』에서 절정에 달한다. 이것은『국가』473c−d 와 499b−c의 내용과도 일치한다.『법률』에서는 철학자 왕의 이상이 실현되 지 않았을 경우에 대비한 현실적인 방안으로 법치주의에 근거한 현실국가가 제시된다. 그런데『법률』의 법치주의는『국가』의 이상주의에 대한 포기 내지 는 부정으로 이해되어서는 안 된다.『국가』와『법률』사이에는 연속성이 존재 하는데, 이에 대해서는 다음 연구자들의 논문과 저작을 참고하라. 찰스 H. 칸 (2015),『플라톤과 소크라테스적 대화: 문학 형식의 철학적 사용』, 박규철·김 징성·서영식·김덕천·조흥만 역, 세창출판사; Andre Laks(1990), "Legislation and Demiurgy: On the Relationship Between Plato's Republic and Laws," Classical Antiquity 9(2); Glenn Morrow(1993), *Plato's Cretan City: A Historical Interpretation of the Laws*, Princeton University Press; Trevor J. Sauders(1992), "Plato's Later Political Thought," In Richard Kraut ed., *Cambridge Companion to Plato*, Cambridge University; T. K. Seung(1996), *Plato Rediscovered: Human Value and Social Order*, Rowman & Littlefield.

2) 시칠리아 프로젝트가 언급되는 외국문헌으로는 다음 자료가 있다. Glenn Morrow, Plato's Epistles, Bobbs−Merrill, 1962, 55. 국내 논문으로는 다음 논 문이 있다. 정태욱(2017), pp.165−214.

3)『국가』의 번역은 박종현(2005)의 것을 따른다. 이하『국가』원문을 인용할 때 는 스테파누스 페이지만 기입한다.

4) (1) 플라톤 리더십에 관한 국내논문으로는 서영식의 논문이 있다. 서영식 (2016),「철인왕과 정치의 리더십」,『동서철학연구』제82호. (2) 그 외, 정치철 학 및 철학자 왕과 연관된 논문으로는 다음의 것들이 있다. 강성훈(2016),「플 라톤의『국가』에서 정의와 강제」,『철학』128; 김윤동(2011),「플라톤의 철인 왕 통치」,『철학연구』117; 김영균(2010),「플라톤의 철인통치론」,『동서철학 연구』58; 문지영·강철웅(2011),「플라톤 국가의 민주정 비판과 이상국가 구 상−'정치'와 '통치자'에 대한 새로운 전망」,『사회과학연구』35−1; 박성우 (2004),「플라톤의 국가와 철인왕의 패러독스」,『정치사상연구』10−2; 박수 인(2018),「플라톤의 정치이론에서 혼인과 출산 규제의 원칙」,『한국정치학회 보』52(4); 서병훈(2016),「플라톤과 여성 철인왕」,『아시아여성연구』41; 소 병철(2016),「플라톤 이상국가론과 민주주의 비판의 현대적 함의」,『인문사회 과학연구』17−1. (3) 플라톤을 체육학적 관점에서 접근하는 것으로 다음의 논문이 있다. 홍영기·홍진기(2018),「체육과 무, 국가 번영의 기초−플라톤과

박은식의 사상을 중심으로」, 『한국콘텐츠학회논문지』 18(7).

5) 디오게네스 라에르티오스의 『유명한 철학자들의 생애와 사상』은 이하 DL로 간략하게 표기한다.

X. 방촌 황희와 다섯 가지 리더십 덕목

1) 황의동(2018), 201쪽 참조.

2) 『위키백과』, 「황희」. https://ko.wikipedia.org/wiki/황희.

3) 『위키백과』, 「황희」. https://ko.wikipedia.org/wiki/황희.

4) 『문종실록』 권12, 문종 2년 2월 8일, 「영의정부사 황희의 졸기」 참조.

5) 곽신환(2018), 164쪽 참조.

6) 『주역』, 坤, 六三, 文言, "陰雖有美, 含之以從王事, 弗敢成也. 地道也, 妻道也, 臣道也. 地道無成而代有終也."

7) 곽신환(2018), 164쪽.

8) 『세종실록』 권56, 세종14년 4월 25일, 「황희·이정간에게 궤장을 하사하다」 참조.

9) 곽신환(2018), 161쪽.

10) 陸雲, 『陸淸河集』 권1, 賦, 「寒蟬賦(有序)」, "夫頭上有綾, 則其文也. 含氣飮露, 則其淸也. 黍稷不享, 則其廉也. 處不巢居, 則其儉也. 應候守節, 則其信也."

11) 『방촌선생문집』 본전, 38쪽 및 『문종실록』 권12, 문종 2년 2월 8일, 「영의정부사 황희의 졸기」 참조.

12) 문강공 이석형(李石亨, 1415－1477)이 장원급제하여 정언이 되어 공을 뵐 때 공이 『강목』과 『통감』을 한 질씩 내놓고 문강에게 제목을 쓰도록 명하였다는 『대동야승』의 기록을 통해 볼 때, 황희는 평소 역사서적을 가까이 두고 탐독하였다고 볼 수 있다. 황희의 묘비에는 "나이가 90세가 되어서도 총명이 조금도 쇠퇴하지 않아서, 조정의 전장이나 경사자서에 대해 마치 촛불처럼 환히 기억하였다"고 기록되어 있다.

13) 徐居正, 『筆苑雜記』(『방촌선생문집』 부록 상, 「야사」), 1386쪽 참조.

14) 『태종실록』 권17, 태종 9년 3월 기미.

15) 이성무(2015), 128쪽 참조.

16) 이성무, 앞의 책, 96쪽 참조.

17) 많은 야사는 물론이거니와 『대동장고』(大東掌攷), 『청선고』(淸選考), 『전고대방』(典故大方) 등 청백리에 관한 전고 자료에 공통적으로 황희의 이름이 등재

되어 있다(이영춘(2017), 199쪽 참조).

18) 『문종실록』 권12, 문종 2년 2월 임신, 「영의정부사 황희의 졸기」 참조.

19) 申叔舟, 「墓誌銘」(『방촌선생문집』 부록 상, 「금석문」), 1361쪽 참조.

20) 『단종실록』 권2, 즉위년 7월 4일, 「『세종실록』을 편찬하면서 이호문이 기록한 황희의 일에 대해 의논하다」 참조.

21) 곽신환(2018), 157쪽 참조.

22) 金德誠, 『識小錄』(『방촌선생문집』 부록 상, 「야사」), 1445–1446쪽 및 李廷馨, 『東閣雜記』, 「本朝璿源寶錄」 참조.

23) 곽신환(2018), 160쪽 참조.

24) 『홍재전서』 권134, 故寔 6, 국조고사.

25) 丁若鏞, 『牧民心書』(오기수(2017), 204쪽에서 재인용함).

26) 국민권익위원회(2022), 54–55쪽 참조.

27) 李肯翊, 『燃藜室記述』 권3, 世宗祖故事本末, <세종조의 상신> 참조.

28) 『성종실록』 권86, 성종8년 11월 19일, 「이칙·정창손 등과 기온 이상에 따른 실정 여부에 대해 논의하다」 참조.

29) 『정조실록』 권6, 정조2년 7월 20일, 「지방 징수 폐단과 인재 등용, 과거제, 국방 전반에 대한 윤면동의 상소문」 참조.

30) 『문종실록』 권12, 문종 2년 2월 8일, 「영의정부사 황희의 졸기」 참조.

31) 『明心寶鑑』 5, 「正己」, "福生於淸儉."

32) 『문종실록』, 「영의정부사 황희의 졸기」, "治家儉素."

33) 『논어』, 「顔淵」, "無信不立."

34) 『문종실록』 권12, 문종 2년 2월 8일, 「영의정부사 황희의 졸기」 참조.

35) 신숙주, 「묘지명」(『방촌선생문집』 부록 상, 「금석문」), 1361쪽 및 신숙주, 「신도비명」(『방촌선생문집』 부록 상, 「금석문」), 1366쪽.

36) 『세종실록』 권56, 세종14년 4월 20일, 「황희가 고령을 이유로 사직하자 허락하지 않다」 참조.

37) 李肯翊, 『燃藜室記述』, 「世宗祖故事本末」, <黃喜> 참조.

38) 『東國輿地勝覽』 권39 참조.

39) 황의동(2018), 201쪽 참조.

40) 『세종실록』 권80, 세종20년 3월 2일, 「임금이 『태종실록』을 보려 했으나 신하들이 반대하다」 참조.

41) 이유미, 「권익위 "한국 부패인식지수, 역대 최고점수 … 반부패 노력 영향"」, <연합뉴스>, 2019.01.29. https://www.yna.co.kr/view/AKR2019012914950

0001?input=1195m

42) 『세종실록』 권69, 세종 17년 8월 2일, 「도적을 막기 위하여 말을 사고파는 일을 엄중히 할 것을 건의하다」 참조.

43) 『세종실록』 권59, 세종 15년 2월 27일, 「의정부·육조 등을 불러 주장과 함께 권략 있는 자를 골라 정할 것을 논의하다」 참조. 백정에 대한 차별은 매우 심각하여, 이들은 결혼을 하더라도 가마를 탈 수 없었고, 죽어서도 상여를 사용할 수 없었으며, 일반인들과 동석할 수도 없었다. 이러한 백정들에게 관심을 갖고 그들의 인권을 함께 고민하고자 한 점은 황희 리더십의 인본주의적 특성을 드러내는 것이라 할 수 있다.

XI. 『페더럴리스트 페이퍼』를 통해 본 자유와 리더의 조건

1) 미국 4대 대통령이자 미국 헌법의 초안을 작성한 매디슨(James Madison, 1751–1836), 미국 초대 국무장관이자 강력한 연방국가의 수립을 가장 열렬히 주장한 해밀턴(Alexander Hamilton, 1757–1804), 미국 최초의 연방대법원장을 역임한 제이(John Jay, 1745–1829) 등 건국 초기의 대표적인 연방주의자들은 1787년 10월부터 1788년 8월까지, 『인디펜던트 저널(Independent Journal)』을 비롯한 뉴욕시의 영향력 있는 신문에 당시 정치적인 대립관계에 있던 반연방주의자들(anti–federalists)을 겨냥하여 연속적으로 논설기사를 게재한 바 있으며, 이후 8편의 글을 추가하여 1788년 8월 『페더럴리스트 페이퍼』라는 제목으로 단행본 도서(총 85편의 글 모음집)를 출간하였다. 일간지 논설기사는 모두 푸블리우스(Publius)라는 익명으로 기고되었는데, 주지하듯이 푸블리우스(Publius Valerius Publicola)는 고대 로마공화국의 창시자 중 한 사람으로 알려져 있다.

2) 이 작품의 인용은 다음의 번역본을 사용하였다. 알렉산더 헤밀턴·제임스 매디슨·존 제이(2009). 또한 다음의 번역을 참고하였다. 해밀턴, 알렉산더·매디슨, 제임스·제이, 존(2019). 국내 인문사회학계에서는 아직 이 작품에 대한 논의가 활발히 이루어지지 않고 있는 것으로 보인다. 다만 정치학계와 사학계 등에서는 이 작품에 관한 논문이 수편 발표된 바 있다. 본고의 저술 과정에서는 다음의 국내외 연구들을 참고하였다. 국내외의 연구상황에 대해서는 참고문헌을 보라.

3) 아메리카 대륙의 원주민 학살과 관련된 자세한 사항은 다음을 참고. 앨런 브링클리(2016), pp.27–51; 하워드 진(2016), pp.17–29.

4) 청교도들은 항해를 통한 이주 당시(1620년 11월 11일) 메이플라워호 선상에서

'메이플라워 서약'을 만들고 성인 남자 41명이 서명하였는데, 역사는 이 문헌을 북아메리카 최초의 성문헌법으로 칭하고 있다. 그 내용의 일부분을 소개하면 다음과 같다. "하나님의 이름으로 아멘, 경외하는 군주이신 제임스 왕에게 충성하는 우리 서명자 일동은 (…) 하나님 앞에서 엄숙하게 서로에 대해 계약을 맺고(…) 우리 자신들을 하나의 시민적 통치제 안에 통합하며, 그에 따라 수시로 식민지 전체의 이익을 위해 적합하다고 판단되는 여러 가지 정당하고 평등한 법, 규정, 조례, 헌법, 관직 등을 제정하고 구성하고 설치할 것이며, 그 모든 것들에 대한 우리의 굴복과 순종을 약속하는 바이다."

5) 아메리카 독립선언문의 초안은 미국 3대 대통령이자 당대 최고의 지성인이며 이른바 국부 중 한 사람으로 잘 알려진 제퍼슨(Thomas Jefferson, 1743－1826)에 의해 마련되었다. 이 초안의 핵심적인 내용은 다음과 같다.
"인간사의 진행과정에서 한 국민이 자기들을 타자에게 얽매이게 하는 정치적 속박을 해체하고, 그리하여 스스로 지상의 열강들에 끼어 자연의 법칙과 신의 법칙에 따른 독립적이고 평등한 위치를 차지하는 것이 필요하게 될 때는 인류의 의견들을 예절 있게 존중하면서 자신들이 독립하지 않을 수 없는 이유를 선언해야만 한다. 우리는 다음과 같은 것들을 자명한 진리로 믿는 바, 즉 모든 사람은 평등하게 창조된다는 것, 그들은 창조주로부터 양도할 수 없는 일정한 권리를 부여 받는다는 것, 그리고 이에는 삶, 자유 및 행복의 추구 등이 포함된다는 것, 이러한 권리를 확보하기 위해 인간들 사이에 정부들이 수립되며, 이들의 정당한 권력은 피치자의 동의에 연유한다는 것, 어떠한 형태의 정부라도 그러한 목적들을 파괴하는 것이 될 때에는 그 정부를 바꾸거나 없애버려 새 정부를 수립하되, 인민들에게 자신들의 안전과 행복을 가장 잘 이룩할 것 같이 보이는 그런 원칙들에 입각하여 그 토대를 마련하고 또 그런 형태하에 권력을 조직하는 것이 인민의 권리라는 것 등이다. (…)"

6) 잘 알려진 대로 각 정파의 대표자는, 『페더럴리스트 페이퍼』의 저자 중 한 사람인 해밀턴(연방파)과 제퍼슨(공화파)을 들 수 있다.

7) 미국 건국 초기의 연방파는 여러 차례의 내부 변화(국민공화파, 휘그당) 끝에 오늘날 미국 보수 세력을 대변하는 공화당(Republican Party)으로 거듭났으며, 대표적 인물인 해밀턴과 매디슨 이외에도 역사의 흐름 속에서 링컨, 아이젠하워, 닉슨, 레이건, 부시, 트럼프를 통해 정치적 이념을 계승하였다. 공화파역시 역사의 흐름 속에서 약간의 변화를 거친 후 오늘날 서민·중산층과 진보세력을 대변하는 민주당(Democratic Party)으로 거듭났다. 당대의 대표자격인 제퍼슨 이외에도 정치적 이념과 전통을 계승해온 인물로 F. 루즈벨트, 케네디, 클린턴, 오바마 등을 꼽을 수 있다.

8) 이 글을 통해 명확히 드러나겠지만, 미합중국 연방정부의 대표적인 권한으로

는 국방과 외교권 등을 들 수 있으며, 이에 대해 주정부의 독립성을 상징하는 대표적인 권한으로는 교육제도와 경찰권 등을 들 수 있다.

9) 『페더럴리스트 페이퍼』는 전체적으로 볼 때 연맹에 관한 주제(①②③)와 공화주의에 관한 주제(④)로 양분된다고 말할 수 있으며, ⑤와 ⑥은 사실상 중복주제로 보는 것이 타당할 것이다. 작품의 구성 및 주제별 구분과 관련해서는 다음의 설명을 참고함. 최선근(1996), pp.321–327.

10) 플라톤이 제시한 이상국가의 철인왕에 관한 논의로는 다음을 참고. 서영식(2017), pp.118–154.

11) 플라톤은 『법률』(710a)에서 아직도 철인왕으로 상징되는 최선의 정치체제에 대한 미련이 남아있음을 보여주고 있다.

12) 사실 플라톤은 이상국가론을 전개한 『국가』 8권에서, 다양한 유형의 정치형태들(명예정체·과두정체·민주정체·참주정체)의 특징과 내면적 문제점을 상세히 묘사한 바 있다. 그렇지만 다양한 정체들의 장점들을 결합한 새로운 정체(혼합정체)에 관한 논의는 『법률』편에서 본격적으로 진행된다. 플라톤의 '혼합정체'의 의미를 분석한 글로는 다음을 참고. 김인곤(2014), pp.67–90.

13) cf. 『법률』 693d ff.

14) cf. 『법률』 713e f.

15) "오늘날 통치자들(hoi archontes)이라는 사람들을 법률에 대한 봉사자들로 일컫는 것은 명칭들의 쇄신을 위해서가 아니라, 무엇보다도 이것 이상으로 나라에 구원이거나 그 반대인 것이 없다고 제가 믿어서입니다. 법이 휘둘리고 권위를 잃는 곳에서는, 그런 나라에는 파멸이 닥쳐와 있는 게 보이니까요. 그러나 법이 통치자들의 주인이고, 통치자들은 법의 종들인 곳에서는 구원이 그리고 신들이 나라들에 주었던 온갖 좋은 것들이 생기는 걸 저는 내다봅니다." 『법률』 715d.

16) 플라톤이 『법률』편에서 제안한, 국가통치를 위한 제도적 장치에 관한 논의는 다음을 참고하고 부분적으로 요약한 내용이다. 서영식(2017), pp.232–234. 또한 다음의 논의를 참조할 것. Ch. Bobonich(2002); G.R. Morrow(1941), pp.105–126.

17) cf. 『법률』, 754d–755b.

18) "(…) 모든 정체에는 세 부분이 있는데, (…) 이 세 부분 중 첫 번째는 공무(koina)에 관해 심의하는 부분(to bouleuomenon)이고, 두 번째는 공직에 관한 부분(to peri tas archas)이다. 말하자면 공직에는 어떤 것이 있어야 하고, 그 권한은 무엇이어야 하며, 공직자들은 어떻게 선출되어야 하느냐는 문제에 관한 부분이다. 세 번째는 재판에 관한 부분(to dikazon)이다." 『정치학』 1297b35 ff.

19) 아리스토텔레스가 『정치학』에서 제시한 최선의 정체에 관한 상세한 논의는 다음을 참고. 서영식(2013), pp.70–105.

20) cf. 『법률』 1295a25–b12.

21) 나아가 『페더럴리스트 페이퍼』와 로마 혼합정체론(예컨대 폴리비우스의 혼합정체론과 키케로의 공화주의론)과의 연관성도 반드시 검토될 필요가 있다.

22) 『페더럴리스트 페이퍼』의 주요내용과 근대 유럽정치사상 사이의 연관성 및 영향관계에 관한 논의로는 다음을 참고. 김용민(2000); Dietmar H Heidemann and Katja Stoppenbrink(2010); George Mace(1979).

23) 홉스의 인간 이해와 관련해서는 『리바이어던』 1부(인간에 대하여)를 참고.

24) "인류는 당파로 나뉘고 상호적개심에 휩싸이며 공공 이익을 위해 협조하기 보다는 서로를 괴롭히고 억압하는 데 더욱 신경을 쓰게 되었다. 그러한 상호적개심으로 빠지려는 인류의 성향이 너무 강하기 때문에 어떤 중요한 일이 있지 않을 경우 가장 사소하고 비현실적인 차이점도 그들의 우호적인 열정과 그들의 가장 폭력적인 투쟁에 불을 붙이기에 충분했다." 알렉산더 해밀턴 외 (2009), p.63(10편).

25) "대통령직을 맡게 된 탐욕스러운 사람이 지금 누리고 있는 보수를 포기해야 한다고 예상하게 되면 지금의 기회를 이용하거나 가장 부정한 방법을 동원하여 물욕을 채우려 할 수 있다. 이런 사람도 만약 다른 가능성이 있다면 지금의 보수에 만족하고, 기회를 오용하여 야기될 수 있는 위험을 원치 않을 것이다. 그의 탐욕이 다른 탐욕을 억누르는 것이다. 이런 사람이 탐욕스러울 뿐만 아니라 허영심이나 야망을 가지고 있을 수 있다. 만약 그가 선행으로 인해 명예를 지속시킬 수 있다고 예상한다면 탐욕으로 명예를 더럽히려 하지 않을 것이다. 그러나 그러한 가능성이 전혀 없는 경우에는 탐욕이 허영이나 야망보다 앞설 수 있다." 알렉산더 해밀턴 외(2009), p.429–430(72편).

26) "인간에게는 권력을 장악하고 싶어하는 약점이 있기 때문에 법률을 제정할 권력을 가진 동일한 사람들이 그 법률을 집행할 권력까지 그들의 수중에 가지고자 하는 유혹은 너무나 커서 뿌리치기 어려울 것이다. 그리하여 그들은 스스로 만든 법률에 대한 복종으로부터 자신들을 면제시키고, 법률을 제정하고 집행하는 과정에서 자신들의 사적 이득에 적합하게 그 법률을 뜯어고치며, 그럼으로써 사회 및 정부의 목적과 반대되는 그리고 공동체의 여러 구성원들로부터 구분되는 이해관계를 가질 수 있게 될 것이다. 그렇기 때문에 의당 그래야 하는 것처럼 전체의 선이 적절히 고려되는 잘 정비된 국가에서 입법권은 적절하게 소집된 다양한 사람들의 수중에 맡겨지며, 그들은 그들만의 권한으로 또는 다른 사람들과 더불어 법률을 제정할 권력을 가진다. 그리고 그들은 그 일을 완수하면, 다시 흩어져서 그들 자신이 제정한 법률에 복종하는 신민으로 되돌아간

다. 이러한 사정은 그들이 주의를 해야 하는 새롭고 당면한 구속이 되기 때문에 그들은 법률을 공공선을 위해서 만들게 된다." J. 로크(1996), p.139(12장).

27) "시민의 자유는 자신이 안전하다는 의견에서 나오는 정신의 평온함이며, 시민이 이러한 자유를 누리도록 하기 위해서 정부는 한 시민이 다른 시민을 두려워하지 않도록 해야 한다. 입법권이 행정권과 결합되어 한 개인이나 일군의 행정관의 수중에 놓이게 된다면, 자유는 있을 수 없다. 왜냐하면 시민은 독재적 법을 만드는 군주나 원로원이 또한 그 법을 독재적으로 집행할 것을 두려워하기 때문이다. 사법권이 입법권이나 행정권으로부터 분리되지 않을 때도 자유는 있을 수 없다. 만일 사법권이 입법권과 결합된다면, 판사가 곧 입법자가 되기 때문에, 시민의 생명과 자유에 대한 권력은 자의적이 된다. 만약에 사법권이 행정권과 결합된다면 판사는 억압자의 권력을 지닐 수 있게 된다. 만약에 동일한 사람이나, 혹은 그것이 귀족의 집단이나 인민의 집단이건 간에 동일한 핵심 집단이 세 가지 권력을 모두 행사한다면 모든 것이 상실된다." 몽테스키외(2006), p.157(2권 ch. 6).

28) 즉 왕정(군주제)은 당대에 아무리 탁월한 군주가 신정(善政)을 베풀더라도 내를 이어 존속하는 과정에서 결국 전제군주의 등장으로 타락할 수밖에 없고, 이를 극복하기 위해 폭군을 몰아낸 소수의 유력인사들은 집단지도체제인 귀족정의 형태로 나라를 운영하지만 이 역시 시간의 흐름과 더불어 과두정으로 타락하게 되며, 이에 민중들이 스스로의 힘으로 나라를 제대로 통치하고자 하는 열망에 따라 민주정이 성립하지만 이 역시 대중 영합주의에 빠지면 중우정(衆愚政)으로 전락하게 된다. 이러한 상황에서는 세상은 다시 혼란을 잠식시키고 강력한 리더십을 발휘할 수 있는 지도자를 갈망하게 되고, 이에 의지와 능력을 갖춘 영웅적인 인물이 등장함으로써 정치체제는 다시 군주정의 형태로 복귀하게 된다는 것이다.

29) 주지하듯이 영국은 다른 유럽국가들에 비해 일찍부터 입헌군주국으로 자리매김 하였는 바, 왕은 직접적인 통치보다는 국가의 권위와 품위를 상징하는 존재로 자리매김 되었다. 이에 대해 고대 로마의 원로원을 모방한 상원(House of Lords)은 세습귀족들의 지배구조를 대변하는 기구였으며, 주로 사법기능과 사회기풍 유지에서 역할을 찾았다. 다른 한편 고대 로마의 호민관을 모델로 한 하원(House of Representatives)은 일반대중이 선거를 통해 선출됨으로써 민의를 대변하는 기구로 자리 잡았으며, 핵심역할은 무엇보다 입법기능에 있었다.

30) "한 부문에 여러 권력들이 점점 집중되는 것을 방지하는 가장 확실한 방법은 각 부문을 관장하는 수반들에게 다른 부문의 권리침해를 저지할 수 있는 필수적인 헌법적 수단과 개인적 동기를 부여하는 것이다. 다른 모든 경우에서와 같이 이러한 경우에도 공격의 위험성에 상응하는 방지책이 마련되어야 한다.

야심에는 야심으로 대비해야 한다. 개인의 이해관계는 그의 직책의 헌법적 권리와 결부되어야 한다. 정부의 권력남용을 억제하기 위해 이러한 제도적 장치들이 필요한 것은 인간의 본성에 대한 불신에서 비롯되는 것이다. 그러나 인간의 본성에 대한 큰 불신이 바로 정부 그 자체가 아닌가? 만약 인간이 천사라면 어떤 정부도 필요 없을 것이다. 또한 천사가 인간을 다스린다면 정부에 대한 외적, 내적 통제도 필요 없을 것이다." 알렉산더 해밀턴 외(2009), p.316(51편).

31) "분명한 부분에 일정하게 분배된 권력, 입법부의 견제와 균형의 채택, 적법행위를 하는 한 직책이 보장되는 판사들로 구성된 법원, 국민이 선택한 대표에 의한 의회, 이 모든 것들은 완전히 새로운 발견이거나 또는 완벽함을 추구하며 이 시대에서 발전을 이룩한 장치들이다. 이것은 공화주의 정부의 우월성을 유지하고 그 결함을 피할 수 있는 강력한 수단이다." 알렉산더 해밀턴 외(2009), p.569(72편).

32) 정부(government)는 광의로는 '입법, 사법, 행정 등 한 나라의 통치기구 전체'를 의미하며, 협의로는 '내각 또는 행정부 및 그에 부속된 행정기구(administration)'를 지칭한다. 미국의 경우 government라는 명칭은 광의로만 사용되며, 내각이나 행정부를 지칭할 때는 administration으로 표현한다. cf. 바이든 행정부(Biden – Administration); 미합중국 연방정부(Federal government of the United States).

33) 이와 관련해서 근대 독일 역사학자이며 객관주의 역사학의 창시자로 잘 알려진 랑케(Leopold von Ranke, 1795 – 1886)는 미합중국의 건국과정을 단순히 한 나라의 독립운동이 아니라 진정한 의미에서의 혁명(revolution)이었다고 평가한바 있다. 즉 그는 '미국혁명(American Revolution)'은 세계사에서 가장 의미 있는 사건인 바, 그동안 일부 철학자나 정치사상가들의 머릿속에만 존재했던 '주권재민(主權在民)' 사상이 현실 속에서 구현되었으며, 세습이 아닌 선출직으로 최고 국무위원을 뽑은 인류 역사상 최초의 사례라고 극찬하였다.

34) "미합중국의 대통령은 4년마다 국민에 의해 선출된다. 영국의 왕은 영원하며 세습적인 군주이다. 대통령은 개인적으로 처벌을 받거나 불명예를 당할 수 있으나 왕은 신성하며 불가침한 존재이다. 대통령은 입법부의 법안을 '제한적으로' 거부할 수 있으나, 왕은 절대적인 거부권을 갖는다. 대통령은 합중국 육·해군의 총사령관의 권한을 갖고 있지만, 왕은 그 권한 위에 전쟁을 선포할 권리, 자신의 권위로 함대와 군대를 증가하고 규제할 권한을 갖고 있다. 대통령은 조약을 체결할 때 입법부와 협조해야 하지만, 왕은 조약을 체결하는 권한의 '유일한 소유자'이다. 대통령은 관리임명에 대해 공동의 권한을 갖고 있지만, 왕은 단독적으로 모든 임명권을 갖고 있다. 대통령은 어떠한 특권도 수여할 수 없지만, 왕은 외국인을 자국의 시민으로 만들 수 있고 평민을 귀족으로 만들 수도 있다. (…) 대통령은 국가의 통상이나 통화와 관련하여 어떠한 규제도 지시할

수 없으나 왕은 여러 면에서 통상의 중재자가 되며, 시장을 열 수도 있으며, 도량형을 규제할 수 있고, 일정기간 동안 통상을 금지할 수도 있으며, 화폐를 주조할 수도 있고, 또한 외국 통화의 통용을 허가하거나 금지할 수도 있다. 대통령은 조금도 종교적인 면에서는 권한이 없으나 왕은 국민교회의 최고 수장이며 지도자인 것이다. 서로 매우 다른 것들이 서로 닮았다고 우리를 설득하려는 사람들에게 무엇이라고 대답할 수 있을 것인가? 모든 권력이 시민에 의해 주기적으로 선출되는 사람들의 손에 주어진 정부형태를 귀족정치, 군주제 그리고 독재정치라고 이야기하는 사람들에게는 똑같은 대답이 주어질 것이다." 알렉산더 해밀턴 외(2009), p.414 f.(69편).

35) 미합중국의 대통령제 도입과 정착 과정에서 초대 대통령이었던 조지 워싱턴(George Washington, 1732.02.22 – 1799.12.14)의 정치적 결단과 인품이 대단히 중요한 역할을 했음은 불문가지이다. 당시 그는 독립전쟁 총사령관이었던 자신의 정치적 명성을 이용하여, 유럽의 왕들에 버금가는 종신 대통령으로서 평생 권력을 누릴 수 있음에도 불구하고, 재선 이후 3선을 거부하는 '고별사'(George Washington Farewell Address)를 미리 발표하여(퇴임 6개월 전 작성 및 공식발표, 1796년 9월 17일), 서구 정치사상 최초로 평화로운 권력이양(peaceful transition)의 본보기를 마련하였고, 이를 통해 진정한 자유와 민주주의가 현실 속에서 가능함을 만천하에 보여주었다. 다른 한편 워싱턴은 대통령취임식 당일 대중들의 예상을 뒤엎고 수수한 검은색 재킷을 착용함으로써, 동시대 영국왕 조지3세(George III of the United Kingdom)를 포함한 여타의 유럽 왕들과 달리 통치자로서의 외적 권위와 허영을 벗어 버리겠다는 의지를 행동으로 보여주었다. 또한 그는 측근들에 의해 제안되었던 최초의 미국 대통령 칭호(자유의 수호자, 미국 대통령 각하 His Highness, the President of the United States of America and Protector of their Liberties)도 과감히 거부하고, 오늘날 미국 대통령에 대한 일반적인 호칭이 된, Mr. President로 자신을 부르도록 했다.

36) "공화국, 즉 대표제도가 행해지는 정부는 다른 가능성을 열어주고 우리가 추구하는 해결책을 약속한다. 공화국과 순수한 민주주의의 차이점을 조사해 보면 우리는 해결책의 본질과 연맹의 효율성을 이해하게 될 것이다. 민주주의와 공화제 간의 가장 큰 차이점은 첫째, 공화제의 경우 시민이 선출한 소수의 대표에게 정부를 위임한다는 사실이다. 둘째 공화제는 더 많은 수의 시민들과 더 넓은 범위의 국가로 확장될 수 있다는 점이다. 첫 번째 차이점의 효과는 한편으로 대중의 의견을 선출된 시민집단이라는 매개체에 통과시킴으로써 이를 정제하고 확대시키는 것이다. 선출된 집단의 현명함은 자국의 진정한 관심사를 가장 훌륭하게 분별할 것이고 그들의 애국심과 정의에 대한 애정은 그들의 국가를 일시적 또는 부분적 이유 때문에 희생시킬 가능성을 가장 낮게 해준다.

이러한 규정하에서 국민의 대표를 통한 대중의 목소리는 같은 목적으로 소집된 직접적인 의견보다 공익에 더욱더 조화될 수 있을 것이다." 알렉산더 해밀턴 외(2009), p.65 f.(10편).

37) 매디슨의 '인민주권' 개념 고안과 관련된 논의로는 다음을 참고. 정경희(2008), pp.255－283.

38) 우리는 이러한 논의를 통해서 앞에서 제기되었던 질문(왜 미국 대통령 선거제도는 건국 이후 현재까지도 직선제가 아니라, 주별 선거인단에 의한 간선제이며 승자독식제가 유지되고 있는가?)에 대한 간접적인 해답을 얻을 수 있을 것이다. 선거인단 간선제는 독립 이전부터 존재해왔던 '나라'(state)들의 고유한 정치적 권리에 대한 인정의 표현이다.

39) 이러한 이념을 반영하여 1782년 만들어진 이래 현재까지 통용되고 있는 미합중국 표어가 바로 'E pluribus unum'(다수로부터 하나로)이다.

40) 인민주권론에 기초한 대의민주주의에 관한 논의는 이미 토마스 제퍼슨의 '독립선언문'에서도 명확히 제시된 바 있다. "우리는 모든 인민들(men)이 평등하게 창조되고 그들이 그들의 창조주에 의해 특정의 불가양도의 권리를 부여받고, 생명, 자유, 행복의 추구가 그 권리에 포함된다는 진리를 자명한 것으로 받아들인다. 이러한 권리들을 확실히 하기 위해 피치자의 동의로부터 정당한 권력을 이끌어내면서 인간들 사이에서 정부가 제도화된다는 자명한 진리도 알고 있다. (…)"

41) "어떠한 입법가라도 공정한 의도와 훌륭한 판단력, 그와 더불어 그가 입법할 대상에 대하여 어느 정도의 지식을 갖추지 못한다면 유능한 입법가가 될 수 없다. 이러한 지식의 일부는 민간 및 공공기관의 정보에 의해 획득될 수 있으나 다른 일부는 오로지 그것의 사용을 필요로 하는 곳에서의 실제적인 경험을 통해서만 획득될 수 있다. 그러므로 모든 경우에 있어서 업무를 수행하는 임기는 규정된 업무수행에 요구되는 실질적 지식의 정도와 어느 정도 상관관계를 가져야 한다. (…) 2년이라는 기간은 1년이라는 기간이 주입법에 필요한 지식의 양에 비례하는 것처럼 중앙정부의 입법에 필요한 지식의 양에 비례하는 것이 아닌가?" 알렉산더 해밀턴 외(2009), p.327(53편).

42) "상업을 적절히 통제하기 위해서는 많은 정보가 필요하다. 그러나 이러한 정보가 각 주의 법률과 지역적 상황에 관한 것이라면 그것을 연방의회에 충분히 전달할 수 있는 대표는 극히 소수일 것이다. (…) 주 내의 징세의 경우 그 주의 환경에 대한 광범위한 지식이 필요하다. 그러나 이 또한 그 주의 광범위한 지역에서 선출된 소수의 학식 있는 사람들이 충분히 알고 있을 것이 아닌가? (…) 각 주의 대표자들은 자신의 주의 법률에 대해 상당한 지식과 현지 정보를 가지고 있을 뿐 아니라 모든 그 주의 지역적 정보와 이해가 집결되는 주의회 의원이

었거나 의원일 경우가 많기 때문에 합중국의 입법부는 그들로부터 그러한 정보들을 쉽게 전달받을 수 있다." 알렉산더 해밀턴 외(2009), p.341 f.(56편).

43) "모든 정치체제의 목표는 우선 그 사회의 공익이 무엇인가를 판단할 최고의 지혜와 그러한 공익을 추구하는 최고의 덕성을 지닌 사람들을 지도자로 확보하는 것이거나 확보해야 하는 것이다. 그리고 다음으로는 그들이 대중의 신탁을 받고 있는 동안 그러한 덕성을 유지할 수 있도록 가장 효과적인 견제책을 강구하는 것이다. 선거를 통해 지도자를 선출하는 방법은 공화정부의 특징적인 정책이다. 이러한 형태의 정부에서 그들의 타락을 막기 위해 사용하고 있는 수단은 다양하다. 그중 가장 효과적인 것은 국민에 대한 책임을 의식하도록 하는 임기의 제한이다." 알렉산더 해밀턴 외(2009), p.345(57편).

44) 이 작품의 의의는 대략 다음과 같이 간략히 표현될 수 있을 것이다. 첫 번째, 이 작품은 개인의 자유가 침해되는 경우를 공동체 내에서 방지하고, 인간 각자에게 자유를 보장할 수 있는 방안을 매우 구체적이며 혁신적인 방식으로 제시하였다. 연방주의 헌법에 입각한 권력의 분립과 공유 그리고 권력기관들 사이의 견제와 균형이 그것이다. 두 번째, 이 작품을 통해서 독자들은 미국인과 미국사회의 정치문화를 본질적인 수준에서 이해할 수 있다. 즉 과거와 현재의 미국인들이 가장 중요하게 여기는 가치들(개인의 자유와 존엄성, 일에 상응하는 대가, 행복의 추구 etc.)이 왜 그리고 어떻게 그들의 의식 속에서 서서히 형성되었는지 확인할 수 있는 것이다. 세 번째, 이 작품을 통해서 현대 미국사회의 권력구조의 유지와 지속적인 정치적 안정이 어떻게 가능할 수 있었는지 확인할 수 있다. 예컨대 미국은 건국 이후 지금까지 몇 차례의 수정헌법조항 삽입을 제외하고는 헌법의 근본이념과 내용들이 그대로 유지되고 있는데, 이는 세계정치사에서 예외적인 현상에 속하며 그 이유를 『페더럴리스트 페이퍼』를 통해 간접적으로 확인할 수 있다. 네 번째, 우리는 『페더럴리스트 페이퍼』를 통해서 오랫동안 미국사회를 지탱해온 생활원리이자 역동성의 상징인 다원주의적 사고방식에 대해 심층적으로 이해하게 된다. 최선근(1996), pp. 321－327.

XII. 『목민심서』의 위엄과 신뢰의 리더상

1) 『목민심서』, 「자서」.
2) 『목민심서』, 「자서」.
3) 재감(災減): 재결(災結) 즉 재상(災傷)을 입은 논밭의 세(稅)를 감해주는 것.
4) 『논어』, 「안연」.

XIII. 만하임의 지식인상(像)
: 계도적(啓導的) 리더로서의 지식인

1) '계도적 리더'라는 용어에서 표기된 '계도적(啓導的)'이라는 형용어구는 '이론적 차원에서 깨우쳐 자각케 하여 문제 해결을 위한 실천 활동에 자발적으로 참여토록 이끈다'는 의미를 드러내 보이기 위해 '한시적으로' 차용한 것이다. 그런 만큼 이 표현 어구는, 이론의 차원에서의 '일깨움'에 그치는 것이 아니라 그것이 계기가 되어 실천의 차원에서 '행동의 변화'까지 일으킨다는, 보다 포괄적인 의미를 담고 있다. 그에 비해 '계몽적(啓蒙的)'이라는 형용어구는 단지 '이론적 차원에서 가르쳐 일깨운다'라는 상대적으로 좁은 의미를 담고 있다. 해서 이 글에서는 다소 생소한 표현 어구이지만 '계도적'이라는 수식어를 사용했다.
2) 강준만(2022), pp.6-7 참조.
3) 민주화 이후에도 여전히 그 위력을 발휘하고 있는, 비가시적인 '일상적 파시즘'의 논리에 관한 해명으로는 임지현(2013), pp.23-45; 임지현(2022), pp.9-27 참조.
4) 사르트르(J. P. Sartre)에 따르면, 지식인의 궁극적인 역할은 '대중정당과 노동계급의 조직에 의해 표현되는 정치권력까지 포함하는 모든 권력에 대항하는 것'이다. 장 폴 사르트르(2018), p.95.
5) 루이스 A. 코저(2004), p.564.
6) 카를 만하임(2012), p.337.
7) 이에 관한 보다 상세한 논의는 카를 만하임(2012), pp.529-549 참조.
8) 엄정식은, 오늘의 시대정신에 걸맞은 계몽적 리더십을 갖춘 대표적 인물로 독일의 전 총리 메르켈(A. Merkel)을 꼽고 있다. 그는 케이티 마튼의 저서 『메르켈 리더십』의 내용을 원용하여, 메르켈 리더십의 핵심은 '경청과 소통을 통해 합의에 이르는 힘'이라고 소개하고 있다. 엄정식(2021), pp.23-24.
9) 루이스 A. 코저(2004), pp.565-566.

XIV. AI시대, 휴먼리더십

1) 독일의 자동화 행정행위에 대하여는 완전자동적 행정행위에 관하여는 김중권(2017) 참조.
2) 이에 관한 자세한 내용으로는 권예슬(2018) 참조.

3) 알파고와 같은 인공지능은 알고리즘 기반의 프로그램과 정보를 이용할 수 있는 네트워크의 복합물이기 때문에 어떤 컴퓨터 한 대가 인간 바둑기사를 이겼다기 보다는 다량의 정보를 제공하는 네트워크와 그것을 학습하는 기계의 합작품으로 보아야 한다는 견해에 대해서는 신동일, 김두환(2019), p.474 참조.

4) 딥러닝은 수억 개가 넘는 인간의 신경세포가 신호를 주고받으면서 하나의 결론을 내리는 것과 같은 방식으로 인공신경망을 아주 두껍게 포개어 놓고 수억 개가 넘는 데이터를 주고받으면서 하나의 결론을 내릴 수 있도록 하는 기계학습, 심층학습의 방식을 의미한다. 딥러닝과 알고리즘의 역사와 기능에 대해서는 야마모토 잇세이(2011), p.141(e-book) 참조.

5) 알파고를 만든 구글딥마인드도 알파고 제로와 같은 인공지능이 바둑에서와 같이 훌륭한 결과를 낳을 수 있는 분야는 단백질 3차원 구조를 밝히거나 에너지 절감과 같은 문제해결 분야라고 하였다. 관련 내용에 관하여는 권예슬(2018) 참조.

6) German Federal Court of Justice, VI ZR 269/12.

7) European Parliament resolution of 16 February 2017 with recommendations to the Commission on Civil Law Rules on Robotics (2015/2103(INL)) 관련 내용에 대하여는 김자회, 주성구, 장신(2017), p.122 참조.

8) 인공지능의 인격성 부여에 관하여는 양천수(2018) 참조.

9) 알고리즘이 독자적 학습과 판단을 통해 인간을 규제하게 되고 인간이 그에 순응하게 되는 가능성으로 인해 알고리즘에 의한 규제가 법규범보다 더 실효적이고 강력한 규제가 될 수 있는 가능성과 비인간행위자의 주체성과 책임에 관하여는 심우민(2016) 참조.

10) 특정 웹 사이트를 방문할 때 만들어지는 정보를 담는 파일을 말한다.

11) 많은 기업들이 채용에 인공지능 혹은 알고리즘을 이용하고 있다. 노트북이나 스마트폰의 카메라를 통해 구직자들과 면접을 진행하기도 하고 설문에 답하도록 하기도 하면서 단어와 문법, 표정, 목소리 음색 등이 알고리즘에 전장되고 분석된다. 이런 분석을 통해 구직자들의 특징과 능력을 파악한다. 미국의 대학들은 이러한 채용을 돕기 위한 프로그램을 만들고 있다. 영국에서는 이러한 채용방식을 뚫기 위해 1000만 원이 넘는 돈을 받고 따로 학습을 해주는 업체까지 생겼다. 우리나라의 많은 기업도 현재 소위 AI채용을 시작하였다. 김성탁, "AI면접 뚫어야 취업하는 시대…영국선 1300만원짜리 과외도 등장", 중앙일보, 2018.10.10.; "채용시장에 나타난 AI", 연합뉴스, 2018.5.6.

12) Bart W Schermer(2011) p.47.; Mireille Hildebrandt(2008) p.307.

13) Mireille Hildebrandt and Serge Gutwirth(2008), p.331, p.551.

14) "The Great Hack": Big Data firms Helped Sway the 2016 Election. Could

it be Happened Again in 2020?, Independent Global News, January 07, 2020.; Cambridge Analytica made "ethical mistakes" because it was too focused on regulation, former COO says, Vox, Jul 31, 2019.

15) 위의 글.

16) 페이스북의 마크 저커버그는 선거개입을 막기 위한 새로운 조치를 하겠다고 하였지만 페이스북 사용자에게 배상하라는 명령을 받았다. BNN Bloomberg, "Facebook sued by D.C. over Cambridge Analytica data scandal", Dec 19, 2018.

17) 자세한 내용으로는 양종모(2017), 남중권(2019) 참조.

18) 아마존은 자동결정시스템을 이용하여 채용을 실시하다가 폐기한 바 있는데, 여대를 졸업하거나 여성 동아리 출신들은 채용절차에서 배제하였다. Reuters, "Amazon scraps secret AI recruiting tool that showed bias against women", October 10, 2018.

19) 알고리즘이 행하는 차별은 성별이나 인종과 같은 고정된 개념으로 이루어지지 않아 차별이 눈에 잘 띄지 않으며, 어떻게 분류되는지 알지 못하는 당사자는 과거부터 현재처럼 인권운동이나 여성해방운동과 같은 방식으로 저항할 수 없다. 루크 도멜(2014), pp.120 − 123.

20) 디지털 정보를 분석해서 가공하여 사용할 수 있는 정보로 만드는 산업의 성장이 매우 무섭고 이미 1조원을 넘었다. 한편 2017년 정보자원은 석유자원의 가치를 넘었으며 따라서 구글이나 페이스북, 아마존과 같은 회사들의 가치는 석유자원을 가진 중동의 어느 국가보다 더 높은 것이 되었다. 페이스북의 사업모델은 개인디지털 자산으로부터 가치를 뽑아내는 것이고 페이스북은 세계에서 가장 큰 데이터 브로커이다. Financial Times, "Facebook should pay its 2bn users for their personal data − The big tech companies are evolving into digital kleptocracies", April 9 2018.

21) 정체성은 관계적인 것임에도 프로파일은 일방적인 방식으로 개인의 정체성을 결정한다. 프로파일링은 개인의 디지털화된 페르소나이므로 다른 페르소나와 마찬가지로 특정 개인의 또 다른 모습에 불과하지 그 사람의 정체성 그 자체일 수는 없다. 이에 대해서는 Simone van der Hof and Corien Prins(2008), p.116.

22) 유럽일반정보보호법에 대한 자세한 내용에 대하여는 권건보, 김일환, 이한주(2018) 참조.

23) 일반정보보호법(GDPR) 제3조(적용영역) 2. 이 규정은 연합 내에서 설립되지 않았으나 다음의 처리를 연합 내에 있는 정보 주체의 개인정보 처리를 하는 정보통제자나 정보처리자에게 적용된다. (a) 정보 주체가 대가를 지불하는지

여부와 관계없이 연합내의 정보 주체에게 재화나 서비스를 제공하는 경우 (b) 연합 내에서 일어나는 행동에 대해 모니터링 하는 경우.

24) 일반정보보호법(GDPR) 제83조(행정벌금부과) 5. 다음 규정의 위반은 최대 2천만 유로 또는 사업자의 경우 전 회계연도의 전 세계 연간 총 매출액의 최대 4% 중 더 높은 금액에 해당하는 벌금을 부과 받을 수 있다.

25) 유럽일반정보보호법 제22조 1. 정보 주체는 프로파일링을 포함하여 오직 자동화된 처리에 근거한 결정의 대상이 되지 않을 권리가 있다. 이때 이 결정은 정보 주체 자신에게 법적인 영향이나 그와 유사하게 중대한 영향을 가져올 수 있는 경우를 말한다.

26) 유럽일반정보보호법 제22조 2. 제1항은 만약 그 결정이 다음과 같은 경우에 적용되지 않는다. (a) 당해 결정이 정보주체와 정보 처리자 간의 계약을 체결하거나 이행하는 데 필요한 경우 (b) 그 결정이 정보처리자가 준수해야 하고 정보 주체의 권리와 자유와 적법한 이익을 보호하기 위한 적절한 조치를 정해놓은 연합 혹은 회원국의 법률로 승인된 경우 (c) 그 결정이 정보 주체의 명백한 동의에 근거하는 경우.

27) 유럽일반정보보호법 제22조 3. 제2항의 (a)와(b)의 경우에 정보 통제자는 정보 주체의 권리와 자유 그리고 적법한 이익을 보호하기 위한 적절한 조치를 이행하여야 한다. 여기에는 적어도 정보처리자측의 인간개입권을 얻을 권리, 정보 주체자가 자신의 관점을 설명할 권리, 결정에 이의를 제기할 권리를 포함해야 한다.

28) 이에 대한 연구로는 Marco Almada,(2019); Stephan Dreyer and Wolfgang Schulz(2019); Maria Kanellopoulou−Botti, Fereniki Panagopoulou, Maria Nikita,Anastasia Michailaki(2019); Tal Z. Zarsky, Incompatible: The GDPR in the Age of Big Data(2017); Ben Wagner(2019) 참조.

29) 헌재 2003.10.30.선고 2002헌마518 판례집 제15−2권 하, 201면.

30) G. Dürig(1956). p.127.

31) 헌재 2005. 5. 26. 99헌마513 등, 판례집 17−1, 668.

32) 김하열(2018), pp.529−531.

33) 헌재 2005. 5. 26. 99헌마513 등, 판례집 17−1, 668.

34) cf. Tomas Chamorro−Premuzic, Michael Wade, and Jennifer Jordan(2018).

35) cf. Tomas Chamorro−Premuzic, Michael Wade, and Jennifer Jordan(2018).

참고문헌

Ⅰ. 호메로스의 『오디세이아』에 나타난 오디세우스의 생존 리더십
- 소포클레스의 『아이아스』와 연관하여 -

강대진(2009), 『세계와 인간을 탐구한 서사시 오뒷세이아』, 아이세움.
강대진(2019), 『호메로스의 일리아스 읽기』, 그린비.
강대진(2020), 『호메로스의 오뒷세이아 읽기』, 그린비.
데니스 N.T. 퍼킨스, 마거릿 P, 홀츠먼, 질리언 B, 머피(2018), 『어니스트 섀클턴: 극한상황 리더십』, 최종욱, 홍성화 옮김, 뜨인돌.
마고 모렐, 스테파니 케이퍼렐, 김용수(2023), 『섀클턴의 위대한 리더십』, 미다스북스.
폴 우드러프(2013), 『아이아스 딜레마』, 이은진 옮김, 원더박스.
호메로스(2015), 『일리아스』, 천병희 역, 숲.
호메로스(2015), 『오디세이아』, 천병희 역, 숲.
소포클레스(2015), 『아이아스』, 김종환 역, 지식을만드는지식.
이종원, "밀레니엄 최고 탐험가는 콜럼버스", 『조선일보』, 1999.11.02. https://www.hankyung.com/society/article/1999110202271.
이동구, "섀클턴의 '위기극복 리더십' 上", 『울산제일일보』, 2021.06.30., http://www.ujeil.com/news/articleView.html?idxno=278819.

Ⅱ. 한국문학과 리더십

고봉준 외(2022), 『이 무수한 반동이 좋다』, 한겨레출판.
김삼웅(2019), 『만해 한용운 평전』(개정판), 시대의창.
남기택(2022), 「생성하는 정전」, 『시와시학』 가을호.
만해사상실천선양회 편(2000), 『만해 한용운 논설집』, 장승.
서영식 외(2023), 『역사와 고전의 창으로 본 21세기 공공리더십』, 박영사.

Ⅲ. 『맥베스』를 통해 본 리더의 조건

권오숙(2003), 「『맥베스』의 패러독스와 셰익스피어의 정치성」, 『외국문학연구』 14.
권오숙(2016), 『셰익스피어-연극으로 인간의 본성을 해부하다』, 한길사.
김동호(1997), 「셰익스피어와 마키아벨리」, 『상명대 인문과학연구』 6.
김동호(1998), 「셰익스피어 희곡에 대한 마키아벨리의 영향」, 『상명대 인문과학연구』 6.
김유(2007), 「금지된 경계를 넘어: 『맥베스』에 드러난 폭군과 반역의 담론」, 『셰익
　　스피어 리뷰』 43-3.
노먼 어거스틴, 케네스 아델만(2008), 『셰익스피어 경영』, 홍윤주 역, 푸른샘.
니콜로 마키아벨리(2005), 『군주론』, 강정인·엄관용 역, 살림.
니콜로 마키아벨리(2008), 『군주론』, 강정인·김경희 역, 까치글방.
로버트 그린(2009), 『권력의 법칙』, 안진환 외 역, 웅진지식하우스.
리더스피릿연구소(2021), 『고전의 창으로 본 리더스피릿』, 충남대학교출판문화원.
리더스피릿연구소(2022), 『공공성과 리더스피릿』, 충남대학교출판문화원.
리더스피릿연구소(2023), 『역사와 고전의 창으로 본 21세기 공공리더십』, 박영사.
박우동(2002), 「셰익스피어 작품에 나타난 경영기법」, 『경제연구』 23-1.
류승희(1998), 「맥베스의 비극성에 관한 연구」, 『대불대학교논문집』 4.
서영식 외(2013), 『인문학과 법의 정신』, 충남대학교출판문화원.
서영식(2023), 『리더와 리더스피릿』, 충남대학교출판문화원.
션 매커보이(2015), 『셰익스피어 깊이 읽기』, 이종인 역, 작은사람.
신철희(2017), 「『맥베스』를 통해 읽는 정치와 인간의 한계」, 『한국정치학회보』 51-5.
아리스토텔레스(2011), 『니코마코스 윤리학』, 강상진 외 역, 길.
앨런 블룸 외(1996), 『셰익스피어의 정치철학』, 강성학 역, 집문당.
오수진(2015), 「셰익스피어 극에 나타난 아웃사이더와 인사이더로서의 여성」, 『셰
　　익스피어 리뷰』 51-2.
원현정(2015), 『셰익스피어의 비극에 나오는 여성의 권력욕 연구: 『햄릿』, 『맥베스』,
　　『리어왕』을 중심으로』, 동덕여자대학교 박사학위논문.
윌리엄 셰익스피어(2008), 『셰익스피어 4대 비극』, 김은영 역, 꿈과 희망.
이혜경(2001), 「셰익스피어의 4대 비극에서 여성의 배신과 관련된 주인공의 고뇌
　　와 반응」, 『영어영문학연구』 43-1.
이경원(2021), 『제국의 정전 셰익스피어-'이방인'이 본 '민족시인'의 근대성과 식
　　민성』, 한길사.
이상호(2015), 『조직과 리더십』, 북넷.
이영순(2012), 「누가 마녀를 두려워하랴-분석심리학으로 본 맥베스」, 『셰익스피
　　어 리뷰』 48-4.
이행수(2009), 「맥베스(Macbeth)의 환상적 자아」, 『비교한국학』 17-1.

임은정(2015), 「여성의 사회학: 셰익스피어 4대 비극의 여성 주인공들 중심으로」,
『고전·르네상스 영문학』 24-1.
켄지 요시노(2012), 『셰익스피어, 정의를 말하다』, 김수림 역, 지식의날개.
테리 이글턴(2018), 『셰익스피어 정치적 읽기』, 김수림 역, 민음사.
폴 커리건(2000), 『셰익스피어 매니지먼트』, 유혜경 역, 지원미디어.
헨리 엘프리드 키신저(2023), 『리더십』, 서종민 역, 민음사.
황남엽(2013), 「맥베스와 레이디 맥베스의 왜곡된 남성성과 여성성」, 『셰익스피어
리뷰』 49-3.
황효식(2010), 「캘빈주의적 배덕자로서의 악인 주인공 맥베스」, 『셰익스피어 리뷰』
46-2.

Bell, John(2021), Some Achieve Greatness: Lessons on leadership and character
from Shakespeare and one of his greatest admirers, Pantera Press.
Bezio, Kristin M.S.(2021), *William Shakespeare and 21st−Century Culture,
Politics, and Leadership: Bard Bites*, Edward Elgar Publishing Ltd.
Cohen, Eliot A.(2023), *The Hollow Crown: Shakespeare on How Leaders Rise,
Rule, and Fall*, Basic Books.
Greenblatt, Stephen(2019), *Shakespeare On Power*, Random House UK Ltd,
2019.
Talbott, Frederick(1994), Shakespeare on Leadership: Timeless Wisdom for
Daily Challenges, Thomas Nelson Inc.
Whitney, John O. & Packer, Tina(2001), *Power Plays: Shakespeare's Lessons
in Leadership and Management*, Simon & Schuster.

Ⅳ. 위기의 영국을 구원한 엘리자베스 1세의 실용주의 리더십

김현란(2004), 「엘리자베스 1세의 독신주의의 심리적 요인-헨리 8세와의 관계분
석을 중심으로-」, 『전북사학』 27호.
김현란(2005A), 「엘리자베스 1세의 교육과 독신주의-플라톤의 지적 영향을 중심
으로-」, 『서양중세사연구』 제15호.
김현란(2005B), 「엘리자베스 1세의 지방 순시와 행차」, 『서양중세사연구』 제16호.
김현란(2007), 「엘리자베스 1세의 인선과 세력균형 정책-로버트 더들리와 윌리엄
세실을 중심으로-」, 『서양중세사연구』 제19호.
김현란(2008), 「튜더 영국인과 마키아벨리즘-엘리자베스 1세를 중심으로-」, 『서
양사론』 제96호.

박지향(2004), 「'처녀왕' 엘리자베스의 신화」, 『영국 연구』 제11호.
백기복(2021), 「류성룡의 공익지향의 실용적 리더십−CIP−sp 모델에 대한 분석」, 『서애연구』 제3권.
서희덕(1999), 「튜더 절대왕정과 의회」, 『史滾』 제9호.
스펜서 비슬리 외(2005), 『역사를 바꾼 지도자들』, 이동진 옮김, 해누리.
앨리슨 위어(2010), 『엘리자베스 1세』, 하연희 옮김, 루비박스.
앤 서머싯(1991), 『제국의 태양, 엘리자베스 1세』, 남경태 옮김, 들녘.
임용순(2001), 『역사를 바꾼 여성 통치자들』, 나무와 숲.
임의영(2019), 『공공성의 이론적 기초』, 박영사.
이지원(2004), 「춤추는 이미지: 엘리자베스 1세의 이미지 정치」, 『역사와 문화』 9호.
조성식(2003), 「1563년 영국 장인법의 제정의도」, 『서양중세사연구』 11호.
차용구, 고반석(2019), 「근대 초 잉글랜드의 기후변화 대응 연구−1598년 구빈법과 연민 공동체−」, 『중앙사론』 50집.
핼런 액슬로드(2000), 『위대한 CEO, 엘리자베스 1세』, 남경태 옮김, 위즈덤하우스.
허구생(2004), 「튜더 왕권의 이미지−엘리자베스의 초상화를 중심으로−」, 『영국 연구』 제12호.
허구생(2007), 「개회 및 폐회연설을 통해 본 군주와 의회의 관계, 1593−1601」, 『영국 연구』 제18호.
허구생(2014), 「엘리자베스 1세 시대 영국의 전쟁과 의회의 역할」, 『서양사론』 제121호.
허구생(2015), 『근대 초기의 영국: 헨리 8세와 엘리자베스 1세의 국가 만들기』, 한울.

Hartley, T. E.(1995), *Proceedings in the Parliaments of Elizabeth I*, Vol.II 1584−1589, Leicester University Press.
Kellerman, Babara(2010), *Leadership: Essential Selections on Power, Authority, and Influence*, McGraw−Hill.
Montrose, Louis A.(1999), "Idols of the Queen: Policy, Gender, and the Picturing of Elizabeth I", *Representations*, Vol.68.

V. 쿠빌라이의 리더십과 세계제국 경영

고명수(2011), 「쿠빌라이 정부의 南海정책과 해외무역의 번영: 몽골의 전통적 세계관과 관련하여」, 『사총』 72.
고명수(2011), 「쿠빌라이 시기 몽골의 南宋정복과 江南지배: 보전, 개발, 발전의 관점에서」, 『동양사학연구』 116.

고명수(2013), 「쿠빌라이 집권 초기 관리등용의 성격: 漢人儒士 중용 문제에 대한 비판적 검토」, 『동국사학』 55.

권용철(2023), 「원 제국의 3차 대월 침입과 그 이후 양국의 관계: 『安南行記』 자료의 발굴과 분석을 중심으로」, 『이화사학연구』 66.

김인희 외(2023), 『관용적인 정복자 대원제국』, 동북아역사재단.

김호동(2006), 「몽골제국과 '大元'」, 『歷史學報』 192.

김호동(2006), 「蒙元帝國期 한 色目人 官吏의 肖像: 이사 켈레메치(Isa Kelemechi, 1227-1308)의 생애와 활동」, 『중앙아시아연구』 11.

김호동(2013), 「몽골제국의 세계정복과 지배: 거시적 시론」, 『역사학보』 217.

모리스 로사비(2021), 『랍반 사우마의 서방 견문록』, 권용철 옮김, 사회평론아카데미.

박원길(1999), 「대몽골제국과 南宋의 외교관계분석」, 『몽골학』 8.

윤승연(2023), 「종전 후 베트남-원 사이의 관계 변화와 상호 대응」, 『중앙사론』 59.

이개석(1998), 「元朝의 南宋倂合과 江南支配의 意義」, 『경북사학』 21.

이븐 바투타 지음(2001), 『이븐 바투타 여행기』 1·2, 정수일 역주, 창작과비평사.

재닛 아부-루고드(2006), 『유럽 패권 이전: 13세기 세계체제』, 박흥식·이은정 옮김, 까치.

조원(2021), 「쿠빌라이 시기 安南과의 외교 교섭: 元의 정책과 安南의 대응을 중심으로」, 『동양사학연구』 154.

플라노 드 카르피니, 윌리엄 루브룩(2015), 『몽골제국 기행』, 김호동 역주, 까치.

VI. 이승만의 독립 리더십

국사편찬위원회(1996), 『대한민국사자료집 32: 이승만 관계서한 자료집 1953』, 국사편찬위원회.

김명섭, 이희영, 양준석, 유지윤 편주(2018), 『대한민국 국무회의록 1958』, 국학자료원.

김명섭(2018), 「대한민국 임시정부는 왜 상해 프랑스조계에 수립되었나?」, 『국제정치논총』 58(4).

로버트 올리버(2008), 『이승만 없었다면 대한민국 없다』, 박일영 역, 동서문화사.

박명수(2023), 「해방 직후 이승만의 민주통일국가 건설운동과 정읍선언」, 6·3정읍선언 77주년 기념학술세미나 발표문.

양준석(2016), 「1958년 대한민국 국무회의록 연구」, 『한국정치외교사논총』 38(1).

양준석(2018), 「마사릭과 이승만의 민주주의, 기독교 그리고 공산주의에 대한 인식」, 『동유럽발칸연구』 42(3).

양준석(2019), 「6·25전쟁 이후 한국과 미국의 한국 재건프로그램은 왜 균열했는가?」, 『국제정치논총』 59(1).

양준석(2021), 「냉전과 이승만의 반공(反共)」, 『월드뷰』 3월.

우남이승만전집발간위원회·연세대학교 이승만연구원 편(2019), 『우남 이승만 전집 1, 독립정신』, 연세대학교 출판문화원.

유영익(2015), 『건국대통령 이승만』, 일조각.

이승만(1923), 「공산당의 當不當」, 『태평양잡지』(3월호).

이승만(1924/04/23), 「자유와 단결」, 『東亞日報』.

이승만(1945/10/21), 「공산당에 대한 나의 감상」, 『서울중앙방송국』.

이승만(1945/12/23), 「공산당에 대한 나의 입장」, 『東亞日報』.

이승만(1948/08/22), 「행정완전양수(行政完全讓受)는 수월 후(數月 後)」, 『京鄕新聞』.

이승만(1949/04/23), 「일민주의정신과 민족운동」, 『京鄕新聞』.

이승만(1949/09/03), 「충분한 군원만 있으면 영토보전을 확신」, 『東亞日報』.

이승만 지음(2015), 『<Japan Inside Out> 일본의 가면을 벗긴다』, 류광현 옮김, 비봉출판사.

이승만 지음, 류석춘, 오영섭, 데이빗 필즈, 한지은 공편(2016), 『국역 이승만 일기』, 대한민국역사박물관·연세대학교 이승만연구원.

이승만 편저(2015), 『(쉽게 풀어 쓴) 청일전기』, 김용삼·김효선·류석춘 번역·해제, 북앤피플.

U.S. Department of State(1984). *Foreign Relations of the United States 1952−1954*, Korea, Volume XV, Part 2.

VII. 몽양 여운형의 삶으로 본 '참 정치가'의 리더십

강덕상(1997), 「대중국화평공작·'아시아연맹' 구상과 여운형」, 몽양여운형선생전집간행위원회 편, 『몽양여운형전집』 3, 한울.

강덕상(2007), 『여운형 평전』 1, 역사비평사.

강덕상(2017), 『여운형과 상해임시정부 - 망명 정부의 존립을 위한 고투』, 선인.

몽양여운형선생전집간행위원회 편(1993), 『몽양 여운형 전집』 2, 한울.

변은진(2013), 『파시즘적 근대체험과 조선민중의 현실인식』, 선인.

변은진(2018), 『독립과 통일 의지로 일관한 신뢰의 지도자, 여운형』, 독립기념관 한국독립운동사연구소.

여연구(2001), 『나의 아버지 여운형』, 김영사.
윤해동(1991), 「여운형은 일제에 협력하였나」, 『역사비평』 15, 역사비평사.
이기형(2004), 『몽양 여운형』(개정판, 원판은 1984), 실천문학사.
이만규(1946), 『여운형선생투쟁사』, 민주문화사.
이정식(2008), 『여운형』, 서울대학교출판부.
장원석(2012), 「8.15 당시 여운형의 과도정부 구상과 여운형·엔도 회담」, 『아시아
　　문화연구』 27, 가천대 아시아문화연구소.
정병준(1995), 『몽양 여운형 평전』, 한울.
최성진(2011), 「여운형의 체육사상과 활동」, 『한국체육사학회지』 16-1, 한국체육
　　사학회.

Ⅷ. 『주역』 리더십 탐색

이한우(2012), 『논어로 논어를 풀다』, 해냄.
이한우(2020), 『이한우의 주역: 입문』, 21세기북스.
이한우(2020), 『이한우의 주역: 상경-시대를 초월한 리더십 교과서』, 21세기북스.
이한우(2020), 『이한우의 주역: 하경-시대를 초월한 리더십 교과서』, 21세기북스.
이한우(2022), 『이한우의 태종 이방원-상-태종풍(太宗風) 탐구』, 21세기북스.
이한우(2022), 『이한우의 태종 이방원-하-태종풍(太宗風) 탐구』, 21세기북스.

Ⅸ. 플라톤의 아르케 리더십

강성훈(2016), 「플라톤의 『국가』에서 정의와 강제」, 『철학』 128.
김봉철(2004), 『전환기 그리스 지식인: 이소크라테스』, 신서원.
김윤동(2011), 「플라톤의 철인왕 통치」, 『철학연구』 117.
김영균(2008), 『국가: 훌륭한 삶에 대한 근원적인 성찰』, 살림출판사.
김영균(2010), 「플라톤의 철인통치론」, 『동서철학연구』 58.
김인곤(2006), 『플라톤 고르기아스』, 서울대학교 철학사상연구소.
디오게네스 라에르티오스(2008), 『철학자 열전』, 전양범 역, 동서문화사.
마크 릴라(2018), 『분별없는 열정』, 서유경 역, 필로소픽.
문지영·강철웅(2011), 「플라톤 『국가』의 민주정 비판과 이상국가 구상-'정치'와
　　'통치자'에 대한 새로운 전망」, 『사회과학연구』 35-1.
박성우(2004), 「플라톤의 『국가』와 철인왕의 패러독스」, 『정치사상연구』 10-2.
박수인(2018), 「플라톤의 정치이론에서 혼인과 출산 규제의 원칙」, 『한국정치학회

　보』 52(4).

서병훈(2002), 「플라톤과 여성 철인왕」, 『아시아여성연구』 41.

서영식(2016), 「철인왕과 정치의 리더십」, 『동서철학연구』 82.

소병철(2016), 「플라톤의 이상국가론과 민주주의 비판의 현대적 의의」, 『인문사회
　과학연구』 17 – 1.

숀 세이어즈(2008), 『숀 세이어스의 플라톤 국가 해설』, 김요한 역, 서광사.

이정호(1989), 「플라톤과 민주주의」, 『서양고전학연구』 3.

조슬린 데이비스(2016), 『인문학 리더십』, 김지원 역, 반니.

정태욱(2017), 「플라톤 헌정철학의 역사적 맥락」, 『법철학연구』 20 – 2.

찰스 H. 칸(2015), 『플라톤과 소크라테스적 대화: 문학 형식의 철학적 사용』, 박규
　철 · 김진성 · 서영식 · 김덕천 · 조흥만 역, 세창출판사.

칼 포퍼(2011). 『열린 사회와 그 적들 I』, 이한구 역, 민음사.

크리스티안 슈타들러(2015), 『전쟁』, 이재원 역, 이론과실천.

플라톤(2003), 『플라톤의 네 대화편: 에우티프론, 소크라테스의 변론, 크리톤, 파이
　돈』, 박종현 역, 서광사.

플라톤(2005), 『국가 · 정체』, 박종현 역, 서광사.

플라톤(2009b), 『편지들』, 김주일 · 강철웅 · 이정호 역, 이제이북스.

플루타르크(2000), 『플루타르크 영웅전 전집 2』, 이성규 역, 현대지성사.

홍영기, 홍진기(2018), 「체육과 무, 국가 변영의 기초 – 플라톤과 박은식의 사상을
　중심으로」, 『한국콘텐츠학회논문지』 18(7).

Laks, Andre(1990), "Legislation and Demiurgy: On the Relationship Between
　Plato's Republic and Laws," *Classical Antiquity* 9(2).

Morrow, Glenn(1962), *Plato's Epistles*, Bobbs – Merrill.

Morrow, Glenn(1993), *Plato's Cretan City: A Historical Interpretation of the
　Laws*, Princeton University Press.

Rosen, Stanley(2005), *Plato's Republic: A Study*, Yale University Press.

Sanders, Lionel Jehuda(2014), *Dionysius I of Syracuse and Greek Tyranny*,
　New York, Routledge.

Sauders, Trevor J.(1992), "Plato's Later Political Thought." In Richard Kraut ed.
　Cambridge Companion to Plato, Cambridge University.

Seung, T. K.(1996), *Plato Rediscovered: Human Value and Social Order*,
　Rowman & Littlefield.

X. 방촌 황희와 다섯 가지 리더십 덕목

『周易』
『論語』
『中庸』
『史記』
『陸淸河集』
『明心寶鑑』
『厖村黃喜先生文集』
『世宗實錄』
『文宗實錄』
『成宗實錄』
『正祖實錄』
『承政院日記』
『國朝寶鑑』
『東國輿地勝覽』
『新東國輿地勝覽』
『筆苑雜記』
『東閣雜記』
『燃藜室記述』

곽신환(2018), 「겸선의 유자 황희」, 『백성의 臣 황희와 그 후예들』, 서울: 책미래.
국민권익위원회(2022), 「부정청탁 및 금품등 수수의 금지에 관한 법률」, 『2022년 제12기 청렴리더십 과정』, 청주: 국민권익위원회 청렴연수원.
오기수(2017), 『황희: 민본 시대를 이끈 행복한 2인자』, 파주: 고반.
오병무(2017), 「조선조의 명재상 방촌 황희의 생애와 사상」, 『방촌 황희의 학문과 사상』, 서울: 책미래.
이규태(1984), 『선비의 의식구조』, 서울: 신원문화사.
이성무(2014), 『방촌 황희 평전: 조선의 기틀을 다진 탁월한 행정가이자 외교가』, 서울: 민음사.
이영춘(2017), 「방촌 황희의 청백리 논란에 대한 재검토」, 『방촌 황희의 학문과 사상』, 서울: 책미래.
이유미, 「권익위 "한국 부패인식지수, 역대 최고점수 … 반부패 노력 영향"」, <연합뉴스>, 2019.01.29.
황의동(2018), 「인간 '황희'」, 『백성의 臣 황희와 그 후예들』, 서울: 책미래.

『두산세계대백과사전(15)』, 서울: 두산동아, 2002.
『위키백과』, 「황희」. https://ko.wikipedia.org/wiki/황희

XI. 『페더럴리스트 페이퍼』를 통해 본 자유와 리더의 조건

김용민(2000), 「<페더랄리스트 페이퍼>의 정치철학적 이해」, 『영미연구』 5.
김인곤(2014), 「플라톤의 '혼합정체론'에서 '혼합'의 의미」, 『한국서양고전철학회
    2014 봄 학술대회』.
남궁곤·박세정(2008), 「<연방주의자 논고>에 제시된 매디슨(James Madison)의
    '대표'에 관한 소고」, 『동향과 전망』 72.
로버트 A. 카프 외(2009), 『미국의 사법 제도』, 이경식 역, 주한미국대사관 공보과.
리처드 C. 슈뢰더(2016), 『미국의 정부』, 이덕남 역, 주한미국대사관 공보과.
막스 베버(2011), 『소명으로서의 정치』, 최장집 엮음·박상훈 역, 후마니타스.
몽테스키외, 샤를 루이 드 스콩나(2006), 『법의 정신』, 고봉만 역, 책세상.
문재완(2008), 「미국 헌법상 연방주의 발전사 연구」, 『유럽헌법연구』 4.
서영식(2013), 「정의와 법과 국가-아리스토텔레스가 본 행복의 공적 조건」, 김수배·
    서영식·이소영, 『인문학과 법의 정신』, 충남대학교출판문화원.
서영식(2017), 『플라톤철학의 실천이성담론』, 충남대학교출판문화원.
서영식(2023), 『리더와 리더스피릿』, 충남대학교출판문화원.
손병권(2004), 「<연방주의자 논고>에 나타난 매디슨의 새로운 미국 국가-광대
    한 공화국」, 『국제지역연구』 13-4.
손병권(2009), 「<연방주의자 논고>에 나타난 해밀턴의 대통령제 인식과 그 현대
    적 검토」, 『현대정치연구』 2-2.
손병권(2017), 「<연방주의자 논고>에 나타난 내셔널리즘의 해석 – 연방적 정체
    성을 위한 국민주의」, 『미국학』 40-1.
아리스토텔레스(2009), 『정치학』, 천병희 역, 숲.
알렉산더 해밀턴, 제임스 매디슨, 존 제이(2009), 『페더럴리스트 페이퍼』, 김동영 역,
    한올아카데미.
알렉산더 해밀턴, 제임스 매디슨, 존 제이(2019), 『페더럴리스트 페이퍼』, 박찬표 역,
    후마니타스.
알렉시스 드 토크빌(2014), 『미국의 민주주의 I』, 임효선 외 역, 한길사.
앨런 브링클리(2016), 『있는 그대로의 미국사 1』, 황혜성 외 역, 휴머니스트.
정경희(2008), 「미국 헌법의 제정과 연방공화국의 건국」, 『역사학보』 198.
존 로크(2008), 『통치론. 시민정부의 참된 기원, 범위 및 그 목적에 관한 시론』, 강
    정인·문지영 역, 까치.

최선근(1996), 「김동영 역 <페데랄리스트 페이퍼>」, 『미국학논집』 29-1.
플라톤(2004), 『국가·정체』, 박종현 역, 서광사.
플라톤(2009), 『법률』, 박종현 역, 서광사.
토머스 홉스(2012), 『리바이어던1-교회국가 및 시민국가의 재료와 형태 및 권력』, 진석용 역, 나남.
하워드 진(2016), 『살아있는 미국역사』, 김영진 역, 추수밭.

Allen, William B.(2000), *The federalist papers: a commentary: "the Baton Rouge lectures"*, New York.

Brunhöber, Beatrice(2010), *Die Erfindung "demokratischer Repräsentation" in den Federalist Papers*, Tübingen.

Frech, Jannis(2008), *Die Federalist Papers und die Entwicklung der Verfassungsgerichtsbarkeit* (der Fall Marbury versus Madison) in den USA, München.

Furtwangler, Albert(1984), *The Authority of Publius: A Reading of the Federalist Papers*, Ithaca, N.Y.

Göllnitz, Anke(2002), *Public Relations im Prozess soziokultureller Emergenz : der Einfluss der Federalist Papers auf den Gesellschaftsentwurf für die Vereinigten Staaten von Amerika*, Wiesbaden.

Greiner, Florian(2009), *Öffentlichkeit in den "Federalist Papers": Eine Annäherung an das Öffentlichkeitsmodell der amerikanischen Gründerväter*, München.

Heidemann, Dietmar H. and Stoppenbrink, Katja(2016), *Join, or Die − Philosophical Foundations of Federalism*, Berlin.

Ketcham, Ralph Louis(ed.)(2003), *The anti−federalist papers and the constitutional convention debates*, New York.

Lhotta, Roland(ed.)(2010), *Die hybride Republik : Die Federalist Papers und die politische Moderne*, Baden−Baden.

Light, Paul Charles(2011), *The federalist papers revised for twenty−first−century reality*, Washington.

Mace, George(1979), *Locke, Hobbes, and the Federalist papers an essay on the genesis of the American political heritage*, Carbondale: Southern Illinois University Press.

Mayer, Markus Andreas(2008), *Die Autoren der "Federalist Papers", ihr Menschenbild und die Notwendigkeit des Staates*, München.

Mayer, Markus Andreas(2008), R*epublik− und Demokratieverständnis in den*

"Federalist Papers": Die Begründung der Forderung nach einer "more perfect Union", München.

Meyerson, Michael(2009), *Liberty's blueprint: how Madison and Hamilton wrote the federalist papers, defined the constitution, and made democracy safe for the world*, New York.

Pole, Jack R.(1988), *The American constitution for and against: the federalist and anti-federalist papers*, New York.

Ramuz, Catherine(1993), The assumptions in "The Federalist Papers", Fribourg.

Rüttgers, Marcel(2011), *Das Konzept der politischen Repräsentation in den Federalist Papers*, München.

Seagrave, S. Adam(2017), *The Accessible Federalist: A Modern English Translation of 16 Key Federalist Papers*, Cambridge.

Stearns, Jean(1977), *The federalist without tears: a selection of the Federalist papers written in contemporary language for the 20th century reader*, Washington, DC.

Taylor, Quentin P.(1998), *The essential Federalist: a new reading of the Federalist papers*, Madison.

Vukadinovic, Jelena(2009), *The Rhetorical Approach in the Federalist Papers No.10, No.54, No.84 and No.85*, München.

Wirls, D.(2015), *The Federalist Papers and Institutional Power in American Political Development*, New York.

XII. 『목민심서』의 위엄과 신뢰의 리더상

강혜종(2014.12), 「『목민심서』의 글쓰기 방식과 공공성」, 『다산과 현대』 7, 연세대 강진다산실학연구원.

김선경(2010), 「조선후기 목민학의 계보와 『목민심서』」, 『조선시대사학보』 52.

김용흠 역주(2013), 『목민고·목민대방』, 혜안.

다산학술문화재단(2012), 『정본 여유당전서』.

박석무(2015), 『다산 정약용 평전』, 민음사.

백승철 역주(2014), 『신편 목민고』, 혜안.

송양섭(2016.6), 「『목민심서』에 나타난 다산 정약용의 수령 인식과 지방행정의 방향」, 『다산학』 28, 다산학술문화재단.

신창호(2016), 『정약용의 고해』, 추수밭.

원재린(2014.12), 「근기남인계 목민학 전통과 『목민심서』」, 『다산과 현대』 7, 연세대

강진다산실학연구원.

이봉규(2018.12), 「『목민심서』에 반영된 예제와 실학의 공공성」, 『다산과 현대』 11, 연세대 강진다산실학연구원.

임형택(2007), 「『목민심서』의 이해 -다산 정치학과 관련하여」, 『한국실학연구』 13, 한국실학학회.

정호훈 역주(2013), 『선각』, 혜안.

정호훈(2016.6), 「18세기 목민서의 발달 양상과 『목민심서』」, 『다산학』 28, 다산학술문화재단.

존 맥스웰(2010), 『리더십 불변의 법칙』, 홍성화 역, 비즈니스북스.

최병현, *ADMONITIONS ON GOVERNING THE PEOPLE—Manual For All Administrators*, University of California Press. (목민심서 영역본)

황병기 외(2011), 『다산 조선의 새 길을 열다』, 실학박물관.

XIII. 만하임의 지식인상(像): 계도적(啓導的) 리더로서의 지식인

강수택(2004), 『다시 지식인을 묻는다』, 삼인.

김봉석(2010), 「지식과 이데올로기: Karl Mannheim 지식사회학의 교육과정학적 함의」, 『교육과정연구』 28권 3호, 한국교육과정학회.

김종길(2013), 「사회학적 지식연구의 이론적 계보와 전망」, 『사회사상과 문화』 28권, 동양사회사상학회.

노암 촘스키(2005), 『지식인의 책무』, 황소걸음.

루이스 A. 코저(2004), 『사회사상사』, 신용하·박명규 옮김, 시그마프레스.

리 매킨타이어(2019), 『포스트트루스: 가짜 뉴스와 탈진실의 시대』, 김재경 역, 두리반.

선우현(2020), 「진영논리와 소위 '진보적 지식인'의 자세와 역할」, 『사회철학연구회 하계 심포지엄 자료집』.

선우현(2020), 『도덕판단의 보편적 잣대는 존재하는가』, 울력.

선우현(2022), 「사회변혁과 비판적 지식인의 리더십」, 『사회와철학』 44집, 사회와철학연구회.

선우현(2023), 『홉스의 리바이어던: 국가의 힘은 개인들에게게서 나온다』, EBS BOOKS.

송호근(1984), 『칼 만하임의 지식사회학 연구』, 홍성사.

스티븐 레비츠키, 대니얼 지블랫(2021), 『어떻게 민주주의는 무너지는가』, 박세연 역, 어크로스.

신응섭 외(1999), 『리더십의 이론과 실제』, 학지사.

엄정식(2021), 「시대정신과 계몽의 리더십」, 『철학과현실』 131호, 철학문화연구소.

이상오(2009), 『리더십: 역사와 전망』, 연세대 출판부.

이성재(2012), 『지식인』, 책세상.

임지현(2013), 「일상적 파시즘의 코드 읽기」, 임지현 외, 『우리 안의 파시즘』, 삼인.

임지현(2022), 「우리 안의 파시즘, 그 후 20년」, 임지현 외 엮음, 『우리 안의 파시즘 2.0』, 휴머니스트출판그룹.

장 폴 사르트르(2018), 『지식인을 위한 변명』, 박정태 역, 중심.

전태국(1994), 『지식사회학』, 사회문화연구소.

카를 만하임(2012), 『이데올로기와 유토피아』, 임석진 옮김, 김영사.

카를 만하임(2016), 『재건시대의 인간과 사회』, 정환용 옮김, 전남대출판부.

카를 만하임(2020), 『세대 문제』, 이남석 옮김, 전남대출판부.

케이티 마튼(2021), 『메르켈 리더십—합의에 이르는 힘』, 윤철희 역, 모비딕북스.

Mannheim, K.(1969), *Ideologie und Utopie*, Verlag G. Schulte−Bulmke.

XIV. AI시대, 휴먼리더십

권건보(2012), 『개인정보자기결정권』, 헌법판례 100선, 한국헌법학회.

권건보, 김일환, 이한주(2018), 「EU GDPR제정 과정 및 그 이후 입법동향에 관한 연구」, 『미국헌법연구』 제29권 1호, 미국헌법학회.

권건보, 김일환(2019), 「지능정보시대에 대응한 개인정보자기결정권의 실효적 보장방안」, 『미국헌법연구』 제30권 2호, 미국헌법학회.

권예슬(2018), 『알파고 제로, 인간의 도움없는 초지능 나올까』, 동아엠엔비.

김도승(2019), 「인공지능 기반 자동행정과 법치주의」, 『미국헌법연구』 제30권 1호, 미국헌법학회.

김자회, 주성구, 장신(2017), 「지능형 자율로봇에 대한 전자적 인격부여−EU결의안을 중심으로−」, 『법조』, Vol.66, No.4, 법조협회.

김중권(2017), 「인공지능시대에 완전자동적 행정행위에 관한 소고」, 『법조』 제66집 제3호, 법조협회.

김하열(2018), 『헌법강의』, 박영사.

남중권(2019), 「머신러닝 알고리즘의 데이터 처리에 대한 법적 제한의 한계: 개인정보보호와 차별금지의 측면에서」, 『과학기술과 법』 제10권 1호, 충북대학교 법학연구소.

루크 도멜(2014), 『만물의 공식: 우리의 관계, 미래, 사랑까지 수량화하는 알고리즘의 세계』, 노승영 역, 반니.

박상돈(2017), 「헌법상 자동의사결정 알고리즘 설명요구권에 관한 개괄적 고찰」,

『헌법학연구』제23권 제3호, 한국헌법학회.

신동일, 김두환(2019), 「인공지능과 법체계−전자인격론의 모순과 정보권한과의 갈등을 중심으로−」, 『강원법학』57, 강원대학교 비교법학연구소.

심우민(2016), 「인공지능의 발전과 알고리즘의 규제적 속성」, 『법과사회』제53호, 법과사회이론학회.

심우민(2018), 「인공지능 기술과 IT법체계:법정보학적 함의를 중심으로」, 『동북아법연구』제12권 1호, 전북대학교 동북아법연구소.

야마모토 잇세이(2011), 『인공지능 개발이야기』, 남혜림 역, 처음북스.

양종모(2017), 「인공지능 알고리즘의 편향성, 불투명성이 법적 의사결정에 미치는 영향 및 규율방안」, 『법조』, Vol.66, No.3, 법조협회.

양천수(2018), 「현재 지능정보사회와 인격성의 확장」, 『동북아법연구』제12권 제1호, 전북대학교 동북아법연구소.

정원준(2019), 『빅데이터 환경에서 개인정보 이용에 관한 법적 고찰』, 박사학위논문, 고려대학교 대학원.

최규환(2017), 『인간존엄의 형량가능성』, 헌법재판연구원.

한수웅(2020), 『헌법학』, 법문사.

Almada Marco(2019), "Human intervention in automated decision−making: Toward the construction of contestable systems", *ICAIL*, 17th.

Chamorro−Premuzic, Tomas, Wade, Michael and Jordan, Jennifer(Jan 22, 2018.), "As AI Makes More Decisions, the Nature of Leadership will Change", *Harvard Business Review*.

Dreyer, Stephan and Schulz, Wolfgang(2019), *The General Data Protection Regulation and Automated Decision−making: Will it deliver*, Bertelsmann Stiftung.

Dürig, G.(1956), "Der Grundrechtsatz von der Menschenbürde: Entwuef' eines praktikablen Wersystems der Grundrechte aus Art.1 Abs.1" in Verbindung mit Art.19 Abs.2 des Grundgesetzes. AöR, Bd.81.

Gutwirth and Ellyne, Erika(2010), "Profiling in the European Union: A High−Risk Practice", *Policy Brief*, Vol.10.

Hildebrandt, Mireille and Gutwirth, Serge (eds)(2008), *Profiling the European Citizen: CrossDisciplinary Perspectives*, Springe.

Hildebrandt, Mireille(2008), 'Defining Profiling: A New Type of Knowledge?' in Hildebrandt, Mireille and Gutwirth, Serge(eds), *Profiling the European Citizen: Cross−Disciplinary Perspectives*, Springer.

Hildebrandt, Mireille(2008), "Profiling and the Identity of the European Citizen" in Hildebrandt, Mireille and Gutwirth, Serge(eds), *Profiling the European Citizen: CrossDisciplinary Perspectives*, Springer.

Hildebrandt, Mireille(2012), *The Dawn of a Critical Transparency Right for the Profiling Era'*, Digital Enlightenment Yearbook.

Hof, Simone van der and Prins, Corien(2008), "Personalisation and Its Influence on Identities, Behaviour and Social Values" in Hildebrandt, Mireille and Gutwirth, Serge(eds), *Profiling the European Citizen: CrossDisciplinary Perspectives*, Springer.

Hornung, Gerrit and Schnabel, Christoph (2009), "Data Protection in Germany I: The Population Census Decision and the Right to Informational Self-Determination" 25 *Computer Law & Security Review*.

Kanellopoulou-Botti, Maria, Panagopoulou Fereniki, Nikita, Maria, Michailaki Anastasia(2019), "The Right to Human Intervention: Law, Ethics and Artificial The Right to Human Intervention: Law, Ethics and Artificial Intelligence", In D. Wittkower(Ed.), *Computer Ethics-Philosophical Enquiry (CEPE) Proceedings*.

Koval, M.(2017), "Electronic Person: Why the EU Discusses Robot's Rights", *Ilyashev & Partners*.

Morozov, Evegeny(2011), *The Net Delusion: The Dark Side of Internet Treedom, Newyork*, Public Affairs.

Schermer, Bart W.(2011), "The Limits of Privacy in Automated Profiling and Data Mining", *Computer Law & Security Review*, Vol.27, No.1.

Selbst, Andrew D., Powles, Julia(2017), "Meaningful information and the right to explanation", *International Data Privacy Law*, Vol.7, No.4.

Wagner, Ben(2019), "Liable, but Not in Control? Ensuring Meaningful Human Agency in Automated Decision-Making Systems", *Policy & Internet*, Vol.11, No.1.

Zarsky, Tal Z.(2017), "Incompatible: The GDPR in the Age of Big Data", *Seton Hall L. Rev*, 47(2).

저자 소개

고명수 | 충남대학교 사학과 교수
고려대학교에서 쿠빌라이 정부의 교통·통상 진흥 정책에 관한 논문으로 박사학위를 취득했다. 몽골 시대 정치·사회, 민족관계, 외교관계를 연구하고 있다. 저서 『몽골-고려 관계 연구』(2019)가 있다.
kohms@cnu.ac.kr

김충현 | 충남대학교 리더스피릿연구소 교수
충남대학교에서 프랑스 종교개혁에 대한 연구로 박사학위를 취득했으며, 현재 정치와 종교의 관계, 정치와 종교에서의 여성 역할에 대해 연구 중이다. 저술로 『프랑스 종교개혁의 역사』(2023), 『공공성과 리더스피릿』(2022, 공저), 『고전의 창으로 본 리더스피릿』(2021, 공저), 「17세기 후반 위그노 망명과 영국의 명예혁명」(2020), 「루이 16세의 <관용칙령>과 얀센주의 운동」(2019) 등이 있다.
sky1717@hanmail.net

김희정 | 충남대학교 자유전공학부 교수
고려대학교에서 법학을 전공하였고, 동 대학에서 석사와 박사학위를 취득하였다. 현재 충남대학교 자유전공학부 교수로 재직 중이다. 반테러리즘과 자유, 안전에 관한 주제로 박사학위를 받았으며, 연구 관심분야는 안전, 정당, 정보인권, 구금인권, 선거, 교육권 등이다. 국가인권위원회 자유권 위원으로 구금, 군인, 국제인권 분야의 일을 하고 있다.
sidhj001@naver.com

남기택 | 강원대학교 자유전공학부 교수
충남대학교에서 현대문학 연구로 박사학위를 취득했다. 현재 강원대 교수이자 강원문학연구회 회장, 계간 『문학의 오늘』 편집위원으로 활동 중이다. 저서로 『제도 너머의 문학』(2020), 『강원권 시문학과 정전의 재구성』(2021), 『김수영에서 김수영으로』(2022, 공저) 등이 있다.
litoem@kangwon.ac.kr

박규철 | 국민대학교 교양학부 교수
국민대 후마니타스 리더십연구소 소장이며 한국동서철학회 차기회장이다. 연세대에서 『플라톤 『고르기아스』 연구』로 박사학위를 받았으며, 주된 연구 분야는 플라톤 정치철학과 신플라톤주의 그리고 고대 회의주의와 인문학 리더십 등이다. 저서로는 『역사와 고전의 창으로 본 21세기 공공리더십』(2023, 공저), 『의심하는 인간』(2022), 『그리스 로마 철학의 물음들』(2017), 『그리스 계몽주의와 신플라톤주의』(2017), 『고대 그리스철학의 감정 이해』(2010, 공저) 등이 있으며, 역서로는 『포스트모던 시대의 철학과 신학』(2016, 공역), 『플라톤과 소크라테스적 대화』(2015, 공역), 『신플라톤주의』(2011, 공역)가 있다.
ttakala@hanmail.net

변은진 | 전주대학교 한국고전학연구소 HK교수
고려대에서 한국근현대사로 박사학위를 취득 후 고려대·영남대·가천대·방송대 등에서 연구교수를 지냈다. 저서로 『허헌 평전, 항일운동의 선봉에 선 인권변호사』(2022), 『일제 말 항일비밀결사운동 연구』(2018), 『독립과 통일 의지로 일관한 신뢰의 지도자, 여운형』(2018), 『자유와 평화를 꿈꾼 '한반도인', 이소가야 스에지』(2018), 『파시즘적 근대체험과 조선민중의 현실인식』(2013) 등이 있다.
bbdbej@naver.com

서영식 | 충남대학교 자유전공학부 교수
스위스 루체른대에서 서양고전철학 연구로 박사학위(Dr.phil.)를 취득했다. 현재 충남대 자유전공학부장, 리더스피릿연구소장, 출판문화원장을 맡고 있다. 저서로 『역사와 고전의 창으로 본 21세기 공공리더십』(2023, 공저), 『운정 성락서의 현실인식과 리더스피릿』(2023, 공저), 『리더와 리더스피릿』(2023), 『공공성과 리더스피릿』(2022, 공저), 『인문학 속 민주시민교육』(2022, 공저), 『고전의 창으로 본 리더스피릿』(2021, 공저), 『청춘의 철학』(2021), 『플라톤철학의 실천이성담론』(2017), 『전쟁과 문명』(2016, 공저), 『플라톤과 소크라테스적 대화-문학형식의 철학적 사용』(2015, 공역), 『인문학과 법의 정신』(2013, 공저), 『신플라톤주의』(2011, 공역), 『시간과 철학』(2009, 공저), *Selbsterkenntnis im Charmides*(2005) 등이 있다.
youngsik@cnu.ac.kr

선우현 | 청주교육대학교 윤리교육과 교수
서울대 철학과에서 철학박사학위를 받았다. 주요 저서로는 『사회비판과 정치적 실천』, 『우리 시대의 북한철학』, 『위기시대의 사회철학』, 『한국사회의 현실과 사회철학』, 『자생적 철학체계로서 인간중심철학』, 『홉스의 리바이어던』, 『평등』, 『도덕 판단의 보편적 잣대는 존재하는가』, 『한반도의 분단, 평화, 통일 그리고 민족』(기획·편집), 『왜 지금 다시 마르크스인가』(기획·편집) 등이 있다.
hyunsunw@cje.ac.kr

양준석 | 국민대학교 교양대학 교수
연세대학교에서 한국정치외교사로 박사학위를 취득했다. 현재 한국정치외교사학회 연구이사, 한국정치학회 이사, 한국국제정치학회 대외협력간사로 활동 중이다. 대표 저술로는 『해방공간과 기독교』(2017, 공저), 『대한민국 국무회의록 1958』(2018, 공편), "The Clash over Democracy between the United States and the Soviet Union in the Korean Liberation Period, 1946-1947"(2020) 등이 있다.
chirira@hanmail.net

이종성 | 충남대학교 철학과 교수
현재 충남대 인문학연구원장과 대한철학회 및 율곡학회 회장을 맡고 있다. 장자연구로 충남대에서 철학박사학위를 받았고, 저서로 『믿음이란 무엇인가』(2014), 『율곡과 노자』(2016), 『맨얼굴의 장자』(2017), 『역사 속의 한국철학』(2017), 『동양필로시네마』(2019), 『위진현학』(2001, 공저), 『21세기의 동양철학』(2005, 공저) 등이 있다.
chaos@cnu.ac.kr

이한우 | 논어등반학교장
고려대 영문과를 졸업하고 한국외국어대 철학과 박사과정을 수료했다. 1992년부터 신문기자로 일했고 2003년 조선일보 논설위원, 2014년 조선일보 문화부장을 거쳐 2016년부터 논어등반학교를 세워 논어, 주역 등을 강의하고 있다. 최근 저술로는 『이한우의 인물지』(2023), 『이한우의 설원 (상·하): 유향 찬집 완역 해설』(2023), 『이한우의 태종 이방원: 상·하』(2022), 『이한우의 주역: 상경·하경』(2020), 『이한우의 주역: 입문』(2020) 등이 있다. 또한 『이한우의 태종실록』(전 19권), 『완역 한서』(전 10권), 『이한우의 사서삼경』(전 4권), 『대학연의』(상·하), 『역사의 의미』, 『해석학적 상상력』, 『마음의 개념』, 『해석학이란 무엇인가』 등의 번역서가 있다.
oxen7351@naver.com

황병기 | 서경대학교 동양학과 특임교수
연세대학교에서 철학박사 학위를 취득하였다. 저서로 『정약용의 주역철학(연세국학총서 96)』(2014), 『공자혁명: 2000년 전의 유교, 현대 교육에 메스를 대다』(공저, 2015) 등이 있고, 역서로 『역주 대학공의 대학강의 소학지언 심경밀험』(공역, 2014) 등이 있으며, 「여헌 장현광의 도맥과 퇴계학 전승의 문제」(2016) 등의 논문이 있다.
philculture@hanmail.net

인문학 리더십 강의 I

초판발행   2024년 2월 15일
지은이   고명수 · 김충현 · 김희정 · 남기택 · 박규철 · 변은진
               서영식 · 선우현 · 양준석 · 이종성 · 이한우 · 황병기
펴낸이   안종만 · 안상준

편 집   소다인
기획/마케팅   정연환
표지디자인   Ben Story
제 작   고철민 · 조영환

펴낸곳   (주) **박영사**
               서울특별시 금천구 가산디지털2로 53, 210호(가산동, 한라시그마밸리)
               등록   1959. 3. 11. 제300-1959-1호(倫)
전 화   02)733-6771
f a x   02)736-4818
e-mail   pys@pybook.co.kr
homepage   www.pybook.co.kr
ISBN   979-11-303-1857-8   93300

정 가   23,000원